KCQ 한국상담학회 상담학 총서 __ 15

생애개발상담

Life Development Counseling

고홍월 · 공윤정 · 김봉환 · 김인규 · 김희수 · 박성욱 · 박승민

손은령 · 왕은자 · 이동혁 · 이상희 · 이자명 · 임은미 공저

학지사

[발간사]

　2013년 상담학 총서가 출간된 후 어느덧 5년이라는 시간이 흘렀다. 1판 발간 당시에는 상담학 전체를 아우르는 상담학 총서 발간에 대한 필요성을 절감하며 한국상담학회 제6대 김성회 회장과 양명숙 학술위원장이 주축이 되어 학술위원 회에서 13권의 총서를 발간하기로 하고 대표 저자 선생님들과 여러 간사의 헌 신적인 노력으로 상담학 총서를 출간하였다. 이를 계기로 상담학 총서는 상담 의 이론뿐 아니라 상담의 실제 그리고 반드시 알아야 할 상담학 연구 등 다양한 영역의 내용을 포괄하여 상담학이 독립된 학문으로 자리 잡을 수 있도록 기초를 다졌다. 이러한 첫걸음은 상담학에 대한 독자의 균형 있고 폭넓은 이해를 도와 상담학의 정체성을 확립하는 디딤돌이 되었다.

　이번에 발간되는 상담학 총서는 앞서 출간된 『상담학 개론』 『상담철학과 윤 리』 『상담이론과 실제』 『집단상담』 『부부 및 가족 상담』 『진로상담』 『학습상담』 『인간발달과 상담』 『성격의 이해와 상담』 『정신건강과 상담』 『심리검사와 상담』 『상담연구방법론』 『상담 수퍼비전의 이론과 실제』의 개정판과 이번에 새롭게 추 가된 『중독상담학 개론』 『생애개발상담』으로 구성되어 있다. 이처럼 여러 영역 을 아우르는 총서는 상담학을 접하는 다양한 수요자의 특성과 전문성에 맞추어 활용될 수 있다는 장점이 있다. 각각의 총서는 상담학을 처음 공부하는 학부생들에게는 상담의 이론적 기틀 정립에 도움을 주고 있으며, 대학원생들에게는 인간을 보다 깊이 이해하고 상담학의 체계적인 연구 방법을 배울 수 있도록 한다. 또한 전문 상담자들에게는 상담의 현장에서 부딪힐 수 있는 다양한 어려움과 문제점을 해결할 수 있도록 구체적인 방안을 제공하는 실용서로 자리매김하고 있다. 이처럼 상담학 총서의 발간은 상담학의 학문적 기틀 마련과 전문 상담자의 전문성 향상이라는 학문과 실용의 두 가지 역할을 포괄하고 있어 상담학의 발전에 크게 기여하였다고 자부한다.

최근 우리 사회는 말로 표현하기 힘든 여러 가지 사건과 사고로 심리적인 어려움을 겪었고, 소통과 치유의 필요성은 날로 커지고 있다. 이에 따라 상담자의 전문성 향상에 대한 목소리가 높아지고 있으나, 이러한 때에도 많은 상담자는 아직도 상담기법만 빨리 익히면 성숙한 상담자로 성장할 수 있을 것이라 생각하여 기법 배우기에만 치중하는 아쉬움이 있다. 오랜 시간과 정성으로 빚어 낸 전통 장의 깊은 맛을 손쉽게 사 먹을 수 있는 시중의 장맛이 따라갈 수 없듯이, 전문 상담자로서의 전문성을 갖추기 위해서는 힘든 상담자의 여정을 견뎌 내는 시간이 필요하다. 선배 상담자들의 진득한 구도자적 모습을 그리며 성숙한 상담자가 되기 위해 노력하는 많은 분께 상담학 총서가 든든한 버팀목이 되었으면 한다.

1판의 경우 시작이 있어야 발전이 있다는 책무성을 가지고 어려운 난관을 이겨 내며 2년여의 노력 끝에 출판하였지만 좀 더 다듬어야 할 필요성이 제기되고 있었다. 이에 쉽지 않은 일이지만 편집위원들과 다시 뜻을 모아 각각의 총서에서 시대적 요구를 반영하고 새롭게 다듬어야 할 부분을 수정하며 개정판을 준비하였다. 개정되는 상담학 총서는 기다림이 빚는 우리의 장맛처럼 깊이 있는 내용을 담기 위해 많은 정성과 애정으로 준비하였다. 그러나 아직 미흡한 점이 다소 있을 수 있음을 양해 바란다. 부디 이 책이 상담을 사랑하는 의욕적인 상담학도들의 지적·기술적 호기심을 채워 줄 뿐 아니라 고통에서 벗어나 치유를 이루어야 하는 모든 사람에게 하나의 빛이 되기를 기원한다.

바쁜 일정 중에서도 함께 참여해 주신 여러 편집위원과 간사님들 그리고 상담학 총서의 출판을 맡아 주시고 물심양면으로 지원해 주신 학지사 김진환 사장님과 최임배 부사장님을 비롯하여 더 좋은 책이 될 수 있도록 그 많은 저자에게 일일이 전화와 문자로 또는 이메일로 꼼꼼한 확인을 마다하지 않은 학지사 직원 여러분께도 진심으로 감사를 전한다.

2018년 7월
한국상담학회 제9대 회장 천성문

[머리말]

2013년, 총 13권의 상담학 총서 출판.

2016년, 생애개발상담학회가 한국상담학회의 제14분과학회로 도약.

2020년, 상담학 총서 개정판 출판과 『생애개발상담』 초판 출판.

또 어떤 역사가 펼쳐질 것인가?

지금 이 순간,

기대와 설렘으로 미래의 한 시점과 약속한다.

　이 글을 시작하면서 우리나라의 상담학계가 빠른 속도로 발전하고 있다는 것을 다시 한번 실감한다. 아마 생애개발상담학회를 지금까지 발전시켜 온 선배 학자들의 감회는 더욱 남다를 것이다. 생애개발상담학회가 한국상담학회의 열네 번째 분과학회로 성장하고, 상담학 총서의 제15권 『생애개발상담』을 출판하는 것은 대단히 뜻깊은 사건이라고 할 수 있다. 이 과정을 함께할 수 있었던 것이 행운이자 행복이다. 이 자리를 빌려 학회를 발전시켜 온 선배학자, 학회원, 그리고 이 책을 집필한 저자들의 마음을 조심스럽게 담아 보려고 한다.

　생애개발은 앞으로 고령화 시대를 살아갈 우리에게 매우 중요한 삶의 주제이다. 생애개발이라는 거대한 주제는 우리 삶의 모든 영역을 포함하고 있으며,

이 책에서 다루는 세부 주제는 하나도 빠짐없이 모두 중요한 영역이다. 수퍼 (D. Super)가 제시한 개념인 '전 생애(life-span)' '생애공간(life-space)'의 관점으로 본다면 이 책에서 다루는 모든 주제는 우리의 삶을 멋진 게슈탈트로 만들어 가는 보석이라고 할 수 있다. 이와 같은 주제는 우리 모두에게 중요하고, 또 시기별로 각각 얼마나 중요한지 한 번 더 생각해 볼 필요가 있다.

> 남자로, 또는 여자로 살아가는 것
> 누구의 자녀, 누구의 가족으로 살아가는 것
> 어느 민족으로, 어느 나라에서 태어나 또 어느 곳에서 살아가는 것
> 학습자로, 직업인으로, 여가인으로 살아가는 것
> 나다운 나로서 살아가고, 더불어 살아가는 것
> 식생활, 건강, 재무, 영성을 고민하며 나이 들어 가는 것

삶에는 정답이 없지만 우리는 언제나 더 행복해지기를 바란다. 이 책을 집필한 학자들은 우리의 삶을 더 행복하게 만들고자 상담을 공부하는 독자들에게 새로운 화두와 담론을 제공하고자 한다. 따라서 이 책에서는 전통적인 상담주제를 넘어서 삶에 대한 총체적 관점, 긍정심리학적 관점을 전반적인 기조로 삼고 있다. 상담자와 내담자의 삶을 모두 행복하게 만들기 위해 우리는 전통적인 주제와 새로운 주제를 시도하였다. 몇몇 영역은 아마 이 책에서만 만날 수 있는 신선한 주제일 것이다. 또한 중요하다고 인식했지만 그동안 학술적인 글로 펴낼 자리가 없었던 주제들이 독자의 지적 영감을 자극할 수도 있다. 이러한 점을 자랑스럽게 여기면서도, 한편으로는 더욱 발전시켜 완성도 높은 글로 내놓지 못했다는 아쉬움이 있다. 하지만 이 책이 출판된 이후에도 많은 독자의 의견을 청취할 것이며, 나아가 더 발전한 모습으로 책을 보완할 것을 이 자리를 빌려 스스로와 독자들에게 약속드린다.

이 책이 출판될 수 있었던 것은 많은 분의 노력이 있었기 때문이다. 이 책은 생애개발상담학회 제1대 회장인 전북대학교 임은미 교수님과 운영진의 기획에

의해 출발하였다. 생애개발상담학회를 발전시켜 온 선배학자들과 우리 학회를
지지해 주신 모든 분께 감사의 마음을 전한다. 그리고 상담학 총서 개정판 출판
과 함께 『생애개발상담』을 출간할 수 있게 지원해 주신 학지사 김진환 사장님과
최임배 부사장님께 감사를 드린다. 또한 편집부 이영민 선생님과 교정 및 편집
작업을 진행해 주신 선생님들에게도 감사를 전한다.

2020년 2월
대표 저자 고홍월

[차례]

제1장
생애개발상담의 개요

| 김봉환 |

생애개발상담은 이제 새롭게 출발하는 신생 상담 영역이다. 이 장의 초반부에서는 현대사회에서 생애개발상담이 왜 필요한지를 여러 가지 정황에 비추어 설명한다. 그리고 상담의 개념과 생애개발의 의미를 토대로 생애개발상담의 개념을 살펴보고, 이것이 기존의 상담과 비교해서 어떤 특징이 있는지 제시한다. 이어서 생애개발상담의 이론적 토대가 될 수 있는 것으로 전생애발달적 관점, 발달과업, 진로발달이론, 인생의 세 가지 상자, 워라밸(work-life balance)의 다섯 가지를 선별하여 기술하고자 한다. 아울러 생애개발상담의 영역을 학습과 진로, 성격과 대인관계, 여가와 문화적응, 음식과 건강, 재무와 영성 등으로 구분하여 간략히 소개하고, 생애개발상담의 전망과 과제를 다양한 측면에서 논의하고자 한다.

1. 생애개발상담의 필요성

상담은 인간이 직면한 힘든 문제를 합리적으로 해결하고 심리적 고통에서 벗어나 행복한 삶을 영위할 수 있도록 전문적으로 조력하는 활동이다. 인간이 행복한 삶을 영위하기 위해 상담에서 조력해야 할 영역은 매우 다양하다. 이러한 취지에 따라 상담의 하위영역도 점차 다양하게 세분화되기 시작하였다. 예를 들면, 한국상담학회 산하에는 2019년 6월을 기준으로 14개의 분과학회가 존재하고 있다. 어떤 분과학회는 상담이 이루어지는 장면(예: 학교상담학회)에 따라, 또 어떤 학회는 상담에서 주로 다루는 주제(예: 진로상담학회)에 따라, 그리고 또 다른 경우에는 내담자의 발달단계(예: 아동 · 청소년상담학회)에 따라 각자 독자적인 영역을 확보하고 있다.

물론 다양한 영역에서 독자적으로 독창적이고 깊이 있는 상담방법을 연구하는 것은 큰 의미가 있을 것이다. 그러나 최근의 상담 및 인접 분야 변화 동향을 살펴보면 다음과 같은 이유에서 생애개발상담의 필요성을 인식하지 않을 수 없다.

첫째, 인구학적 측면에서 볼 때 우리 사회는 고령인구가 매우 빠른 속도로 증가하고 있다. 이는 달리 말하면 평균 수명이 점점 늘어난다는 것을 의미한다. 인간이 태어나서 생을 마감할 때까지의 시간이 늘어난다는 것은 그만큼 자신을 관리하고 개발해야 하는 시간이 증가한다는 것을 뜻한다. 따라서 상담 분야에서는 한 개인을 보다 오랜 기간에 걸쳐, 보다 다양한 측면에서 조력해야 할 필요성이 증대되고 있다.

둘째, 지식 · 정보화 사회로 접어들면서 지식과 정보의 생성과 소멸 주기가 더욱 빨라지고 있다. 이제 한번 배우거나 습득한 지식과 정보를 오랜 기간 직업과 일상생활 장면에서 활용하기 어려워지고 있다. 이는 우리가 평생학습사회의 한복판에 들어와 있음을 말해 준다. 따라서 상담 분야에서는 개인으로 하여금 생애 기간 동안 발달단계별로 요구되는 지식과 정보를 효과적으로 습득할 수 있도록 조력할 필요성이 더욱 커지고 있다.

셋째, 법과 제도적인 측면에서의 변화 동향도 생애개발상담의 필요성을 자극하고 있다. 2015년에「진로교육법」이 공포되어 진로교육과 진로상담은 제도적 뒷받침을 받게 되었다. 2016년에 공포된「국민여가활성화기본법」은 자유로운 여가활동기반을 조성하여 국민이 다양한 여가활동을 통해 삶의 질을 향상시킬 수 있도록 뒷받침해 주었다. 또한「고용상 연령차별금지 및 고령자고용촉진에 관한 법률」은 근로자가 자발적 혹은 비자발적으로 퇴직하고자 할 때 사업주는 근로자의 퇴직 후의 경력개발을 위한 교육을 실시할 것을 의무화하는 방향으로 일부 개정하여 2020년에 시행을 앞두고 있다. 이러한 법과 제도의 내용을 면밀하게 살펴보면 개인의 생애개발이라는 측면에서 우리가 상담 분야에서 관심을 두어야 할 사항이 매우 많다는 것을 알 수 있다.

넷째, 사람들이 평생학습, 일, 여가의 균형을 통한 삶의 만족도를 높이고자 하는 요구가 빠른 속도로 증가하고 있다. 최근에는 워라밸(work-life balance)이라는 용어가 대중적으로 활발하게 사용되고, 이러한 주제를 다루는 학술행사도 자주 목격된다. 생애개발상담은 개인이 학습과 일 그리고 여가를 균형 있게 누리면서 행복감을 증진시키는 데 최적화된 상담서비스를 제공할 수 있을 것이다.

다섯째, 정신건강 및 상담 분야에서는 오랫동안 정상의 범주에서 벗어난 사람, 취약한 사람 혹은 적응에 문제가 있는 사람을 서비스 제공의 주요 대상으로 상정해 왔다. 그러다가 불안과 우울, 스트레스와 같은 부정적 감정보다 개인의 강점과 미덕 등 긍정적 심리에 초점을 맞추자는 심리학의 새로운 동향으로 긍정심리학이 대두되기 시작하였다. 이러한 추세에 발맞추어 행복하고 건강한 삶을 조력하는 상담(wellness counseling)이 더욱 주목을 받기 시작하였는데, 이러한 점은 생애개발상담의 기본 취지와 맥을 같이하고 있다.

2. 생애개발상담의 의미

생애개발상담은 비교적 최근에 생겨난 용어이다. 처음에는 진로개발에 관심을 가진 교수와 연구자들이 '진로개발·직업상담연구회'라는 이름으로 오랜 기간 다양한 주제를 가지고 콜로키움을 개최하고, 그 결과물로 도서출판을 진행해 왔다. 이러한 과정을 거치는 동안 '진로'라는 주제 하나만을 다루기보다는 인간의 삶을 통합적 시각으로 보고, 인간이 행복한 삶을 영위하기 위해서 공통적으로 관심을 가지고 관리해야 할 영역이 무엇인가를 탐색하기 시작하였다. 그즈음에 연구회의 이름을 '생애개발상담연구회'라고 변경하였다. 연구회 주최로 10년 동안 총 35회의 콜로키움을 개최하였고, 2016년 1월 1일 한국생애개발상담학회가 한국상담학회 14번째 분과학회로 승인되어 오늘날에 이르렀다.

1) 생애개발상담의 개념

우리나라에서 일반적으로 많이 인용되는 상담의 정의 중 하나는 '도움을 필요로 하는 사람이 전문적 훈련을 받은 사람과의 대면관계에서 생활과제의 해결과 사고, 행동 및 감정 측면의 인간적인 성장을 위해 노력하는 학습과정'(이장호, 2005)이라는 것이다. 물론 지금은 의사소통 방법의 발달과 다양화로 인해서 대면관계가 아닌 다른 방법(예: 전화, 이메일 등)에 의한 상담도 새로운 상담 형태로 활용되고 있다.

이러한 상담에 대한 정의와 더불어 '생애개발'이라는 단어가 어떤 의미를 지니고 있는지에 대한 논의가 필요하다. 먼저, 생애개발이라는 말 속에는 태어나서 생을 마감할 때까지의 전 생애 기간이라는 의미가 전제되어 있다. 그리고 전 생애 기간 동안 행복한 삶을 영위하기 위해서 삶의 각 단계별로 해결해야 할 영역별 생활과제를 각 개인이 가지고 태어난 잠재력을 최대한 발휘함으로써 지혜롭게 해결하고 성장과 발달로 나아간다는 의미 또한 내포되어 있다.

이 내용을 종합해 본다면 생애개발상담이란 '개인으로 하여금 전생애발달과정에서 직면하는 영역별 생활과제를 자신의 잠재력을 최대한 발휘하여 지혜롭게 해결하고 성장과 발달로 나아갈 수 있도록 전문적으로 조력하는 활동'으로 정의할 수 있을 것이다.

2) 생애개발상담의 특징

생애개발상담을 앞에서와 같이 정의할 경우, 우리가 지금까지 접해 왔던 상담의 개념과는 몇 가지 측면에서 차이가 있음을 확인할 수 있다.

첫째, 생애개발상담은 인간을 통합적 관점에서 조망하는 시각이 강하다. 많은 상담이론이 인간을 통합적 관점에서 조망하지만 문제의 원인을 바라보는 시각과 그에 따른 개입의 관점은 통합적이기보다는 분절적이고 단편적인 측면이 크다는 것을 부인하기는 어렵다. 그러나 생애개발상담은 인간의 다양한 측면을 균형 있게 개발하는 데 관심이 있다는 점에서 통합적인 관점이 더욱 강조되는 특징이 있다.

둘째, 생애개발상담은 발달적이고 교육적인 측면이 강하다. 긍정심리학이 대두되기 이전의 상담은 대체로 부적응적인 개인으로 하여금 적응적인 사람이 되도록 조력하는 일에 관심을 두었다. 생애개발상담 또한 부적응적인 개인에게도 관심이 있지만 보다 근본적인 관심의 초점은 행복한 삶을 영위하기 위하여 대부분의 사람에게 요구되는 사항을 발달적이고 교육적인 측면에서 조력한다는 특징이 있다.

셋째, 생애개발상담은 융합학문적인 특징을 지니고 있다. 지금까지의 상담은 주로 심리학이나 교육학 등에 의존해 온 측면이 강하다. 물론 상담학 자체가 점점 융합학문적 성격으로 진화하고 있지만, 생애개발상담의 경우 그 폭과 깊이에 있어서 융합학문적 성격이 보다 강하다고 해석할 수 있을 것이다.

3. 생애개발상담의 이론적 토대

새롭게 대두되고 있는 생애개발상담을 뒷받침해 줄 수 있는 기존의 이론이나 논의에는 어떤 것들이 있는지 다양하게 탐색한 후, 다음과 같은 다섯 가지를 선별하였다. 다음에서 제시하는 내용은 여러 가지 측면에서 생애개발상담이 지향하는 것과 직간접적으로 관련된다고 판단한 사항이다.

1) 전생애발달적 관점

발달(development)이란, 인간이 전 생애에 걸쳐서 신체적 · 인지적 · 성격적 · 사회적 발달을 통해 어떻게 자라나고 적응하며 변화해 가는가를 의미한다. 인간은 미숙한 상태로 태어나서 성숙에 이르기까지 긴 시간이 소요되며, 출생에서 죽을 때까지 끊임없이 변화해 간다. 이와 같은 인간의 발달과정은 성숙의 방향으로 나아가는 성장과정(growth process)과 퇴화의 방향으로 나아가는 노화과정(aging process)으로 구분된다.

인생 초기의 성장과정에서는 주로 성숙해 가는 긍정적인 변화가 일어나는 반면, 인생 후기의 노화과정에서는 주로 퇴화해 가는 부정적인 변화가 일어난다. 따라서 초기 발달심리학자들은 발달을 인생 초기의 성장에만 국한하여, 인간발달에 있어 주로 유아기에서 청소년기까지만을 다루었다. 그러나 이제 발달의 개념에는 성숙이 주를 이루는 성장과정뿐만 아니라 감퇴와 성숙이 함께 진행되는 노화과정도 포함된다.

이는 인간의 신체적 · 생리적 퇴화에도 불구하고 정서적 · 사회적으로 성숙한 변화가 계속해서 일어날 수 있으므로, 발달이란 임신에서 죽음에 이르는 전 생애를 통해 발생하는 모든 신체적 · 심리적 · 사회적인 변화를 일컫는다고 할 수 있다. 이러한 발달적 관점이 바로 '전생애발달적(life-span development)' 관점이다. 전생애발달적 관점은 발달심리학자들의 발달에 대한 시각의 변화와 현대

사회의 현상이 맞물리면서 최근 비상한 관심을 받고 있으며, 특히 장년층·노년층의 두드러진 증가로 인해 이 관점에 대한 큰 반향을 불러일으키고 있다.

　발달심리학의 관점은 그 태동기 이래로 거의 변화하지 않았다가 1970년대와 1980년대를 거치면서 변화가 나타나기 시작했다. 이는 전생애발달적 관점의 대두와 뚜렷이 관찰되는 사회적 맥락의 변화에서 기인한 결과이다. 먼저, 전생애발달적 관점에서의 발달은 적응력의 증가만이 아닌 인생에 걸쳐 나타나는 변화·유지·쇠퇴 모두를 포함한다(Baltes, 1987). 전생애발달적 관점이 관심을 끌게 된 또 다른 원인으로는 최근의 장년층과 노년층 인구 비율의 급증을 들 수 있다. 21세기 초까지만 해도 65세 이상의 인구가 전체 인구의 13% 이상을 차지하는 지역은 유럽, 북아메리카, 호주 그리고 일본 정도였다. 그러나 앞으로 2030년이 되면 아프리카와 중앙 아메리카의 일부 국가를 제외하고 지구상의 모든 국가가 고령 사회가 될 것으로 예상되고 있다(조성남, 2004).

　전생애발달적 관점은 현재 분명히 큰 주목을 받고 있지만, 실제로 이 관점을 이용하여 경험적 연구를 수행하는 것은 결코 쉽지 않은 도전이다. 그럼에도 전생애발달적 관점은 인간발달이 단지 아동기에 국한되지 않고 인생 전체로 이해할 필요가 있음을 강조하고 있으며, 노화과정이 단순히 죽음으로 향해 가는 인생의 쇠퇴기가 아닌 또 다른 발달을 이루는 시기라는 새로운 관점을 제시하였다. 이는 발달심리학의 영역을 넓히는 데 매우 중요한 함의를 제공했을 뿐 아니라, 생애개발상담의 이론적 토대가 되었다.

2) 발달과업

　인생은 흔히 자연의 사계절로 비유된다. 자연주기상의 봄에는 만물이 소생하고 성장하며, 여름에는 성숙이 절정에 이르고, 가을에는 수확과 결실을 맺으며, 겨울은 휴식과 재탄생의 시기이다. 따라서 우리는 이 주기에 맞추어 봄에 씨를 뿌리고, 여름에 가꾸며, 가을에 수확하고, 겨울에 휴식을 취하면서 돌아올 봄을 준비한다. 인생의 흐름도 자연의 사계절의 흐름과 아주 유사하다. 다시 말해,

인간은 성장의 어린 시절을 보내며, 성인 초기에는 청운의 꿈을 성취하고자 전력을 다해 노력한다. 중년기에는 자신의 삶을 재조명하게 되고, 노년기에는 자신의 인생을 정리해 보고, 그 삶을 보다 의미 있게 만들고자 마지막 노력을 기울이며 죽음을 준비한다. 이처럼 자연의 사계절이 각 계절마다 특유의 의미와 해야 할 일이 있듯이, 인생에 있어서도 각 주기마다 그 나름의 발달적 특징이 있으며 수행해야 할 발달과업이 있다.

(1) 발달과업의 의미

발달과업이란, 개인의 욕구(need)와 사회적 요구(demand)의 가교적(假橋的)인 역할을 하는 것으로서 개인의 일생의 어떤 시기에 성취해야 할 과업을 의미한다. 즉, 개인이 정상적인 성장과 발달을 이루기 위하여 일정한 시기에 수행해야 하는 과업으로, 해당 발달과업을 잘 해결하면 그 시기에 잘 적응할 수 있으나 만약 해결을 하지 못하면 적응이 어려울 뿐만 아니라 그 다음 단계의 발달에 지장을 초래한다. 그러므로 인간은 각 발달단계의 과업을 필수적으로 학습하고 성취해야 한다. 이러한 발달과업은 연령이 증가함에 따라 자연스럽게 성취되는 것이 아니라 신체적 · 정신적 성장과 함께 사회적인 요구와 개인의 의도적인 노력의 상호작용에 의해 달성된다.

(2) 발달과업이론

고대에서 현대에 이르는 인생주기 이론들은 인생의 발달단계를 설명하고 그 단계에 성취해야 할 발달과업을 제시하여 왔다. 여기서는 많은 이론 중에서 하비거스트(Havighurst, 1972)의 발달과업이론에 근거하여 인간의 전 생애, 즉 영아 및 유아기부터 노년기까지 펼쳐진 발달 시기에 어떤 발달적 과업을 제시하고 있는지 살펴보고자 한다.

하비거스트의 발달과업이론은 기본적으로 에릭슨(Erikson)의 발달적 관점에 근거하고 있다. 특히 그는 개인과 사회환경 간의 어떠한 상호작용이 일어나는가에 초점을 두었으며, 사회가 기대하는 연령에 적합한 역할과 행동으로 규정한 연령에 따른 발달과업(developmental task)을 제시하고 있다. 발달과업이란 한 개인의 삶에 있어서 특정 발달 시기에 나타나는 과업으로서, 발달과업을 성공적으로 성취하면 그 개인은 행복감과 성취감을 느끼고, 후속 과제를 성공적으로 완성할 수 있다. 그러나 만약 그가 발달과업 성취에 실패한다면, 불행을 초래할 뿐만 아니라 사회적 무시와 패배감을 느끼게 되고 후속 과제 수행에 어려움과 곤란을 겪는다. 하비거스트는 발달과업이 신체적 성숙, 사회적 압력 및 개인적 선택에서 나온다고 주장하였다. 발달과업은 인간의 환경에 대한 지배를 증가시키는 기술과 능력으로 구성되어 있으며, 신체적·인지적·사회적·정서적 기술의 획득을 반영한다. 인간발달은 사람들이 사회에 의해 부과된 과제를 배우는 과정으로, 이 발달과업은 대개 연령에 따라 변화하며 각 사회가 연령에 부합하는 발달이나 행동에 대한 기대를 갖고 있어 특정한 사회에서 각 연령에 부합하는 정상적인 발달이 어떤 것인지를 정의한다.

하비거스트는 인간의 전 생애의 발달단계를 총 6단계로 구분하였으며, 각 발달단계별로 성취해야 할 발달과업을 제시하였다. 〈표 1-1〉은 청년기, 성년기, 장년기, 노년기의 발달과업을 소개하고 있다.

○○○ **표 1-1** 발달단계별 발달과업

발달단계	연령	발달과업
청년기	13~22세	- 남녀 간의 새롭고 보다 성숙한 관계를 이룩하는 것을 배운다. - 남성으로서의 역할과 여성으로서의 역할이 무엇인가를 학습한다. - 부모나 다른 성인과의 정서적 독립을 이룩한다. - 경제적 독립의 필요성을 절실히 느낀다. - 직업의 선택과 그 준비에 몰두한다. - 시민적 자질로서 필요한 지적 기능과 개념이 발달한다. - 결혼과 가정생활의 준비를 한다. - 적절한 과학적 지식에 맞추어 가치관과 윤리체계를 습득한다. - 사회적으로 책임 있는 행동을 하며, 이를 실천하는 습관을 기른다. - 자기 체격을 인정하고 신체를 효과적으로 구사하는 것을 인식한다.

성년기	22~30세	– 배우자를 선택한다. – 결혼 후 배우자와 동거하는 것을 배운다. – 가정생활을 준비한다. – 자녀를 양육한다. – 가정관리를 배운다. – 직업을 가지며 가정경제의 기반을 다진다. – 공민적 책임을 감당한다. – 마음에 맞는 사회적 집단에 적응한다.
중년기	30~60세	– 성인으로서 공민적·사회적 책임을 수행한다. – 생활의 경제적 표준을 확립·유지한다. – 성인다운 여가활동을 배운다 – 하나의 인격자로서 자기 배우자와 관계를 맺는다. – 중년기의 생리적 변화를 인정하고 이에 적응한다. – 연로한 부모에 대해 적응한다. – 10대 청소년이 책임감 있고 행복한 성인이 되도록 도와준다.
노년기	60세 이상	– 쇠퇴하는 체력과 건강에 적응한다. – 은퇴로 인한 수입 감소에 적응한다. – 배우자의 사망에 적응한다. – 자기의 동년배와 친밀한 관계를 맺는다. – 사회적·공민적 책임을 이행한다. – 만족한 생활조건을 구비한다.

여기서 살펴본 발달과업과 관련된 내용을 생애개발상담과 연결시켜 본다면, 결국 생애개발상담이란 인생의 각 단계에서 성취해야 할 발달과업을 보다 합리적이고 효과적으로 달성하도록 조력하는 활동이라고 할 수 있을 것이다.

3) 진로발달이론

수퍼(Super, 1957)의 진로발달이론은 현재까지의 진로이론 가운데 가장 포괄적이고 종합적인 이론이라 할 수 있다. 그의 이론은 종전 진로발달이론의 한계를 지적하고, 이를 극복하려는 노력에서 시작되었다.

진로발달이론가들은 진로선택을 단일한 의사결정이 아닌 일정한 발달과정으로서 개인의 희망과 직업 간의 타협으로 보았다. 수퍼는 진로발달과 직업선택을 구분하여 설명하였는데, 진로발달은 직업선택의 문제뿐만 아니라 일의 세계와 관련된 보다 다양한 삶의 영역과 역할을 포함한다고 보았다. 그는 진로발달과정의 다양하고 복합적인 현상을 아우를 수 있는 하나의 통합이론인 '전생애-생애공간이론(life-span, life-space theory)'을 구축하였다.

수퍼(1980)의 이론이 기존의 진로이론과 가장 큰 차이를 보이는 점은 진로를 직업과 직접적인 관련은 없지만 간접적으로 연관을 맺고 있는 다양한 삶의 역할에 주목하였다는 점이다. 그는 생애진로발달을 전생애발달이론(life-span theory)과 생애공간이론(life-space theory)의 2차원으로 설명하였다. 즉, 전생애발달(life-span)은 생애의 종단적인 차원으로, 성장기-탐색기-확립기-유지기-쇠퇴기라는 생애의 발달단계를 나타내고, 생애공간(life-space)은 각각의 생애발달단계에서 맡는 역할의 횡단적인 차원이다.

수퍼는 한 개인이 담당하는 삶의 다양한 역할이 그의 생활양식을 구성하며, 전체적인 진로양식을 구성한다고 보았다. 또한 생애역할들은 상호작용하기 때문에 어떤 두 사람이 같은 직업을 가지고 있다 하더라도, 그들은 서로 다른 상황에 살고 있으므로 직업이 가지는 의미도 서로 다르다. 이처럼 여러 가지 역할의 결합과 그에 부여하는 중요성에 따라 한 개인의 생애구조가 형성되는 것이다. 수퍼는 개인의 삶에서 일반적으로 중요하게 다루어지는 아홉 가지 생애역할을 제시하였는데, 자녀, 학생, 여가인, 시민, 근로자(직장인), 배우자, 부모, 가정관리자, 연금생활자의 역할이 이에 해당된다.

또한, 생애역할은 특정한 개인극장인 가정, 학교, 직장, 지역사회 등에서 수행되는데, 한 개인이 전 생애 동안의 여러 가지 생애역할에 항상 효과적으로 참여하기는 매우 어렵다. 전생애발달과정 중에 어떤 특정 시기에 몇 가지 생애역할이 중요하게 부각되면서 개인은 역할 간의 갈등을 겪게 되므로, 다양한 시점에서 특정한 생애역할에 우선권이 주어져야 할 필요가 있다. 이때 특정한 생애역할에 우선권을 부여함에 있어서 상대적으로 쉬울 수도 있고 때로는 그렇지 않을 수도 있으며 생애역할이 한 극장에서 다른 극장으로 흘러넘쳐 갈등을 야기시키기도 한다. 따라서 우리는 생애역할이 서로 조화를 이루면서도 자신이 추구하는 삶의 가치를 적절히 표현할 수 있을 때 행복감을 느낀다. 수퍼는 전 생애와 생애공간의 두 가지 차원에서의 '생애진로 무지개' 모형을 제시하였다.

이러한 관점에서 본다면 생애개발상담이란 한 개인으로 하여금 진로발달의 각 단계에서 다양한 역할의 조화를 유지하면서 행복하게 생활하도록 조력하는 활동이라고 볼 수 있을 것이다.

4) 인생의 세 가지 상자

인간의 삶은 전 생애를 통해 세 가지의 세계를 거치는 과정을 겪는다. 세상에 태어난 후 교육의 세계로 진입하고, 그 세계에서 나오면 직업의 세계로, 그 다음은 직업의 세계에서 나와 은퇴의 세계로 진입한다. 볼스(Bolles, 1981)는『인생의 세 가지 상자와 그것으로부터 탈출하는 법(The Three Boxes of Life and How to Get Out of Then)』이란 책에서 전 생애에 걸친 진로관리의 중요성을 강조하며, 인간은 인생을 통해 세 가지 큰 상자 안에 들어가 살게 된다고 표현하였다. 여기서 상자는 인생의 어떤 시기(periods)를 비유적으로 나타낸 표현으로서, 첫 번째는 '교육을 받는(getting and education) 시기'를 뜻하고, 두 번째는 '일을 하고 생계를 꾸리는(going to work, and earning a living) 시기'를 말하며, 세 번째이자 마지막은 '은퇴생활(living in retirement)을 보내는 시기'를 뜻한다.

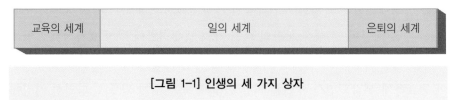

| 교육의 세계 | 일의 세계 | 은퇴의 세계 |

[그림 1-1] 인생의 세 가지 상자

출처: Bolles (1981).

그러나 현대사회에서는 [그림 1-1]보다 양 끝에 있는 상자(즉, 교육과 은퇴)가 점점 더 길어지고 있다. 즉, 많은 사람이 보다 많은 교육을 추구함으로써 점점 더 나이 들어서까지 일의 세계로의 진입을 늦추고 있으며, 이전보다는 훨씬 이른 시기에(대략 50세 정도에) 은퇴를 한다. 따라서 상자는 전체적으로 [그림 1-2]와 같은 모양을 띠게 된다.

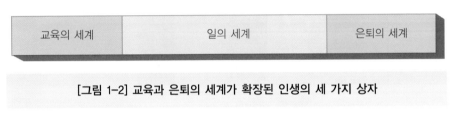

[그림 1-2] 교육과 은퇴의 세계가 확장된 인생의 세 가지 상자

출처: Bolles (1981).

더욱 심각한 문제는 이 세 가지 상자가 점점 고립되어 간다는 것이다([그림 1-3] 참조). 즉, 인생의 각 시기에서 수행되는 일들은 인생의 다음 시기에 대한 충분한 인식 없이 수행된다는 것이다. 예를 들면, 대부분의 신규 졸업자는 학교에서 앞으로의 직업을 찾기 위한 훈련을 거의 또는 전혀 받지 못했다고 말하며, 은퇴자들 또한 그들이 일의 세계에 있는 동안 은퇴 준비를 위한 도움을 거의 또는 전혀 받지 못했다고 호소하는 것이다.

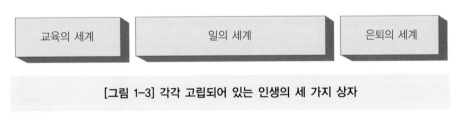

[그림 1-3] 각각 고립되어 있는 인생의 세 가지 상자

출처: Bolles (1981).

인생의 세 가지 상자를 연령대별로 구분하여 살펴보면 교육의 세계, 일의 세계, 여가의 세계에 따라 교육, 일, 여가활동이 [그림 1-4]와 같이 편중되고 있음을 확인할 수 있다. 즉, 아동기 및 청소년기에는 대부분의 시간을 교육을 받는

것에 헌신하고, 청년기 및 중년기에는 대부분을 일을 하는 데 사용하며, 마지막
으로 장년기 및 노년기에는 여가활동에 쏟고 있다.

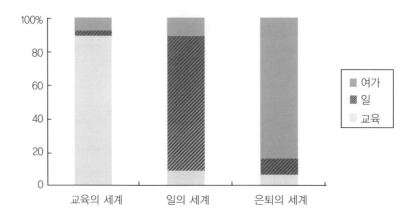

[그림 1-4] 인생의 세 가지 시기별 교육, 일, 여가활동의 편중 경향

출처: Bolles (1981)에서 재구성함

결론적으로, 볼스(1981)는 인생의 세 가지 상자를 비유적으로 제시함으로써
인생의 각 시기별로 교육과 일, 여가활동이 현저하게 불균형을 이루고 있음을
지적하며, 향후 각 시기별로 교육, 일, 여가활동 간의 보다 공평한 균형을 이루
기 위해 전 생애에 걸친 진로관리가 필요함으로 강조하였다.

이와 같은 내용을 생애개발상담의 관점에서 조망한다면 생애개발상담이란
인생의 각 단계에서 교육과 일 그리고 여가가 균형을 이루면서 조화로운 삶을
살 수 있도록 조력하는 활동이라고 정의할 수 있을 것이다.

5) 워라밸

최근의 직장인에게 가장 주목받는 신조어가 바로 워라밸, 즉 일과 삶의 균형
(work-life balance)이다. 이는 개인의 업무와 사생활 간의 균형을 표현한 단어
로, 1970년대 후반 영국에서 처음 등장했다. 일과 삶의 균형이란, 일을 위하여

할당된 시간과 삶의 다른 측면 사이에서 개인이 필요로 하는 시간의 균형을 뜻한다. 일 이외의 삶의 영역이란 개인의 관심사, 가족, 사회/여가활동에만 국한되는 것은 아니다.

일과 삶의 균형에 대한 정의는 일과 일 이외의 영역 간에 균형을 지속하여 시간과 심리적·신체적 에너지를 적절히 분배함으로써, 삶을 스스로 통제·조절하고 삶에 대해 만족하는 상태를 말한다(김정운, 2005). 또한, 일과 삶의 영역은 일과 가정, 일과 여가, 일과 성장의 세 가지로 구분되는데, 세 가지 영역의 각각의 정의를 살펴보면, 첫째, 일과 가정의 균형은 일과 가정생활을 동시에 수행하면서 긍정적인 차원의 경험과 만족감을 얻는 상태, 둘째, 일과 여가의 균형은 직장 생활과 여가활동을 같이 수행하면서 긍정적인 차원의 경험과 만족감을 얻는 상태, 셋째, 일과 성장의 균형은 직장생활과 교육 및 자기개발 활동을 동시에 수행하면서 긍정적인 차원의 만족감을 얻는 상태이다. 이는 앞서 살펴본 볼스의 '인생의 세 가지 상자'와 맥락을 같이 하는 개념으로 볼 수 있다.

워라밸의 또 다른 정의로는 일과 가정 영역의 균형으로, 기업이 근로자의 안정과 개인 생활과의 조화를 위한 지원을 해 줌으로써 기업의 생산성 향상은 물론, 근로자의 삶의 질 제고와 경쟁력을 강화하는 것을 말한다. 기업은 성별 혹은 연령과 상관없이 근로자 모두의 일과 삶의 균형을 지원하며, 이는 일반적인 복리후생의 의미가 아닌 육아와 가정, 취미, 학습 등 모든 분야를 포함하는 가족친화정책의 개념으로 확대된 것이라 할 수 있다. 최근 워라밸은 연봉에 상관없이 높은 업무 강도에 시달리거나, 퇴근 후 SNS를 통한 업무 지시, 잦은 야근 등으로 개인적인 삶이 없어진 현대사회에서 취업이나 이직 시 가장 고려되는 중요한 조건 중 하나로 떠오르고 있다. 사실 이 용어는 어디선가 갑자기 튀어나온 신조어처럼 생각되지만, 실제로는 이미 '저녁이 있는 삶'으로 사람들에게 익숙한 개념이기도 하다.

많은 근로자는 업무 영역과 개인 영역의 완벽한 '단절과 분리'를 바란다. 그리고 그 단절과 분리가 워라밸을 찾기 위한 기반이며, 수단이자 목표라고 생각한다. 그러나 생산성 극대화 및 매출 신장이 최우선 목표인 기업의 입장에서는 워라밸을 위한 제도 마련을 쉽사리 받아들이기가 어려울 수도 있다. 따라서 기업이 생각하는 워라밸과 근로자가 생각하는 워라밸은 완벽히 같을 수 없다. 선진국에 비해 우리나라는 아직 워라밸을 위한 서비스나 제도가 미비한 상황이다. 이는 제도의 도입에 따른 비용 증가에 비해 실질적인 효과가 눈에 띄게 바로 나타나지 않기 때문에 기업이 이 제도를 도입하는 데 있어 소극적인 자세를 취하기 때문일 수도 있다. 그러나 워라밸이 분명 근로자의 동기부여에 도움을 주며, 기업이 훌륭한 인재를 확보하고 유지하는 데 중요한 수단으로 작용함에 따라 새로운 방식의 경영 패러다임이 필요하게 되었다. 점점 근로자의 단순한 사고보다는 창의적인 사고가 요구되는 이 시점에서 기업은 근로자의 일과 삶의 균형을 위해 노력하고, 기업과 근로자 모두가 서로 윈윈(win-win)할 수 있는 적극적인 전략 마련이 필요하다.

우리나라에서도 일과 생활의 균형에 대한 관점을 일과 가정을 중심에 두고 논의가 진행되었다. 「근로기준법」「남녀고용평등과 일·가정양립 지원에 관한 법률」「고용보험법」을 근거로 하여, 정부 주도의 모성보호정책과 일·가정양립 지원정책이 시행되었다. 그리고 2004년부터 주 5일 근무제의 시행으로 개인 생활에 대한 관심이 생겨나기 시작했고, 이러한 관심이 일과 생활의 균형에 대한 관점이 삶의 영역으로 확장될 수 있는 계기가 되었다. 특히 고용노동부에서는 2017년 7월 워라밸의 제고를 위해 『일·가정 양립과 업무 생산성 향상을 위한 근무혁신 10대 제안』을 발간했다. 이 책자에는 정시 퇴근, 퇴근 후 업무 연락 자제, 업무집중도 향상, 생산성 위주의 회의, 명확한 업무 지시, 유연한 근무, 효율적 보고, 건전한 회식문화, 연가 사용 활성화, 관리자부터 실천과 같은 열 가지 개선 방침이 수록됐으며, 잡플래닛과 공동으로 워라밸 점수가 높은 중소기업을 평가해 '워라밸 실천기업'으로 선정하고 있다.

워라밸의 관점에서 본다면 생애개발상담이란 워라밸을 합리적으로 실천하여 개인이나 근로자들이 보다 행복한 삶을 영위하도록 전문적으로 도와주는 활동이라고 볼 수 있다.

4. 생애개발상담의 영역

1) 학습과 진로

변화의 시대를 살아가는 현대인에게 학습은 직업을 유지하기 위한 필수적인 과정일 뿐 아니라 인간다운 삶을 추구하기 위해 평생 동안 해야 하는 활동이다. 우리는 학습을 통해 지적 유산을 전수받으며, 정서의 수용과 표현방법을 배우고 사회생활에 적합한 가치를 획득할 수 있다. 인간은 평생 발달하는 존재로 생애단계별로 상이한 학습이 필요하며 그에 적합한 학습상담이 제공되어야 한다. 이 책의 제4장에서는 학습상담의 바탕이 되는 학습이론으로 행동주의 학습이론과 인본주의 학습이론 그리고 인지주의 학습이론을 소개하고, 각 이론이 가진 인간관과 학습의 원리를 살펴볼 것이다. 상담자는 내담자의 발달단계별 과업 및 그에 따라 요구되는 학습의 내용과 방법을 알고 소통해야 하므로 영유아기 · 아동기 · 청소년기 · 성인기 · 노년기로 나누어 학습발달의 특징과 주요 이슈를 알고 있어야 한다.

또한 산업구조의 변화, 인구구조의 변화, 다문화 사회의 진행 등으로 특징지어지는 최근의 사회적 변화는 학습과 교육제도에 상당한 변화를 가져왔다. 이러한 변화는 학습의 의미를 지식의 저장에서 지식의 구성으로 옮기고 있으며, 이에 따라 학습자는 자기주도적인 평생학습을 해 나가야 할 필요가 있다. 따라서 평생학습자로서의 내담자를 위한 상담은 학습을 즐기도록 하여 내담자의 강점을 스스로 활용하도록 조력하는 것이다. 이러한 평생학습시대의 학습상담자는 자신도 평생학습자로서 학습을 생활화하고 내담자에게 배우는 자세를 가져야 한다.

학습은 진로발달의 구성요소이면서 진로성숙의 촉진요인이다. 개인에게는 생애단계별로 고유한 진로발달과업이 있고, 이에 따른 진로상담 및 진로교육에서의 상이한 개입전략이 필요하다. 생애개발상담은 삶의 다양한 역할을 조망하고 중요성을 평가하여 삶을 계획해 나가도록 돕는 진로상담의 방식과도 유사하다. 이 책의 제5장에서는 진로인식, 진로의사결정, 취업준비와 취업, 진로전환, 직업적응, 은퇴 후 진로와 관련한 주제와 실제 개입전략이 생애개발상담에 어떻게 활용되는지를 제시할 것이다. 또한 진로상담의 연구 및 실제에서 활발하게 이용되는 상담이론 중 진로선택이론, 진로발달이론, 직업적응이론을 소개하고, 진로발달이 일어나는 관계적 요인 및 발달의 맥락을 포함한 최근 이론인 직업관계이론, 진로구성이론을 소개할 것이다.

생애개발 진로상담의 과제는 직업세계의 변화를 예측하여 진로상담에 반영하기, 직업세계의 빠른 변화에 대비한 아동기·청소년기의 진로발달을 돕기, 청년실업이 높아지는 시기에 청년기 취업 조력하기, 성인기의 빈번한 전직 및 이직에 대해 조력하기, 노년기의 진로 계획 및 취업 조력하기 등 발달단계별로 고유한 것으로 설정되며, 이에 대한 보다 전문적인 개입 방안을 찾아가는 방향으로 진행된다. 4차 산업혁명 시대에는 진로상담의 방식에도 변화가 요구되는데, 내담자를 여러 직무에 도움이 되는 기초역량과 학습능력, 유연성, 고용가능성 등을 키워 환경의 변화에 적응할 수 있도록 돕고, 그러한 개입을 효과적으로 진행할 수 있는 진로상담자의 역량도 키워 나가야 한다.

2) 성격과 대인관계

성격은 인생에서 접하는 다양한 생활사건과 발달과제 및 도전에 대응하는 개인의 일관되면서도 독특한 특성이다. 자신의 성격을 이해하고 상황과 맥락에 맞게 반응하거나 때로는 환경을 변화시키고자 하는 성격 차원의 노력은 개인이 환경에 효율적으로 적응하고 자기를 실현하면서 충만하게 생활할 수 있도록 한다.

제6장에서는 생애개발의 관점에서 성격이 생애를 통해 어떻게 형성·변화하며 성격 변화에 영향을 미치는 요인은 무엇인지를 살펴볼 것이다. 성격은 쉽게 변하지 않는 심리적 구조이지만 최근에는 세월에 따라 조금씩 변화한다는 사실이 밝혀지고 있다. 세월의 흐름 속에서 개인의 신체적·생리적 변화, 생활사건

과 인생경험 그리고 사회문화적 변화 등과 같은 많은 요인이 성격발달의 성숙이나 결핍 혹은 왜곡을 가져온다. 상담실에서 '성격문제'라는 항목이 상담요청 건수 중에서 상위에 집계되는 것만 보아도 성격이 우리 삶의 여러 영역에 미치는 영향력뿐만 아니라 성격에 따른 문제가 발생하였을 때 느끼는 괴로움의 크기를 가늠할 수 있다. 또한 성격적 문제를 치료하는 데 이론적 틀과 전략을 제시하는 대표적인 성격이론으로 프로이트(Freud)의 심리성적 발달이론, 에릭슨의 심리사회적 발달이론, 인본주의적 자기의 발달이론, 성격장애와 대상관계이론 등이 있다. 구체적인 상담전략은 성격특성이 인생의 주요 영역, 즉 학교생활, 대인관계, 직업장면, 가족관계 등에서 적응이나 발달에 어떤 어려움을 초래하는지에 대한 사례를 통해 세울 수 있다.

개인이 성격의 이해와 변화를 추구하는 가장 큰 이유 중 하나는 원만한 대인관계를 위해서일 것이다. 인간의 삶은 다양한 대인관계의 형성 · 발전 · 해체의 과정이라고 할 수 있다. 대인관계는 일생에 걸쳐 존재하며 점차 발전하고 확장되어 가다가 단절 · 쇠퇴 · 해체 · 소멸하는 발달과정을 거친다. 제7장에서는 이런 다양한 대인관계의 종류와 발전과정, 주요 이슈, 상담접근, 향후 과제 등을 살펴볼 것이다. 제7장에서는 대인관계의 각 영역별로 발달과정을 이해하고 원활하고 풍성한 대인관계를 형성 · 유지 · 발전시키기 위해 생애개발의 관점으로 성격문제에 접근한다. 즉, 유아기 · 아동기 · 청소년기 · 청년기 · 성인기 · 노년기의 시기별로 가족관계, 친구관계, 사회관계의 세 가지 영역을 구분하고 각 영역 내의 하위 대인관계별 특징과 주요 과제를 살펴볼 것이다.

인간의 문제를 이해하고 해결하려는 대부분의 접근은 대인관계 문제해결에 기여한다. 개인심리적 접근에서 대인감정 · 대인동기 · 대인신념을 다루고, 대인기술적 접근에서 언어적 · 비언어적 대인기술을 설명하며, 체계환경적 접근에서는 가족상담 접근과 집단관계심리 접근으로 구분하여 기술해서 성격상담에서 문제해결에 활용할 수 있게 한다. 앞으로는 대인관계 생애개발에 있어서 개인 및 사회환경 변화와 인터넷과 스마트기기의 발달로 인한 대인관계의 특성변화를 고려해야 하며, 인공지능기술의 발달에 따라 기계가 인간과의 의사소통 및 관계를 보완하거나 대치할 가능성에도 관심을 두어야 한다. 이에 따라 대인 관계의 개념 변화를 파악하고 여기에서 발생하는 문제의 이해와 대처가 새로운 과제로 등장할 것이다.

3) 여가와 문화적응

행복한 삶이란 일, 놀이, 쉼의 균형 잡힌 삶이라는 인식이 높아지고 있다. 인식의 전환뿐 아니라 주 5일제 근무제도, 평균 수명의 연장과 더불어 은퇴 이후의 시간이 늘어남에 따라 여가에 대한 관심이 높아지고 여가상담의 필요성도 커지고 있다. 여가의 개념은 아무것도 하지 않음, 한가로움을 뜻하는 소극적 의미에서부터 자유와 여유 속에 자기실현을 하는 정신적 발전 상태를 뜻하는 적극적인 의미로 확대·정의되기도 한다. 여가는 휴식, 심리적 이완, 자기실현 기회, 사회적 영향, 교육 및 문화 전달 등의 순기능만 있는 것은 아니며, 한두 가지의 여가활동에만 탐닉하는 여가의 획일화, 문제해결보다는 이를 회피하거나 위장하는 데 몰두하는 위장화 문제, 향락적인 여가에 빠져 일과 가정을 등한시하게 되는 역기능을 초래하기도 한다.

한편, 직장에서의 과도한 스트레스 속에서 자신에게 적합한 여가활동을 찾지 못하거나 일중독으로 인하여 여가를 제대로 즐기지 못하는 인구도 늘어나고 있으며, 좋지 못한 여가활동에 탐닉함으로써 자신의 사회생활에 해를 끼치는 현상은 인생을 풍요롭게 하기 위한 여가상담의 필요성을 요구하고 있다. 제8장에서는 여가상담의 역사와 정의를 살펴보고, 여가상담의 주요 이슈로 여가상담자의 역할, 여가상담의 구성요소와 상담과정, 여가문제의 진단 및 평가, 여가상담의 방법을 제시할 것이다. 또한 여가상담의 적용 영역을 문제별, 대상별, 생애주기별로 구분하여 각각의 특징과 전략을 알아볼 것이다.

여가라는 것은 문화를 구성하는 요소이며 문화를 창조하는 자원이기도 하다. 문화는 우리 삶의 기본 바탕이며, 부모의 문화적 배경은 우리 삶 전체에 중요한 영향을 미친다. 문화는 인간의 고유한 정신적 산물로 다양한 인종, 민족, 집단과 사회에 따라 차이가 있고, 각 개인은 자신이 익숙한 문화와 그렇지 않은 문화를 지니기 마련이다. 전통적인 사회와 달리 현대사회는 전 지구적인 인구 이동이 빈번하고, 다양한 문화권의 사람과 접촉할 수 있는 기회가 많아지면서 문화에 적응하는 것은 매우 일상적이며 삶의 질에 영향을 미치는 요소가 되었다. 제9장에서 다루게 될 문화적응은 개인의 삶 속에 문화적 변화와 심리적 변화가 일어나는 불가피한 과정으로 보며 전 생애에 걸친 하나의 과업으로 제기된다. 또한 제9장에서는 개인의 인지적 혼란, 사고방식이나 판단 준거의 흔들림 등 정서적 고통을 초래하고 실제 수행에서 어려움을 겪게 만드는 문화 부적응도 함께 살펴볼 것이다. 개인적 차원의 문화 부적응이 집단적·사회적 불화와 갈등으로 확산될 수 있기에 현대사회는 사회적 화합과 조율을 위하여 개인에게 세계시민적 정체성과 이와 관련된 역량을 요구한다. 특히 상담자는 문화적응을 이해하기 위한 다양한 이론을 바탕으로 문화적으로 유능한 상담자가 되어야 한다. 문화적응상담은 기본적으로 상담에서 내담자가 문화와 관련된 경험에서 발생하는 어려움을 다루고, 문화적 측면에서의 적응을 돕는 것을 목표로 한다.

문화에 대한 관점은 인지발달단계에서 형성되는 것으로 문화적응상담의 주요 주제나 이슈는 생애주기에 따라 달라질 수 있다. 문화적응과 관련해 내담자가 겪는 어려움은 대인관계와 삶의 다양한 역할수행의 장애로 파급될 수 있다. 이러한 관점에서 아동기는 문화적 이해 촉진, 청소년기는 문화적 수용 증진, 성인기는 문화적 감수성 배양에 초점을 맞춘 문화적응상담을 설명하고 생애주기별 문화적응상담의 주요 주제나 이슈를 다루도록 한다.

4) 음식과 건강

우리가 먹는 음식은 신체뿐만 아니라 심리적·정신적 건강과도 큰 연관성을 갖고 있다. 우리는 심리적 허기짐과 정서적 해소를 위해서도 음식을 섭취하는데, 이는 음식은 가장 빠르고 간편한 자기 위로 방식이기 때문이다. 개인이 무슨 음식을 어떻게 얼마나 누구와 먹는가를 통해 개인의 성격이 드러나기도 하고,

음식문화에는 그 나라의 자연환경뿐만 아니라 사회문화적 조건, 경제적 조건 그리고 그 민족의 특성과 생활양식까지 내재되어 있다. 제10장에서는 음식이 생애개발상담에 어떻게 적용될 수 있을지를 알아본다. 인간이 태어나 음식을 선택하고 먹는 행동과정은 청소년기를 거쳐 중년기, 노년기로 이어지며 인생의 발달단계에 따라 그 양상이 변화한다. 이러한 과정에서 음식 섭취가 개인의 신체적 건강과 심리사회적 기능을 강화하기보다는 심각하게 손상시키는 경우가 나타나기도 하는데, 이러한 경우는『정신장애의 진단 및 통계 편람(DSM-5)』의 '급식 및 섭식장애'에서 찾아볼 수 있다. 대표적으로 거식증, 폭식증은 심리적·사회문화적 요인과 연관되어 있으며 생애발달에서 개인의 건강한 발달을 심각하게 제한한다.

음식은 생애 초기부터 정서와 연합이 되며, 그런 맥락에서 '컴포트 푸드(Comfort food)'란 개념은 기존 관계와의 인지적인 연결을 통해 특별한 감정적 힘을 가지는 사회적 대리물로 정의된다. 어떤 음식을 언제, 어떻게, 누구와 먹을 것인지의 선택에는 개인의 가치관과 성격, 나아가 가족·사회로 확산되는 인간문화의 원형이 담겨 있다. 또한 비만과 다이어트를 포함한 혼밥, 먹방 등 음식문화에 관련된 이슈는 음식의 영향력과 여러 가지 심리사회적 역할에 주목하게 만든다. 음식은 상담에서 도구나 방법으로 사용되지는 않지만 사실 음식이 가지는 정서적·심리적 특성을 생각해 보면 효과적인 방법으로 활용될 가능성은 충분하다. 실제로 최근 요리치료가 등장하여 음식을 만들고 나누는 과정을 통해 긴장이나 불안을 해소하고 내적 통제력, 안정감, 협동 등 개인의 사회적·정서적인 면의 성장과 개발을 도와주고 있다.

음식이 심신의 건강을 위한 하나의 수단이라면 궁극의 목표인 건강이란 어떤 상태를 말하는 것일까? 건강이란 단지 질병이 없거나 허약하지 않을 뿐만 아니라 신체적·정신적·사회적 그리고 영적으로 안녕한 상태이다. 건강의 개념은 신체적 측면이나 정신적 측면으로 확장되어 가고 있다. 한편, 우리나라에서는 평균 수명이 꾸준히 증가하는 가운데, 성공적인 노화에 대한 관심도 증가하고 있다. 성공적인 노화에 관한 통합적인 관점에서는 개인과 환경의 상호작용을 강조하며, '타인과 긍정적인 교류' '목적의식' '자율성' '자아수용' '개인적 성장' '환경적응'이라는 성공적인 노화에 관한 6개의 새로운 차원을 제시하고 있다.

제11장에서는 건강에 대한 이론을 신체적 측면과 정신적 측면으로 나누어 살펴보고, 산업구조와 인구구조의 변화, 다문화 사회와 관련된 건강의 문제를 논의할 것이다. 생애주기별 건강상담의 주요 이슈와 건강문제를 제시하고, 오랫동안 건강하게 살기 위해 필요한 것이 무엇인지 알아본다. 건강상담의 시작은 내담자의 생활양식을 파악하고 건강한 방향으로의 변화를 목표로 설정하는 것이다. 개입은 내담자의 충분한 동기를 유발하고, 사회적 지지체계를 구성하며, 환경적 스트레스를 감소시키는 것 등이다.

5) 재무와 영성

재무상담이란 현명한 경제적 의사결정을 하도록 도와주는 상담의 한 영역이다. 그러나 재무상담에 대한 명확한 개념 및 전문재무상담사에 대한 규정이 미흡한 상황이며, 재무상담을 전문적으로 수행하는 조직이나 기업도 찾기 힘들다. 상담의 관점에서 보면 급변하는 경제환경 속에서 돈과 재무적인 사항이 개인의 삶과 생애에 있어서 매우 중요한 이슈임에도 불구하고, 재무상담의 영역은 지금까지 많이 다루어지지 않았다.

제12장에서 소개할 재무상담이론은 다양한 학문적 · 이론적 배경을 기반으로 발전되어 왔으며, 경제학, 경영학, 가정경제학, 소비자학, 교육학, 심리학, 상담학, 사회학 등을 포함한 다개념적 체계 및 복합적 특성을 가진다. 재무상담은 재무설계, 재무상담, 재무교육이라는 3개의 관련 영역으로 접근할 수 있다. 재무설계는 재무목표로 시작하고, 재무상담은 재무문제의 인식 및 평가로 시작하며, 재무설계의 목표가 중장기적 재무목표의 달성이라면 재무상담의 목표는 단기적 재무문제의 완화 · 해결 · 통제라 볼 수 있다. 한편, 재무교육의 목표는 재무설계와 재무상담의 목표, 즉 장기적 재무목표의 달성과 단기적 재무문제의 해결 능력 향상을 모두 포괄한다.

재무상담 영역에서 나타나는 문제는 황금만능주의나 무분별한 소비행동 등과 같이 개인이 돈에 대해 가진 생각, 가치관, 태도 등 비재무적이고 심리적인 요인의 결과인 경우가 적지 않다. 부모로 대표되는 가족에게서 배운 돈에 대한 무의식적인 믿음과 가치관은 세대를 넘어서 자녀의 내면 깊은 곳에 돈에 대한 신념을 형성시키므로, 재무상담에는 비재무적이고 심리적인 관점의 접근도 포함된다. 재무상담의 내용은 개인의 생애주기별로, 또 개인의 특성에 따라 달라져야 한다. 단순한 정보제공과 금융상품에 대한 소개가 더 효과적인 경우도 있을 수 있고, 심리적 상담 및 조언이 더 적합한 경우도 있을 수 있다. 급변하는 경제 환경 속에서 재무상담은 변화나 위기를 경험하는 개인 및 가계를 보호하고, 그들이 재무적 · 비재무적 대안을 만들어 대응할 수 있도록 도와줄 수 있어야 한다.

제13장에서는 영성을 생애개발상담의 한 영역으로 다룬다. 영성은 긍정심리학에서 문제와 역경을 극복하고 행복한 삶을 영위하기 위하여 중요한 덕목 중 하나로 여겨지지만, 현재 겪는 삶의 경험이 가진 의미가 무엇인지 한 차원 더 높고 넓은 관점에서 바라보고 극복할 수 있도록 인식의 범주를 확장하는 작업과도 통한다. 주로 종교의 영역 안에서 다루어져 오던 영성은 이제 상담학 분야에서도 중요한 주제로 인식되고 있다. 생애개발상담의 주요 초점이 전 생애에 걸쳐 행복을 추구하고 보다 나은 삶을 영위할 수 있도록 조력하는 것임을 전제로 할 때, 영성은 생애개발상담의 매우 중요한 주제라 할 수 있다.

이에 따라 종교적 관점과 철학적 관점, 심리학적 관점에서 영성을 어떻게 정의하고 있는지 살펴보고, 영성과 관련하여 상담에서 활용할 수 있는 몇 가지 개입 방안을 제안한다. 명상은 자신이 근원적인 존재와 연결되는 체험을 통해 자신이 가진 문제나 고통을 바라보는 시각을 바꾸어 주고, 기도는 종교인 또는 비종교인에 관계없이 누구나 할 수 있는 활동으로 내담자의 영성과 관련된 부분에 있어 치료효과에 도움이 되는 방향으로 활용할 수 있다. 경건 서적 읽기는 영적 울타리 안에서 자신의 문제를 바라봄과 동시에 그 핵심적 가르침이 현재 상담의 상담적 개입과 연결되어 있다는 인식을 가지도록 도울 수 있다. 다만, 내담자의 심리치료와 관련된 중요한 주제로서 영성을 다룰 때, 상담자가 평가 및 개입 측면에서 고려할 사항도 반드시 확인해야 한다.

5. 생애개발상담의 전망과 과제

상담학의 신생 분과로서 생애개발상담의 전망은 사회적 여건의 변화에 비추어 볼 때 상당히 낙관적이라고 할 수 있다. 그러나 동시에 낙관적 예측을 실제로 구현하기 위해 해결해야 할 과제도 지니고 있다.

1) 생애개발상담의 전망

생애개발상담의 전망은 이 장의 앞부분에서 서술한 생애개발상담이 대두된 필요성과 그 궤를 같이한다. 가까운 미래에 『한국직업전망』에 '생애개발상담전문가'라는 직업이 등재된다면 마지막 부분에 등장하는 '직업전망' 부분에서는 고용률이 더욱 증가하는 유망직업으로 서술될 것이라고 예상된다. 건강관리의 중요성이 더욱 강조되고 있고 의학의 발달에 힘을 입어서 인간의 평균 수명은 더욱 늘어날 것이기 때문에 전 생애에 걸친 생애개발의 중요성은 더욱 강조될 것이다. 워라밸이라는 화두가 상징하듯이 이제 대부분의 직종에서 일과 삶의 균형이 중요한 쟁점으로 부각되고 있는데, 이는 생애개발상담이 지향하는 목표와 매우 근접해 있다.

기존과는 다르게 변화하는 사람들의 인식도 생애개발상담의 긍정적인 앞날을 예고하고 있다. 열심히 일을 해서 수입을 올리는 것도 무시할 수 없지만, 이제는 우리가 '왜 일을 하는가'에 대해 진지한 성찰을 할 필요가 있다. 이 역시 생애개발상담의 앞날에 대한 낙관적인 견해를 견지하게 해 주고 있다.

최근 다양한 분야에서 열풍을 일으키는 인문학의 대중화 역시 생애개발상담에 호의적인 영향을 주고 있다. 인문학적 성찰의 수많은 주제를 대별한다면 하나는 '나는 누구인가'로, 다른 하나는 '어떻게 살 것인가'로 집약할 수 있기 때문이다. 이러한 성찰의 현실적인 길목에는 생애개발이라는 주제가 늘 우리를 기다리고 있다.

2) 생애개발상담의 과제

앞에서 기존의 여타 상담 분야와는 차별화된 견해를 가지고 출발한 생애개발상담의 낙관적인 전망을 피력했는데, 이러를 현실화하기 위해서는 고민하고 해결해야 할 과제 역시 남아 있다.

첫째, 생애개발상담의 이론적 토대를 튼실하게 구축해야 한다. 기존의 이론이나 논점 중에서 생애개발상담의 토대를 구축하는 데 도움이 되는 것들을 선별하여 재조직하고 새로운 통찰적 지식을 더해서 생애개발상담의 이론을 보다 완벽한 그림에 가까워지도록 노력해야 할 것이다.

둘째, 생애개발상담을 인접 분야의 상담 영역과 차별화하고 경계를 명료화하는 작업이 필요하다. 생애개발상담이 여러 영역을 단순하게 합산하는 것이 아니라 일정한 논리의 흐름 속에서 정합성을 갖춘 고유한 상담 영역이 되도록 가꾸어야 할 것이다.

셋째, 생애개발상담의 범주 혹은 영역 구성을 정교화하기 위해서 애를 써야 할 것이다. 이를 위해서는 발달과업적 접근이 중요한 기여를 할 것으로 보인다. 또한 현재 대상에 특화된 상담을 펼치고 있는 기관(예: 중장년일자리희망센터, 서울시 50+센터 등)에서 접수면접을 마친 후에 내담자를 배정하는 영역이 무엇인지 종합적으로 고려한다면 좋은 아이디어를 얻을 수 있을 것이다.

넷째, 생애개발상담의 관점에서 대상에 특화된(발달단계) 상담개입 기법 그리고 상황에 특화된(발달과제) 상담개입 기법을 개발하는 일도 실제적인 측면에서 매우 중요하다. 이를 위해서는 먼저 기존의 상담 분야에서 개발된 다양한 기법과 도구를 생애개발상담이라는 시각에서 각색하고 특화시키는 작업이 필요할 것이다.

　다섯째, 생애개발상담을 지향하는 교수나 연구자가 생애개발상담에 대한 연구에 관심을 가져야 할 것이다. 이러한 연구는 초기 단계에서는 경력이 많지 않은 상담자나 석사학위 논문 수준에서는 어려울 수도 있다. 먼저 이 분야를 선도하는 학자들의 통찰적이고 발견지향적인 연구 노력이 필요하다.

제2장
남성의 생애개발과 상담

| 이동혁 |

이 장에서는 생애발달단계별로 남성의 특성을 정리하고, 남성의 생애개발을 위한 상담적 접근을 살펴보고자 한다. 남성은 여성과는 다른 발달적 특성을 가지고 있기 때문에 생애주기별로 여성과 다른 생애주제를 경험한다. 따라서 여성과 다른 남성만의 특성을 반영한 상담적 접근을 탐색할 필요가 있다. 그리고 마지막으로 남성을 위한 생애개발상담의 전망과 과제에 대해서 살펴볼 것이다.

1. 남성 생애개발상담의 필요성

사람이 태어나면서부터 어떤 과정을 거쳐서 성장하고 어떤 변화를 겪는지, 그리고 그 변화에 어떻게 적응하면서 살아가는지에 대해서 그동안 다양한 연구와 이론을 통해 설명되어 왔다. 최근에는 발달이라는 개념을 전생애적으로 확장하면서 청소년기 또는 성인 초기까지의 발달만을 설명하는 것이 아니라 중년기 또는 노년기까지의 발달과 변화를 연구하고 설명하기 위해서 노력하고 있다.

그런데 이러한 발달의 양상은 모두에게 동일하게 나타나는 것이 아니라 성별과 문화, 또는 사회경제적 지위에 따라서 다르게 나타날 수 있다. 이 중에서도 성별에 따른 발달의 차이를 탐색하는 것은 최근 매우 중요한 연구 영역으로 여겨지고 있다. 예를 들면, 정서발달에서 남성과 여성 사이에 차이가 있음을 확인할 수 있다. 남성은 주로 나이가 들면서 감정표현을 억제하지만, 여성은 내면적인 감정을 인식하고 표현하는 경향이 있다. 한편 여성에게도 억제하는 감정이 있는데, 이는 사회적으로 받아들여지지 않는 분노와 같은 감정인 경우가 많다고 알려져 있다(Brody, 1985).

최근 발달심리학에서는 여성의 발달이 남성과 어떻게 다른 특징을 가지고 있는지 탐색하는 것이 중요해지고 있다. 그렇다면 여성의 발달에 대한 연구가 왜 최근에 많이 이루어지는 것일까? 그 이유는 그동안의 발달에 대한 이론과 연구가 남성 위주로 이루어져 왔기 때문이다. 발달의 과정과 양상을 설명하면서도 남성의 삶을 중심으로 설명하였으며, 특히 성인의 발달을 설명할 때는 남성의 직업발달을 핵심으로 다루어 왔다. 그러다보니 여성발달의 독특한 측면을 연구하고 이를 정리하는 것이 매우 중요해진 것이다. 그런데 역설적이게도 이렇게 여성의 발달특성을 탐색하고 연구하여 정리하다 보니, 반대로 남성의 특성이 무엇인가에 대한 질문을 하게 되고 여성과 다른 남성의 발달특성이 무엇인지 알고자 하는 욕구도 함께 증가하였다.

남성의 생애발달단계와 그 특징을 설명한 대표적인 이론은 1977년에 발표된 레빈슨(Levinson)의 성인발달이론이다(Rossi, 1980). 레빈슨은 남성이 6단계를 거쳐서 성장하고 변화한다고 보았다. 첫 번째 단계는 초기 성인 전환기(Early Adult Transition)로서 17~22세에 나타난다. 이 시기는 청소년기를 벗어나서 자신의 삶에 대한 예비적인 선택을 하는 단계라고 보았다. 두 번째 단계는 성인기 입문(Entering Adult World) 단계로서 22~28세에 나타난다. 이 단계에서는 사랑, 직업, 우정 등과 관련하여 삶에 대한 초기 선택을 하게 된다. 세 번째 단계는 30세 전환기(Age 30 Transition)로서 28~33세에 나타난다. 이 시기에는 삶의 구조와 삶의 모습에서 주된 변화가 나타나게 된다. 네 번째 단계는 정착기(Settling

Down)로서 33~40세에 나타난다. 이 시기에는 가정과 직업적인 측면에서 보다 발전된 성취를 이루고, 점점 더 많은 기대와 책임을 가지게 된다. 다섯 번째 단계는 인생 중반 전환기(Mid-life Transition)로 40~45세에 나타난다. 이 시기에는 자신의 삶에 대해서 질문을 하게 된다. 특히 삶의 의미나 방향 가치 등에 대해서 질문을 하고, 부모로서의 역할이 더욱 강화되는 시기라고 할 수 있다. 마지막 여섯 번째 단계는 중년기 입문(Entering Middle Adulthood) 단계로 45~50세에 나타난다. 이 시기에는 선택이 마무리되고, 삶의 구조가 어느 정도 완성되는 시기이다. 레빈슨은 이러한 발달단계를 설명하면서 남성의 발달은 단순히 신체적 발달만을 의미하는 것이 아니라 생애 전체에 걸친 삶의 변화를 의미한다고 하였다. 결국 남성의 발달을 이해하기 위해서는 삶의 전반적인 측면을 고려해야 한다는 것이다.

그런데 아쉽게도 레빈슨 이후로는 남성의 발달을 설명하고 있는 이론을 찾아보기가 쉽지 않다. 물론 대부분의 발달이론이 남성을 중심으로 발달단계를 설명하고 있지만 남성의 발달만을 구체적으로 설명하는 이론은 발견하기 어렵다. 그런 면에서 레빈슨의 이론은 가치가 있다고 할 수 있다. 하지만 그의 이론이 발표된 이후로 많은 시간이 지났지만 시대의 변화와 흐름을 적용하고 탐색한 이론이나 연구는 여전히 많지 않다. 그러므로 남성의 생애발달단계별 발달의 특징과 생애주제를 살펴보고, 상담에서 이러한 남성의 생애주제를 어떻게 다룰 수 있을지 탐색해 볼 필요가 있다.

그리고 남성이 가지고 있는 여성과 다른 고유한 특성으로 인해서 남성에 맞는 다른 상담적 접근이 필요하다고 한다. 특히 사회에서 기대되는 남성의 성역할로 인해서 남성은 상담과 같은 전문적 도움에 대하여 부정적인 태도를 가지고 있기 때문에(예: Andrews, Issakidis, & Carter, 2001; Wills & DePaulo, 1991), 이들에게 맞는 상담모델을 개발하는 것은 매우 중요하다고 할 수 있다(Pederson & Vogel, 2007). 그렇지만 아직도 남성에게 적합한 상담모델이 무엇이며, 상담자가 남성 내담자를 상담할 때 어떻게 해야 하는지에 대한 논의가 충분하지 않다. 이를 위해서는 무엇보다도 남성의 발달과 그 특성을 이해하는 것이 무엇보다 중요하다고 할 수 있다. 따라서 이 장에서는 남성의 생애발달단계와 그 특징을 살펴보고, 남성이 경험하는 생애주제를 탐색해 봄으로써 남성의 생애개발상담을 위한 함의를 제공하고자 한다.

2. 남성의 생애단계별 발달특성 및 생애주제

이 절에서는 샌트록(Santrock, 2015)의 생애발달단계에 대한 설명을 기초로 생애단계별 남성 발달의 특징을 살펴보고, 발달과정 중에 남성이 경험하는 생애주제에 대해 살펴본다. 남성은 남성이기 이전에 한 사람으로서 발달과정을 경험하며, 또한 남성이기 때문에 경험하는 독특한 발달의 측면을 가진다. 따라서 이 장에서는 이러한 발달의 특성과 발달과정에서 경험하는 생애주제를 살펴볼 것이다. 다만, 이 장에서는 영아기와 유아기는 제외하고 아동기 이후부터 살펴볼 것이다. 분명 영아기부터 남자와 여자 사이에 차이가 존재하지만, 영아기와 유아기의 아이는 상담자와 직접 대면하여 상담을 수행하기 어렵기 때문에 어느 정도 상담자와 상호작용이 가능하다고 볼 수 있는 아동기의 특성부터 살펴본다.

1) 아동기

아동기는 점차 자아의식이 생겨나기 시작하고, 주변에 대한 호기심으로 탐색과 독립적인 활동을 추구하기 시작하는 시기이다. 그리고 인지적인 발달을 통해 보다 복잡한 개념을 학습할 수 있고, 관계의 양과 폭이 넓어지는 시기이다. 이러한 아동기에 남자아이는 어떤 특성과 변화를 경험하는지 보다 구체적으로 살펴보고자 한다.

(1) 신체적 성장

이 시기의 성장은 청소년기와 같이 급속하지는 않지만 꾸준한 신체적 변화로 나타난다. 근육량과 근육 강도가 강해지면서 힘이 세지고, 뼈의 강도가 강해진다. 또한 신체능력에 따라 운동능력도 향상하기 시작한다. 근육량의 증가로 힘이 세지고, 힘을 요구하는 운동에서 보다 뛰어난 능력을 보여 주기 시작한다. 그리고 소근육이 발달하면서 보다 세밀한 활동이 가능해진다. 특히 남자아이는 이 시기 신체능력의 발달로 보다 많이 움직이는 활동을 선호하고, 적극적인 움직임을 통해 에너지를 발산하게 된다. 그렇지만 이러한 신체적 능력이 향상되는 과정 중에서 소수의 아동은 건강하지 못한 성장을 경험하기도 한다. 예를 들면, 체중이 지나치게 늘어 과체중이 되거나 학습장애나 주의력결핍 과잉행동장애와 같이 발달과정에서 나타나는 장애를 경험하기도 한다. 특히 과체중은 다른 신체적 질병으로 이어지기도 하고 아동의 자존감에 부정적인 영향을 주기도 한다. 또 장애를 가진 아동은 장애에 대한 사회의 몰이해로 상처를 받거나 어려움을 경험한다. 따라서 이러한 어려움을 경험하는 아동에 대한 적절한 교육적·상담적 접근이 이루어져야 한다. 특히 활동량이 많은 남자아이의 경우, 장애로 인해서 다른 아이들과 함께하지 못하고 소외되면 또래에 속하는 데 어려움을 경험할 수 있다.

(2) 인지적 성장

피아제(Piaget, 1952)에 따르면, 아동기에는 감각을 통해서 세상을 이해하던 방식에서 벗어나 점차 눈에 보이는 구체적인 개념을 학습하기 시작하고, 조금 더 성장하면 개념 간의 관계를 이해하고 논리적으로 분석할 수 있는 능력이 발달하기 시작한다. 그리고 자기중심적인 사고에서 점차 벗어난다. 이러한 인지적인 변화로 인해서 아동은 창의적이며 비판적인 사고가 가능해지고, 메타인지 능력도 조금씩 발달하기 시작한다. 그리고 어떠한 목표를 달성하기 위해서 자신을 통제하고 조절하는 능력이 생기기 시작한다(Diamond & Lee, 2011). 이러한 인지적 능력의 성장은 세상을 이해하고 탐색해 나가는 데 있어서 매우 중요한 요인이기 때문에 아동이 자신의 인지적 능력을 향상시켜 나갈 수 있도록 가정과 학교에서 적절한 조력을 제공하는 것이 매우 중요하다.

(3) 자기개념의 발달

아동기에는 자신이 어떤 사람인지에 대해서 보다 구체적으로 설명할 수 있는 능력이 생겨나기 시작한다. 자신의 성격이나 특성을 보다 구체적인 언어로 표현할 뿐 아니라 다른 사람과의 비교를 통해서 자신을 평가하고 자신이 어떤 사람인지 이해하기도 한다. 그리고 이러한 자기에 대한 이해를 바탕으로 타인에 대한 이해로까지 이어진다. 아동기에는 자기중심적인 태도에서 벗어나 타인의 입장을 생각하고 이해하려는 노력이 나타난다. 그런데 이렇게 자신을 이해하고 평가하는 것이 아동의 심리적 · 사회적 건강에 많은 영향을 미친다.

자신에 대한 총체적인 평가라고 할 수 있는 자아존중감은, 특히 아동의 복지에 중요한 영향을 미치는 요인으로 알려져 있다. 연구결과에 따르면, 낮은 자아존중감을 가진 아동은 높은 자아존중감을 가진 아동에 비하여 비만, 불안, 우울 등 부정적인 정서나 행동을 경험할 가능성이 높다(O'Brien, Bartoletti, & Leitzel, 2013). 그리고 아동의 성취경험에 영향을 주는 자기효능감도 중요한 요인이라고 할 수 있다. 밴듀라(Bandura, 2012)에 따르면, 자기효능감을 가질수록 잘할 수 있을 것이라는 기대를 가지고, 이러한 긍정적 기대는 좋은 성취로 이어진다. 따라서 낮은 자존감과 낮은 자기효능감을 가진 아동이 있다면 낮은 자아존중감과 자기효능감의 원인을 찾아서 자신에 대한 평가를 보다 긍정적으로 해 나가도록 조력하고 지지하는 것이 필요하다. 자아존중감이나 자기효능감 부분에 있어서 남녀 차이가 크지는 않은 것으로 나타났다. 다만 남녀 차이는 전체적인 수준의 차이라기보다 세부 영역에서 차이가 나타나는 것이었다. 예를 들어, 남자아이가 신체적인 능력이나 수학에서 보다 긍정적인 자기평가를 보인다면, 여자아이는 주로 읽기나 음악 능력에서 보다 긍정적인 자기평가를 하는 것으로 나타났다(Eccles, Wigfield, Harold, & Bumenfeld, 1993).

(4) 정서발달

아동기에는 자신과 타인의 정서를 인식하고 이에 대처하는 능력이 발달한다. 특히 자신의 경험과 정서반응을 연결시킬 수 있다. 어떤 경험이 어떤 정서적 반응을 일으키는지 이해하고, 이러한 정서가 복합적으로 다양하게 나타난다는 것도 알게 된다. 그리고 부정적 정서를 경험하였을 때, 이를 감추거나 해결하려는 노력이 나타난다. 유아기 때처럼 자신의 감정을 있는 그대로 표출하는 것이라 아니라 감정을 조절하여 보다 나은 방식으로 표출하는 방법을 배워 가기 시작하는 것이다. 그리고 타인의 감정을 이해하고 느낄 수 있는 능력이 나타난다. 내가 경험하지는 않았지만 상황에 대한 평가를 통해서 다른 사람의 감정을 간접적으로라도 이해하고 경험할 수 있다. 그런데 정서를 인식하고 표현하는 데 있어서 남녀 간에 다소 차이가 있는 것으로 나타났다(Chaplin & Aldao, 2013). 특히 아동기에는 남자아이들의 경우 분노와 같은 외현적 감정을 표현하지만, 여자아이들의 경우 보다 긍정적이며 슬픔이나 동정과 같은 내면화된 감정을 많이 표현한다.

스트레스 상황에 처할 때, 아동기에는 인지적인 처리를 시도하게 된다. 스트레스 상황을 이해하려고 노력하거나 다른 방식으로 생각함으로써 스트레스 상황에서 벗어나려는 노력이 나타난다. 그러나 이러한 발달은 아직 초기 단계이기 때문에 복잡한 상황이나 극심한 스트레스 상황을 경험하면 이러한 상황을 효과적으로 대처하기에 어려움이 있을 수밖에 없다. 따라서 정서를 다루고 스트레스 상황을 다루는 능력을 키우도록 도와주어야 한다.

(5) 관계의 변화

아동기에 오면 부모-자녀 관계에 다소 변화가 일어나기 시작한다. 부모는 점차 자녀의 학습이나 학문적 성취에 관심을 가지고, 함께하는 활동의 초점이 학습으로 바뀌어 간다. 그리고 부모가 자녀를 통제하는 데 있어서 이전처럼 모든 측면에서 아동의 행동을 관리하는 것이 아니라, 자녀가 스스로 자신을 통제하고 조절하도록 격려하고 지지한다. 그리고 아동은 또래와의 관계가 확장되어 가면서 부모와 함께하는 시간이 점차 줄어들기 시작한다. 하지만 이 시기 부모-자녀 간의 애착이 중요하지 않은 것은 아니다. 여전히 아동기 자녀는 부모와의 관계에서 안정적인 애착관계를 형성해 나가야 하며, 이러한 안정적 애착관계는 이어지는 청소년기나 성인기까지 영향을 미치게 된다. 특히 남자아이와 아버지의 애착관계는 여자아이의 애착관계보다 중요하다(Diener, Isabella, Behunin, & Wong, 2007). 남자아이는 아버지와의 관계에서 안전한 애착을 경험할 때 보다 건강하게 생활할 수 있다. 이런 현상은 아이들의 나이가 점점 많아질수록 더욱 분명해진다.

아동기가 되면 이전 발달단계보다 또래관계가 확장된다. 연구결과에 따르면, 초등학교에 입학하면 또래와의 상호작용이 10%에서 30%로 증가한다(Rubin, Bukowski, & Parker, 2006). 그런데 이렇게 확장된 또래관계가 긍정적인 관계로 발전한다면 아동의 성장에 긍정적인 영향을 미치지만, 그렇지 않은 경우는 오히려 또래관계를 통해 부정적인 영향을 받기도 한다. 아동기에는 자신의 친구를 인기 있는 친구와 그렇지 않은 친구로 구분하기도 하는데, 특히 또래관계에서 인기가 없고 거부당하는 아동은 친구들에 대해서 부정적인 감정을 가지고 때로는 공격적인 행동을 하여 점차 또래관계를 맺는 것이 어려워진다. 이러한 경우, 적응문제를 경험하고 사회적 기술을 발달시킬 수 있는 기회마저 잃을 수 있다(Coie, 2004).

이 시기의 또래관계는 주로 동성 간에 이루어진다. 남자아이는 다른 남자아이와 친구관계를 맺게 되고, 여자아이는 다른 여자아이와 친구관계를 맺게 된다. 남자아이는 여자아이에 비해 큰 집단을 만들어 함께 놀고, 개방된 공간에서 놀이를 한다. 그리고 놀이의 방식도 여자아이들에 비하여 거칠고 활동적이다. 또한 남자아이들은 일단 또래관계를 형성하면 위계질서를 빨리 설정하는 편이며, 한번 만들어진 위계질서가 안정적으로 유지된다. 이러한 동성 간의 관계 형성과 상호작용은 이후의 성장과 발달에도 영향을 주어서, 대인관계 양식이나 문제해결 방식 등에서 남녀 차이를 만들어 내기도 한다(Fabes, Martin, & Hanish, 2004).

2) 청소년기

청소년기는 질풍노도의 시기라고 불릴 만큼 많은 변화가 일어나는 시기이다. 신체적인 측면에서뿐 아니라 정서적·사회적 측면에서도 다양한 변화가 나타난다. 이러한 변화는 대부분의 청소년에게서 건강한 결과를 만들어 내지만 모두가 다 그런 것은 아니다. 일부 청소년의 경우에는 이러한 변화의 과정으로 인해서 어려움을 경험하거나, 또는 부적응의 양상을 경험하기도 한다. 예를 들면, 또래관계에서 폭력적인 모습을 보이거나, 이성과의 관계에서 성적인 문제를 경험하기도 하고, 또는 가족과의 관계에서 다양한 갈등을 나타내기도 한다. 이러한 변화의 모습이 청소년기에는 어떻게 나타나는지 살펴보면서, 특히 남자 청소년은 청소년기에 어떤 변화를 경험하는지 살펴보고자 한다.

(1) 신체적 성장

청소년기는 그 어느 때보다도 신체의 변화가 급격하게 나타나는 시기이다. 신장과 체중이 급격하게 변할 뿐 아니라 성적인 성숙이 나타나는 시기이다. 수염과 겨드랑이 털, 그리고 음모가 자라고 목소리의 변화도 생기기 시작한다. 이러한 변화는 남자 청소년보다 여자 청소년에게서 먼저 나타나지만 만 14세경이 되면 남자 청소년의 신체 크기가 여자 청소년을 추월하게 된다. 호르몬의 변화도 나타나는데, 특히 남자 청소년에게는 테스토스테론이라는 호르몬의 농도가 높아지고, 여자 청소년에게는 에스트라디올이라는 호르몬의 농도가 높아진다 (Peper, Koolschijin, & Crone, 2013).

그런데 이러한 신체상의 변화와 함께 청소년 시기에서 중요한 것은 청소년이 자신의 신체에 대해서 가지는 이미지이다. 어떤 이미지를 가지느냐에 따라서 심리적 건강과 행동이 달라지기 때문이다. 자신의 신체에 대한 이미지는 남자 청소년이 여자 청소년에 비하여 긍정적이다(Bearman et al., 2006). 그리고 청소년 후반기로 갈수록 신체상은 보다 더 긍정적으로 변화한다. 그러나 이러한 양상이 모든 남자 청소년에게서 동일하게 나타나는 것은 아니다. 최근에는 남자 청소년에게서도 점점 더 자신의 신체를 부정적으로 바라보는 경우가 늘어나고 있다. 이러한 양상은 남자 청소년에게서도 여자 청소년과 마찬가지로 섭식장애가 증가하는 것을 통해 알 수 있다(O'Dea & Abraham, 2002).

한편, 청소년 시기는 성적인 성장과 함께 성에 대한 호기심이 증가하고 성 정체성이 형성되는 시기이다. 특히 남자 청소년은 여자 청소년에 비하여 보다 이른 나이에 성관계를 경험하는 경향이 있으며, 보다 적극적이고 활발하게 성적인 활동을 한다. 그런데 이러한 성적인 경험의 문제점은 대부분의 청소년이 성경험을 다룰 준비가 되어 있지 않은 상태에서 경험을 한다는 것이다. 그 결과 원치 않는 임신을 하거나 이성과의 관계에서 폭력을 경험하기도 하고 무분별한 성관계로 이어지기도 한다. 따라서 이 시기의 청소년에게는 적절한 성교육이 매우 중요하다.

(2) 인지적 성장

청소년 시기에는 인지적인 발달로 인해서 아동기에 비해서 보다 추상적이고 논리적인 사고가 가능해지는 시기이다. 청소년기 이전의 아동은 자신의 눈에 보이는 것에 초점을 맞추어 생각할 뿐 아니라 자기중심적인 사고를 하지만, 청소년기가 되면 실제 경험하지 않은 것들에 대해 지식을 바탕으로 추론하거나 상상할 수 있다. 그리고 논리적인 사고를 바탕으로 보다 의미 있는 추론을 할 수 있다. 하지만 이러한 인지적인 발달에도 불구하고 청소년은 여전히 자기중심적인 태도를 가지고 자신이 인생의 중심이며 어떠한 상황에도 실패하지 않을 것이라는 환상을 가지고 있다. 위험한 행동을 하면서도 위험에 빠지지 않을 것이라고 생각하는 것이나, 모든 사람이 자신의 외모에 관심을 가질 것이라고 생각하는 것 등이 이러한 현상을 설명해 주는 예라고 할 수 있다. 그런데 이러한 자기중심적인 사고는 때로 목표지향적인 행동과 합리적인 의사결정을 어렵게 만들기도 한다. 무엇을 목표로 세우고 실천하기 위해서는 적절한 자기통제가 필요하고 상황을 보다 면밀하게 검토하는 능력이 필요한데, 자기중심적인 생각만을 가지고 있다 보면 현실과 동떨어진 의사결정을 하고 적절한 자기통제를 하지 못한다

(Reyna & Zayas, 2014). 그 결과, 목표를 실행하는 행동을 하기 어려워진다.

그리고 청소년기에서 무엇보다도 중요한 것은 정체성의 발달이라고 할 수 있다. 에릭슨(Erikson, 1968)에 따르면, 청소년기는 자신이 누구이며 무엇을 하면서 살아야 하는지, 그리고 어떤 방향으로 나가야 하는지 등과 같은 질문에 답을 찾아가는 시기이다. 만약에 이러한 과제를 잘 수행하지 못하면 정체성 혼미를 경험한다. 정체성 발달은 청소년기에 남녀에 따라 다소 다르게 나타난다. 연구결과에 따르면, 남자 청소년은 주로 신체적 움직임, 외모, 정서적 안정성, 수학 등에서 높은 정체감을 보이지만, 여자 청소년은 언어적 능력, 또래관계, 정직성 등에서 높은 정체감을 보인다. 그리고 남자 청소년은 아동기에 학업적인 부분과 가족관계 면에서 여자 청소년에 비하여 높은 수준의 정체감을 보이지만 청소년기에 가서는 차이를 보이지 않는 것으로 나타났다(Wilgenbusch & Merrell, 1999).

그런데 이러한 정체성 발달이 모두 청소년기에 마무리되는 것은 아니다. 연구결과에 따르면, 정체성 발달은 한 번의 정체성 성취로 마무리되는 것이 아니라 정체성 혼미와 성취가 반복되면서 점차 분명해진다. 그러므로 청소년 시기에 정체성 혼미가 마무리되고 반드시 정체감 성취를 이루어 내야 하는 것은 아니다. 정체성 발달은 지속적인 성장과 발달의 과정임을 인식하고 청소년이 이 과정을 효과적으로 잘 수행해 나가도록 지원하는 것이 필요하다.

(3) 관계의 변화

청소년기에 경험하는 첫 번째 관계의 변화는 부모와의 관계이다. 부모에게 전적으로 의존하던 아동기를 지나, 청소년기가 되면 독립과 자율성에 대한 욕구가 강해진다. 이러한 독립과 자율성에 대한 욕구가 효과적으로 충족되기 위해서는 부모-자녀 관계를 재정립하는 과정이 필요하다. 아동기의 의존적 관계에서 부모는 자녀의 행동과 생활을 통제하는 역할을 주로 했다면, 자녀가 청소년기가 되면 부모는 자녀의 자율성과 독립에 대한 욕구를 적절하게 지지하고 격려하면서 안정적인 애착의 대상으로서의 역할을 수행해야 한다. 이러한 시기가 도래하면 부모와 자녀는 자연스럽게 자신의 통제에서 벗어나려는 자녀에 대해 불안함을 느끼고 자녀는 자신을 통제하려는 부모에 대해 반발심을 느끼게 된다. 결과적으로 부모-자녀 간에 갈등을 경험하고, 이러한 갈등이 조정되지 않을 경우에는 적응의 문제로 심화되기도 한다(Smokowski et al., 2014). 따라서 부모와 자녀 모두 이 시기의 관계 변화를 건강한 발달의 한 과정임을 인식하고 서로의 관계를 재정립하는 노력이 필요하다. 그런데 청소년에게 자율성과 독립의 욕구가 높아지고 있다고 해서 이들의 생활에 무관심해져서는 안된다. 자녀의 행동과 생활에 대한 적절한 수준의 모니터링은 오히려 청소년의 건강한 적응을 촉진하며, 부모-자녀 간의 신뢰 수준을 높이는 데도 도움이 된다(McElvaney, Greene, & Hogan, 2014). 이 시기의 남자 청소년은 여자 청소년에 비하여 독립의 욕구가 가정에서 더욱 많이 허용되는 편이다(Bumpus, Crouter, & McHale, 2001).

또래관계에서의 변화 또한 청소년기에 두드러지게 나타나는 변화이다. 청소년기가 되면 친밀감에 대한 욕구가 더 강해지기 때문에 친구를 더 많이 찾게 된다. 그리고 많은 수의 친구보다는 적은 수와 깊은 우정을 추구하게 된다. 이러한 또래관계 변화에 성공적으로 적응하면 청소년은 보다 건강한 자기 가치감을 가지게 되고 긍정적인 정서를 경험하지만, 변화에 적응하지 못했을 경우에는 부적응의 문제를 경험하기도 한다. 그런데 이러한 또래관계 변화에서 나타나는 문제 중에 하나는 또래 압력에 대한 대응이다. 청소년 시기에 또래관계에 소속되고 또래와 친밀감을 느끼고자 하는 욕구가 커지다 보니, 또래의 반사회적 요구에 저항하기보다는 순응하는 현상이 나타나기도 한다(Brown & Larson, 2009). 그리고 정체성이 분명해지지 않은 상태에서는 더욱더 이런 현상이 두드러진다고 한다.

마지막으로, 청소년기에는 이성관계에서의 변화를 경험한다. 아동기를 지나서 청소년기가 되면 이성관계에 흥미를 가지고, 점차 이성과의 낭만적인 관계를 갖기 위해서 대상자를 탐색하며 실제로 낭만적인 관계를 형성하기도 한다. 이러한 관계의 형성은 청소년기 발달의 매우 자연스러운 과정이지만, 어떠한 이성관계를 경험하느냐에 따라서 성인이 되어 건강한 애착관계를 형성하기도 하고,

반대로는 우울증과 같은 정서문제나 비행이나 성적 문제와 같은 행동문제로 이어지기도 한다(Furman, Low, & Ho, 2009). 따라서 건강한 이성관계를 맺을 수 있도록 적절한 지도를 제공하는 것이 매우 중요하다.

3) 성인 전기

일반적으로 고등학교를 졸업하고 대학교로 진학하거나 사회로 진출하면서 청소년기에서 벗어나 성인기에 접어든다. 하지만 성인기가 되었다고 해서 완전히 새로운 발달단계가 되는 것은 아니다. 성인 전기에는 청소년기의 발달과제라고 할 수 있었던 정체성 탐색은 여전히 중요한 과제로 남아 있고, 성인으로서 독립된 삶에 대한 요구의 증가로 인해 오히려 불안정성이 더욱 커진다. 또한 성숙한 성인도 아니고 청소년도 아닌 중간자의 애매한 위치로 인해 어디에도 속하지 못하는 것 같은 모호함을 느끼기도 한다. 여기서는 이러한 변화가 성인 전기의 사람들에게 구체적으로 어떻게 나타나는지 살펴보고, 특히 남자에게는 어떤 양상으로 나타나는지 살펴본다.

(1) 신체의 변화

성인 전기는 신체적인 수행능력이 가장 발달한 시기라고 할 수 있으며, 건강에 있어서도 가장 적은 문제를 경험하는 시기라고 할 수 있다. 그런데 이러한 건강한 신체의 상태로 인해서 오히려 질병을 예방하고 건강을 증진하기 위한 활동에는 관심을 가지지 않을 수 있다. 심지어는 건강에 좋지 않은 생활패턴을 만들어 가기도 한다(Cousineau, Goldstein, & Franco, 2005). 특히 이러한 현상은 남성에게 더 많이 나타난다. 건강에 좋지 않은 약물의 활용이나 음주의 빈도가 남성에게서 높게 나타나며, 음주량도 여성에 비하여 남성이 높음을 알 수 있다. 그리고 이러한 건강에 대한 무관심과 무절제한 음주는 다른 문제, 예를 들면 학업문제, 성문제, 법규 위반 등으로 이어질 수 있다(Goslawski et al., 2013).

(2) 인지의 변화

피아제에 따르면, 청소년 시기부터 추상적 사고와 논리적인 사고가 가능해진다. 그리고 이러한 인지의 변화는 성인기에도 지속이 되며, 추상적 사고력과 논리적 사고력이 진보한다. 그런데 시노트(Sinnott, 2003)에 따르면, 성인 전기에는 단순히 추상적이고 논리적인 사고의 발달만이 이루어지는 것이 아니라, 반성적이며 현실적이고 잠정적인 사고의 변화도 나타난다. 성인 전기의 사람들은 문제 상황에 대한 반성적 사고가 가능해지고, 이상적인 것을 추구하기보다는 현실적인 것에 초점을 맞추며, 어떠한 주제에 대해서 결론을 내리기보다는 끊임없이 탐색하면서 잠정적인 상태를 유지하기를 선호한다.

(3) 진로발달

수퍼(Super, 1990)에 따르면, 성인 초기의 진로발달은 청소년기의 탐색기를 넘어 확립기의 특성을 갖는다. 첫 직장을 갖고 직업인으로서의 삶을 시작하게 되며, 직장생활을 하면서 여전히 자신에게 맞는 직업이 무엇인지 지속적으로 탐색한다. 그리고 자신의 경력과 전문성을 개발해 나간다. 이러한 특성은 성인 전기가 직업인으로서의 삶을 시작했지만 여전히 안정되지 않은 상태임을 말해 준다고 할 수 있다. 직업을 선택했지만 여전히 그 직업이 자신에게 맞는 직업인지 탐색하고, 맞지 않는다면 다시 자신에게 맞는 직업을 찾아 떠난다.

이러한 불안정한 상황 속에서 필연적으로 직업과 일로 인한 스트레스가 따른다. 성인 전기의 직장인 중 52%가 직장에서의 스트레스로 인해서 직업을 그만두거나 새로운 직업을 찾으려 한 경험이 있다고 하였다. 그리고 결혼을 한 경우에는 직장과 가정의 밸런스를 맞추는 과정에서, 그리고 배우자와의 역할을 조정하는 과정에서 스트레스를 경험한다(Allen, 2013). 그런데 이러한 스트레스는 실직을 하게 되었을 경우 매우 증가한다. 실직으로 인한 스트레스는 다양한 신체적인 문제로 이어질 뿐 아니라 정서문제와 결혼문제 등을 야기할 수 있다(Backhans & Hemmingsson, 2012). 그리고 삶의 만족도를 낮추는 요인으로도 작용한다.

이러한 일 관련 스트레스를 경험하는 방식에서도 남녀 간에 차이가 있는 것으로 나타났다(Jick & Mitz, 1985). 일반적으로 여성에 비하여 남성이 일과 관련하여 더 높은 수준의 스트레스를 경험하는 것으로 나타났다. 그 이유는 전통적인 성역할을 유지해야 한다는 생각과 요구 때문에 더 많은 심리적 어려움을 경험하고 직장 내에서 업무에 대한 과도한 기대와 요구를 받기 때문인 것으로 나타났다. 또 이러한 스트레스를 경험할 때 남성은 주로 신체화된 증상을 경험하는 것으로 나타났다. 여성은 주로 스트레스로 인해서 정서적인 어려움을 호소하지만 남성은 신체적인 질병을 경험하는 것으로 보인다.

(4) 관계의 변화

에릭슨(1968)에 따르면, 성인 전기는 친밀감 또는 고립감이 형성되는 시기로, 어떤 발달단계보다도 다른 사람과의 관계가 중요해지는 시기라고 보았다. 특히 이 단계는 부모와의 관계가 아니라 친구나 이성 또는 배우자와의 관계를 건강하게 형성하는 것이 매우 중요해지는 시기라고 할 수 있다. 이 중에서도 결혼을 통한 새로운 관계의 형성은 성인 전기의 사람들에게 매우 중요한 발달과제가 된다. 그런데 최근 결혼에 대한 경향성을 살펴보면 이전에 비해서 결혼의 중요성이 덜 강조되고 있는 것이 사실이다. 그러다 보니 독신으로 살아가는 성인이 많아졌으며, 결혼이라는 공식적인 틀을 유지하지 않고 동거하는 커플도 많아지고 있다. 또한 결혼 후 배우자와의 관계에 대한 만족도가 감소하면서 이혼이 증가하고 있다(Copen, Daniels, & Mosher, 2013). 그렇지만 여전히 많은 성인이 결혼을 통해 새로운 관계를 형성하고 가정을 구성하며 정서적 · 경제적 문제들까지 해결한다.

이러한 새로운 관계의 형성은 성인 전기의 사람들에게 다양한 도전이 된다. 결혼을 한 후에는 그동안 혼자서 해 오던 역할을 배우자와 나누어서 해야 하기 때문에 역할조정이 필요하다. 그런데 이러한 조정이 원활하게 이루어지지 않을 경우 갈등을 경험하고 결혼생활에 대한 불만족으로 이어지기도 한다. 그리고 자녀가 태어난 후에는 기대와 달리 자녀양육에 에너지가 많이 소요되면서 스트레스를 받고 힘들어 하기도 한다. 이러한 갈등과 스트레스의 경험은 이전에 경험해 보지 못했던 새로운 형태의 문제이기 때문에 해결에 어려움이 많을 수밖에 없다. 이러한 변화와 문제를 극복하는 데 있어서 가장 중요한 부분이 배우자와의 소통이다. 그런데 남녀 간에 소통방식에서 차이가 있다는 것을 인식하지 못할 경우에는 문제해결이 더욱 어려워질 수 있다(Floyd, 2014). 성인 남자가 주로 대화를 하는 데 있어서 정보를 제공하는 대화에 초점을 맞춘다면, 성인 여자는 관계를 맺는 대화를 하고자 한다. 그러므로 남녀 간에 서로의 특성을 이해하는 것은 성인 전기 사람들이 결혼이라는 관계를 잘 형성해 나가는 데 있어서 매우 중요한 부분이라고 할 수 있다.

4) 성인 중기

성인 중기는 일반적으로 중년이라고 불리는 시기를 의미한다. 그런데 자신이 중년이라고 느끼는 시기는 사람마다 많이 다르다. 연구에 따르면, 보통 사람들은 자신의 나이에 비해서 자신이 어리다고 느낀다. 특히 연령이 높은 사람일수록 이러한 현상은 더욱 두드러진다. 그리고 평균 수명이 점차 높아지는 현 시대에서는 중년이라고 불리는 연령이 점차 높아지고 있는 것도 사실이다. 그렇기 때문에 어떤 연령대가 성인 중기인지 정확하게 정의 내리기 어렵지만 일반적으로는 40~65세 정도를 중년으로 인식하고 있다. 이 시기 또한 발달단계상 다양한 변화가 나타나는 시기이다. 여기서는 성인 중기에 나타나는 변화와 성인 중기의 남성이 경험하는 삶의 주제가 무엇인지 살펴보고자 한다.

(1) 건강의 변화

성인 중기가 되면 이전과는 다른 신체의 변화를 경험한다. 청소년기와 성인 초기, 신체적 활동이 왕성하고 건강상 문제가 거의 없던 시기와는 달리 점차 다양한 신체상의 문제가 나타나기 시작한다. 피부에 주름이 생기고 처지기 시작할 뿐 아니라, 키가 줄고 몸무게가 늘어나는 변화가 생긴다. 그리고 근육의 양과 근력이 줄어들기 시작하며 골밀도가 낮아지기도 한다. 시력이 떨어져 가까이 있는 것을 보기 어려워지며 청력도 감소하기 시작한다. 이러한 건강의 쇠퇴 중에서도 가장 큰 위험요소로 작용하는 것이 혈관 계통의 문제이다. 성인 중기가 되면서 콜레스테롤 수준이 높아지고 고혈압 등이 나타나면서 심혈관 질환을 겪을 가능성이 높아진다. 또한 다양한 스트레스 요인으로 인해서 신체적인 문제뿐 아니라 정서적 문제를 경험하기도 한다.

한편, 성적인 능력에서의 변화도 나타난다. 특히 여성은 폐경기를 경험하면서 여성 호르몬의 감소가 나타나고 이로 인한 신체상의 불편함(예: 홍조, 피로, 메스꺼움 등)이 나타난다. 하지만 남성의 경우에는 여성의 변화와는 달리 그 변화폭이 크지는 않다. 중년의 시기가 되면 남성 호르몬의 감소가 나타나지만 그 감소의 폭이 급격하지는 않으며, 생식 능력 또한 급격하게 줄어들지는 않는다.

(2) 인지의 변화

인지적 능력이 신체능력과 마찬가지로 성인 중기에 들어와서 감소하는지 살펴볼 필요가 있다. 성인 중기에서의 인지적 능력의 변화에 대한 연구결과가 완전히 일치하지는 않는다. 다만 종단연구결과를 살펴보면 성인 중기에 인지적 능력이 모두 감퇴하는 것은 아니라는 것을 확인할 수 있다. 샤이에 등(Schaie et al., 2013)의 연구에 따르면, 성인 중기에는 언어적 능력과 언어적 기억, 귀납적 추론능력과 공간능력에서 가장 높은 수준을 보여 준다. 이와는 반대로 수리력과 지각 속도는 성인 중기에 쇠퇴하는 모습을 보여 주고 있다. 이러한 연구결과는 성인 중기의 인지적 능력이 신체적 능력만큼이나 감소세가 뚜렷한 것은 아니라는 것을 보여 주는 것이다. 다만 성인 중기에 정보를 처리하는 속도와 기억을 오래하는 능력이 다소 쇠퇴함으로써 인지적 능력이 감소하는 것처럼 보인다고 할 수 있다.

(3) 일의 변화

성인 중기에도 사람들의 수행능력이 쇠퇴하지 않는다는 것은 대부분의 연구결과가 보여 주고 있다. 오히려 성인 중기에 수행능력이 절정에 이른다고 한다. 그러나 최근 중년의 근로자들은 급속한 변화와 발전으로 인해 일터에서 다양한 도전을 경험하는 것이 사실이다. 경제적인 위기로 인해서 경제활동의 지속이 어려워지고, 새로운 기술의 발전으로 일자리가 없어지거나, 연금이나 보험 체계의 문제점으로 노후가 불안해지기도 한다. 또한 직장에서 다양한 스트레스를 경험하고, 실제로 실직을 하여 생계유지가 어려워지기도 한다. 이러한 경제적 어려움은 여가시간에도 영향을 미쳐서 여가생활도 어려워진다(Roese & Summerville, 2005). 성인 중기의 사람들에게 있어서 중요한 것은 직업인으로서의 삶을 잘 마무리하고 은퇴 이후의 삶을 준비하는 것이다. 이러한 과정이 자연스럽게 이루어지지 않는다면 인생에 있어서 큰 위기를 맞이할 것이다. 그래서 성인 중기의 사람들에게 중요한 것 중에 하나는 자기 인생의 의미를 생각하고 돌아보는 것이다(Frankl, 1984). 자신이 왜 살고 있는지, 자신이 삶에서 원하는 것이 무엇인지, 그리고 무엇을 성취하기 원하는지 등에 대한 질문을 해야 하며, 이러한 질문에 대한 답을 찾아가야 한다. 이렇게 할 수 있을 때 보다 건강한 삶을 영위할 수 있다.

(4) 스트레스 대처

에릭슨(1968)에 따르면, 성인 중기에는 생산성을 성취해야 하며 그렇지 못할 경우에는 침체를 경험할 수 있다. 생산성이란 다음 세대와의 연결을 통해서 자신의 유산을 다음 세대에 남기고 사회를 유지·발전시켜 나가는 것을 말한다. 실제로 연구결과에 따르면, 성인 중기에 와서 사람들은 자신에 대해서 걱정하기보다는 자신의 자녀에 대해서 더 많이 걱정하고, 그들을 위해서 무엇을 하고자 한다(Vaillant, 2002). 그런데 에릭슨이 이야기한 것처럼 이러한 생산성을 성취해 나가지 못하면 침체를 경험하는데, 이를 다른 문헌에서는 중년의 위기로 표현하기도 한다. 특히 남성은 중년기에 접어들면서 다양한 인생의 주제와 씨름하면서 위기를 경험한다. 연구결과에 따르면, 성인 초기의 남성은 소소한 스트레스 요인을 많이 경험하지만, 성인 중기의 남성은 많지는 않지만 큰 강도의 스트레스를 일으키는 스트레스 요인을 경험한다. 그러면 이러한 스트레스 요인을 이 시기의 남성은 어떻게 다루어 나갈까? 성인 중기에 속한 남성은 대체로 자신의 생활사에 대해서 어느 정도 통제감을 가지고 있다고 믿는다. 그러나 자녀문제에 있어서만큼은 통제감을 가지지 못한다고 생각한다.

(5) 관계의 변화

성인 중기의 관계는 성인 초기에 비하여 비교적 안정적으로 변화되어 간다. 배우자와의 관계에서도 성인 초기보다 만족도가 증가하는 편이며, 형제 관계에서도 이전보다 돈독한 친밀감을 경험하게 된다. 또한 이 시기의 독특한 관계의 변화는 조부모로서의 역할을 시작하는 것이다. 자녀가 성인이 되어 결혼을 하고 그의 자녀를 낳으면, 이 시기의 사람들은 조부모로서의 역할을 하게 된다. 특히 여성이 조부모 역할에 대한 기대를 많이 가지고, 보다 적극적으로 조모로서의 역할을 한다(Wattson, Randolph, & Lyons, 2005). 그런데 이러한 조부모로서의 역할이 과도하게 요구된다면 부정적인 정서와 연결된다는 연구결과가 있다(Hadfield, 2014). 어떠한 이유에서든 조부모가 손자·손녀에게 부모의 역할을 대신하는 경우에 스트레스가 커지고 우울증과 같은 정서문제로 이어진다는 것이다.

이와는 반대로 성인 중기의 사람들은 부모를 돌보아야 하는 역할 또한 가지게 된다. 자녀를 돌보는 동시에 부모를 돌보아야 하는 이중의 역할을 하는 것이다. 그런데 이러한 돌봄의 역할에 대해서 성인 중기의 사람들은 양가적인 감정을 가지게 된다. 자녀와 부모를 돌보는 것에 대해서 긍정적인 시각과 관점으로 접근하기도 하지만, 반대로 부담감이나 과도한 책임감과 같이 부정적인 시각을 가지기도 한다(Igarashi et al., 2013).

5) 노년기

최근에는 기대수명이 늘어나면서 노인의 인구가 많아지고 있다. 그리고 노인

인구의 증가로 노년기에 있는 사람들에 대한 관심도 커지고 있다. 노년기는 일반적으로 직장인 또는 직업인으로서의 삶을 마무리하고 은퇴 후의 삶을 향유해 나가는 시기를 말한다. 특히 이 시기는 인생의 마지막 시점을 향해 달려가는 시기이기 때문에 어떻게 삶을 마무리하고 마지막 시기를 잘 보내느냐가 매우 중요하다고 할 수 있다. 따라서 이 시기의 남성은 주로 어떤 변화를 경험하고, 어떤 경험을 하는지 살펴보고자 한다.

(1) 신체의 변화

성인 중기에 시작된 신체 건강의 쇠퇴는 이 시기에 더욱 가속된다고 할 수 있다. 주름과 검버섯이 뚜렷해지고, 키가 줄어들며, 근육량이 지속적으로 줄어든다. 그리고 시력이 쇠퇴하고, 청각 또한 감퇴한다. 그리고 심지어는 후각도 쇠퇴하고, 다양한 곳에서 통증을 느끼는 통각이 늘어난다. 수면에서도 어려움이 생기는데, 수면 시간이 충분하지 않을 뿐 아니라 수면 효율성도 떨어진다. 이 밖에도 다양한 건강문제를 경험한다. 관절염이나 골다공증, 심혈관계 질환 등 노화로 인해서 나타나는 신체상의 문제를 경험하는데 이러한 문제는 각 개인의 운동량이나 섭식 그리고 영양 상태 등에 따라서 정도가 다르다. 따라서 이 시기의 사람들은 적절한 수준의 활동량을 유지하고, 건강한 섭식 습관을 갖는 것이 매우 중요하다고 할 수 있다. 하지만 노화로 인한 건강의 쇠퇴를 운동이나 섭식으로 막을 수 있는 것은 아니다. 최근에는 노인의 건강을 돌보기 위해서 요양원이나 장기요양시설에 거주하는 경우가 많아지고 있기 때문에 요양시설의 질이나 운영 방침에 따라 노인의 삶의 질이 달라지기도 한다(Bardach & Rowles, 2012).

(2) 인지적 변화

일반적으로 노년기에 들어서면 대부분 기억력과 주의력이 감퇴하는 것으로 알고 있다. 그러나 노년기라고해서 모든 종류의 기억력과 주의력이 감퇴하는 것은 아니다. 먼저, 주의력의 경우에는 선택적 주의력이 줄어들 뿐 지속적 주의력은 줄어들지 않는다(Quigley & Muller, 2014). 이는 노인일수록 주의가 산만해서 어떠한 특정한 것에 초점을 맞추기 쉽지 않지만, 오랜 시간 동안 지정된 자극에 주의를 집중하는 것은 젊은 사람 못지않다는 것이다. 그리고 기억에 있어서도 사실이나 경험에 대한 기억은 쇠퇴하지만, 운전이나 컴퓨터 자판을 치는 것과 같이 무의식적으로 할 수 있는 일에 대한 기억은 잘 사라지지 않는다. 그리고 노년기에는 단기기억과 지각속도가 감소한다. 이러한 인지적 능력의 쇠퇴를 가능한 한 늦출 수 있는 방법은 인지적 능력을 사용하는 것이다. 최근 많은 연구에서 인지적 능력을 사용할수록 기억력이 향상되고 인지적 능력이 회복되었다는 결과를 보여 주고 있다(Bailey, Dunlosky, & Hertzog, 2014).

(3) 일의 변화

노년기에 일이라는 영역에서 나타나는 가장 큰 변화는 퇴직이라고 할 수 있다. 오랫동안 헌신했던 직장을 그만두고 연금생활자로 살아가는 것이다. 그런데 최근에는 노년기가 되었음에도 불구하고 퇴직을 원치 않거나, 퇴직 후에도 새로운 직장을 찾는 사람이 많다. 그 이유는 대부분 경제적 어려움 때문이다. 은퇴 후의 삶을 살아가기에 충분하지 않은 경제적 여유는 많은 노인을 다양한 형태의 직장으로 내몰고 있다. 다만 이러한 은퇴 후 직장 경력이 부정적으로만 작용하는 것은 아니다. 오히려 계속 일을 하고 있는 노인이 그렇지 않은 노인에 비하여 신체적으로 더 건강한 것으로 나타났다(Stenholm et al., 2014). 일반적으로 은퇴 이후의 삶에 잘 적응하는 노인은 적당한 수입이 있고 교육을 받았으며 사회적 관계망이 넓고 활동적인 사람이다. 반대로 소득이 적당하지 않고 건강이 좋지 않으며 다양한 스트레스 상황에 있는 노인의 경우에는 은퇴 후 삶에 적응하기 힘들다(Reichastadt et al., 2007).

(4) 관계의 변화

노년기에서 가장 큰 관계의 변화는 죽음으로 인한 관계의 변화라고 할 수 있다. 일반적으로 남성의 기대수명이 여성의 기대수명에 비하여 짧기 때문에 노년기에 사별한 상태의 사람은 여성이 더 많다. 결과적으로, 남성의 경우 노년기에 결혼을 유지하고 있는 비율이 여성에 비하여 높다. 노년기에 결혼생활 중인 경우 삶에 대해서 더 행복감을 느끼고 스트레스를 덜 받는다. 그리고 건강에도 긍정적인 영향을 미친다(Rasulo, Christensen, & Tomassini, 2005). 반면, 이 시기에 이혼을 한 경우에는 사회적·재정적·신체적으로 부정적인 영향을 받는다. 특히 남성의 경우, 노년기에 이혼을 하면 친족 유대관계가 약화될 뿐 아니라 건강문제 발생 비율도 높아진다(Bennett, 2006). 최근 기대수명의 연장으로 인해서 자연스럽게 노인의 재혼과 동거가 늘어나고 있다. 그러나 이러한 재혼과 동거가 모두 지지받는 것은 아니다. 특히 자녀의 반대에 부딪히기도 하고, 다른 사람들의 부정적인 시선을 느끼기도 한다. 그러나 이러한 저항에도 불구하고 노년기의 재혼과 동거는 앞으로는 더 늘어날 것이다.

노년기가 되면, 자녀와의 관계가 다시 재정립된다. 이전까지는 부모가 자녀에게 돌봄을 제공하는 관계였다면, 이제는 반대로 자녀가 부모를 돌보는 관계로 바뀐다. 이러한 관계에서 아들보다 딸이 보다 적극적이고, 훨씬 많은 부분에서 개입을 한다.

친구와의 관계는 성인 초기와는 달리 그 폭이 넓어지기보다는 소수의 친한 친구와의 관계로 굳어지는 경향을 보인다. 나이가 들수록 새로운 친구를 찾아 나서기보다는 기존의 친한 친구들과의 관계를 발전시켜 나가려 하고, 소수의 친구와의 관계만으로도 긍정적인 삶의 만족도를 가진다(Huxhold, Miche, & Schuz, 2014). 그러므로 이 시기의 노인에게는 적은 수라도 친밀한 관계를 나눌 수 있는 친구가 있는 것이 매우 중요하다고 할 수 있다.

앞에서 언급하였던 것처럼, 노년기의 사람들은 보다 폭넓은 관계를 필요로 하는 것은 아니지만 가까운 지인들로부터 충분한 지지를 받는다고 느낀 경우에는 오히려 다른 사람을 돕고자 하는 생각을 가질 수 있다. 그리고 다른 사람에게 도움이 되는 행동을 했을 때 안녕감을 느끼는 것으로 나타났다. 이러한 성향은 노인 자원봉사자가 많이 생기는 것과 관련이 있다. 특히 자원봉사를 많이 하는 노인은 그렇지 않은 노인에 비해서 신체적으로 건강할 뿐 아니라 사망률도 낮은 것으로 나타났다(Okun, Yeung, & Brown, 2013).

3. 남성의 생애개발을 위한 상담접근

1) 아동기 남성의 생애주제와 상담

앞서 언급하였던 것처럼, 아동기 남성은 신체적 성장이 이루어지면서 점차 남자로서의 특성을 드러내기 시작한다. 신체적 능력의 향상으로 신체적 활동을 선호하고, 친구들과의 관계에서도 여자아이들에 비하여 보다 활동적이고 거친 활동을 더 선호한다. 그런데 이러한 활동성은 종종 주의력결핍 또는 과잉행동으로 이해되어 남자아이로서의 자연스러운 특성이 아닌 문제행동으로 오해받기도 한다. 그리고 이러한 행동이 문제행동으로 규정되면, 성인의 규제와 통제, 나아가서는 처벌을 받게 되어 남자아이는 자신의 특성을 억제하게 된다. 결과적으로 남자아이는 자존감이 낮아지거나 스트레스로 인해서 공격적인 행동을 보이기도 한다. 특히 아동기는 자아정체감을 형성하는 시기이기 때문에 자신에 대한 정확한 평가를 하는 것이 매우 중요하다. 그러나 남자아이의 행동과 특성이 성인에 의해서 정확히 이해되지 않는다면, 자아정체감 또한 건강하게 성장하기 어렵다. 따라서 아동기 남자아이가 자신의 특성을 자연스럽게 발휘하면서 자아정체감을 건강하게 형성하도록 돕기 위해서는 부모나 교사와 같은 가까운 성인들이 이들의 특성을 정확하게 이해하는 것이 매우 중요하다. 즉, 가까운 성인들이 남자아이로서 가지는 자연스러운 특성과 문제행동을 정확하게 구분하고 대처할 수 있도록 지원해야 한다. 그리고 지나친 통제와 처벌 등으로 적응에 문제를 경험한 남자아이의 경우, 상담자와의 건강한 관계 형성을 통해서 자신을 정확하게 평가해 볼 기회를 갖도록 도와주어야 한다.

또한 아동기의 남자아이는 점차 부모와의 관계가 재정립되기 시작하고 또래 관계가 확장되기 시작한다. 부모와의 관계에서는 보다 독립성을 인정받기 원하고, 또래와의 관계에서는 보다 친밀하고 깊이 있는 관계를 맺기 시작한다. 그런데 이러한 관계의 변화에 잘 적응하지 못하면 일상적인 생활 속에서도 어려움을 경험할 수 있다. 특히 남자아이는 자신과 타인의 정서를 인식하고 대처하는 데 있어서 여자아이에 비하여 다소 어려움을 경험하는 경향이 있으며, 감정을 표현할 때도 자신의 내면의 감정을 표현하기보다는 분노와 같은 외현화된 감정을 표현하기 때문에 관계 속에서 쉽게 갈등을 경험할 수 있다. 따라서 아동기의 남자아이가 보다 건강한 관계를 형성하기 위해서는 자신과 타인의 감정을 이해할 수 있도록 돕는 것뿐 아니라, 자신의 감정을 적절하게 표현하기 위한 상담적 조력이 필요하다. 특히 타인의 관점을 수용하고, 공감할 뿐 아니라 효과적으로 자기표현을 할 수 있는 방법을 학습하도록 도와주어야 한다.

2) 청소년기 남성의 생애주제와 상담

청소년기는 남성에게 있어서 그 어떤 발달단계보다 성에 대한 관심이 급증하는 시기라고 할 수 있다. 급격한 신체적 성장과 남성 호르몬의 증가로 인해서 성에 대한 관심이 자연스럽게 증가한다. 이러한 현상은 여자 청소년에 비해서 남자 청소년에게서 더 많이 나타난다. 그 결과, 남자 청소년은 여자 청소년에 비해서 이른 나이에 성관계를 갖고, 보다 적극적으로 성적인 경험을 하려고 한다. 그런데 문제는 이러한 성경험이 준비가 되지 않은 상태에서 이루어진다는 것이다. 성에 대한 지식이 없는 상태에서 성경험을 하게 되니 무분별한 성관계를 가지거나 원치 않는 결과(예: 임신, 성병)를 얻기도 한다. 그리고 성경험 상대와의 관계에서도 폭력과 같은 문제행동을 경험한다. 따라서 이 시기의 남자 청소년에게 있어서는 성문제에 대한 상담과 교육이 반드시 필요하다고 할 수 있다. 이러한 성문제가 나타나지 않도록 무엇보다 예방적 차원의 교육이 필요할 것이며, 이미 문제를 경험했을 때는 문제를 보다 효과적을 다루고 해결할 수 있는 상담적 개입이 필요하다. 특히 성문제로 인한 위기 상황이 발생하였을 경우에는 보다 적극적인 상담자의 개입이 필요하며, 부모나 교사와 같은 주변 성인의 지원이 함께 병행될 수 있도록 부모와 교사의 관여를 자연스럽게 이끌어 낼 수 있어야 한다.

성에 대한 관심으로 인하여 남자 청소년이 경험하는 문제는 청소년기의 발달적 특징이라고 할 수 있지만 모든 남자 청소년에게서 나타나는 보편적 문제라고 보기는 어렵다. 그런데 청소년기 발달과제 중에서 가장 중요한 정체감 발달과 그로 인한 어려움은 대부분의 남자 청소년이 경험하는 생애주제라고 할 수 있다. 특히 청소년기에는 대부분 정체감 혼란을 경험하는데, 이러한 정체감 혼란은 정체감 형성의 어려움으로 그치는 것이 아니라 학교생활 적응과 대인관계에서의 어려움으로 이어진다. 예를 들어, 정체감이 혼란스러운 상태에서는 건강한 또래관계에서 벗어나 지나치게 의존적인 또래관계를 맺기도 하고, 소외되지 않기 위해서 적절하지 못한 또래의 요구를 수용하기도 한다. 또는 정체감 혼란으로 인해서 우울증과 같은 정서적 어려움을 경험하기도 하고, 부모나 교사와 같은 권위자에게 반항적인 태도를 보이기도 한다. 따라서 학교생활뿐 아니라 관계에서 부적응적인 모습을 보이는 남자 청소년이 있다면, 상담적 개입을 통해서 보다 건강한 정체감을 형성해 나가도록 도와줄 필요가 있다. 특히 남자 청소년은 정서중심적인 상담보다는 인지적인 접근의 상담을 선호하는 편이다. 그러므로 상담자와의 건강한 관계를 통해서 남자 청소년이 자신을 명확하게 돌아보고, 자신의 긍정적 측면과 부정적 측면을 발견하여 이를 수용하고 발전시켜 나갈 수 있도록 도와주어야 한다.

3) 성인 전기 남성의 생애주제와 상담

청소년기를 지나면서 성인 전기에 나타나는 가장 큰 변화라고 한다면, 직업인으로서의 삶의 시작과 결혼을 통한 새로운 관계의 형성이라고 할 수 있다. 먼저, 직업인으로서의 삶의 시작은 필연적으로 스트레스를 동반한다. 직장에서 직장인이 받는 성과에 대한 기대는 자연스럽게 직장 스트레스로 이어진다. 특히 남성의 경우에는 전통적인 성역할로 인해서 그 부담이 더 커진다. 그 결과, 성인 전기의 남성은 스트레스로 인한 다양한 심리적·신체적 어려움을 경험하고, 이를 해결하기 위해서 음주나 흡연에 의존하기도 한다. 특히 건강에 대한 자신감으로 인해서 음주와 흡연의 문제를 과소평가하고, 이로 인해 신체적 질병을 경험하거나 법규 위반이나 성문제와 같은 2차적인 문제를 경험하기도 한다. 또한 성인 전기는 자신의 진로가 확정된 상태가 아니기 때문에 안정적이지 못한 직업상태로 인해서 그 스트레스가 가중되기도 한다. 그러므로 이 시기의 남성에게는 직장문제로 인한 스트레스를 효과적으로 대처할 수 있는 상담적 개입이 필요하다고 할 수 있다. 앞서 언급한 것처럼, 남성의 경우 효과적인 스트레스 해소 방안을 가지고 있는 경우가 많지 않기 때문에, 자신에게 맞는 스트레스 대처 방식을 개발할 수 있도록 도와주어야 하며, 인지적 개입을 통해서 자신의 어려운 상황을 보다 건강한 관점을 가지고 바라보도록 도와주어야 한다.

두 번째 중요한 생애주제는 결혼을 통한 관계의 변화라고 할 수 있다. 최근 들어 결혼의 중요성이 덜 강조되는 것이 사실이지만, 반드시 결혼이 아니더라도 다양한 방식을 통해서 성인 전기의 남성은 낭만적인 관계를 형성하게 된다. 그런데 이러한 관계가 형성되면, 혼자 생활하던 때와는 달리 삶의 많은 영역에서 배우자나 파트너와 역할을 조정하고, 서로 협의하며 협조해야 하는 일이 생긴다. 그러다 보니 관계에서 갈등이 수반되고, 관계에서의 갈등은 직장에서의 스트레스로 이어진다. 그리고 직장에서의 스트레스는 역으로 다시 관계에 부정적인 영향을 줄 수 있다. 이러한 어려움은 성인 전기의 남성이 그동안 경험해 보지 못한 새로운 형태의 어려움이라고 할 수 있다. 그동안 가족관계에서는 남성이 부모로부터 많은 배려를 받아 왔고, 동성의 친구관계에서는 크게 역할을 조정해야 할 만한 사안이 많지 않았다. 그러나 낭만적인 관계에서는 더 이상 일방적으로 배려를 받을 수도 없고, 서로 독립적으로 생활할 수도 없다. 그러다 보니 새로운 관계의 문제를 해결하는 데 어려움을 경험할 수밖에 없다. 그러므로 상담자는 성인 전기의 남성이 배우자나 파트너와의 관계를 보다 효과적으로 해결해 나갈 수 있도록 조력해야 한다. 특히 성인 전기의 남성에게 관계의 문제가 왜 발생하는지 이해할 수 있도록 도와줄 필요가 있으며, 배우자나 파트너와의 차이점을 이해하도록 도와주어야 한다. 남성의 경우는 관계에서 문제가 발생할 경우 정보와 해결에 초점을 맞추는 반면, 여성은 대화와 관계의 질에 초점을 맞춘다. 이런 관점의 차이는 문제해결을 더욱 어렵게 만들 수 있기 때문에, 이러한 차이점을 이해하고 적절하게 대처할 수 있도록 도와주어야 한다. 그리고 관계를 성공적으로 유지할 수 있도록 관계 발전과 유지에 필요한 교육적 접근을 할 필요도 있다.

4) 성인 중기 남성의 생애주제와 상담

성인 중기에 남성이 경험하는 중요한 생애주제는 경제활동을 통해서 성공적으로 가정을 돌보는 것이다. 일반적으로 성인 중기는 중년기에 해당하는 시기로서 이 시기가 되면 어느 정도 직장이 안정되고, 안정된 직장을 바탕으로 노후를 준비하는 시기로 여겨져 왔다. 그런데 최근에는 급격한 사회변화와 국가 및 세계 경제의 어려움으로 성인 중기가 되어서도 여전히 직장과 노후에 대한 염려를 가지고 살아가고 있다. 경제위기는 성인 중기의 남성을 갑작스럽게 직장 밖으로 몰아내고, 이에 준비되지 않은 남성은 가정 경제에 대한 책임으로 많은 스트레스를 경험하고 있다. 그리고 이러한 경제적 어려움은 노년까지 이어져서 오히려 나이가 들수록 삶의 질이 낮아지는 현상을 보이고 있다. 그런데 이러한 성인 중기 남성의 스트레스가 건강의 쇠퇴와 맞물리면서 이들로 하여금 스트레스에 매우 취약한 상태에 머물게 한다. 심지어 스트레스를 적절하게 해결하는 방법을 개발하지 못한 남성이 음주에 의존하고, 이는 다시 심각한 건강문제로 이어지기도 한다. 그러므로 이 시기의 남성에게는 삶의 문제로 인한 스트레스를 적절하게 해결해 나가는 것이 매우 중요한 과제라고 할 수 있다.

이러한 스트레스는 관계의 변화로 인해서 더욱 증가되기도 한다. 성인 중기의 남성은 여전히 자녀를 돌보아야 하는 책임을 갖고 있고, 이와 함께 부모를 돌보아야 하는 책임까지 가진다. 이러한 이중의 역할은 새로운 기대감을 불러일으키기도 하지만, 지금과 같이 경제적으로 어려운 시기에는 부담감으로 작용하는 경우가 더 많다. 이렇게 생애역할이 많아지는 시기에는 그 역할로 인해 스트레스가 많아질 수밖에 없다. 따라서 상담자는 이들이 스트레스를 효과적으로 대처해 나가도록 조력해야 한다. 특히 남성은 상담적 조력을 얻는 것에 대해서 부정적인 관점을 가지고 있을 가능성이 크다. 따라서 이 시기의 남성이 자신의 특성에 맞게 문제를 보다 효과적으로 해결해 나갈 수 있도록 다양한 방법을 알려 주어야 한다. 그리고 남성이 홀로 문제를 해결하는 것이 아니라 가족과 동료의 지지를 받기 위한 지지체계를 만들어 가도록 도와주어야 한다.

한편, 성인 중기의 남성은 중년의 위기를 경험하면서 자신의 생애를 되돌아보기도 한다. 자신의 삶이 성공적이었는지, 의미가 있었는지 등에 대해서 질문을 하고 평가하는 시간을 가진다. 이러한 반추와 평가의 시간은 성인 중기 남성에게 매우 중요한 과제이다(Frankl, 1984). 따라서 상담자는 이들이 이러한 반추와 평가의 시간을 통해서 자신을 성공적으로 돌아보고 노년을 준비할 수 있도록 도와주어야 한다. 특히 이 시기의 남성이 자신의 실존적 질문에 대해서 깊이 탐색해 볼 수 있도록 조력하는 것이 필요하다. 이를 위해서는 상담자 자신도 실존적 문제에 대해 관심을 갖고, 이러한 주제의 상담을 어떻게 할 수 있을지 학습해야 한다.

5) 노년기 남성의 생애주제와 상담

노년기의 남성에게 있어서 중요한 생애주제는 건강의 유지와 인생의 성공적 마무리라고 할 수 있다. 성인 중기를 지나서 노년기에 오면 건강의 쇠퇴가 눈에 띄게 나타난다. 신체적 이상이 많이 나타나면서 병원에 자주 가고, 건강상 문제로 우울, 불안과 같은 정서상 문제를 경험하기도 한다. 그렇기 때문에 이 시기의 남성에게는 건강을 유지하기 위해서 적절한 수준의 활동량을 유지하고 건강한 섭식 습관을 갖는 것이 중요하다. 그런데 남성의 경우, 은퇴로 인해서 사회적 활동을 중단하면 이전 수준의 활동량을 유지하기가 쉽지 않다. 일이 없어지고 사회적 관계가 줄어들면 자아존중감이 낮아지고 부정적인 정서도 많아진다. 이렇게 자아존중감이 낮아지고 부정적 정서가 커지면 더욱 활동을 하기 어려워져, 그 결과 다시 건강의 쇠퇴로 이어질 수 있다. 이러한 악순환에서 벗어나기 위해서는 적당한 수입을 얻을 수 있는 일이 필요하며, 보다 다양한 사람과 관계를 맺을 수 있는 사회적 관계망이 필요하다(Reichastadt et al., 2007). 이러한 것들이 가능하기 위해서는 무엇보다 노년기 남성을 위한 국가 또는 지역사회 차원의 조력이 있어야 한다. 이들이 적정한 수준의 일을 하고 사회적 관계를 유지할 수 있는 체계가 만들어져야 한다. 이러한 체계가 만들어지면, 노년기의 남성이 이를 적극적으로 활용할 수 있도록 상담자가 도와줄 필요가 있다. 상담자는 다양한 정보를 확보하고 있다가 노년기 남성에게 필요한 정보를 제공해 줄 수 있어야 한다.

죽음은 노년기 남성에게 피할 수 없는 생애주제이다. 본인의 죽음뿐 아니라 가까운 지인의 죽음, 그리고 더 가깝게는 배우자의 죽음에 대해서도 생각해 보아야 한다. 성인 중기의 남성이 자신의 생을 돌아보는 실존적 질문을 던진다면, 노년기 남성은 삶의 마지막에 대한 질문을 던진다. 따라서 상담자는 노년기 남성이 죽음에 대해서 의미있게 생각해 보고 탐색해 볼 수 있는 기회를 제공할 필요가 있다. 특히 배우자와 사별을 하였거나 이혼을 한 남성의 경우 그렇지 않은 남성에 비하여 훨씬 더 이 시기를 어려워하고 힘들어 한다(Bennett, 2006). 따라서 상담자는 노년기 남성이 죽음에 대해서 보다 건강하게 탐색하고 숙고해 볼 수 있도록 도와주어야 하며, 특히 사별하였거나 이혼을 한 남성의 경우에는 보다 더 세밀하게 지원할 필요가 있다.

4. 남성 생애개발상담의 전망과 과제

오랜 기간 동안 건강 관련 서비스를 제공하는 전문가들이 공통적으로 가지고 있는 질문이 한 가지 있다. "왜 남성들은 전문적 도움을 받는 것에 대해서 소극적인가?" 남성이 얼마나 전문적 조력을 받고 있는지에 대하여 탐색한 연구결과의 대부분은 남성이 여성에 비해서 건강과 관련된 전문적 조력을 받는 데 소극적이라는 것이다(예: Husaini, Moore, & Cain, 1994; McKay, Rutherford, Cacciola, &

Kabasakalian-McKay, 1996; Padesky & Hammen, 1981). 그렇다면 남성이 여성에 비하여 전문적 조력을 덜 받는 이유가 궁금해진다. 그 이유는 대부분 남성의 성역할과 특성을 들어 설명하고 있다. 남성의 성역할과 특성이 상담의 특성과 일치하지 않기 때문이라는 것이다(Addis & Mahalik, 2003; Good, Dell, & Mintz, 1989; Good & May, 1987). 전통적으로 남성은 과제중심적이라고 생각되어 왔으며, 감정을 표현하는 데 서툴고 익숙하지 않다고 여겨졌다. 그리고 개인적인 생각이나 감정을 표현하는 것을 선호하지 않는다. 그렇기 때문에 감정에 초점을 맞추고 자신을 표현해야 하는 상담 서비스는 남성에게 익숙하지 않고 불편한 활동이라는 것이다. 그리고 남성이 상담 서비스에 대해서 가지고 있는 생각을 살펴보면, 상담자가 보다 지시적이고 분석적이기를 기대하며 자신에게 보다 명료한 조언과 과제를 주기를 기대한다(Harding & Yanico, 1983; Subich, 1983). 그런데 이러한 기대와는 달리 상담자는 이성이나 논리보다는 감정에 초점을 맞추고, 지시나 조언보다는 이야기를 듣는 것에 초점을 맞춘다. 그러다 보니 남성은 여성에 비하여 상담 서비스를 받는 데 소극적이 될 수밖에 없다는 것이다.

그렇다면 남성이 자신의 생애를 잘 개발해 나가도록 조력하기 위하여 상담자는 어떻게 접근을 해야 하는 것일까? 이 부분이 남성을 위한 생애개발상담에서 고민해야 할 질문이다. 상담의 본질은 내담자의 이야기를 듣는 것이고, 내담자 스스로 문제의 해결책을 찾아나가도록 조력하는 것이기 때문에 남성의 특성과 달라도 어쩔 수 없다는 태도는 적절하지 못하다고 할 수 있다. 남성이 가지고 있는 생애문제에 대해서 보다 적절한 조력을 받을 수 있도록 남성의 특성에 맞는 상담모델을 개발할 필요가 있다. 다시 말해서, 남성의 특성을 반영할 뿐 아니라 남성의 생애주제를 포괄할 수 있는 상담모델이 필요하다. 예를 들면, 길모어(Gilmore, 1973)와 타일러(Tyler, 1969)는 남성을 위한 상담에서는 '선택' '변화' '혼란 감소'를 상담의 목표로 삼아야 한다고 하였다. 남성은 일반적으로 선택의 문제에 직면해 있거나, 변화를 시도해야 하거나, 또는 혼란함을 감소시키고자 할 때 상담을 받는다. 그렇기 때문에 남성과의 상담에서는 '선택' '변화' '혼란 감소'를 상담의 목표로 삼아서 보다 효율적으로 상담을 이끌어 나가야 한다. 이처럼 남성의 특성을 반영한 상담모델이 개발되어서 남성이 보다 편안하게 상담을 받을 수 있도록 할 필요가 있다.

그리고 남성이 경험하는 생애주제에 맞는 상담접근법 또한 개발될 필요가 있다. 앞에서 살펴보았던 것처럼 남성은 발달과정에서 여성과는 다소 다른 생애주제와 문제를 경험한다. 그러므로 남성이 경험하는 독특한 생애문제들을 효과적으로 다룰 수 있는 상담접근법의 개발이 필요하다. 남성의 특성에 대한 연구가 보다 활발하게 이루어져서 이들이 경험하는 고유한 생애문제를 탐색하고 이에 맞는 상담기법과 기술이 개발될 수 있도록 노력해야 한다.

제3장
여성의 생애개발과 상담

| 이자명 |

여성과 남성은 생물학적인 차이 이상으로 후천적 차이 또한 크다. 대개 사람은 자신의 성별에 따라 다른 특성을 가지고 행동하도록 양육되며, 이는 여성의 삶의 방식과 가치에 끊임없이 영향을 미친다. 전통적으로 남성의 삶이 경쟁과 우월, 성취를 중심으로 특징지어지는 반면, 여성의 삶은 다른 사람과의 관계를 중시하고 공감하는 데 초점을 두면서 여성성과 모성으로 정의되었다. 이로 인해 여성은 사회적 성취와 직업 활동에서 제외되기 쉬웠고, 모성을 강요받는 환경에서 여성 고유의 발달과정을 경험하게 된다. 여성의 생애개발상담을 진행하기 위해서 상담자는 내담자의 성별 맥락(gender context)을 이해하고, 내담자 성별로 인한 고유의 발달과정을 정확히 파악하고 조력하는 것이 중요하다. 특히 남성과 여성은 성역할 사회화 과정 속에서 자신의 삶을 만들어 나가는데, 이러한 생애발달의 독특성에 대해 이해하는 것은 내담자가 경험하는 세상을 정확히 바라보게 하고, 내담자가 변화하거나 극복하고자 하는 삶의 주제를 만들어 가는 데 중요하게 작용한다.

이 장에서는 우선 여성의 발달에 초점을 맞춘 생애개발상담의 필요성을 살펴본 후, 여성 고유의 생애발달단계와 여성이기에 경험하는 주요 생애문제에 대해 다룬다. 마지막으로 여성의 생애개발상담에서 필요한 내담자의 성별 맥락을 고려한 상담적 접근에 대해 다루고자 한다.

1. 여성 생애개발상담의 필요성

여성 고유의 발달에는 성염색체 XX라는 생물학적 요인이 1차적으로 작용한다. 그렇지만 이 생물학적 요인만이 여성의 발달을 전적으로 결정하는 것은 아니다. 생물학적 차이를 기반으로 하여 출생 이후 경험하는 다양한 사회문화적 영향이 여성 고유의 생애개발을 완성한다. 인간의 후천적 발달과정은 오랜 기간에 걸쳐 점진적으로 진행되는데, 이 과정에서 여성은 자신의 성별에 맞는 역할, 동기, 가치와 행동 등을 습득한다. 이러한 과정을 성 유형화(gender typing)라고 부르며, 성 유형화 과정을 통해 여성의 성 정체성과 성역할 개념 등과 같은 여성 특유의 유형화된 행동이 발달하는 것이다.

성 유형화된 행동으로 이루어지는 여성 고유의 생애개발에는 한국 사회만의 독특한 문화가 어우러져서 여성의 생애개발을 이루게 되는데, 이러한 여성에 대한 이해를 바탕으로 할 때 상담자는 여성 내담자의 삶의 과정이 갖는 의미와 여성이기에 일어나는 여러 심리사회적 작용이 만들어 내는 맥락을 다룰 수 있다. 특히나 우리 사회의 여성은 급속도로 변화하는 사회환경과 여성에 대한 변화하는 시선 속에서 여전히 고군분투하고 있다. 최근 여성의 지위가 과거에 비해 꾸준히 개선되고 있는 것은 사실이지만, 여러 통계에서는 여전히 국내에 남녀 차별이 존재하는 것으로 나타난다. 한국 남성이 100만 원을 벌 때 여성은 62만 6천 원을 번다는 노동부의 통계, 비슷한 경제수준을 갖는 OECD 회원국들 사이에서 10년째 남녀 소득 격차가 가장 큰 것, 대학 합격률이나 공무원 합격률에서 여성 고위 공무원 비율은 현저히 낮은 점 등은 여전히 사회경제적으로 성별에 따른 차이가 존재하며(여성심리학회, 2015), 이런 차이가 미치는 영향이 어떻게 여성의 생애를 구성하는지에 대한 고민이 필요함을 의미한다. 즉, 성별에 따른 생애개발은 생물학적 영향과 사회문화적 영향이 어우러지는 복잡한 과정임을 시사하는 것이다. 다음에서는 여성의 생애발달의 독특성을 발달단계와 주요 생애주제와 관련하여 논의한 후, 이를 조력하기 위한 상담접근에 대해 살펴보고자 한다.

2. 여성의 생애단계별 발달특성

1) 유아동기

(1) 학령 전기

유아는 일찍부터 성역할 개념을 발달시키며, 이때 획득된 성역할 인식은 일생 동안 영향을 미친다. 유아가 자신을 여성으로 인식하고 그에 적합하게 행동하고자 하는 경향은 사회화 과정에서 매우 중요한 부분이다. 여아에 대한 부모의 상호작용 방식은 남아를 대상으로 하는 것과 매우 다른데, 일반적으로 여아에게는 다정하고 상냥하며 협조적이고 타인을 배려할 것을 강조한다. 여아는 앞으로 자녀를 양육하고 가사를 담당할 것으로 기대되기 때문이다. 이는 남성에게 가족을 부양하고 보호하는 역할을 기대하거나, 독립적이고 진취적이며 자기주장성 있고 경쟁에서 살아남기 위한 강인함을 기대하는 것과는 분명 구분된다. 유아기 및 아동기에 자신의 성에 맞는 가치와 행동을 획득하는 과정을 성유형화라고 하는데(신명희, 2018), 이때 아동은 성 유형화와 관련한 성역할 지식을 획득하고 성역할 고정관념을 형성하면서 성역할 사회화를 이루게 된다. 남녀를 구분하는 특성에 대한 성역할 고정관념은 다양한데, 대표적인 특성은 〈표 3-1〉과 같다.

발달적으로 만 2~3세부터 여아는 자신을 남아와 구분하고, 4세 무렵에는 색깔에 따라 성을 구분하면서 분홍색에 대한 뚜렷한 선호를 보인다. 이러한 여성

○○○ **표 3-1** 여성과 남성에 대한 성역할 고정관념

여성		남성	
정서적인	다정한	공격적인	독립적인
수줍은	감정적인	용감한	무질서한
약한	의존적인	논리적인	야심 있는
부드러운	얌전한	강한	이성적인

출처: 여성심리학회(2015).

고유의 사회적 행동에 대한 인식은 놀이 양식을 만들고, 여성 자신에 대한 성역할 개념뿐만 아니라 반대 성(남아)에 대한 고정관념도 형성한다. 성역할 고정관념이란 한 문화 속에서 성에 따라 형성하는 외모, 행동 양식, 감정 양식 등과 같은 여러 특성을 의미하는데, 이러한 성역할 고정관념이 성별에 따른 역할을 일반화하여 개인의 행동을 제약하고 남녀 차이를 왜곡하는 경향을 만든다. 아동은 자신의 성역할 고정관념에 기초하여 성역할 사회화를 이루게 되며, 성역할 사회화는 사회 구성원으로서 필요한 성역할을 학습하는 과정으로서(신명희, 2018) 아동을 둘러싼 주위 환경, 특히 성인들의 반응에 많은 영향을 받는다. 예를 들어, 전통적으로 여성의 것으로 여겨지는 부드러운 태도를 보이거나 다른 사람을 돌보고 공감하는 행동 또는 주부나 어머니의 역할을 할 때 여아는 긍정적인 반응을 얻기 쉬우며, 이러한 과정을 통해 전통적으로 여성의 것으로 인식되는 태도, 가치관, 행동 등을 스스로 강화하고 내면화한다. 또한 동화책이나 TV를 포함한 여러 매체에서 주로 표현하는 '바깥일하는 아빠'와 '집안일하는 엄마'와 같은 성역할 고정관념적인 내용을 자주 접하게 되면 그 영향은 훨씬 강력해진다. 실제로 여러 연구에서 TV를 많이 본 유아가 성역할 고정관념이 높은 것으로 보고되었으며, 대개 여아들이 전통적인 여성적 활동과 성향을 보일 때 사회적으로 더 쉽게 받아들여지고 안전한 것으로 느끼는 경향이 있다(곽금주, 2016).

1960년대 이후부터 성역할과 성차에 대한 생각이 사회문화적 편견에서 기인

한다는 주장이 제기되면서, 생득적 요인과 심리사회적 요인의 상호작용이 여성 고유의 성역할 발달을 가져온다는 주장이 힘을 얻기 시작했다. 여성 고유의 성역할 발달은 그 개인이 속한 사회나 문화적 풍토에 적합한 성역할 특성을 발달시켜가는 과정으로 볼 수 있으며, 이는 다양한 이론으로 설명할 수 있다. 성 유형화 과정을 설명하는 것에는 전통적으로 정신역동이론, 돌라드와 밀러(Dollard & Miller)의 전통적 학습이론, 밴듀라(Bandura)의 사회학습이론, 콜버그(Kohlberg)의 인지발달이론 등이 대표적이다. 이 네 가지 이론의 전통적인 성 유형화 과정을 도식화하면 〈표 3-2〉와 같다.

ㅇㅇㅇ **표 3-2** 이론별 성 유형화 과정

이론	여성의 성 유형화 과정
정신역동이론	어머니를 사랑함→어머니가 충분히 애정을 제공하지 않고 음경을 가지고 있지 않기 때문에 어머니에게 애정 철회→음경을 지닌 아버지를 원하고 경쟁자인 어머니가 없어지기를 바람→죄책감, 공포→어머니와 동일시→성역할 정체감 형성
전통적 학습이론	어머니와 욕구충족을 연합시킴→어머니의 관심과 애정에 의해 성별에 맞는 행동 강화됨→여성에 적합한 행동 양식 획득→성역할 정체감 형성
사회학습이론	동성의 행동관찰→성별에 맞는 행동을 기억하고 모방→성에 적절한 행동 패턴 형성→성역할 정체감 형성
인지발달이론	자신의 성별 지각→동성의 행동모방→동성 부모에게 유사함을 느끼고 동일시→성역할 정체감 형성

출처: 장휘숙(2015)에서 수정·보완함

한편, 최근에는 인지발달의 기본 개념인 도식(schema)을 기초로 정보처리적 접근으로 성 유형화를 설명하기도 한다. 개인은 환경과의 상호작용을 통해 도식을 형성하는데, 우리 지식체계 내의 성 도식은 자신의 성에 적합한 것을 알려주고 적절한 수행에 대한 정보를 다룬다. 예를 들어, 여아가 장난감을 보면 우선 그것이 어느 성별에 적합한지 생각하고 나서 그 장난감이 자신의 성별에 맞을 때 선택한다는 것이다([그림 3-1] 참조).

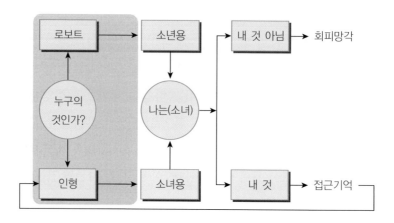

[그림 3-1] 성별에 맞는 선택과정

(2) 학령기

학령기가 되면 성별에 따른 활동이나 고정관념이 증가할 뿐 아니라 성격과 같은 특성에 대한 고정관념 또한 형성된다. 선행연구에 따르면, 아동이 나타내는 성 고정관념은 연령에 따라 증가하였으며, 11세 무렵에는 성인과 유사해진다. 이러한 성 고정관념은 시대에 따라 크게 변화하지 않았지만, 최근 연구에서는 학령기에 성역할 고정관념과 함께 융통성 또한 발달하는 것으로 나타나, 아동이 성역할 고정관념에 따라 행동하지 않아도 괜찮다고 생각하는 경향이 증가함을 확인할 수 있었다(Blakemore et al., 2009; Liven & Bigler, 2002). 즉, 성장할수록 성 고정관념이 발달하기는 하지만 여아가 전형적인 여성성을 대표하는 활동이나 역할을 좋아하지 않을 수 있고, 이러한 취향은 존중받아야 한다는 생각이 발달한다는 것이다. 이와 더불어 그러한 융통성에도 불구하고 성 고정관념을 어길 때 사회적으로 지탄받을 수 있다는 사실 또한 학령기 아동은 이해하는 것으로 나타난다(여성심리학회, 2015).

대부분 여성의 성 유형화와 고정관념의 형성에는 가족의 영향이 크다. 특히 부모가 자신의 성역할 개념에 따라 아동을 격려하거나 처벌한다면, 아동은 자연스럽게 부모의 인식을 내면화하게 된다. 또한 부모가 제공하는 환경자극이나 격려하는 활동 속에는 자연스럽게 부모의 성역할 특성이 녹아들어 있고 이는 아동에게 영향을 주기 마련이다. 학령기 이후 아동이 자연스럽게 많이 접하는 교사나 매체에도 영향을 받으며(이자명, 두경희, 2015), 아동이 속한 문화적 특성 또한 이들의 성역할 사회화에 영향을 미친다. 예를 들어, 사냥처럼 힘을 많이 필요로 하는 작업을 남녀 구분하지 않고 함께 수행하는 부족은 남녀 모두 공격적인 반면, 대부분의 농경사회처럼 남녀의 역할을 구분 짓는 곳에서는 여성의 전통적 성역할을 강조하는 문화가 고스란히 여아에게 전승되기 마련이다. 한편, 최근에는 여성의 사회적 활동이 증가하고 일하는 어머니가 늘어나면서, 성역할의 경계가 모호해지고 여아의 성 고정관념이나 성역할에 대한 전통적인 개념 또한 감소하는 추세이다.

2) 청소년기

청소년기는 유연한 성 유형 인식이 발달하는 학령기와는 달리 오히려 성별 강화(gender intensification) 현상이 일어나는 시기이다. 이 시기 청소년에게는 전통적인 성역할 태도가 증가하고, 성 고정관념의 위반을 나쁘다고 생각하는 경향이 커진다. 이는 사춘기를 지나면서 전통적인 성역할의 수행에 대한 사회적 압력과 강화가 증가하고, 이성 교제를 시작하면서 자신의 여성성을 강조하는 시기이기 때문이다. 이러한 현상은 청소년기 후반에 이르면 자신의 성 정체성에 만족하고 다시 융통성 있는 인식을 발달시키는 것으로 변화한다.

(1) 2차 성징

청소년기의 주요 변화는 2차 성징과 신체의 성숙이다. 신체발달은 청소년 자신에 대한 지각은 물론이고 주위의 청소년에 대한 지각 방식에도 영향을 미친다. 사춘기에 경험하는 신체적 성숙은 여성에게 남성과는 다른 문제를 일으킨다. 이 시기 남녀 모두 자신의 변화하는 신체상에 적응해야 하는데, 특히 여성의 경우 새로운 가치와 금기를 부여받는다(장휘숙, 2015). 여성의 신체적 성숙은 동년배 남학생보다 2년 정도 빨리 시작되며, 이 시기 여학생은 갑작스러운 신체 성장으로 인해 가슴 발육과 월경을 경험한다. 이러한 신체적 변화는 자신이 성숙한 여자로 성장해 가는 표시로 인식되는데, 이에 대한 여성의 반응은 상당히 양가적이다. 여학생은 자신의 2차 성징을 성숙한 여성으로서 자랑스러워하는 동시에 불편해하고 당황스러워한다. 대부분 여성은 이러한 발육과 관련한 새로운 경험을 어머니로부터 전수받는데, 어머니의 성 정체감이 건강하지 못할 경우 자신의 이러한 변화를 부정적이고 수치스러운 것으로 받아들일 수도 있다. 이 시기의 다양한 신체 변화는 여자 청소년의 신체상에 대한 만족도를 현저히 저하시키며, 특히 그 정도가 또래 남자 청소년에 비해 크다(Bearman et al., 2006). 이러한 불만족은 월경 시작 전후로 가장 심하고, 이후 완전히 성인 여성으로 자리 잡으면서 점차 회복된다.

청소년기는 키 성장이 급격히 이루어지는 시기이면서 급속한 성장과 지방질의 재배치에 의해 체중이 증가하는 시기이기도 하다(장휘숙, 2015). 갑작스러운 신체변화와 동반되는 체중 증가는 또래에게 비춰지는 자신의 모습에 관심이 많은 청소년기 경향성과 마른 외모를 선호하는 최근의 사회적 분위기와 맞물려 여자 청소년의 엄격한 식이조절을 야기하기도 한다. 이 시기 지나친 식이조절은 신경성 식욕부진증(anorexia nervosa)이나 신경성 폭식증(bulimia nervosa)과 같은 섭식문제를 야기할 수 있다. 실제로 최근 이러한 섭식장애의 발병 연령이 낮아지는 추세이며(권석만, 2013), 이를 예방하기 위한 예방적 개입과 교육이 요구된다.

한편, 동년배라 할지라도 성장의 시기에는 개인차가 있다. 특히 신체발달의 빠르고(조숙) 느림(만숙)은 여자 청소년의 신체상에 영향을 미쳐 자기상에 대한 만족을 좌우한다(장휘숙, 2015). 조숙한 여자 청소년들은 만숙한 또래에 비해 비행에 더 취약한 것으로 분석되었다. 이들은 또래보다 일찍 흡연, 음주, 섭식 장애, 반항행동 등이 발생하며, 성적 경험 또한 만숙한 집단에 비해 빠른 것으로 나타난다(Wiesner & Ittel, 2002). 이처럼 청소년기 여성은 소녀들은 2차 성징과 함께 인지적 및 사회정서적 변화를 함께 경험하며, 특히 신체적 발달에 따라 나타나는 반응에서 남성과는 다른 양상을 보인다.

(2) 이성교제

사춘기 시작과 함께 호르몬 분비의 변화는 청소년의 이성에 대한 관심을 높이고 성적(性的) 인간으로서의 자기개념을 구체화시킨다. 청소년의 이성교제는 〈표 3-3〉과 같은 단계를 거쳐 이루어진다(Condolly & Goldberg, 1999).

ㅇㅇㅇ **표 3-3** 청소년의 이성교제 단계

시작 단계	유친 단계	친밀 단계	전념 단계
• 이성교제의 시작 • 매력과 성욕이 핵심 욕구이나 아직 이성과의 접촉은 제한적인 상태	• 집단 상황에서 이성과 접촉하고 상호작용하는 방법을 학습하면서 잠재적 파트너를 만남	• 특정 개인과 연인관계 형성 • 둘만의 관계에 정서적 에너지를 집중	• 정서적·신체적 친밀성 공유 • 상호 간에 돌봄과 애착행동이 나타나며, 서로에게 애착대상으로 기능하는 상태

일반적으로 청소년의 이성교제는 친밀 단계까지이며, 이성관계를 통해 서로의 매력을 확인하고 성인의 낭만적 관계와 유사한 정서적 유대감을 경험한다(장휘숙, 2015). 또한 이성교제는 자신의 성역할을 구체화하고 여성으로서의 자신을 가치 있는 존재로 인식하도록 도와주기도 한다. 그럼에도 청소년의 이성교제는 신중히 이루어져야 한다. 여자 청소년의 경우, 이성교제 경험이 많을수록 강한 우울 증상을 나타낸다는 연구가 있으며(Starr & Davila, 2009), 임신 가능성 또한 우려되는 부분이다. 게다가 여러 연구에서 이성교제는 물질사용이나 비행, 특히 때 이른 성행동문제 등과 연관되는 것으로 나타나는 만큼, 여자 청소년을 위한 안전한 이성교제 관련 교육과 지원이 필요한 실정이다. 특히 여성의 경우 이성교제 중 데이트 폭력의 희생자가 될 우려도 있는 만큼, 안전한 이성교제에 대한 인식을 키우는 개입 또한 요구된다.

3) 청년기

(1) 청년기 성역할 사회화

청년기는 성별에 맞는 방식으로 행동하기를 기대하는 사회적 압력이 강해지는 시기이며, 특히 여성에게는 이 압력이 더욱 강력하게 작용한다. 남녀의 성차가 생물학적 차이에서 기인하기보다는 고정관념적 성역할을 강요하는 사회화의 결과물이라는 입장을 성별강화설(gender intensification hypothesis)이라 한다. 이 입장은 사회가 남녀 간의 차이를 강화한다는 접근으로, 사회화의 결과로 인해 여성은 전통적인 사회적 기대에 따라 실제 학업이나 과제수행도보다 더 성적으로 정형화됨으로써 수학과 과학을 멀리하고 우정이나 친밀한 관계를 형성하는 데 주력한다고 본다. 또한 20대부터 시작되는 진지한 이성교제는 이들이 더욱 전통적인 성역할 특성을 보임으로써 또래 이성에게 자기 존재를 드러내게끔 하는 계기가 된다. 성역할 정체감은 아동기 이후부터 이미 여성 발달의 중요한 측면이지만, 청년기에는 심리사회적으로 더욱 중요한 역할을 하게 된다. 특히 청년기 남녀의 성역할은 각각 다른 과정을 거쳐 형성된다.

(2) 여성의 성역할 정체감 발달

청소년기부터 여자 청소년은 남자 청소년보다 더 엄격한 성역할의 수행을 강요받으면서 독립적인 정체감을 갖는 유능한 여성상과 전통적인 성역할을 수행하는 여성상 사이에서 갈등하게 된다. 최근에는 대부분의 여성이 취업을 하고 경제활동을 하는 추세이지만, 기혼여성은 여전히 아내나 어머니 역할을 수행해야 하므로 여성은 전통적 여성 역할, 성공과 성취지향적 정체감, 이중적 정체감 중에서 성역할 정체감을 선택하도록 강요받는다(장희숙, 2015).

성공과 성취지향적 정체감은 전통적으로 남성적 가치이기에 심리사회적 저항이 예상된다. 반면, 전통적 성역할은 여성의 직업적 선택과 발달을 제한하므로 이 또한 갈등을 일으킨다. 결국 여성적인 성역할 규준과 사회경제적 성취는 서로 대치되는 측면이 있어, 청년기 여성은 직업선택이나 일-가정 역할갈등에 직면하게 된다. 일반적으로 남성과 달리 여성의 성역할 사회화와 직업발달은 다양한 방식으로 이루어진다. 많은 여성이 독신으로 직장생활을 유지하거나 결혼 후 출산과 육아를 위해 잠시 직업세계를 떠났다가 돌아오기도 하고, 결혼 후에 일과 가족을 병행하기도 한다. 이처럼 여성은 남성에 비해 직업과 가족 사이의 갈등 정도가 높고 이러한 갈등과 타협 상황에서 여성의 정체감 상태는 유동적이고 남성과는 다른 과정을 거친다. 즉, 여성의 정체감 탐색은 남성에 비해 훨씬 복잡한 문제이며, 일반적으로 남성보다 다양한 영역에서 정체감 확립이 요구된다. 특히 현대 여성은 일과 가족의 성공적인 통합을 지향하는 만큼, 이들의 정체감 탐색은 갈등적이고 혼란스러우며 많은 타협을 유발한다. 일부는 남성의 경우 에릭슨(Erikson)의 이론처럼 친밀성 대 고립 단계 이전에 정체감 대 역할혼란을 경험하지만, 여성은 이와는 다르게 친밀성 대 고립 단계 이후에 정체감 대 역할혼란을 경험하는 것으로 보기도 한다(Gilligan, 1990). 즉, 여성은 전통적인 방식으로 관계성이나 정서적 유대를 중시하다가 성인이 되고 사회경제적 활동을 고려하면서 자신이 수행해야 할 다양한 역할에 대해 고민하고 정체감을 세워나가게 된다는 것이다.

(3) 직업선택

직업선택의 문제는 과거 남성에게만 중요한 문제였으나 최근에는 여성도 사회경제적 활동을 하는 시대가 되어, 여성도 남성 못지않게 정체감 발달의 일환으로서 직업선택에 관심을 가지고 적극적으로 임하는 추세이다. 특히 직업은 성인기의 생활방식을 결정하는 중요한 선택인 만큼 신중을 기해 선택지를 평가하고 적극적인 노력을 기울인다. 주목할 점은 개인의 성역할 사회화 과정과 그로 인한 성역할 정체감이 직업선택에 영향을 준다는 것이다. 즉, 개인이 자신의 여성성을 어떻게 지각하는가에 따라 선택하는 직업의 종류나 폭이 달라진다. 이러한 성차는 최근 약화되는 추세이기는 하나, 그럼에도 여전히 개인이 속한 사회문화적 특성과 상관없이 일관되게 나타나는 양상이다.

성역할 개념을 직업에 적용하는 것은 직업 이미지 인식에서부터 시작된다.

일반적으로 유치원 또는 초등학교 교사, 간호사, 치위생사, 승무원, 비서 등은
여성직업으로 인식되며, 실제 전통적인 여성직업에 해당하는 직업군의 여성 점
유율은 남성에 비해 월등히 높다. 이러한 현상은 직업선택과 성역할 사회화 과
정이 서로 중복되기 때문이다. 한편 이러한 선택의 과정에는 직업의 제한과 타
협과정이 일어나는데(Gottfredson, 2005), 이때 직업의 성 유형의 인식 정도가 진
로타협에서 중요하게 작용하는 것으로 나타난다. 가족 압력 또한 직업발달에서
중요한 역할을 하는데, 부모에 대한 지속적인 동일시의 결과로 부모와 동일한
직업을 선택하거나, 여성의 경우 어머니의 역할모델을 내면화하여 이에 적합한
직업을 선택하는 경향이 높다. 여성의 성역할 사회화 과정과 직업선택과정에서
영향을 주는 요소들은 [그림 3-3]과 같다.

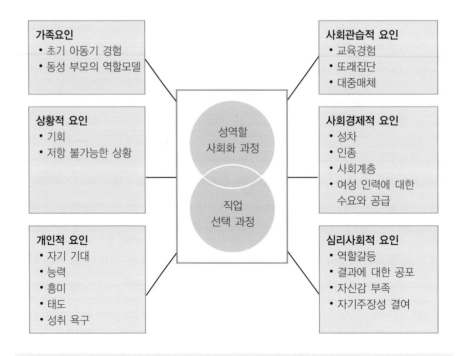

[그림 3-3] 여성의 성역할 사회화 과정과 직업선택과정에 영향을 미치는 요인들

출처: O'Neil et al. (1980).

(4) 임신 · 출산

미혼여성이나 자녀가 없는 기혼여성의 비율이 증가하고 있지만, 출산은 여성의 생애발달과정에서 중요한 과업이다. 여성의 출산이 대부분 45세 이전에 이루어지고 갱년기 시작이 40대 중반 이후임을 감안하였을 때, 임신과 출산은 청년기의 주요 주제이다. 여성에게 있어 임신과 출산을 통해 아이를 낳고 어머니가 되는 것은 중요한 생물학적 사건이면서 동시에 심리사회적 변화를 일으키는 일생일대의 사건이 된다.

임신은 여성의 호르몬 수준을 바꾸고 신체의 모든 기관에 영향을 미친다. 그중 가장 눈에 띄는 변화는 체형일 것이다. 임신한 여성은 자신의 이러한 신체 변화에 대해 양가감정을 느끼는데, 날씬해야 한다는 사회적 기준에서의 해방감과 동시에 통제력의 상실과 체형이 회복되지 않음으로써 사회적 기준에서 탈락하게 될 것이라는 불안감을 경험한다(Crawford & Unger, 2004). 분만의 고통에 대한 두려움 또한 임신한 여성에게 큰 압박으로 작용한다.

신체적 변화와 고통, 심리적 압박감과 불안에도 불구하고, 여성은 출산을 통해 어머니가 된다는 깊은 즐거움과 친밀감, 통찰 등을 경험한다. 그러면서 동시에 '어머니 되기'로 인한 어려움을 겪고, 어머니가 됨으로써 삶의 전반적인 내용과 방식이 바뀌고 과중한 역할 부담, 고립감, 죄책감, 소진, 그리고 어머니 되기에 실패할지도 모른다는 두려움과 실망감을 경험한다. 이러한 경험은 산후 호르몬 변화가 더해지면서 더욱 강렬해진다.

한편, 자녀 출산 후 여성은 이전에는 통제할 수 있었던 역할 경계가 모호해지는 경험을 하게 된다. 여성이 자녀 보살피기와 가사 모두에서 주도적인 역할을 하면서 전통적인 여성 역할의 부담이 커지고 이로 인한 갈등이 심화될 수 있다. 출산 후 직장 복귀를 앞둔 어머니의 경우에는 이러한 갈등이 더욱 깊다. 이들은 자녀를 떼어 놓아야 한다는 불안감과 죄책감, 복귀 후 적응에 대한 두려움, 동시에 복귀하지 못할지도 모른다는 불안을 가지고 복귀를 준비한다. 현실적으로 적절한 대리양육자(기관)를 찾지 못한다면 실제로 직장으로의 복귀가 좌절될 수 있는 만큼, 이 시기 여성은 처음 수행하는 어머니 역할의 무거움과 함께 자신의 진로선택을 책임져야 하는 절박한 상황에 내몰린다. 그러나 이 시기 사회적 지지 자원이 탄탄하고, 부부간 소통과 유연한 역할 경계를 만든다면 여성의 경력단절 위험을 상당 부분 해결할 수 있다. 또한 아버지와 어머니 모두가 자녀에게 필요한 기본적인 양육을 제공하면서 가정 내 역할분담을 조정해 가는 노력을 기울인다면 출산 초기의 갈등은 점차 줄어들 것이다. 이 과정에서 부모의 성별에 따른 역할수행의 차이를 확인할 수 있는데, 이는 생물·사회·문화적인 요인이 복합적으로 작용한 결과이다.

4) 중년기

중년기는 일반적으로 45세에서 65세까지의 시기를 의미한다. 이 시기는 다음 세대를 돌보고 미래를 위한 유산을 남기며, 자신이 받은 혜택을 사회로 환원하거나 다른 생산적인 활동에 투자하는 시기이다. 또한 중년기는 오랫동안 억압된 여성의 남성적 성향과 남성의 여성적 성향이 되살아나면서 성인 초기까지 구성된 삶의 내러티브(narrative)가 수정되는 때이기도 하다. 이 시기에 많은 여성은 자신의 삶이 절반 이상 지나갔다는 인식으로 인해 상실감을 경험하고, 폐경을 전후하여 새로운 신체적 변화를 받아들이며 적응해야 하는 또 다른 도전과제를 수행한다.

(1) 자녀의 독립

중년기 여성은 이전까지 자녀양육을 위해 노력한 결과로서 자녀의 성장과 결실에 관심이 크며, 자녀의 성공이 자신의 삶의 평가로 연결되는 것으로 지각하는 경향이 있다. 따라서 자녀가 있는 경우 자녀의 교육적 성취 및 직업적 성공을 통해 큰 개인적인 만족을 경험하고, 반대의 경우에는 오히려 상실감과 우울감을 호소하기도 한다. 이 시기를 보다 구체적으로 설명한 발테스(Baltes et al., 2006)에 따르면, 중년기 전반(45~55세)은 생물학적 기능이 다소 감소하더라도 사회적 영향력은 여전히 유지되는 만큼 획득과 상실이 균형을 이룬다. 반면, 후반기에 들어 생물학적 기능이 더욱 감소하면서 동시에 사회적 영향력 또한 급격히 약화된다. 실제 이 시기에는 자녀의 결혼과 독립, 부모의 죽음 및 직업적 은퇴 등을 경험하며, 여성의 경우 폐경이라는 뚜렷한 여성성의 상실과 이로 인한 심리적·신체적 어려움을 겪기 때문에 이 시기를 상실의 시기로 지각하는 경향이 크다(Deeg, 2005).

대부분의 가정은 대학 진학, 군입대, 취업 또는 결혼 등의 이유로 중년기 이후에 자녀를 독립시키게 된다. 자녀가 떠나고 난 후의 상실감을 빈 둥지 증후군 (empty nest syndrome)이라 부르는데, 특히 자녀의 양육에 더 많은 에너지를 쏟은 여성일수록 폐경기 심리적 변화와 맞물려 이 시기에 큰 상실감을 경험한다. 특히 자녀를 돌보던 부모의 입장에서 여전히 어리다고 생각하던 자녀가 독립하는 것은 어머니에게 의외의 불안과 긴장을 일으키기도 한다(장휘숙, 2015). 따라서 이맘때를 잘 극복하는 것은 성인기 자녀를 건강하게 독립시키고 이들의 안전기지 역할을 한다는 의미가 있다. 중년기 상실감을 잘 극복하기 위해서는 여성으로서의 신체 변화를 수용하고 건강한 적응을 돕는 적극적인 대처가 필요하다. 또한 그간 자녀양육을 위해 쏟은 에너지를 새롭게 투입할 즐거운 대안활동이나 목표, 과업을 찾는 노력이 요구된다. 자녀가 떠난 빈 자리는 부부간의 응집력과 애정으로 대체하는 것이 효과적인데, 이러한 노력은 안정적이고 풍요로운 노후 준비로도 이어진다.

(2) 은퇴 후 적응

중년기 후반(55~65세)에는 은퇴 후 생활 적응이라는 또다른 과업이 존재한다. 남편 혹은 자신의 은퇴는 수입(income)과 함께 사회적 영향력의 상실을 의미한다. 이는 경제적 측면뿐만 아니라 정체감 측면에서 매우 위협적인 요소이다. 이때 가능하면 갑자기 생산활동을 중단하기보다 파트타임이나 봉사활동과 같은 가교일자리(bridge job)를 가지고 점진적으로 은퇴하는 것이 은퇴 후 생활 적응에 도움이 된다(최옥금, 2011). 우리 사회는 여성의 사회활동이 시작된 지 오래되지 않은 만큼 아직까지 은퇴 후 적응이란 대부분 남편의 은퇴와 은퇴한 남편과 갑자기 함께 지내야 하는 아내의 생활변화가 주요 이슈이다. 이 경우 아내는 남편의 은퇴를 위로하는 역할을 해야 함과 동시에 자신 또한 가정주부로서 은퇴하고 싶은 마음과 일상으로 들어온 남편을 보살펴야 한다는 부담감을 갖게 된다(남순현, 2017; 안유숙, 2013). 이러한 변화 속에서 기존의 남녀 역할의 경계가 무너지고 조정되면서 새로운 중년기 생활 패턴을 확립하게 된다.

(3) 갱년기

한편, 중년기에 접어든 여성은 갱년기를 거치며 개인마다 정도의 차이는 있지만 호르몬 변화로 인한 신체적·심리적 증상을 경험한다. 대표적인 심리적 증상으로는 갱년기 우울증이 있으며, 국내 여성의 경우 화(분노)로 인한 정서적 고통을 호소하는 비율이 높다. 화병은 한국의 우울증 환자가 자신의 심리적 고통을 신체 증상으로 표현하는 독특한 문화특수적 증후군이다. 전통적으로 감정 인식과 표현의 억제를 미덕으로 생각하는 가부장적인 문화에 익숙한 우리나라 중년 여성은 부정적인 감정에 대해 직접 표출하기보다는 신체 증상의 호소를 통해 스트레스를 알리는 경향이 있다. 신체적으로는 호르몬 변화로 인한 갑상선 기능 이상과 그로 인한 비만, 열감, 수면장애, 성교장애와 골다공증 등이 나타난다(대한기초간호자연과학학회, 2002).

4) 노년기

(1) 노화

노화는 단일한 과정이 아니라 여러 복합적 과정의 결과로서 일어난다. 1차적으로는 정상적인 노화과정으로 설명할 수 있는 생물심리사회적 과정에서의 발달적 변화가 있다. 여성의 폐경과 이로 인한 신체적 노화, 가까운 사람들의 상실 등은 정상적 노화의 범주라 할 수 있다. 이와는 달리 2차적 노화는 질병으로 인한 점진적 상실과 발달적 변화로서 암, 알츠하이머 병, 중풍 등이 있다. 3차적 노화는 사망 직전에 나타나는 급속한 상실을 의미하는데, 인지기능의 종말적 저하(terminal drop) 현상 등을 포함한다. 이러한 노화의 속도는 개인마다 다르지만, 일반적으로 여성은 남성에 비해 50세 이후 노화 속도가 급격히 빨라진다(Seeman et al., 1995). 이는 폐경으로 인한 신체적 변화, 임신출산으로 인한 신체적 소모와 관련이 있는 것으로 해석되는데, 특히 노화과정에서 나타나는 여성성의 저하와 체중 증가, 체형의 변화 등은 여성에게 큰 좌절로 작용한다(Aldwin & Gilmer, 2004). 생물학적 노화에 더해 심리사회적 요인 또한 여성의 노화와 건강에 영향을 미친다.

이러한 생물심리사회적 노화를 고려하여 합산한 연령을 기능적 연령이라고 부르는데, 실제 개인의 기능에 따라 기능적 연령은 생물학적인 연령과는 다를 수 있다. 예를 들어, 50대인 사람이 70대처럼 생각하고 행동하는가 하면, 생물학적으로는 60대이지만 생각과 행동이 젊고 사회적으로 의미 있는 활동을 유지함으로써 생물학적 나이보다 훨씬 젊은 기능적 연령을 유지하기도 한다. 현대 사회와 같이 평균 수명이 높아지는 시대에는 여성의 기능적 연령을 낮춤으로써 노년기에도 보다 유능하고 적극적으로 활동하도록 돕는 것이 필요하겠다.

(2) 노년기 건강

지구상 대부분의 종(種)과 같이 인간 또한 여성이 남성보다 장수한다. 실제 여성은 남성보다 감염성 질환이나 퇴행성 질환에 대한 저항력이 강한데, 이는 생물학적으로도 근거 있는 이야기이다(Candore et al., 2006). 예를 들어, 여성의 성염색체는 X염색체 2개로 이루어져 있기 때문에 여분의 X염색체가 질병에 저항할 수 있는 더 많은 항체 생성을 돕는다. 또한 에스트로겐은 여성의 동맥경화를 막아 주는 역할을 한다. 이에 더해 사회환경적으로 남성은 여성에 비해 건강에 대한 관심이 적고 음주나 흡연, 전쟁이나 폭력과 같은 위험한 환경에 더 자주 노출되기 때문에 여성보다 기대수명이 짧은 경향이 있다. 이러한 높은 기대수명에도 불구하고 여성은 남성보다 더 오래, 더 많은 만성질환에 시달리는데, 인지기능 또한 90세 이후에는 남성에 비해 낮은 수행을 보이는 것으로 나타났다(Perls & Terry, 2003).

앞에서는 여성의 생애단계별 발달특성에 대해 살펴보았다. 여성은 남성과 대부분 유사한 생애주기를 가짐에도 기대수명이나 신체적 특징, 출산과 양육, 전통적으로 기대되는 성역할에 대한 수행 부담과 여러 역할갈등 등, 그들의 삶의 구체적인 면에서 남성과는 다른 양상을 띤다. 최근 전통적인 여성상이 무너지고 성평등을 지향하는 사회로 변화하고 있음에도 여전히 여성의 삶 곳곳에 가부장적인 영향이 남아 있으며, 이런 요소로 인해 여성의 삶은 남성에 비해 어려워진다. 따라서 이러한 여성 고유의 생애발달에 대한 이해는 여성의 생애개발상담에서 중요한 시사점을 갖는다.

3. 여성이 경험하는 생애주제

1) 여성의 진로발달

(1) 여성진로이론

직업인으로서 남성이 평생에 걸쳐 안정적이고 직선적인 발달을 보이는 데 비해, 여성은 수행해야 하는 여러 역할과 사회적 요구로 인해 복잡하고 다면적인 특징을 보인다. 이러한 여성의 진로발달을 설명하고자 노력하는 이론은 다양한데, 대표적으로 갓프레드슨(Gottfredson)의 제한타협이론, 밴듀라의 사회인지진로이론 등이 있다. 또한 수퍼(Super)의 진로발달이론 중 전 생애/생애역할 또한 발달적 맥락에 초점을 맞추어 인간이 살아가는 과정에서 경험하는 다양한 생애역할을 설명한다는 측면에서 여성의 진로발달을 이해하는 데 도움이 된다.

갓프레드슨(2005)의 제한타협이론(theory of circumscription and compromise)은 여성의 진로발달과정에서 일어나는 선택의 제한과 타협에 대해 제안한다. 이 이론은 인간의 인지적 발달을 기반으로 자신에게 적합하지 않은 직업을 제거해 나가는 과정을 설명하는데, 이때 성역할, 흥미, 사회적 가치 획득단계에 따라 직업선택지를 제한시키는 것으로 본다. 여성과 남성의 성차는 성역할 획득단계에서부터 시작되며, 이때 여성은 자신이 가지고 있는 성역할과 부합하지 않는 남성적인 직업은 제외시키고 여성에 맞는 직업 위주로 고려하게 된다. 이러한 제한과 타협의 과정은 여성의 진로포부가 왜 여전히 전통적인 여성 직업에 머무를 수밖에 없는지를 설명한다. 또한 여성 자신의 성역할, 흥미, 사회적 가치 조건을 모두 만족시키기 어려운 갈등 상황에서 어떤 조건을 더 중요하게 고려할지에 대해 가장 초기부터 발달한 성 유형 개념을 가장 포기하기 힘든 것으로 제시한다.

사회인지진로이론(Social Cognitive Career Theory: SCCT)은 남녀 간에 서로 다르게 경험되는 사회환경적인 맥락과 그 결과로서 조정되는 기대를 진로발달 및 선택의 과정에서 인지적 측면에 초점을 맞춰 설명하고 있다(Lent, Brown, & Hackett, 2000). 특히 여성이 자신의 진로를 어떻게 선택하는지를 설명하기 위해 밴듀라(1997)의 사회인지진로이론에서 제안한 자기효능감 신념과 결과기대라는 개념을 활용하여 진로선택과정 속 자기평가와 믿음이라는 인지적 측면을 강조하였다. 여성은 성역할 사회화 과정에서 성에 따라 편향된 자기효능감 정보를 수신하게 되는데, 이때 비전통적인 유형의 활동에 대해서는 제대로 격려받거나 긍정적인 피드백을 받기 힘들다. 이는 결국 여성의 자기효능감과 결과기대를 낮춰 남성적 활동에 대한 흥미를 낮추고 수행을 피하게끔 한다. 즉, 어떤 선택지를 고려할 때 남성적 진로에 대한 낮은 자기효능감과 낮은 결과기대가 이러한 진로를 피하도록 하는데, 이는 사회적으로 인정받거나 보상받는 다수의 남성적인 직업군에 대한 도전을 제한하고 전통적인 성역할 안에 머물게 하는 여성의 진로발달 현상을 설명하는 중요한 접근이다.

(2) 진로장벽

앞서 언급한 진로이론에서 제안하였듯이, 여성의 진로선택 및 발달은 여성 개인이 가지고 있는 특성 이상으로 소속된 사회문화적 맥락의 영향을 받는다. 이러한 영향은 여성의 진로선택이나 직업계획과 실천에서 방해 요인으로 작용하는데, 진로발달상의 내외적 장애 요인을 진로장벽(career barriers)이라 지칭한다(손은령, 2002). 진로발달과정에서 남성과 여성은 모두 이러한 장벽을 경험하지만, 아직까지는 여성이 남성에 비해 더 많은 장벽을 경험하고 있으며, 진로장벽에 대한 지각은 여성의 진로포부를 심각하게 제한한다. 진로장벽은 여성의 직업성취를 제한하거나 실제 능력보다 덜 성취하게끔 하는 요인으로서 논의되는데, 최근에는 이러한 진로장벽의 지각이 발달과정을 제한한다는 점(김양희, 유성경, 2009)과 여성에게 독특한 영향력을 갖는 변인이라는 측면에서 논의가 이루어지고 있다. 이러한 진로장벽의 극복을 위해서는 여성이 삶의 과정 속에서 어떤 진로장벽을 경험하는지, 주요 진로장벽을 면밀히 인식하고 분류하는 것이 중요하다.

진로장벽에 대해서는 다양한 연구에서 분류를 시도하였다. 이 중 가장 기본적인 분류는 심리적인 측면을 강조하는 내적 장벽과 환경적 발생을 강조하는 외적 장벽이다. 내적 장벽으로는 직업적응을 방해하는 자아개념, 낮은 성취동기, 역할갈등, 실패에 대한 두려움 등이 있으며, 외적 장벽으로는 임금 차별, 사회적인 성역할 고정관념, 여성 관리자에 대한 태도, 여성 능력에 대한 불신, 남성 관리 모델의 우세 및 제도적 조건 등이 있다(Fitzgeral, Fassinger, & Betz, 1995). 한편, 이러한 이분법적 분류는 진로장벽에 대한 직관적인 이해와 수용 가능성을 높이지만 진로장벽을 지나치게 단순화할 위험이 있다. 이에 따라 여성의 직업선택이나 결정을 설명할 수 있는 더욱 복잡한 분류체계에 대한 연구가 진행되고 있으며, 최근에는 실제 현장이나 생활 장면에서 지각되는 진로장벽을 조사하여 유목화하려는 다원적인 분류체계에 대한 관심이 높다(여성심리학회, 2015).

진로장벽에 대한 여러 연구에서 공통적으로 강조되는 진로장벽 요인으로는 성역할 고정관념, 낮은 자기효능감, 직업 및 교육 현장에서의 차별, 다중역할갈등 등이 있다.

(3) 성역할 고정관념

베츠(Betz, 2006)에 따르면, 성역할 고정관념은 여성에게 가사돌봄이나 자녀양육을 부각시킴으로써 여학생의 진로포부를 제한시킨다. 또한 여성의 성역할에 대한 신념은 선택의 과정에서 자연스럽게 전통적 진로를 고려하게끔 만든다. 전통적 진로란 여성이 수적으로 많이 종사하며 전통적으로 여성의 역할이라 강조되었던 돌봄이나 교육, 가사 노동과 관련되는 직업군을 의미하는데, 대부분의 전통적 진로에 대한 사회적 가치는 비전통적 진로에 비해 낮게 책정되는 경향이 있다. 성별에 따른 성역할 고정관념은 흥미발달에서도 확인할 수 있다. 예를 들어, 실제 직업 현장에서 남성과 여성의 직업이 분포하는 양상과 청소년의 성역할 고정관념이 일치하는 모습을 보여 준다. 연구에 따르면, 청소년의 흥미는 성별에 따라 뚜렷한 차이를 보이는데, 남성은 홀랜드(Holland) 육각형 모형의 현실형(R), 탐구형(I), 사업가형(E)과 같은 직업을 선호하는 반면, 여성은 예술가형(A), 사회형(S), 관습형(C)에 대한 흥미가 두드러지는 것으로 나타난다(Gottfredson, 2005).

(4) 낮은 자기효능감

사회인지진로이론에서 소개된 바와 같이 자기효능감은 여성의 진로선택을 설명하는 중요한 요인이다. 밴듀라(1997)에 따르면, 효능감은 인간이 그 행동을 시작할지, 얼마나 많은 노력을 기울일지, 여러 어려움에도 불구하고 얼마나 오래 그 행동을 유지할지를 정하는 데 중요하게 작용한다. 이는 여성의 진로 및 직업발달에서도 마찬가지인데, 여성은 성역할 사회화 과정에서 진로와 관련하여 자기효능감을 발달시킬 충분한 기회를 얻지 못하는 경향이 있다. 특히 이러한 경향은 비전통적 진로와 관련하여 더욱 두드러지는데, 비슷한 수준의 능력을 가진 남녀의 경우 여성이 남성에 비해 자신의 능력을 낮게 지각하고(Betz & Hackett, 1981), 진로포부를 제한하거나 전통적인 성역할 범주 내의 직업을 선택하는 경향이 있다. 이는 특히 수학과 관련하여 두드러지는데, 수학적 성취에서 여성의 저조한 수행은 타고난 능력의 부족보다 수학에 대한 낮은 자기효능감 때문이라는 연구가 있다(김하예 외, 2011; Betz & Hackett, 1981). 수학에 대한 낮은 자기효능감은 여성의 진로선택을 치명적으로 제한하는데, 특히 수학이나 과학과 관련한 비전통적인 진로선택을 포기하게끔 하는 역할을 한다. 이러한 진로선택의 제한은 이후 취업이나 소득 수준, 전문성 형성 등에서 중요하기 때문에 낮은 자기효능감이 만드는 진로장벽에 대해 면밀히 살피고 상담 및 교육 장면에서 이에 대해 개입하는 것이 상당히 중요하다.

(5) 직업 및 교육 현장에서의 차별

과거에 비해 여성의 경제활동이 자유로워졌다고는 하나, 직업세계의 성별 분화는 여전하다(Betz, 2006). 최근까지 이어져 온 전통적인 성역할의 수행에 따른 여성의 경력단절로 인해 여성은 남성에 비해 적절한 역할모델을 찾기 어려운 데다 직장 내 주요 정보와 문화에서 소외되는 경향이 있다. 특히 여성의 임신·출산 가능성은 채용과정에서 암묵적으로 남성 인력에 대한 선호를 조장한다. 실제 여성의 직업활동에서 고용차별이나 임금격차, 승진상의 차별이 존재하며(한국은행, 2018), 결혼이나 출산 시 퇴직 압박을 받는다는 보고가 다수 있다. 이러한 직업 현장에서의 다양한 장벽은 입직을 준비하는 여학생들의 진로장벽에 대한 지각을 높이는데, 이는 장벽에 대비하게도 하지만 진로포부를 낮추고 미리 전통적인 여성 직업군으로 진입하게끔 작용하기도 한다. 이러한 결과는 여성에 대한 직업 환경의 인식을 강화함으로써 성별로 분리된 직업 환경을 유지시키는 악순환을 만든다.

한편, 교육 현장 또한 여전히 전통적인 성역할 관념이 작용하는 곳으로 확인된다. 교육 현장에 여성 교사가 압도적으로 많이 포진해 있음에도 불구하고, 여전히 여학생들은 남학생에 비해 적은 관심을 받고 성차별적인 교육을 경험한다(정해숙 외, 2009). 이러한 차별은 대학 진학 이후에도 지속되는데, 공과대학과 같이 남성이 수적으로 우세하고 차별적인 교육환경 속에서 여성의 자기효능감이나 전공에 대한 관심이 낮아지는 경향이 있었다(김동익, 이영화, 2013). 특히 여성이 소수인 교육 현장에서 대부분의 남성 교수와 여학생 간의 상호작용은 남학생만큼 이루어지지 않았는데, 이러한 경향성이 실제 차별을 의미하지는 않더라도 여성에게 부정적인 것으로 인식될 수 있다. 이는 여성이 학교 현장에서 부정적인 성차별 대상이 되지 않도록 힘쓰는 것과 함께 상호작용을 촉진하는 환경이 함께 조성되어야 함을 의미한다(여성심리학회, 2015).

(6) 다중역할갈등

최근 여성의 경제활동 증가와 더불어 전통적인 여성 역할로 인식되는 결혼과 출산, 자녀 양육 등으로 대표되는 역할과 사회적 역할로 인한 다중역할의 증가와 역할 간 갈등은 여성의 직업생활 지속성을 저해하는 작용을 하는 것으로 보인다. 특히 결혼, 출산, 자녀 양육이 집중되는 30대 집단에서 다중역할로 인한 장벽 지각이 매우 높으며, 이는 여성의 취업률 통계에서도 명확히 드러난다. 최근까지 여성의 취업률은 M자형 곡선을 보이는데, 임신 및 출산과 육아가 중요한 30대에 경력단절하는 모습을 나타내고, 이후 육아가 끝나는 시기인 50대에 일부 회복되는 양상을 보인다(이자명, 2015). 이러한 다중역할수행으로 인한 경력단절 양상은 고학력 여성에서 더욱 두드러지는데, 특히 이들은 30대 경력단절 이후 회복되지 못하는 L자형 곡선으로 나타난다. 다중역할수행과 갈등에 대한 두려움은 입직 이전의 여학생에게도 영향을 미치는 것으로 드러난 만큼(김은석, 유성경, 2013), 생애역할의 통합과 균형은 여성의 생애개발상담에서 지속적으로 다루어야 할 주제이다.

2) 여성의 건강문제

(1) 신체 건강

일반적으로 여성의 평균 수명은 남성보다 5년 더 길며, 이는 대부분 국가에서 공통적으로 나타나는 현상이다. 그런데 여성의 기대수명이 더 길어도 실제 질병 발생률에서는 남성보다 낮다고 보기 힘들다. 여성은 남성에 비해 비만, 빈혈, 호흡기, 만성질환이나 두통, 피로감, 골다공증 등에서 높은 비율로 문제가 있는 것으로 분석된다(김남순 외, 2014). 이러한 성차는 여성의 수명이 남성보다 길기 때문에 만성질환 가능성이 높고, 여성이 남성에 비해 건강문제에 대한 관심이 높아 의료 서비스를 자주 찾기 때문이기도 하다(Bird & Reiker, 2008). 또한 여성은 폭행의 피해자가 될 가능성이 남성보다 높으며, 이로 인한 외상경험은 여성의 다른 건강문제를 일으킬 가능성을 높인다.

① 월경 관련 문제

여성의 월경과 관련한 가장 대표적인 문제는 폐경이다. 폐경은 여성의 신체 건강에 가장 큰 영향을 미치는 요인으로 꼽히는데, 여성의 생식기능이 소실되는 시기를 갱년기(폐경기, climacteric)라고 한다. 폐경은 개인차가 있으나 통계적으로 40~55세에 주로 해당된다. 이 시기의 여성은 난소 기능의 실조로 월경 양이나 주기가 불규칙하고 에스트로겐(여포호르몬)의 분비 저하로 점차 월경이 사라진다. 이때 호르몬 변화는 여러 가지 갱년기 장애를 일으키게 되는데, 여성의 남성화 현상 외에 갑상선 기능 이상과 그로 인한 비만, 안면홍조/열감, 수면장애, 감정 변화, 성교장애, 골다공증 등으로 나타난다. 이러한 갱년기 증상은 개인에 따라 그 정도가 다양하며, 대부분 치료는 호르몬 요법을 통해 이루어진다(대한기초간호자연과학학회, 2002). 여성은 폐경 후 6~10년 동안 연 2%씩 골밀도가 낮아지고 이로 인한 골절 사고가 많기 때문에(Springfield, 1997), 젊은 시절부터 장기적인 관점에서 골다공증의 예방과 관리가 필요하다.

폐경 이전에도 여성이 경험하는 월경 관련 문제는 다양하다. 일반적으로 여성은 월경 시기 전후로 하복부 통증, 요통, 두통, 피로감 등 여러 증상을 경험한다. 이러한 증상이 병적으로 심한 경우를 월경곤란증이라고 하며, 여성의 10% 정도가 이 문제를 보고한다(대한기초간호자연과학학회, 2002). 그 외에도 월경의 양이 비정상적으로 많은 비정상 자궁출혈이나, 월경이 나타나지 않는 무월경, 과소월경 또한 치료가 필요하다. 이러한 증상은 여성의 불임이나 자궁내막암 등의 문제와 관련될 소지가 크므로 정확한 원인 규명과 치료가 필요하다.

② 암

자궁경부암은 자궁 입구인 자궁경부에 발생하는 여성 생식기 암이다. 이는 전체 자궁경부암의 80%를 차지하는 편평상피세포암(squamous cell carcinoma)과 선암(adenocarcinoma)으로 구분되며, 인유두종바이러스(Human Papilloma Virus: HPV) 감염을 비롯한 다양한 생활요인과 환경요인, 유전요인 등이 복합적으로 관여하여 발생하는 질병이다(국가암정보센터, 2017). 자궁경부암의 주요 원인 중

하나인 인유두종바이러스는 성관계를 통해 매개되는 것인 만큼, 안전한 성생활
에 대한 인식과 실천이 중요하다. 자궁경부암은 발병률이 매우 높은 여성 암으
로 주요 증상은 질출혈, 질 분비물의 증가, 골반통, 요통, 체중 감소 등이며, 여
타의 질병과 마찬가지로 조기발견이 중요한 만큼 성경험이 시작된 후부터는 정
기적으로 검진을 받는 것을 권장한다.

또 다른 대표적인 여성 암으로는 유방암이 있다. 유방암은 전 세계 여성 암
중 가장 발병률이 높고, 최근 국내에서도 꾸준히 증가하는 추세이다. 이는 여성
평균 수명의 연장과 생활양식의 변화, 서구식 식습관의 보급, 호르몬 치료의 증
가 등으로 인해 나타나는 현상으로 해석된다(한국유방암학회, 2014). 국내 유방
암 발생은 서구와는 다른 독특한 양상을 보이는데, 40세 이하 환자가 서구에 비
해 3배 정도 높은 반면, 50대 중반 이후에는 발병이 감소하는 특징이 있다(한국
유방암학회, 2014). 유방암 또한 조기발견이 중요한데, 규칙적으로 유방 자가검
진을 하고, 40세 이후에는 1~2년에 한 번씩 임상진찰과 유방촬영술을 하는 것
이 바람직하다(한국유방암학회, 2014). 자가검진은 20세 이상부터 한 달에 한 번
생리주기 첫날의 1주일 후에 할 수 있으며, 유방암 발병 시에는 아주 초기를 제
외하고는 수술과 항암치료, 방사선 치료 등을 행하는 것이 일반적이다.

(2) 정신건강
① 우울증

우울증은 매우 흔한 심리적 어려움으로 슬픈 기분, 무감동, 무력감, 무망감 등
과 같은 정서적 증상으로 대표된다. 이와 더불어 자기부적절감, 무가치감, 자기
비난, 비관적 사고, 파국화, 이분법적 사고, 자기초점적 주의, 반추와 같은 인지
적 특징과 수면장애, 소화불량, 피로감, 무기력감, 체중 변화 등의 신체적 증상
을 동반한다. 행동적으로는 일상의 과업을 수행하기 힘들고 사회적 상호작용이
감소하며, 심할 경우 위생관리와 같은 자기돌봄행동조차 버겁다. 또한 우울은
자살문제와도 직결되는 만큼 가장 흔한 정서문제이면서 동시에 가장 심각한 장
애이다.

일반적으로 여성은 남성에 비해 우울 증상에 취약하며, 유병률 또한 남성에 비해 세 배 가량 높다(권석만, 2013). 우울증은 성격적 특성과도 관련이 깊은데, 우울한 여성은 자존감이 낮고 전통적인 여성상을 지향하며 자신의 삶에 대한 통제감이 적은 경향이 있다(권석만, 2013). 여성의 우울증이 남성에 비해 발병률이 높은 것에는 복합적인 작용이 있는데, 우선 생리화학적으로 2개의 X염색체와 관련한 유전적 요인이나 호르몬 변화가 주요 요인이다. 특히 호르몬 변화로 인한 월경전기 증후군과 갱년기 증후군은 우울증과 관련이 높다. 또한 출산한 여성의 경우 출산 후 4주 이내에 우울 증상이 나타날 수 있는데, 이를 산후 우울증(postpartum depression)이라 한다. 이 시기 우울 증상이 원만히 해결되지 않으면, 이후 지속적인 우울증으로 발전할 가능성이 높다.

사회문화적으로 여성에 비해 남성은 심리적 고통이나 우울 증상에 대해 적게 보고하고 치료기관을 덜 찾는다는 점(Sigmon et al., 2005), 이와는 반대로 여성의 우울증이나 '약함'에 대해 허용적인 가부장적인 문화 등이 높은 여성 우울증을 설명하기도 한다. 여성 우울증 비율이 높은 또 다른 이유로는 여전히 우리 사회 전반에 존재하는 차별과 이로 인한 좌절 및 통제력의 상실이 있다. 양육과정이나 성장 이후에 남자 가족이나 배우자/연인의 폭력으로 인해 학대받는 비율이 남성에 비해 높다는 점도 여성의 우울증을 증가시키는 부정적인 생활사건 측면에서 생각해 봐야 할 것이다. 여성이 남성에 비해 경제적 궁핍에 노출될 위험이 크다는 점 또한 우울증을 부추기는 맥락적 요인으로 고려할 수 있다.

② 섭식장애

과거에 비해 현대사회는 날씬한 여성의 몸매를 매력적인 것으로 선호한다. 어느새 날씬한 몸매는 아름다운 여성의 필수 조건으로 여겨지고, 많은 여성이 자신의 몸매를 날씬하게 유지하기 위해 필사적으로 노력한다. 이러한 사회적 풍토 속에서 자신의 몸매를 날씬하게 만들고자 장기간 음식 섭취를 제한하거나, 체중조절을 위해 음식의 제한과 폭식을 반복하고, 살찌는 것에 대한 두려움으로 구토제나 설사제 같은 약물을 사용하는 경우도 있다. 이처럼 섭식문제는 때로 여성의 건강과 심리사회적 기능을 현저히 저하시키고 부적응적인 섭식 행동을 하게끔 한다.『정신장애의 진단 및 통계 편람(DSM-5)』상의 섭식장애 하위유형은 다양하나 여성의 경우, 특히 체중조절 욕구와 관련한 신경성 식욕부진증과 신경성 폭식증에서 그 비율이 두드러진다.

신경성 식욕부진증(anorexia nervosa)과 신경성 폭식증(bulimia nervosa)은 두 증상 모두 체중조절과 사회적으로 바람직한 외모에 대한 인식에 영향을 많이 받지만 그 양상은 다르다. 신경성 식욕부진증, 즉 거식증은 체중 증가와 비만에 대한 극심한 공포로 인해 음식 섭취를 현저하게 제한하거나 거부함으로써 체중이 비정상적으로 감소하고 심한 경우 합병증이나 자살로 인한 죽음에까지 이룰 수 있는 증상이다. 신경성 식욕부진증은 90% 이상이 여성에게 발병하며, 특히 외모에 민감한 청소년과 초기 성년기에 문제가 나타난다(권석만, 2013). 신경성 폭식증 환자들 또한 체중 증가에 대한 두려움을 갖고 끊임없이 체중조절을 위해 노력한다. 이들은 체중조절 노력 중간에 폭식행동을 반복하고 이를 만회하기 위해 구토제나 설사제와 같은 약물을 사용하는 특징을 보인다. 반복적인 구토로 인해 치아 손상을 보이고 약제 사용으로 인한 신체적 문제를 보이기도 한다. 신경성 폭식증 또한 주로 청소년기와 초기 성인기에 시작되며, 90% 이상이 여성이다(권석만, 2013). 이러한 섭식장애는 증상의 정도에 따라 의학적 개입이 필수적이며, 외모에 대한 인지적 오류가 중요하게 작용하는 만큼 이들의 자기 신체상에 대한 인지조정과 통제감 회복을 돕는 것이 중요하다.

③ 월경전기 증후군

월경전기 증후군(premenstrual syndrome)은 월경전기의 징후가 심하여 일상생활에 어려움을 겪는 증상으로, 특히 정서적 불안정성, 우울, 불안, 분노와 짜증, 의욕 저하, 무기력감과 같은 여러 정서 증상이 나타나 일상생활에 심각한 부적응을 일으키는 증상이다(권석만, 2013). 가임기 여성의 70~80%가 월경 시작 전에 다양한 징후를 경험하는데, 그중 20~40%는 월경전기 징후가 심해 일상생활에 어려움을 겪는다(권석만, 2013). DSM-5에서는 이러한 증상을 월경전기 불쾌

장애로 진단하며, 유병률은 여성의 3~9% 정도를 차지한다. 월경전기 불쾌장애는 우울장애, 양극성 장애, 불안장애 등과 공병률이 높고, 환자의 성적·신체적 학대경험이 많이 보고되는 만큼, 외상경험이나 외상후 스트레스장애와의 관련성에 대한 고려가 필요하다. 월경전기 증후군을 완화시키기 위해서는 카페인이나 술, 너무 달거나 짠 음식과 같이 증상을 악화시키는 음식물 섭취를 제한하고 비타민, 칼슘, 마그네슘 등을 복용하도록 돕는다. 이러한 식이요법과 더불어 규칙적인 운동도 효과적이다. 약물치료로는 세로토닌 재흡수 억제제를 비롯한 항우울제가 많이 처방되며(최두석, 2009), 월경전기 징후와 관련한 잘못된 신념과 불쾌 감정을 초래하는 부정적인 사고를 수정하는 인지행동치료 접근 또한 효과적이다.

3) 여성의 폭력 피해

여성만이 폭력의 피해자가 되는 것은 아니나 대부분의 폭력 피해자는 여성이다. 여성이 희생되는 폭력은 다양한 형태로 나타나는데, 강간이나 스토킹, 성희롱 등을 포함하는 성폭력과 가정 내에서 일어나는 가정폭력이 대표적이다. 이와 더불어 최근에는 데이트폭력과 같이 이성교제과정에서 나타나는 폭력 또한 심각한 문제로 대두되고 있다.

(1) 성폭력

「성폭력범죄의 처벌 및 피해자 보호 등에 관한 법률」이 1994년 제정된 이래 꾸준히 성폭력 방지 및 피해자 보호를 위한 제도적 발전을 모색하였음에도 불구하고, 여전히 성폭력의 경우 여성의 피해율이 남성에 비해 압도적으로 높고 여성에 대한 폭력을 방지하기 위한 제도는 부족한 것으로 평가된다. 특히 성폭력은 피해자의 신체적·정신적 고통뿐만 아니라 2차 가해로 인한 피해 또한 심각하기 때문에 이를 방지하기 위한 예방적 개입과 성폭력에 대한 정확한 인식 교육이 필요하다. 여성의 정절을 중요시하는 전통적인 유교문화는 오히려 성폭력 피해자를 비난하는 분위기를 만들어 피해자의 고통을 이중으로 가중시키는 경향이 있어 최근까지도 피해를 숨기거나 자신의 피해를 정확히 인지하지 못하는 경우가 많았다. 근래 사회적 분위기가 변화하고 여성 피해자를 보호하기 위한 체계적이고 실효성 있는 제도 마련의 노력이 부각되면서 성폭력에 대한 정확한 인식과 피해자 보호에 관한 노력이 증가하는 추세이기는 하나 여전히 미흡한 실정이다.

성폭력의 범주에는 강간이나 스토킹, 성희롱 등이 포함되며, 이러한 성폭력 피해 여성은 장단기적으로 신체적·심리적 후유증을 경험한다. 여성가족부(2018)의 성폭력실태조사에 따르면, 대부분의 성폭력 피해 여성이 성폭력으로 인해 불안과 우울, 자괴감, 무력감, 자아상실감 등을 경험하였으며, 성폭력을 다시 당할 것 같은 두려움과 가해자에 대한 분노와 적개심, 자살의도 등도 보고하였다. 이러한 후유증은 외상후 증후군으로 이어지기도 하며, 피해자들은 성폭력 이후 심각한 일상생활과 직장생활의 부적응을 경험하는 것으로 확인되었다(여성가족부, 2018).

한편, 직장생활을 하는 여성을 대상으로 하는 직장 내의 성희롱 또한 매우 심각한 문제이다. 성희롱은 직장 내 위계 관계에서의 원치 않는 성적 요구를 의미하며, 이는 주로 남성 권력이 중심이 되는 불평등한 환경에서 나타난다. 「남녀 고용평등과 일·가정 양립 지원에 관한 법률」 제2조 제2항은 "직장 내 성희롱이란 사업주·상급자 또는 근로자가 직장 내의 지위를 이용하거나 업무와 관련하여 다른 근로자에게 성적 언동 등으로 성적 굴욕감 또는 혐오감을 느끼게 하거나 성적 언동 또는 그 밖의 요구 등에 따르지 아니하였다는 이유로 고용에서 불이익을 주는 것을 말한다."라고 정의한다. 이러한 성희롱 피해 여성들은 다른 유형의 성폭행 피해자와 마찬가지로 비슷한 심리적·신체적 고통을 경험하며, 직장 내의 부정적인 평가, 무책임한 가십(gossip)의 대상이 되면서 고스란히 2차 피해에 노출된다.

(2) 가정폭력

가정폭력은 여성이 가장 빈번하게 경험하는 폭력 중 하나로, 남성 양육자나 배우자 등에 의한 폭력 가해를 의미한다. 특히 배우자에 의한 가정폭력 비율이 가장 높은데, 그 형태는 언어폭력에서 물리적 폭력까지 매우 다양하다. 최근 여성에 의한 남성피해 가정폭력이 회자되기도 하지만, 여전히 우리 사회 속 배우자 학대의 피해자는 대부분 여성이다.

가정폭력 피해 여성은 피학대 여성(battered woman)이라 하는데, 이들은 반복적으로 경험하는 학대의 악순환으로 인해 고통받는다. 많은 피학대 여성은 지속적으로 학대를 당하는 것이 아니라, 폭력의 순환과정을 경험하면서 무기력감을 느끼고 자신의 어려움을 스스로 변화시킬 수 없는 것으로 지각하게 된다. 즉, 긴장 형성 단계-치명적 단계-화해 단계를 반복적으로 경험하면서 가해자에 대한 단호한 결정을 미루게 되며, 가해자의 학대 행위를 감수하는 법을 학습한다. 이러한 기간이 지속되면 피해자는 자기 스스로 가정폭력 환경을 바꿀 수 없다고 믿고, 학습된 무기력 상태에서 우울과 불안을 견디며 다음 폭력을 두려워하는 외상경험을 하면서 가해자를 떠날 수 없는 무력감에 빠진다. 가정폭력 피해 여성의 상당수가 알코올이나 약물에 의존하여 불안감을 극복하려는 모습을 보이며, 폭력의 피해가 대물림되어 다음 세대의 부부관계에서 반복되기도 한다.

4) 일-가족 다중역할갈등

여성의 경제활동 참가 수가 매년 증가하고 대학진학률이나 입직률에서 남녀 차이가 없음에도, 임신과 출산, 양육이라는 역할이 대두되는 30대 여성의 경제활동참가율(62.5%)이 남성의 93%에 비해 눈에 띄게 낮아지는 현상은 여전히 국내 여성의 생애단계별 경제활동 패턴이 남성에 비해 결혼과 출산의 영향을 받고 있음을 의미한다(이자명, 2013). 실제로 국내 여성 고용률 또한 여성이 결혼과 출산으로 인해 노동시장을 이탈했다가 자녀가 성장함에 따라 회복되는 전형적인 'M자'형 곡선을 보이고 있다. 한편 고학력 여성의 경우, M자의 함몰된 지점에서 다시 상승하지 못하고 L자 곡선을 그리는데(전기택, 2011), 이는 고학력 여성 인력이 출산과 육아로 인해 경력이 단절한 후에 노동시장으로의 복귀하는 비율이 매우 저조함을 의미한다.

기혼여성이 진로발달과정에서 독특하게 경험하는 일과 가족 양립에 대한 주제는 일-가족 다중역할갈등으로 설명된다. 일-가족 갈등(work-family conflict)은 전통적으로 '일과 가족 영역에서 오는 역할 압력으로 발생하는 역할 간 갈등의 한 형태로 어느 정도 상호 양립할 수 없는 갈등'으로 정의되었다(최윤정, 김계현, 2010). 즉 개인, 가족, 일의 영역에서 부과되는 각각의 역할을 수행하는 과정에서 한정된 자원(시간, 에너지 등)을 배분할 수 없게끔 함으로써 역할갈등을 초래한다는 것이다(이화용, 홍아정, 2012). 한편, 최근에는 일-가족 다중역할 간 긍정적인 상호작용을 일-가족 향상(enrichment)이라는 개념으로 논의한다. 이는 일과 가족 역할이 다른 영역에 속한 역할을 더 잘 수행하기 위해 상호작용하는 것이라고 보는 개념이다(Greenhaus & Powell, 2006). 그러나 다중역할수행의 긍정적인 효과에도 불구하고, 여전히 우리 사회에서 기혼여성이 육아 및 가사와 직업생활을 안정적으로 병행하는 데는 여러 장애요소가 있다.

가부장적인 이데올로기가 내재하고 있는 문화 속에서 기혼여성 근로자가 다양한 역할을 동시에 수행하면서 갈등을 겪고, 그 과정 속에 끊임없이 스트레스를 받으면서 기혼여성의 취업은 미혼여성의 취업과는 다른 의미를 갖게 된다(홍달아기, 1998). 즉, 기혼여성 근로자는 직업인의 역할에 주부로서의 역할이 더해지면서 다양한 역할수행을 위한 내적 · 외적 자원 소모가 크고, 역할 중요도 간충돌을 처리하기 때문에 기혼여성의 진로개발에는 스트레스가 항상 공존하며, 이러한 스트레스 상황은 기혼여성 개인뿐만 아니라 가족과 직장 모두에게 부정적인 영향을 미치는 다중역할갈등으로 이어지는 것이다. 이에 기혼여성이 취업 상태에서 경험하는 역할갈등으로 인한 스트레스의 유발요인이 무엇이며, 워킹맘이 실생활에서 행하는 스트레스 대처전략은 어떠한지를 파악함으로써 여성의 생애개발상담에서 다중역할갈등을 잘 해결하도록 조력해야 한다.

5) 고부갈등

고부관계는 아들의 결혼에 의해 형성되는 인척관계로 결혼으로 결합된 부부관계나 혈연에 의해 이루어진 부모-자녀 관계보다 폐쇄적이고, 서로의 역할이 유사하기 때문에 갈등이 발생하기 쉽다(홍달아기 외, 2014). 전통적으로 시어머니는 가사 운영 전반에서 권한을 가지는 반면, 며느리는 그 집안의 가장 낮은 지위에서 출발하여 자신의 욕구나 가치를 시가의 문화에 종속시키며 순종과 인내를 미덕으로 살았다. 그러나 오늘날 고부관계는 시어머니의 권력이 약화되어 권력 구조적 측면에서 많은 변화가 나타났으며, 이로 인해 최근의 고부갈등은 이전과는 다른 양상을 보이기도 한다.

전통적으로 고부갈등은 아들(남편)을 중심으로 한 애정 측면에서 비롯되며, 이는 최근까지도 중요한 요인으로 작용한다. 밀착된 모자관계 속에서 시어머니는 며느리를 아들을 빼앗은 경쟁자로 인식하고, 며느리에 대해 방어적이고 공격적인 태도를 취한다. 특히 아들에 대한 집착이 크고 남편과의 관계가 원만하지 못하거나 본인이 시집살이를 심하게 경험한 경우, 며느리에 대한 질투와 거부감이 크다(구자경, 1999). 한편, 며느리의 입장에서는 시어머니가 자신의 아들 편만 들거나 동서와 자신을 차별하거나 배려와 보살핌이 없을 때 갈등이 심화되는 것으로 보인다(정은미, 2016).

역할구조적 측면에서는 고부가 서로에 대해 갖는 역할기대와 실제 수행의 불일치로 인해 갈등이 유발된다(이선미, 2018). 여성은 결혼과 더불어 아내, 며느리 그리고 어머니 역할이 주어지는데, 역할에 대한 지각, 역할수행능력 등에서 합의를 이루지 못하면 고부간의 갈등은 심화되기 마련이다. 생활환경이나 가치의 차이, 역할 인식에 대한 세대 차이, 고부간의 성격 차이 등은 생활구조적인 측면에서 큰 이질감을 만들어 내는데, 고부는 서로 다른 문화적 맥락을 가짐에도 같은 역할집단에 속함으로써 문화 차이와 세대 차이를 동시에 경험하고, 상대에 대한 이해가 없는 상황에서 각자의 방식을 주장하면서 갈등하게 된다.

혼수문제 또한 고부갈등 시작의 주요 요인이 되며, 남편의 미분화된 태도로 인해 심화되는 경향이 있다. 한편, 고부갈등의 극복 노력은 오히려 며느리의 삶을 주체적으로 만들기도 하는데, 주변의 지지와 인정을 얻고 고부갈등에 압도되지 않으면서 독립적인 삶을 살아가도록 돕는다. 또한 고부갈등을 극복하고자 노력하는 과정에서 타인을 이해하고 상처받은 이를 돕고자 하는 성장이 나타나기도 한다(이선미, 2018).

6) 은퇴

은퇴는 한 개인의 일생에서 중요한 전환기적 사건으로 자기정체성의 큰 부분을 상실하는 경험으로, 심리사회적 · 경제적 · 신체적 적응을 필요로 한다. 이러한 은퇴는 은퇴자 개인뿐만 아니라 배우자의 삶에도 큰 변화를 가져오기 마련이다. 최근 대두되는 은퇴남편 증후군이나 황혼 이혼의 증가 등은 인생 후반의 주요 사건인 은퇴 후 적응에 어려움 크다는 점을 시사한다. 은퇴 후 적응은 성별에 따른 차이가 크며, 은퇴 후에는 부부관계 또한 상당한 변화를 겪는다. 신화용(1996) 및 신화용과 조병은(1999)의 연구에 따르면, 은퇴 후에는 남편의 심리적 의존은 증가하는 반면 아내의 의존은 감소하였으며, 결혼 만족도 또한 별다른 변화가 없는 남편에 비해 아내의 만족도는 감소하였다. 이는 배우자의 은퇴가 여성의 노년기 삶에 중요한 계기가 됨을 의미한다. 특히 은퇴 이후 배우자 수입의 감소, 가사 분담 불균형, 개인적인 자유나 사생활의 감소 등은 배우자 은퇴 후 여성의 가족생활 만족도를 저하시킨다(Hill & Dorfman, 1982; Keating & Cole, 1980). 은퇴 후 적응과 결혼 만족도에 가장 중요하게 작용하는 요인은 배우자의 정서적 지지로, 김미혜 등(2007)의 연구에서도 배우자가 은퇴한 이후 남편과의 상호작용이 활발하지 못하고 부정적이면 적응상의 어려움이 컸다. 이처럼 은퇴는 부부 상호 간에 영향을 미칠 뿐 아니라 성차에 따라 각각 다르게 경험되는 개별화된 과정이다(Smith & Moen, 2004; Solinge & Henkens, 2005).

최근에는 여성의 사회적 진출이 활발해지면서 여성 은퇴자들에 대한 연구 또한 진행되기 시작하였다. 여성 은퇴자들의 은퇴 적응은 재정과 건강, 사회적 관계망, 배우자와의 관계와 관련이 높은 것으로 나타났다(Babb, 1997; Cherry, Zarit, & Krauss, 1984). 한편, 하우그 등(Haug et al., 1992)의 연구에서는 여성의 은퇴 시기가 배우자의 건강문제나 은퇴 시기와 관련이 있는 것으로 나타나, 여성은 은퇴마저도 일-가족 양립문제에 영향을 받는 것으로 분석되었다. 국내의 경우 아직은 직업에서 은퇴한 아내가 많지 않아 대부분의 은퇴 후 적응은 남성으로 중심으로 논의되고 있는 실정이다(안유숙, 2013). 여성의 사회 지출이 증가하는 상황을 고려하였을 때 향후 보다 다양한 논의가 필요하다.

4. 여성 생애개발상담을 다루는 성별 맥락적 접근

앞서 언급하였듯이, 여성은 고유의 신체적 특징과 이로 인해 일어나는 임신/출산, 월경으로 인한 건강문제 등과 함께 성(性)의 사회화로 인해 남성과는 다른 발달적 경험을 한다. 여성은 자신의 성공에 대한 기대가 낮으며, 수학을 기피하거나 진로의 선택지와 포부를 제한하고, 결혼 이후에는 여러 역할 간 갈등을 경험한다. 따라서 상담에서는 이러한 내담자의 성별 특징에 기초한 성역할 고정관념에 도전하고, 내담자가 여성이라는 이유로 포기했던 것을 회복하며 도전하도록 돕는 것이 중요하다. 이러한 역할을 수행하기 위해서는 상담자 또한 자신의 성역할 인식의 경향과 한계에 대해 명확히 인식하고 개입해야 할 것이다.

여성상담의 경향은 크게 세 가지인데, '성차별하지 않는 상담'과 '성(性)을 인식한 상담' 그리고 '여성주의 상담'이다. 트래비스(Travis, 1988)에 따르면, 상담자는 사회에 만연한 성차별주의를 인식하고, 내담자를 하나의 성(性)이 아닌 개인으로서 보아야 한다. 상담자의 이러한 경향은 상담자 자신의 편견을 제거하고 성차별을 하지 않는 상담으로 이어진다. 이와 더불어 '성(性)'이라는 요인의 작용을 인정하고 내담자를 사회적인 맥락에서 이해할 것을 강조하는 성(性)을 인식한 상담접근 또한 중요하게 고려되어야 할 것이다(Good, Gilber, & Scher, 1990). 성을 인식한 상담을 통해 상담자는 적극적으로 성의 불공평성에 대해 다루고 상담자-내담자 협력관계 속에서 내담자가 진정으로 원하는 바를 선택하도록 조력할 수 있다.

한편, 1960년대 서구에서 활발하게 일어난 여성운동은 상담 영역에도 영향을 미쳐 여성주의 상담을 탄생시켰다. 여성주의 상담은 여성상담자들의 전통적인 심리상담이론에 대한 문제의식에서 비롯되었다. 이들은 전통적인 심리상담이 성역할 고정관념을 강화하고, 적응이라는 미명하에 여성의 삶을 변화시키기보다 현재를 받아들이고 순응하도록 만든다는 점을 지적한다. 따라서 여성 내담자를 제대로 이해하기 위해서는 이들이 성차별 사회에서 억압당한 존재임을 인식하고 상담자의 신념, 가치, 태도 안에 이러한 의식이 반영되어야 함을 강조한다(이미혜 외, 2012). 즉, 여성주의 상담은 여성의 심리적 불편감이 여성이라는 사회적 위치와 관련되고 개인적인 것이 정치적인 것이라는 여성주의(feminism)를 바탕으로 개인과 사회의 변화를 동시에 추구한다.

한편, 성역할 사회화가 만연하다고는 하나 그에 대한 노출 정도나 영향의 정도에는 개인차가 크다. 따라서 여성 내담자를 상담할 때는 각 내담자의 성역할 사회화 수준을 평가하는 것이 필요하다. 특히 이 과정에는 적극적인 지지와 방해 요인뿐만 아니라 내담자의 삶과 선택에 영향을 미치는 중립적인 요인도 포함되어야 한다(Gysbers, Heppner, & Johnston, 1998). 또한 내담자가 선택하는 과정에서 성역할에 따른 선택이 어떠한 결과를 가져오는지 그 득과 실에 대해 충분히 고려할 수 있도록 돕는 것이 중요하다. 내담자가 자신의 선택이 가져올 대가와 보상에 대해 정확한 지식이 있을 때 제대로 삶의 선택을 할 수 있기 때문이다. 많은 경우 전통적인 성역할에 맞는 선택을 안전한 것으로 여기지만, 전통적인 성역할에 머무름으로써 발생하는 스트레스나 불편함, 재정적 손실 또한 존재하며, 상담장면에서는 이에 대해 면밀히 살펴보아야 한다.

5. 여성 생애개발상담의 전망과 과제

여성의 생애개발상담은 성별맥락에 따른 여성 고유의 발달과업을 이해하고 내담자의 성역할 사회화 수준에 맞는 목표와 개입전략을 수립하는 것이 중요하다. 앞서 언급하였듯이, 최근 여성의 생애개발상담은 '성차별하지 않는 상담' '성을 인식한 상담' '여성주의 상담'과 같이 세 가지 접근으로 나눌 수 있다. 상담자는 각각의 접근이 갖는 지향점과 장단점에 대해 명확히 인식하고, 이에 따른 내담자 삶 속 변화와 책임은 무엇인지를 면밀히 검토해야 할 것이다. 더불어 근래 여성의 삶과 성역할 과업에 대한 인식 및 사회문화적 환경이 달라지고 있는 만큼, 이에 맞는 인식의 전환과 논의 또한 요구된다.

제4장
생애개발과 학습상담

| 임은미 |

인간의 전 생애에서 학습은 어떤 의미를 갖는가? 좋은 직장을 얻고 경제적으로 넉넉한 인생을 보내기 위한 수단인가? 학습 그 자체가 삶의 질을 높여 주는 것이므로 외적인 대가 없이 즐기는 대상인가? 학령기 동안 열심히 학습하고 그 이외의 기간에는 학습할 필요가 없는가? 전 생애 동안 인간의 생활에서 떨어질 수 없는 것인가?

저출산으로 생산인구가 줄어들고 평균 수명이 늘어난 현대사회를 살아가기 위해 더 이상 생산을 젊은이의 전유물로 여길 수 없게 되었다. 급격한 기술의 발달이 직업구조에 영향을 미쳐 어떤 직업이든 어느 정도 이상의 전문성을 요구하고 있다. 현대인은 긴 기간 동안 직업을 유지해야 하고, 현대인의 직업은 그 어느 시대보다 정교한 학습과 훈련을 요구하고 있다. 아울러 핵가족화와 단독 가구의 증가로 노년기의 여가생활 또한 이전 시대와 달라졌기 때문에 여가를 위한 학습도 필요하다. 따라서 현대인에게 학습은 직업을 유지하기 위한 필수적 과정이고, 인간의 전 생애 동안 인간의 삶에서 분리되기 어려운 것임을 알 수 있다.

이 장에서는 인간의 삶과 학습의 관련성을 살펴보고자 한다. 이를 위해 학습의 개념, 학습의 이론, 생애발달과정에 따른 학습문제와 특성 그리고 학습상담자가 수행해야 할 역할과 자질을 살펴본다.

1. 학습의 개념과 이론

1) 학습의 개념

학습은 새로운 지식, 행동, 기술, 가치 또는 선호체계를 배우거나 기존의 것을 수정하는 과정이다. 학습능력은 인간, 동물 그리고 기계도 가지고 있다. 어떤 학습은 즉각적이고 단일한 사건에 의해 유발되지만, 대부분의 기술과 지식은 반복된 경험으로 축적된다. 인간의 학습은 출생 전부터 시작되고, 인간과 환경의 계속적인 상호작용의 결과로 죽을 때까지 지속된다. 이 분야의 연구는 다양한 종류의 학습을 확인해 왔다. 예를 들어, 학습은 습관화, 고전적 조건형성, 작동적 조건형성 모방 또는 놀이 등의 복합적인 활동의 결과로 발생한다. 학습은 의식적으로 발생하기도 하지만 의식적인 자각 없이 발생하기도 한다. 삶의 현장에서 학습은 교육을 통해 의도적으로 이루어지는 공부와 전체 삶의 맥락에서 자연스럽게 이루어지는 학습으로 나누어 볼 수 있다. 의도적인 공부를 학업이라하고 자연스런 지식 습득을 학습이라고 한다면, 이 장에서 논의하는 학습은 학업을 의미한다.

개인은 학습의 결과로 새로운 것을 알게 되거나 다른 행동을 수행할 수 있게 되는데, 이전에는 이것이 곧 유능성의 문제로 귀착되었다. 사회는 학교 공부에서 높은 성과를 올린 개인에게 경제적·사회적으로 많은 혜택을 주었다. 오랜 기간 동안 효과적으로 학교 공부를 마친 사람은 좋은 직장을 얻어서 풍요롭게 살 것을 약속받았다. 그러나 이러한 학습관은 변화된 사회 현실에 효과적으로 대응하는 사회인을 육성하는 데 충분하지 않다. 이 시대에 맞는 학습은 지적인 발달뿐 아니라 정서적인 발달을 추구해야 하며, 아울러 혼자만의 발달에 머무는 것이 아니라 공동체의 발달로 시야를 넓혀 복합적인 과제를 해결하기 위한 네트워킹 능력이 함께 이루어져야 한다. 이 시대의 성숙한 학습자는 숙련된 기술과 정신을 기꺼이 타인과 공유함으로써 공동선을 달성하기 위해 협력하고 안내할 수 있는 이를 말한다(송재홍, 2016).

학습은 유아교육기관, 초등학교, 중학교, 고등학교, 대학교, 기타 성인 및 노인교육기관을 중심으로 이루어진다. 3~5세 유아는 「유아교육법」 제24조 1항, 동법 시행령 제29조 및 부칙 제1조 등에 의거한 누리과정에 의한 교육을 받는다. 누리과정은 우리나라 만 3~5세 유아가 꿈과 희망을 누릴 수 있도록 국가가 공정한 교육기회를 제공하기 위해 수립되었다. 5세 누리과정은 2012년 3월 1일부터 시작되었고, 2013년 3월부터 3~4세 누리과정이 실시되었다. 누리과정은 만 3~5세 유아의 심신의 건강과 조화로운 발달을 도와 민주시민의 기초를 형성하는 것을 목적으로 구성되었다. 누리과정에 의해 유아는 신체운동 · 건강, 의사소통, 사회관계, 예술경험, 자연탐구 영역을 학습한다(교육부, 세종특별자치시교육청, 2017).

초 · 중등학생은 해당 교육과정에 의해 조직된 학교교육을 받는다. 「초 · 중등교육법」(제23조 2항)은 우리나라 초 · 중등교육의 목적과 목표를 달성하기 위한 공통의 기준을 제시하고 있다. 우리나라의 초 · 중등교육이 추구하는 인간상은 전인적 성장을 바탕으로 자아정체성을 확립하고 자신의 진로와 삶을 개척하는 자주적인 사람, 기초능력의 바탕 위에 다양한 발상과 도전으로 새로운 것을 창출하는 창의적인 사람, 문화적 소양과 다원적 가치에 대한 이해를 바탕으로 인류 문화를 향유하고 발전시키는 교양 있는 사람, 공동체 의식을 가진 세계시민으로서 배려와 나눔을 실천하는 더불어 사는 사람이다. 초등학교의 교육은 학생의 일상생활과 학습에 필요한 기본 습관 및 기초능력, 바른 인성을 함양하는 데 중점을 둔다. 중학교 교육은 초등학교 교육의 성과를 바탕으로 학생의 학습과 일상생활에 필요한 기본 능력과 바른 인성, 민주시민의 자질 함양에 중점을 둔다. 고등학교 교육은 중학교 교육의 성과를 바탕으로 학생의 적성과 소질에 맞는 진로개척 능력과 세계시민으로서의 자질을 함양하는 데 중점을 둔다(교육부, 2015).

「고등교육법」은 대학, 산업대학, 교육대학, 전문대학, 원격대학(방송대학, 통신대학, 방송통신대학 및 사이버대학), 기술대학, 각종 학교에 관한 사항을 정하기 위한 법이다. 고등교육기관은 학칙으로 정하는 바에 따라 교육과정을 운영한다. 다만, 국내 대학 또는 외국 대학과 공동으로 운영하는 과정에 대해서는 대통령령으로 정한다.

평생교육은 학교의 정규교육과정을 제외한 학력보완교육, 성인 문자해득교육, 직업능력 향상교육, 인문교양교육, 문화예술교육, 시민참여교육 등을 포함하는 모든 형태의 조직적인 교육활동을 말한다(「평생교육법」 제2조). 우리나라 평생교육의 이념은 모든 국민에게 자유롭고 자발적인 평생교육의 기회를 제공하는 것이다. 평생교육의 교육과정, 방법, 시간 등에 관하여 평생교육을 실시하는 자가 정하되, 학습자의 필요와 실용성을 존중해야 한다(「평생교육법」 제6조).

유아교육, 초 · 중등교육, 고등교육, 평생교육에 대한 법적 장치까지 마련되어 현대인에게는 전 생애를 통해 학습을 지속하게 하는 법적 토대가 구축되었다. 「평생교육법」은 2009년에 공포되고 시행되었다.

1997년 IMF 금융위기, 평균 수명의 연장은 학업에 대한 관점에도 큰 영향을 미쳤다. 1997년 금융위기 때 우리나라가 IMF의 구제금융을 신청한 사건으로 인해, 직장의 '구조조정'이 본격화되면서 한 번의 성공적인 학교생활로 평생을 보장받을 수 있다는 학습관이 위기를 맞았다. 그전까지는 대학교를 졸업하고 한 번 직장을 얻으면 그 직장에 충성하면서 평생을 보내고 그 대가로 직장은 급여와 퇴직연금을 주었으며 그것으로 일생을 보낼 수 있다고 믿었다. 그러나 철밥통이라 여겼던 금융업, 대기업이 구조조정을 실시하거나 폐업하면서 근로자들은 일자리를 잃고 어쩔 수 없이 새로운 인생을 설계해야 했다.

늘어난 평균 수명으로 인해, 퇴직금으로 얼마만큼의 남은 인생을 버텨야 할지를 가늠하기 어려워졌다. 60세 안팎으로 정년이 결정되는 직장에서 고등학교를 졸업한 직후 취직하여 정년을 마친 사람의 경우, 35년 정도를 근무하고 회사를 떠나지만 별도의 경력 개발이 되어 있지 않으면 그 이후에는 일한 기간보다 더 긴 시간을 직장 없이 보내야 한다.

그렇기 때문에 변화의 시대를 살아가는 현대인의 삶에서 학습은 평생 동안 함께해야 하는 활동이다. 학습을 통해 지적인 유산을 전수받을 뿐 아니라 정서의 수용과 표현방법을 배우고, 사회생활에 적합한 가치와 행동을 배울 수 있다. 이 시대의 학습은 인간의 지적 · 정서적 발달을 촉진하고, 대인관계와 사회적 · 직업적 적응을 가능하게 하며, 인간다운 삶을 추구하는 삶의 과정이자 산물이라고 정의할 수 있다.

2) 학습의 이론

학습이론은 다양하게 분류할 수 있다. 여기서는 행동주의 학습이론, 인본주의 학습이론 그리고 인지주의 학습이론으로 정리한다.

(1) 행동주의 학습이론

행동주의 학습이론에서는 학습의 과정을 고전적 조건형성과 조작적 조건형성으로 설명하였다. 행동주의 학습이론가들은 명백하고 관찰 가능한 학습에 초점을 두고 학습을 정신적 변화가 아닌 행동에서의 변화로 정의하는 것을 선호한다(Ormrod, 2017).

1904년 소화에 관한 연구로 노벨상을 수상한 러시아 생리학자 파블로프(Pavlov)가 개의 타액분비 과정 실험을 통해 우연히 알게 된 학습의 원리를 인간의 학습에도 적용할 수 있음을 발견하는 데는 오랜 시간이 걸리지 않았다. 행동주의 학습이론은 고전적 조건형성과 도구적 조건형성으로 구성된다. 고전적 조건형성은 조건자극이 무조건자극의 바로 '직전(0.5초 이내)'에 제시될 때 더 잘 일어난다. 무조건자극은 학습 없이 자동적이고 반사적인 반응, 즉 무조건반응을 일으키는 자극체이다. 조건자극은 학습이 없이는 아무런 반응을 불러일으키지 못하다가 무조건자극과 연합되는 학습 후에 반응, 즉 조건반응을 일으키는 자극체이다. 유기체로 하여금 아무런 반응을 불러일으키지 못했던 조건자극은 그것에 뒤따라 나오는 무조건자극과 시간적으로 긴밀하게 연결될 때, 무조건자극이 불러일으키는 것과 동일한 반응을 유기체로부터 불러일으킨다. 고전적 조건형성 실험 초기에는 동물의 단순한 행동학습을 설명하는 데 그쳤으나 시간이 지나면서 인간의 행동, 더 나아가 감정과 태도 역시 학습될 수 있음을 증명하였다.

예를 들어, 실패 공포 또한 학습될 수 있는데 이를 고전적 조건형성의 원리로 설명할 수 있다. 실패를 지나치게 두려워하는 사람은 이전의 경험에서 실패가 힘든 상황과 연합된 적이 있었을 것이다. 화난 부모가 주는 가혹한 벌, 무감각한 학우의 조롱 등이 그 예이다. 이런 학습자가 어떤 과제에 직면하게 되고 그 과제에 실패할 가능성이 보일 경우, 자연스럽게 임하지 못하고 과도한 실패회피 경향을 보일 수 있다. 새로운 것을 학습하기 위해 실패는 자연스러운 것이기 때문에 학습자가 실패로 인해 과도한 처벌을 받거나 심리적인 부담을 갖지 않도록 유의해야 한다(Ormrod, 2017).

고전적 조건형성 연구자들이 밝힌 고전적 조건형성의 특징에는 편향적 연합, 유관의 중요성, 소거, 자발적 회복, 일반화, 자극변별, 고차적 조건형성, 감각적 전조건형성 등이 있다(Ormrod, 2017). 편향적 연합은 자극 간 연합이 이루어지는 정도에 차이가 있으며, 어떤 자극 간의 연합은 다른 자극 간의 연합보다 더 잘 이루어진다는 것을 의미한다. 예를 들어, 음식은 빛이나 소리보다 메스꺼움과 잘 연합되어 해로운 물질을 피하도록 해 준다.

유관의 중요성은 조건자극이 반응을 일으키기 위해서는 그것이 무조건자극을 불러오는 신호탄으로서의 역할을 할 때라는 것을 의미한다. 파블로프의 실험에서 개가 조건자극인 종소리를 듣고 침을 흘리는 것은 종소리 후 곧 음식이라는 무조건자극이 충분히 반복적으로 제시되었기 때문이다. 조건자극과 무조건자극의 유관관계가 확실히 맺어질 때 고전적 조건형성이 가능해진다.

조건자극이 무조건자극과 연이어서 제시되지 않고, 조건자극만 계속해서 제시되었을 때 반응이 사라지는 것을 소거라고 한다. 소거는 학습이 취소되는 것으로서 바람직한 반응이 사라지는 것과 바람직하지 못한 반응이 사라지는 양방향으로 일어난다.

자발적 회복은 소거된 반응이 다시 나타나는 것을 의미한다. 소거되었다가 아무 생각 없이 사라졌던 행동을 하게 되는 상황을 말한다. 얼마 동안 반응 상황을 떠났다가 다시 그 장면에 놓였을 때 자발적 회복이 발생한다. 자발적으로 회복된 반응은 소거되기 전의 반응보다 더 빠르게 소거된다.

조건형성된 반응이 점점 더 많은 조건자극에 대하여 일어나는 현상을 일반화라고 한다. 예를 들어, 공포반응이 일반화되면 점점 더 많은 것을 무서워하게 되며, 점차 어떤 조건자극으로 인해 공포반응이 학습되었는지 알 수 없게 된다.

자극변별은 어떤 자극이 무조건자극과 함께 제시되고 다른 자극이 무조건자극 없이 제시될 때 일어난다. 무조건자극과 함께 제시된 조건자극은 학습되지만, 같은 자극이라도 무조건자극이 뒤따라오지 않은 자극에 대해서는 반응이 학습되지 않는다.

일단 고전적으로 조건형성된 반응은 조건자극 직전에 다른 조건자극, 즉 2차적 조건자극이 지속적으로 짝지어지면 2차적 조건자극에 대하여도 반응을 일으킨다. 이것을 2차적 조건형성이라 한다. 그 후 2차적 조건자극 직전에 다른 조건자극을 짝지으면 3차적 조건형성이 이루어질 수 있다. 2차적 조건형성과 3차적 조건형성을 고차적 조건형성이라고 한다.

감각적 전조건형성은 조건자극끼리 먼저 연합된 후 그중 하나의 조건자극이 무조건자극과 연합되어 학습이 일어나는 경우를 말한다. 이때 반응을 일으킨 조건자극과 연합되었던 다른 조건자극 또한 동일하게 반응을 유발하는 효과를 갖는다. 뱀이 잔디밭과 연합된 후 뱀에 대한 공포를 학습하게 되면, 잔디밭도 동일한 공포를 유발하는 현상이 이에 해당된다.

작동적 조건형성은 만족이 뒤따르는 행동은 강화되고, 불만족이 뒤따르는 행동은 감소하고 사라질 가능성이 있다는 손다이크(Thorndike)의 관찰을 통해 발견되었다. 특정 행동 뒤에 따르는 벌은 특정 행동을 약화시키지 않는다는 사실도 손다이크의 관찰 결과로 제시되었다. 스키너(Skinner)는 행동의 빈도를 증가시키는 성과를 지목하기 위하여 보상이라는 용어 대신 강화자라는 용어를 의도적으로 사용하여 작동적 조건형성의 원리를 발표하였다(Skinner, 1938). 강화자는 강화라는 용어로 사용되기도 한다. 스키너의 작동적 조건형성의 원리는 인간 행동의 원인을 설명하는 데 유용하게 사용되어 바람직한 행동뿐 아니라 바람직하지 못한 인간 행동의 원인까지 설명하면서 적용범위가 확대되었다(Ormrod, 2017).

작동적 조건형성이 일어나기 위해서는 반응 다음에 즉시 강화가 뒤따라야 한다. 이 때문에 학교학습에서 주어지는 강화는 반응 이후 한참 뒤에 주어진다는 점에서 효과가 제한적일 수밖에 없다. 어떤 학생이 공부를 열심히 해서 시험을 치렀지만 시험결과가 늦게 정리되어 나중에야 자신의 성적을 확인할 수 있기 때문이다. 또한 지연된 강화체제 내에서는 강화 효과에 혼란이 올 수도 있다. 시간이 지체되는 동안 학습자는 여러 가지 반응을 하고, 그 후에 받은 강화가 자신의 어떤 행동에 대한 보상인지 구체적으로 알 수 없기 때문이다.

강화는 여러 형태로 주어질 수 있다. 우선 강화가 그 자체로 직접적인 만족을 주는지, 강화 자체는 중립적이지만 다른 강화와의 연합을 반복함으로써 학습자에게 강화효과를 주는지에 따라 구분된다. 전자를 1차적 강화라고 하고 후자를 2차적 강화라고 한다. 1차적 강화의 예로는 음식, 물, 따뜻함, 미소, 포옹 등이 있고, 2차적 강화의 예로는 돈, 상장 등이 있다.

바람직한 행동을 했을 때 강화를 제시함으로써 행동의 빈도를 높이는 정적 강화와 바람직한 행동을 제시했을 때 혐오스러운 자극을 없애 줌으로써 행동의 빈도를 높이는 부적 강화가 있다. 정적 강화에는 음식이나 물건 등의 물질적 강화, 미소나 칭찬, 관심 등의 사회적 강화, 좋아하는 활동을 할 수 있는 기회를 주는 활동 강화, 모아서 자신이 좋아하는 것으로 교환할 수 있도록 하는 토큰 강화, 긍정적 피드백, 활동 자체를 통해 긍정적인 감정을 느끼는 내재적 강화 등이 있다. 부적 강화에는 죄책감이나 불안의 제거, 꾸지람의 제거 등이 있다.

(2) 인본주의 학습이론

인본주의 학습이론은 학습과 인간의 기본 욕구와의 관계를 주로 탐구한다. 인본주의 학습이론가들은 정신과정에 정서가 미치는 영향이 크다는 것을 발견하였고, 행동주의와 인지주의 학습이론이 정서가 정신과정에 미치는 영향을 중요시하지 않은 것을 매우 큰 한계라고 주장한다. 정서도 학습되며, 학습과 연관된 정서인 흥분, 즐거움, 뿌듯함, 좌절감, 수치심 등은 학습에 얼마나 적극적으로 임할지를 결정하는 중요한 신호가 된다. 정서는 학교학습뿐 아니라 생존을 위한 행동을 학습하는 데도 큰 도움이 된다. 인간의 생존에 도움을 주는 대표적인 정서는 불안과 공포로서 닥쳐올 위험한 상황에 대비하게 해 준다. 자의식은 사람들이 자신의 행동과 성취를 문화적 기준에 맞춰 보려는 동기를 유발하여 사회적인 생존에 도움이 된다. 학습해야 할 자료가 정서적인 흥분을 일으키면 보다 쉽게 관심을 기울일 수 있다. 그러나 과도한 흥분을 일으키면 뜨거운 인지(hot cognition)가 유발되어 학습자의 논리적인 사고나 합리적인 추론에 방해를 받아 학습 능률이 저하된다(Harmon-Jones, Gable, & Price, 2013).

인본주의 학습이론가들은 사람이 어떻게 정서, 태도, 가치, 대인관계 기술을 배우는지에 주목한다. 매슬로(Maslow, 1943, 1987)는 인간이 학습하는 이유에 해당하는 다섯 가지 기본 욕구와 욕구의 위계를 밝혔다. 첫째, 생리적 욕구는 신체적 생존과 관련되는 필요를 채우기 위한 욕구이다. 둘째, 안전 욕구는 환경 속에서 안정감을 느끼려는 욕구이다. 셋째, 사랑과 소속의 욕구는 타인과 친밀한 관계를 맺고 싶어하며, 자신이 속한 집단에 소속되어 있다는 느낌을 갖고자 하는 욕구이다. 넷째, 자존감의 욕구는 자신을 좋게 생각하고, 타인도 자신을 좋게 생각한다고 믿고 싶은 욕구이다. 다섯째, 자기실현의 욕구는 외적 보상을 추구하는 것이 아니라 자신의 잠재력과 성향을 충분히 표현하고 발달하려는 욕구이다. 생리적 욕구, 안전의 욕구, 사랑과 소속의 욕구, 자존감의 욕구는 채워지지 않으면 개인에게 고통을 유발하지만, 일단 채워지면 더 만족시키려는 노력을 하지 않으며 다른 사람들이나 외적 자원에 의해서만 충족되는 특징이 있어서 결핍 욕구라고 하였다. 반면, 자기실현의 욕구는 충족이 될수록 더욱 몰두하게 되는 욕구이며, 자신의 내부에서 발생하는 동기이고, 스스로의 판단에 의해 실현 여부가 결정되는 것이기 때문에 성장 욕구라고 하였다. 다섯 단계의 욕구는 전 단계의 욕구가 충족되면 다음 단계의 욕구가 활성화되는 방식으로 위계화되어 있다. 학습이라는 동일한 행동에 대해서도 학습자와 학습자가 처한 상황에 따라 매슬로의 욕구위계 중 어느 단계의 욕구를 충족시키느냐에는 차이가 있다.

인본주의 학습이론에서 제시하는 학습동기를 높이기 위한 원리는 다음과 같다(Ormrod, 2017). 첫째, 학습자에게 내적 동기를 유발하려는 노력이 필요하다. 외적으로 동기화되었을 때보다 내적으로 동기화되었을 때 더욱 효율적으로 학습하고 완성도가 높아지기 때문이다. 공부를 유도할 때 외적 보상이 아니라 '공부하면서 얻는 기쁨, 의미' 등에 대한 강조, 내적 동기의 모델이 되어 줄 수 있는 성인과의 만남, 학업 주제를 자신의 삶과 연결 지어 주려는 노력 등이 추천되고 있다.

둘째, 학습자에게 성공 가능성을 제시할 필요가 있다. 과제에 성공할 수 있다는 자신감을 가질 때 내적으로 동기화되는 경향이 있기 때문이다. 지나친 도전은 소진을 유발하므로 성공의 기준에 대한 합리적인 기준을 세우는 것이 필요하다. 성공하는 것과 실수를 하지 않는 것이 다른 이야기일 수 있다는 점을 알려 주는 것도 필요하다. 실수를 하더라도 보완해 나감으로써 더 큰 성공에 이를 수 있다.

셋째, 자율적인 학습환경을 제공해야 한다. 어떤 일을 선택할지, 어떤 방법으로 수행할지, 과제를 완수함으로써 얻는 보상으로 무엇을 선택할지 등을 학습자에게 위임할 때 자율성이 높아진다.

넷째, 외적 동기의 중요성을 인정할 필요가 있다. 학습 내용을 숙달하는 데는 외적 동기보다 내적 동기를 가지는 것이 더 유리하지만, 동기가 없는 의욕부진의 상태보다는 외적 동기라도 높은 상태가 학습에 도움이 된다. 다만, 외적 동기에만 익숙해지면 외적 동기가 철회되었을 때 스스로 학습하려고 하지 않을 수 있기 때문에 학습상담 현장에서는 외적으로 동기화시키는 개입을 언제 얼마만큼 사용해야 할지 심사숙고해야 한다.

다섯째, 학습 외적인 욕구를 원만하게 충족시키도록 도와야 한다. 배고픔이나 목마름 등은 생계수단을 얻기 위한 학습에는 동기유발이 되지만, 지적인 도전을 요하는 학습에서는 학습 욕구를 좌절시킨다. 또한 인정에의 욕구, 승부욕

등은 어느 정도까지는 학습에 도움이 되지만 지나칠 경우 난이도 높은 과제에 대한 집중력이나 지구력을 저하시킬 수 있다.

(3) 인지주의 학습이론

인지주의 학습이론은 인간 학습에 포함된 사고과정에 초점을 맞춘다. 여기에는 덧셈과 뺄셈 사이의 관련성을 찾는 것, 외국어 단어를 기억하기 위해 기억전략을 사용하는 것, 고전문학 작품에 색다르고 매우 개인적인 해석을 구성하는 것과 같은 것을 포함한다(Ormrod, 2017). 인지주의 학습이론은 학습자의 생각을 배제하는 인간 학습에 대한 접근에 문제를 제기하였다. 인지적 학습이론이 지닌 가정은 행동주의의 가정과 큰 차이가 있다. 이러한 이론적 경향에는 촘스키(Chomsky), 밴듀라(Bandura), 브루너(Bruner) 그리고 톨먼(Tolman)으로 대표되는 목적적 행동주의와 쾰러(Köhler) 등의 게슈탈트 심리학이 포함된다.

인지적 학습이론의 가정은 다음과 같다(Ormrod, 2017). 첫째, 일부 학습과정은 인간에게만 독특하다. 이는 동물과 인간의 차별성을 부각하는 가정이다. 둘째, 학습은 외현적 행동의 변화 없이도 일어날 수 있다. 이는 학습의 내적·정신적 변화의 중요성을 강조하는 가정이다. 톨먼과 혼직(Tolman & Honzick, 1930)은 관찰되지 않은 학습현상을 잠재적 학습이라고 불렀으며, 강화는 학습보다는 행동 이행에 영향을 준다고 주장하였다. 셋째, 인간은 학습과정에 능동적으로 참여한다. 동일한 상황에서도 개개인은 저마다 다른 학습을 한다. 넷째, 새로 배우는 지식은 기존의 지식체계와 통합하여 새롭게 조직된다. 인간은 능동적으로 지식을 조직한다. 다섯째, 행동은 목적적이다. 유기체는 학습이 어떤 사건이 다른 사건을 유도하는 학습의 과정이라는 것과 어떤 행동을 해서 목표를 이루는 법을 배우면 그 목표를 달성하기 위해 행동한다(Tolman & Honzick, 1930). 문제의 해결에는 재구조화와 통찰이 필요하다(Köhler, 1929). 유기체는 다양한 문제에 직면하면, 문제해결에 필요한 다양한 요소를 구성해 낸다.

인지주의 학습이론의 새로운 흐름은 정보처리이론, 구성주의, 맥락주의 등에 의해 주도되었으며, 시간이 지나면서 구성주의와 맥락주의 이론이 설득력을 얻어 가는 추세이다. 구성주의 이론은 인간은 자신이 얻은 정보를 자신만의 방식으로 능동적으로 조직한다고 주장한다. 구성주의 이론 중 하나인 게슈탈트 이론은 근접성, 유사성 그리고 완결성의 법칙을 밝혔다. 학습자가 주어진 자료들을 공간적으로 가깝거나 유사한 특성을 보이는 것끼리 하나의 단위로 조직하고, 빠진 정보에 대해서는 자신이 이미 가지고 있던 공간에 대한 표상을 기반으로 유추해 내는 것이다. 또한 학습자는 혼돈되는 정보를 명료화할 때, 학습자 간의 협동과 오랜 기간의 수정 및 추가 과정을 거쳐서 스스로 지식을 구성해 낸다. 이러한 발견은 학습자에게 제공한 정보가 어떤 의미를 가질 것인지는 제공된 정보의 특성 자체만으로 결정되는 것이 아니라 학습자가 미리 가지고 있는 도식과 사적 이론을 통해 결정된다는 것을 시사한다.

맥락주의 이론에서는 학습이 학습자를 둘러싼 환경의 지원을 받는다는 점에 주목한다. 지도, 계산기, 컴퓨터 등도 지원에 해당한다. 맥락주의 이론 중 구체화 이론은 사람의 뇌가 신체의 나머지 부분 및 근접한 물리적 환경 내에 있는 구체적인 대상과 밀접하게 연결되어 기능하는 방법을 다루었다. 분할지능은 사람들이 물리적인 대상이나 문화적 창조물을 이용할 수 있을 때나 다른 사람과 함께 아이디어를 생각하고 논의할 수 있을 때 더 효과적으로 생각하고 수행한다는 것에 초점을 맞추었다. 사회문화적 이론은 학습에 대한 문화적 영향을 강조하였다. 맥락주의 이론은 학습자의 사고가 배재된 조건화가 아니라 학습자의 숙고와 그것을 지원하는 물리적·사회적·문화적 요인에 초점을 두었다.

한편, 정보처리이론은 학습자가 환경에서 받아들인 정보를 어떻게 처리하고 주변의 자극을 어떻게 지각하며, 지각한 것을 어떻게 기억 속에 집어넣는지, 그리고 학습한 것을 사용할 필요가 있을 때 어떻게 사용하는지에 초점을 두었다. 이러한 인간의 학습과정을 컴퓨터의 정보처리과정과 유사하다고 유추하였다. 정보처리이론가들은 부호화, 저장, 인출 등 인간의 인지과정을 확인하는 데 도움을 주었지만, 인간의 학습과정을 컴퓨터 작동과정과 유사하다고 가정함으로써 지나치게 단순화하였다는 한계를 가진다. 예를 들어, 정보처리이론가들은 사람들이 어떻게 학습하는지에 대해서는 많은 것을 말해 주었지만, 무엇을 획득하는지에 대해서는 명확한 해답을 제시하지 못하였다(Ormrod, 2017).

인지주의 학습이론이 인간의 학습과정에 대해 보여 주는 시사점은 다음과 같이 요약할 수 있다(Ormrod, 2017). 첫째, 학생들은 자신이 참여하는 인지과정을 통해 자신의 학습을 통제한다. 따라서 학생들이 보다 적극적으로 정신 활동에 임할 수 있는 방안을 모색해야 한다. 예를 들어, '완성된 지식'을 전달하는 방법보다는 학습자가 능동적으로 참여해서 결론을 이끌어 내고, 그 결론의 의미를 표현하도록 하는 방법은 학습자의 적극성을 증진하는 데 도움이 될 것이다. 둘째, 학습자는 수동적으로 지식을 흡수하기보다는 적극적으로 지식을 구성한다. 학습은 의미를 생성하는 과정이다. 학습자는 새로 학습하는 자료와 자신이 이미 가진 지식과 신념을 연결해서 자신만의 이해를 생성한다. 셋째, 가르치는 방식은 학습의 효과에 큰 영향을 미친다. 물리적 도구의 제공, 소집단 작업, 표현 기회의 제공 등 환경적 지원은 학습의 질에 긍정적인 영향을 미친다.

(4) 사회문화적 학습이론

학습이 학습자를 둘러싼 다양한 물리적·사회적·문화적 맥락 안에서 발생한다는 점은 비고츠키(Vygotsky)의 인지발달이론부터 본격적으로 검토되기 시작하였다. 비고츠키가 밝힌 다음과 같은 원리 속에는 인간 학습에 영향을 미치는 환경의 역할이 잘 드러나 있다.

첫째, 비형식적 대화와 형식적 학교 교육을 통해 성인은 아동에게 그들의 문화가 세상을 해석하고 세상에 반응하는 방식을 전달한다. 둘째, 모든 문화는 일상생활을 효과적·효율적으로 만드는 물리적·인지적 도구를 전수한다. 셋째, 사고와 언어는 연령이 증가할수록 상호의존적이 된다. 언어는 사고를 표현하는 수단에서 사고하는 장치가 되어 간다. 넷째, 복잡한 정신과정은 사회활동에서 나온다. 아동은 발달함에 따라 사회적 맥락에서 사용하는 정신과정을 내면화하여 그것을 독립적으로 사용하기 시작한다. 다섯째, 아동은 자신보다 더 수준 높고 능력 있는 사람의 도움이 있을 때 더 어려운 일을 완수할 수 있고, 도전적인 과제는 지적 성장을 극대화한다. 여섯째, 놀이는 아동으로 하여금 인지적으로 자신을 확장하도록 하므로, 놀이는 시간 낭비가 아니라 성인 세계를 준비하기 위한 유익한 훈련 장소를 제공한다.

생태체계이론(Bronfenbrenner & Morris, 1998)에서는 학습자를 둘러싼 여러 층의 환경이 학습자 및 환경 간의 상호작용을 통해 인간의 학습에 영향을 미친다고 주장한다. 자신만의 고유한 특성을 지닌 학습자는 미시체계, 중간체계, 외체계, 거시체계, 시간체계와 상호작용하며 학습한다. 미시체계는 가정, 학교, 양육센터, 친한 친구 등 아동이 직접적·정규적으로 접촉하는 환경이다. 중간체계는 미시체계 간의 상호작용을 의미한다. 미시체계 간 우호적이고 생산적인 상호작용은 아동의 정서발달과 인지학습을 촉진한다. 외체계는 미시체계에 영향을 미치는 사람과 제도를 의미한다. 국가와 지역의 정책, 사회서비스 기관, 부모의 직장, 사회적 지지망 등이 이에 해당한다. 거시체계는 전쟁, 이주, 국가나 사회 하위집단 간 정치적 관계 및 갈등 등을 의미하며 학습자와의 직접적 접촉보다는 외체계에 미친 영향이 학습자에게도 파급되는 역할을 한다. 시간체계는 체계가 정체되지 않고 시간에 따라 변화하는 것을 의미한다.

2. 생애단계별 학습상담의 주요 이슈

1) 영유아기 학습상담

영유아기 학습상담의 주요 이슈는 향후 학습을 위한 인지적·사회적·정서적 기초를 마련하는 것이다. 영유아 학습발달의 특징과 주요 이슈를 정리하면 다음과 같다.

(1) 영유아 학습발달의 특징

전 생애 학습의 기초를 마련하기 위해 영유아에게는 신체적 건강, 주위 사람들과 의사소통하는 능력, 부모를 비롯한 주변 사회와 관계 맺는 능력, 아름다운 것을 보고 관심을 기울이는 능력, 자연에 대한 호기심 등이 필요하다.

영아기에는 주로 돌봄을 통해서 학습의 기초가 발달한다. 돌봐 주는 사람과의 접촉, 언어적·비언어적 메시지 교환을 통해 말을 배우고 정서를 표현하는 방법을 배우며, 신체발달과 함께 움직임이 늘어나고 정교화된다. 유아기 때부터는 어린이집이나 유치원에 교육 프로그램이 본격적으로 도입되면서 유아는 형식적 교육의 기회를 접할 수 있다.

교육부는 만 3~5세의 모든 유아가 꿈과 희망을 누릴 수 있도록 공정한 교육 기회를 보장하기 위한 교육과정으로 누리과정을 발표하였다. 5세 누리과정은 2012년 3월 1일부터 시작되었고, 3~4세 누리과정은 2013년 3월부터 실시되었다. 누리과정은 만 3~5세 유아의 심신의 건강과 조화로운 발달을 도와 민주시민의 기초를 형성하는 것을 목적으로 한다. 누리과정은 신체운동과 건강, 의사소통, 사회관계, 예술경험, 자연탐구의 5개 영역으로 구성되어 있다. 영유아 교육과정에서 목표로 삼는 주안점은 질서, 배려, 협력 등 기본 생활습관과 바른 인성의 함양, 자율성과 창의성, 사람과 자연에 대한 존중, 우리 문화에 대한 이해 등으로 민주시민으로서의 삶을 영위하기 위한 기초적 소양을 습득하는 데 있다.

영유아기에는 아직 추상적 사고능력, 문자이해 능력이 발달되지 않는다. 따라서 이들에게 중요한 학습도구는 놀이, 모델링, 언어적 설득이다. 놀이를 통해 심리적 스트레스를 해소하며 규칙, 리더십, 대인관계 기술, 타인을 이해하고 설득하는 능력을 배운다. 놀이를 통한 학습에 더하여 영유아에게는 모델링이 필요하다. 건전한 생각·언어·대인관계를 하고 있는 성인과의 상호작용을 통해 그들을 모방하는 것은 영유아에게는 중요한 학습과정이다. 언어적·비언어적 설득 또한 영유아에게 중요한 학습도구가 된다. 영유아가 바른 행동을 했을 때는 칭찬, 미소, 포옹 등의 보상을 주고, 잘못했을 때는 그러한 행동이 가져오는 결과에 대한 친절하고 반복적인 설명과 대안행동의 제시가 따라야 한다.

(2) 영유아의 학습문제

영유아기에 이룩해야 할 중요 과업 중의 하나는 인지적·사회적 성취이고,

성취의 바탕은 타인과의 관계에서 일어나는 의미 있는 상호작용이다. 영아기의 경우 호명반응, 눈 맞추기, 신체적 접촉에 대한 호의, 모방하기 등 영아기에 필수적인 사회적 상호작용이 원활하게 이뤄져야 한다.

영유아기 인지발달의 지표가 되는 것 중 하나는 언어발달이다. 언어는 수용언어와 표현언어로 나눌 수 있다. 특정 영유아의 언어발달이 또래 영유아에 비해 지체된 것은 아닌지 걱정된다면, 아이가 표현에만 서툰 것인지 아니면 주 양육자를 비롯한 다른 사람의 언어를 이해하는 데 문제가 있는지를 잘 변별해야 한다. 표현에만 문제가 있어서 다른 사람의 말을 이해하고 이를 행동에 옮길 수 있다면 문제는 덜 심각하다. 이런 상황에서는 가정에서 유아가 적절한 언어적 자극을 받고 있는지 확인하고, 필요하다면 환경의 변화를 주면서 변화를 관찰해야 한다. 가령, 주 양육자가 지나치게 언어적 표현이 부족하거나 아이가 말로 표현하기 전에 주변에서 다 알아서 해 주는 식이라면 아이의 언어발달은 촉진되지 않는다. 따라서 아이를 돌보는 사람들이 말을 많이 해 주고, 답답하더라도 아이가 자신의 말로 자신의 필요를 표현하도록 기다려 주며 격려해야 한다. 그런데 자신의 의사를 표현하는 것이 어려울 뿐 아니라 다른 사람의 말을 이해하는 것도 어렵다면, 그리고 지체가 또래에 비해 6개월 이상 차이가 난다면 가급적 빨리 전문가에게 평가를 받고 문제의 심각도와 그 원인에 대한 종합적인 판단을 들어야 한다(강지현, 2013).

2) 아동기 학습상담

아동기 학습상담의 주요 이슈는 학교 생활에 잘 적응하는 것이다. 초등학교 교육과정의 목표를 이행하면서, 또래를 비롯한 중요한 타자와 원만한 관계를 맺고 학교와 지역사회의 규칙을 잘 지키는 것이 중요하다.

(1) 아동 학습발달의 특징

초등학교 시절에는 일상생활과 학습에 필요한 기본 습관 및 기초능력, 바른 인성을 함양하는 것 중요하다(교육부, 2015). 이러한 발달적 기초는 점점 넓어지고 깊어지는 교과 내용을 소화하기 위해 갖춰야 될 학문적 준비이자, 사회인으로서의 기본 교양을 닦고 진로발달을 원만하게 이루기 위한 기본적 자질이다. 이를 위해 초등학생은 자신의 소중함을 알고 건강한 생활습관을 기르며, 풍부한 학습경험을 통해 꿈을 찾아 표현할 수 있어야 한다. 학습과 생활에서 문제를 발견하고 해결하는 기초능력을 기르고, 이를 새롭게 경험할 수 있는 상상력을 키울 수 있어야 한다. 그렇기에 이 시기에는 다양한 문화 활동을 즐기고 자연과 생활 속에서 아름다움과 행복을 느끼는 심성을 기르는 것을 권장한다. 또한 규칙과 질서를 지키고 협동정신을 바탕으로 서로 돕고 배려하는 태도를 길러야 한다(교육부, 2015).

(2) 아동의 학습문제

초등학교 시기는 안정된 인지구조를 확립하고 보존개념, 가역성 및 그 밖의 논리적 조작능력을 획득하는 구체적 조작기에 해당한다. 이 시기의 아동은 탈중심화된 사고와 자아중심성을 벗어난 문제해결 양식을 나타내지만, 사고와 문제해결은 구체적인 것에 제한되는 특징이 있다(김광수, 2013).

초등학교 저학년 아동의 지적 특성으로는 쓰기보다 말하기에 더 나은 발전을 보이며, 규칙에 대한 이해와 적용에서 융통성 부족으로 '고자질'을 많이 한다(Snowman & Biehler, 2000). 고학년 아동의 경우 비교적 논리적으로 생각하지만 그러한 생각은 아직 제한적이고 일관성이 없는 모습을 보인다. 어휘 이해능력이나 읽기 이해력 등은 학년이 올라갈수록 증가하여, 초등학교 저학년과 고학년의 능력에는 큰 차이가 있다. 초등학교 시기의 학습발달은 빠르게 이루어져서 학년이 하나 높아질 때마다 학습능력에 유의미한 변화가 나타난다. 예를 들어, 3학년 아동의 경우 2학년 아동에 비해 읽기 재인 및 읽기 유창성이 확고하게 자동화됨으로써 읽기 이해에 더 많은 집중이 가능하고 사전지식을 활용할 수 있는 사고력도 향상되는 것으로 나타났다. 초인지적 능력은 저학년 아동의 경우에도 발달되는 것으로 나타났다. 또한 2학년 아동은 아직 추론능력이 안정되지 않은 것으로 보이며, 3학년 이후 아동에게서 추론능력의 급격한 변화가 나타나기 시작한다. 3학년 이상이 되어야 텍스트의 내용을 충분히 이해하기 위한 추론능력이 어느 정도 안정된다(김광수, 2013; 황진애, 2007).

3년간의 종단연구를 통해 우리나라 초·중학생의 발달 수준을 분석한 한국교육개발원 연구결과에 따르면, 언어능력의 경우 학년이 높아질수록 그 양과 질이 발달하는 경향성을 보였다. 그러나 언어능력 조사를 위해 사용된 각각의 검사 및 관찰 결과, 학생들은 해당 학년의 특정 교과에 나오는 단어의 의미를 충분히 인식하지 못한 경우가 발견되었고, 의미 추론에도 한계를 보였다. 이는 단어와 개념 그리고 글에 대한 분명하고 정확한 이해를 유도하기 위한 학교 현장의 구체적 지도가 요구되며, 전반적인 발표능력의 부족 현상에 대한 주의 깊은 관심과 발표력 증진을 위한 새로운 방법의 모색이 필요하다는 것을 보여 준다. 또한 사고능력의 경우에도 학년이 올라감에 따라 향상되는 것으로 밝혀졌지만, 추리능력의 경우 추리 영역에 따라 발달 수준이 다른 점을 고려해 쉽게 터득할 수 있는 영역부터 학생 개개인의 지적 발달 수준에 맞는 단계적 지도가 요구되고 있다. 그뿐만 아니라 각 학년별로 선호하거나 주로 많이 사용하는 전략, 기억 수행에 효과가 있다고 판단되는 전략을 효과적으로 적용하는 지도가 요구된다는 것을 보여 주었다(김광수, 2013; 이재분 외, 2002).

초등학생의 학습은 읽기, 말하기, 쓰기 교육이 본격적으로 진행된다는 점이 특징이다. 여러 과목을 통해 다양한 자극 재료를 제시하면 학생들의 기본 학습능력이 개발된다. 2019년부터는 4차 산업혁명의 영향을 받아 인터넷기반 소프트웨어 구현 능력의 기초로서 초등학교 5, 6학년에게 코딩교육을 의무화하였다. 차세대 학습자들에게는 읽기, 쓰기, 말하기를 컴퓨터기반으로 수행하는 역량이 기본적으로 요구되기 때문이다. 평생학습 시대를 살아가는 초등학생들에게 읽기, 쓰기, 말하기, 코딩 교육을 시킬 때 유의해야 할 점은 자신이 무엇을 할 줄 아는가에 집중하여 효능감을 높이고 학습에 대한 동기를 증진하는 것이다. 효능감과 동기의 증진은 전 생애에 걸친 평생학습을 가능하게 하는 원동력이다. 학생들의 능력을 서열화하거나 능숙하게 하지 못하는 학생을 처벌하고 과도한 경쟁을 통해 학습 의욕을 높이려는 시도는 단기적으로는 그럴 듯한 시도이지만, 장기적으로는 학습동기를 저하시키는 부작용이 있음을 유의해야 한다.

3) 청소년기 학습상담

청소년기에는 인지적으로 형식적 조작기에 접어들면서 추상적 사고능력이 발달한다. 지적 학습의 심화와 더불어, 중학교에서 고등학교로, 고등학교에서 대학교로 입학하면서 자신의 미래에 대해서도 본격적인 고민과 준비를 한다.

(1) 청소년 학습발달의 특징

우리나라의 중학교 교육은 학생의 학습과 일상생활에 필요한 기본 능력과 바른 인성, 민주시민의 자질 함양에 중점을 둔다(교육부, 2015). 이에 따라 심신의 조화로운 발달을 바탕으로 자아존중감을 기르고, 다양한 지식과 경험을 통해 적극적으로 삶의 방향과 진로를 탐색하도록 교육한다. 학습과 생활의 문제를 분석하고 해결하는 능력을 바탕으로 도전정신과 창의적 사고력을 기르고, 자신을 둘러싼 세계에 대한 경험을 토대로 우리나라와 세계의 다양한 문화를 이해하고 공감하는 태도를 기른다. 아울러 공동체 의식을 바탕으로 타인을 존중하고 서로 소통하는 민주시민으로서의 자질과 태도를 기른다.

고등학교 교육은 학생의 적성과 소질에 맞는 진로 개척 능력과 세계시민으로서의 자질 함양에 중점을 둔다(교육부, 2015). 고등학생은 성숙한 자아의식과 바른 품성을 갖추고, 자신의 진로에 맞는 지식과 기능을 익히며 평생학습의 기본 능력을 기를 것을 요구받는다. 다양한 분야의 지식과 경험을 융합하여 창의적으로 문제를 해결하고, 새로운 상황에 능동적으로 대처하는 능력을 기르며, 인문 · 사회 · 과학기술 소양과 다양한 문화에 대한 이해를 바탕으로 새로운 문화 창출에 기여할 수 있는 자질과 태도를 갖춰야 하는 시기이다. 공동체에 대한 책임감을 바탕으로 배려와 나눔을 실천하며 더불어 살아가는 세계시민으로서의 자질과 태도를 길러야 한다.

중·고등학교 교육과정을 이수하는 시기인 청소년기 학습발달의 특징은 전인적 발달, 자존감, 창의성, 민주시민의 역량, 다양한 학과목의 기초 소양이 강조되는 것이다. 고등학생은 적성과 소질에 맞는 진로개척 능력과 세계시민으로서의 자질을 함양하여, 학교에서 사회로 진출하는 데 무리가 없도록 스스로의 삶을 성찰하고 진로를 선택할 수 있어야 한다.

(2) 청소년의 학습문제

우리나라 청소년의 대부분은 중고등학교에 진학하여 6년간의 학교생활을 마친다. 중·고등학생은 학업 스트레스를 가장 많이 받는 시기이다. PISA 결과(한국교육개발원, 2017a)를 통해 우리나라 청소년은 학업성취도가 높지만 학습에 대한 흥미는 최저 수준이라는 것이 해마다 입증되고 있다. 학습동기 또한 내적 동기보다 외적 동기가 우세하다. 중·고등학교 기간 동안 많은 학습량을 소화하기 위해 학교 수업과 사교육으로 대부분의 시간을 보내면서도, 남보다 앞서는 성과를 내야 보상을 받는 반복적인 생활을 강요함으로써 초래된 결과이다.

일부 청소년은 이러한 스트레스를 이기지 못하고 학교 밖 청소년이 되기도 한다. 학교 밖 청소년의 상황은 더욱 어려워서 학교 안에 있을 때보다 약해진 체계 안전망 속에서 개인적인 노력으로 삶을 개척하고 사회에 통합되어야 하는 척박한 여건에 놓인다. 2018년을 기준으로 학업중단 중학생은 9,764명(전체 중학생의 약 0.7%), 고등학생은 24,978명(전체 고등학생의 약 1.6%)에 이른다(한국교육개발원, 2019). 학교 밖 청소년은 학습 기회를 스스로 마련해야 하는 처지에 있다. 학교 적응이 힘들어 학교 밖으로 나온 이들이 청소년에게 요구되는 학습을 스스로 해 나가기는 현실적으로 매우 어렵다.

4) 성인기 학습상담

(1) 성인기 학습발달의 특징

성인기는 직업에 진입하는 성인 전기부터 직업에서 은퇴하는 노년기까지를 말한다. 학교교육을 바탕으로 선택한 첫 직장에 진입하고, 적응·이직·전직을 통해 자신에게 알맞은 직장을 찾아간다. 자신의 눈높이에 맞는 직장 진입을 위해 대학원과정을 밟기도 하고, 자격증을 따기 위해 전문 분야의 교육을 받기도 한다. 일부 학습자는 직장에 진입하여 근로자가 된 후에도 학습자로서의 정체성을 계속 유지하기도 한다. 성인학습자들은 대학이나 대학원의 학위가 보이지 않는 역량의 지표로서, 그리고 참여하는 직무의 수준을 결정하는 암묵적 권력으로서 작동하고 있음을 경험한다. 직장생활을 하는 성인은 자신의 실무가 전문적으로 어떤 위치에 놓여 있는지 궁금해하며 이론에 대한 갈증이 커진다. 이러한 성인에게 대학과 대학원은 이론적 지식을 외부에서 수혈할 수 있는 현실적 대안이다(이재준, 2017).

직장은 보다 나은 근로자를, 근로자는 보다 나은 직장을 찾기 때문에 성인학습자들은 직장을 다니면서도 여러 가지 학습기회를 탐색한다. 동일 직장 내에서 승진을 하기 위해, 직종은 유지한 채 근무처를 바꾸기 위해, 직종 자체를 바꾸기 위해 필요한 재교육, 보수교육 등을 활발하게 추구한다.

나이가 들어가고 노인기에 가까워지면 일을 그만 두고 난 후의 여생을 의미 있게 보내기 위한 학습기회를 찾는다. 체력과 여러 가지 신체기능이 약화되기 때문에 노동 강도가 적은 일자리를 찾거나 봉사활동을 위한 학습기회를 찾기도 한다.

(2) 성인의 학습문제

우리나라 평생교육기관의 학습자 수는 2017년 기준으로 11,897,236명에 달하고 있다. 대학과 대학원에서 가장 많은 성인학습자가 평생학습을 수행하고 있다. 이 외에도 초·중등학교 부설, 대학(원) 부설, 사업장 부설, 시민사회단체 부설, 언론기관 부설 등의 비형식 평생교육기관과 공민학교, 방송통신학교, 기술대학, 사이버대학, 기능대학, 학력인정 평생교육시설 등의 준형식 평생교육기관에서 교육을 받고 있다(한국교육개발원, 2018).

성인은 여러 가지 이유로 학습을 지속한다. 첫째, 현재 맡은 직무에 충분한 역량을 보유하지 못한 경우이다. 이때 학습목표는 직무가 요구하는 역량이 무엇이고 어느 정도 인지를 판단하는 것에서 수립될 수 있다. 둘째, 돈을 더 벌고 직장을 잃지 않기 위해 학습이 필요한 경우이다. 이 경우 이미 생업에 종사하면서 별도의 시간을 내서 학습을 하는 것이 쉬운 일은 아니므로 사회적 지원 대책이 필요하다. 셋째, 직장 외의 생활 적응을 위해 학습이 필요한 경우이다. 능력이 우수한 성인이라 할지라도 가족관계, 직장 내 관계, 대인관계 등에서 어려움을 느낄 수 있다. 관계에서 느끼는 어려움은 삶의 전반적인 영역에 영향을 미친다. 우선, 현대 산업구조의 특성상 주변인과의 활발한 의사 교류와 협업이 불가능한 근로자는 능력 발휘에도 그만큼 불리하다. 일상생활에서도 가족이나 친구, 직장 동료와 소통하지 못하고 고립되어 지낸다면 삶에서 긍정적인 의미를 찾기 어려울 수 있다. 이때 소통은 물리적으로 함께 이야기를 나누는 것에 국한되지는 않는다. 현대인의 생활 여건상 가족이나 친한 친구가 물리적으로 가까이서 지내기 어려운 경우가 많다. 성인학습을 돕는 상담자는 학습자들이 자신의 역량을 검토하여, 역량 개발 계획을 세우고, 중요한 사람들과 소통하고 배려하여 친밀한 관계를 맺을 수 있도록 도와야 한다.

5) 노년기 학습상담

(1) 노인 학습의 특징

평균 수명이 늘어나고, 생산인구가 줄어들며, 핵가족화를 넘어서 독거가족이 급증하는 현대사회에서 노인 학습은 더욱 절실하다. 그 이유로는, 첫째, 미래사회에서 생존하고 발전해 나가기 위해 연령층을 불문하고 그들이 지닌 지식과 기술을 확장시키고 새로운 지식과 기술을 배워야 하기 때문이다. 노인도 여기에서 제외될 수 없다(최진성, 2014). 둘째, 노인 스스로 자신의 노후를 책임져야 하기 때문이다. 학습을 통해 자립심을 기를 수 있으며, 노년기를 보다 창조적으로 효율적으로 가꾸기 위한 방안을 모색하는 데 도움을 받을 수 있다. 셋째, 현대사회에서 노인을 더 이상 신체적·사회적 약자로 보기 어렵기 때문이다. 신체적인 약화에도 불구하고 부양 대상자로 존재하기보다는 사회를 위해 공헌하고 봉사할 수 있는 잠재력을 지닌 자원이 되어야 한다. 넷째, 지식기반 사회의 도래로 노인 자신이 평생교육을 받고자 하는 욕구가 커지고 있기 때문이다(김선숙, 2000; 이희정, 2017).

노인이 되고 나이가 들수록 건강하게 여가를 보내기 위한 학습이 필요해진다. 배우자, 가족, 친구들의 죽음을 경험하면서 자신도 세상을 떠날 준비를 한다. 죽음을 준비하기 위한 학습 또한 노인학습자에게는 중요하다. '당하는 죽음에서 맞이하는 죽음으로'는 2007년 창립된 한국죽음학회(http://acase.co.kr)의 표어이다. 어떻게 하면 잘 죽을 수 있느냐에 대한 학습은 어떻게 하면 잘 살 수 있느냐에 대한 학습 못지않게 중요하다. 최근 들어 삶을 소중하게 여기고 살아온 만큼 죽음 또한 소중하게 맞고자 하는 동기의 실현을 위한 교육이 진행되고 있다. 죽음준비교육 프로그램에서는 죽음의 과정과 현상을 이해하고 스스로의 죽음에 대비하기 위해 정서적 · 인지적 · 행동적 차원의 준비를 할 수 있도록 돕는다. 정서적 차원은 죽음 · 임종 · 사별에 관한 감정을 공유하는 활동으로 이루어져 있고, 인지적 차원은 죽음과 관련된 경험과 대처방식 등의 정보를 제공하는 활동으로, 행동적 차원은 죽음과 관련된 대처방법을 모색하는 활동으로 구성되어 있다(김희수, 2013).

(2) 노인의 학습문제

노인은 일반 학습자의 특성과 함께 노화로 인한 변화에 의해 나타나는 특성이 있다. 노화로 인한 변화는 가장 먼저 시각에서 찾아온다. 가독성 및 식별성이 저하되고 색채감각이 낮아진다. 이와 함께 색의 변화를 잘 구별하지 못하며, 노안으로 인해 쉽게 피로를 느끼게 된다. 청각능력의 저하로 인해 작은 소리나 잡음이 많이 섞인 소리의 구분이 어려워진다(Koh & Limb, 2012). 이와 함께 인지기능과 신체기능의 저하에 의해 자신감이 낮아지고 부정적인 정서가 나타나기도 한다(Lin, Hou, Wang, & Chang, 2013).

노년기의 학습에 관한 여러 가지 입장은 세 가지로 분류될 수 있는데, 첫째는 학습수행에 있어서 일생을 걸쳐 회복 불가능한 쇠퇴를 겪고 거의 보상될 수 없다고 보는 입장이고, 둘째는 학습수행이 기본적으로 전 생애에 걸쳐 안정적이며 동시출생집단 간의 차이는 개인의 연령 증가에 따른 변화 때문이 아니라 교육이나 건강, 지적 수준의 차이 때문이라는 입장이다. 셋째는 인생 후반기에 학습수행에서 미미한 쇠퇴가 일어나기는 하지만, 이는 보상적인 전략을 통하여 회복 가능하다는 입장이다(류종훈 외, 2002, p. 83). 평생학습시대에 노인의 학습을 바라보는 시각은 노령기에는 학습수행이 쇠퇴하지만 교육이나 건강 등 개개인의 사정에 따라 차이가 있으며 교육과 건강의 힘으로 유지되고 회복될 수 있다는 것이다.

3. 학습상담의 방향

1) 사회변화와 학습

맥락주의 학습이론가들의 주장대로 인간의 학습은 사회적 상황의 영향을 받는다. 사회현상은 '무엇을' '언제' '어떻게' '왜' 배워야 하는가에 대한 학습자의 생각을 변화시킨다. 인간의 학습에 영향을 미치는 최근의 사회적 변화로는 산업구조의 변화, 인구구조의 변화, 다문화 사회의 진행 등을 들 수 있다.

(1) 산업구조의 변화와 학습

현대사회는 학교교육과 직업세계의 기술 격차에서 오는 문제를 해결하기 위해 평생학습이 강조되고 있다. 평생학습에 대한 강조는 다음의 두 가지 배경적 요인에 의해 세계적으로 영향력이 확대되었다(Griffin, 2001). 첫 번째 요인은 세계화 및 정보기술의 발달과 노동시장의 변화인데, 지식 · 정보화와 불확실성의 증대로 인해 사회의 변화에 능동적으로 대응할 수 있는 학습역량이 강조되고 생산 시스템이 유연해지면서 노동자의 숙련화와 재숙련화를 위한 평생학습이 강조된 것이다. 두 번째 요인은 공공성 위주에서 자유시장경제로의 전환인데, 특히 신자유주의의 등장으로 개인의 선택과 책임이 강조되고 사적 서비스 영역이 확대되면서 평생학습이 더욱 확산되었다(송재홍, 2016).

최근 들어 산업구조의 변화는 4차 산업혁명과 함께 논의된다. '4차 산업혁명'은 2016년 1월 20일 스위스 다보스에서 열린 세계 경제 포럼(World Economic Forum: WEF)의 연차 대회에서 만들어진 용어로, 인공지능, 사물인터넷, 빅데이터, 모바일 등 첨단 정보통신기술이 경제와 사회 전반에 융합되어 삶의 전 영역에 깊은 영향을 미치는 현상을 의미한다. 1차 산업혁명(1760~1840년)은 철도·증기기관의 발명 이후 기계에 의한 생산에 의해 유발되었다. 2차 산업혁명(19세기 말~20세기 초)은 전기와 생산 조립 라인 등 대량 생산체계 구축에 의해 일어났다. 3차 산업혁명은 반도체와 메인프레임 컴퓨팅(1960년대), 개인용 컴퓨터(1970~1980년대), 인터넷(1990년대)의 발달을 통한 정보기술 시대였다(다음 백과사전, 2017. 11. 25.). 4차 산업혁명을 주도하는 신산업, 신기술기반 분야는 빅데이터, 바이오, 핀테크, 정보보안, 실감형 콘텐츠, 사물인터넷 서비스 개발과정, 인공지능기반 챗봇, 로보 어드바이저, 융복합 생명 분야 등이다. 이들의 공통점은 기존의 대학교육과정과 직결되는 산업군이 아니라 여러 개의 전공과 직업이 합쳐져서 만들어 내는 새로운 분야라는 것이다. 그뿐 아니라 4차 산업혁명 시대의 산업구조는 빠르게 변화되기 때문에, 이와 같은 첨단 분야도 얼마 가지 않아 사라질 수 있다.

2017년 9월 26일에는 우리나라에서도 대통령 직속으로 4차산업혁명위원회가 설치되었고, 첫 회의에서 다음의 다섯 가지 로드맵을 확정하였다. 첫째, 산업경제의 지능화 혁신(스마트공장, 자율주행차 고도화, 스마트그리드 확장, 스마트 물류센터, 인공지능 스마트팜), 둘째, 공공서비스의 지능화(건강, 도시, 복지, 환경, 안전), 셋째, 미래사회 변화에 대한 사회제도의 선제 대응(교육혁신, 법제도와 윤리 정립을 통한 4차 산업혁명 부작용 극복), 넷째, 과학기술의 4차 산업혁명 기술기반 강화(전략적 연구개발 통한 글로벌 기술경쟁력 확보), 다섯째, 데이터 활용 강화와 초연결 지능형 네트워크 구축이다(위클리 공감, 2017).

이와 같은 산업구조의 재편은 교육정책과 실행의 변화에도 큰 영향을 미치고 있다. 교육을 통해 배출해 내는 인력이 새로운 산업구조에 적응할 수 있도록 기초역량을 함양시켜야 하기 때문이다. 변화가 일상이 된 시대에서 '옛 것'과 '남의 것'을 암기하거나 상대적인 비교우위를 지향하는 것만으로 해결할 수 있는 문제는 점점 더 줄어들고 있다. 이에 새 정부의 교육정책은 과도한 경쟁을 지양하는 대신 학생 각자의 소질을 살려 자신과 사회를 위해 공헌할 수 있는 역량을 기르는 것을 목표로 수립되고 있다. 수능과 내신의 절대평가 전환을 위한 움직임, 고등학교 학점제, 자립형 사립학교 · 외국어 고등학교 등의 축소 또는 폐지 방안이 그 예이다. 코딩교육 의무화도 사물인터넷과 인공지능기반의 변화가 주도하는 변화에 대응하기 위한 것이다.

(2) 인구구조의 변화와 학습

저출산 고령화는 우리나라가 직면한 큰 사회적 현안이다. 우리나라에서는 지난 30년간 저출산 현상이 계속되어 합계출산율(가임기여성 1명당 평균 출생아 수)이 1960년 6.0명에서 1983년 인구대체수준인 2.6명 이하로 감소된 후 회복되지 못하고 있다. 그중에서도 지난 15년간은 초저출산현상이 지속되어 우리나라 합계출산율이 2001년부터 1.3명 미만에서 등락하고 있어 '저출산의 덫'이 가시화되었다. 한편, OECD 국가 평균 합계 출산율은 우리나라와 달리 40여 년에 걸쳐 3.65명(1960년대)에서 1.63명(2002년)까지 감소하였으나 이후 반등하여 1.7명 수준을 유지하고 있다(대한민국정부, 2016).

이에 비해 평균 수명은 과거 45년간 20세가 증가하였고, 향후 45년간 7세가 추가적으로 증가할 전망이다. 1970년에는 61.9세(남 58.7세, 여 65.6세)에서 2014년 81.5세(남 78.0세, 여 84.8세)로 증가하였다. 2060년에는 88.6세(남 86.6세, 여 90.3세)로 증가할 전망이다. 인구노령화는 가속화되어 65세 이상 노인인구는 2015년에 662만 명, 2030년에 1,269만 명, 2050년에는 약 1,800만 명에 이를 것으로 예상된다. 2015년 기준 노인인구 비율은 13.1%에 달한다(대한민국정부, 2016).

지속되는 저출산·고령화로 인하여 우리나라는 노동력 부족 국가로 전환되고, 노동력의 고령화가 급속히 진행되며, 잠재성장율이 하락하고, 사회보장 부담이 증가되며, 재정수지가 악화되고, 노후소득이 불안정해질 것이며, 병역자원이 부족해지고, 농촌이 공동화될 우려가 있다. 이에 비해, 학령인구 감소로 교육인프라는 공급과잉이 될 것으로 예상된다(대한민국정부, 2016).

저출산 지속현상을 해소하기 위해 정부는 무상보육과 돌봄정책, 여성의 자기실현을 돕고 남성의 육아참여를 장려하기 위한 일·가정 양립지원정책, 임신·출산 의료비지원정책, 결혼지원정책, 출생에 대한 사회적 보호 대책을 마련하고 있다. 고령화 시대의 노인인구가 스스로를 부양하고 국가 노동력을 유지하기 위해 노후소득 보장, 노인건강관리지원, 60세 이상 정년 법제화, 고령친화 산업진흥법 제정 등의 정책을 추진하고 있다(대한민국정부, 2016).

(3) 다문화 사회의 진행과 학습

통계청이 발표한 '2018 인구주택 총조사' 자료에 따르면, 지난해 국내 다문화 가정의 수는 33만 5,000가구이다. 가구원 수로는 100만 9,000명으로 전체 인구의 2%에 달했다(나윤석, 2019). 다문화 학생은 지속적으로 늘어날 전망이며, 이들은 우리나라의 국민으로서 우리 사회에서 삶을 영위하고 있다.

다문화 가정 학생이 자신의 잠재력을 충분히 개발하고, 일반 학생의 다문화 인식 및 더불어 살아가는 사회인으로서의 역량을 기르도록 하기 위해 여러 가지 정책이 마련되고 있다. 2017년 기준 다문화 유치원이 전국에 111개, 다문화 예비학교 165개 교(초등학교 105개, 중학교 50개, 고등학교 2개, 초·중·고등학교 통합학교 8개), 다문화 중점학교 313개 교(초등학교 265개, 중학교 41개, 고등학교 7개), 다문화 대안학교 4개 교가 운영되고 있다. 다문화 유치원에서는 다문화 유아를 위한 맞춤형 교육지원(언어 및 기초학습)과 모든 유아의 다문화 이해증진 교육 프로그램을 운영한다. 다문화 예비학교는 한국어가 서툴거나 한국문화 적응에 어려움을 겪는 다문화 학생의 학교 적응을 돕기 위해 한국어와 한국문화를 집중 교육한다. 그리고 다문화 중점학교는 다문화 학생이 다수 재학하고 있는 학교로서, 다문화 인식 제고를 위해 모든 학생을 대상으로 다문화 이해교육 프로그램을 운영하고 있다. 한편, 다문화 대안학교는 학업을 중단하거나 개인적 특성에 맞는 교육을 원하는 다문화 학생을 지원하기 위해 세워진 대안학교로서 교육부의 학력인정 허가를 받은 학교이다(www.nime.or.kr).

다문화 학습자가 국제결혼가정 자녀나 중도입국 학생만을 의미하지는 않는다. 인종적·민족적 다문화 외에도 여러 가지 문화적 요소에 따라 다양성이 존재하고, 각 문화적 요소마다 사회로부터 차별과 억압을 받는 소수민이 존재한다. 종교적 소수민, 사회경제적 소수민, 성적 소수민, 연령 소수민, 가족 구성에서의 소수민, 지역이나 언어에서의 소수민 등이 그 예이다. 이러한 학습자들이 우리 사회에 소속감을 가지고 자신의 잠재력을 발휘하며 성장하도록 돕기 위해서는 이들을 위한 직접적인 지원뿐 아니라 이들과 상호작용하는 여러 지원체계에 대한 교육지원도 필요하다. 차별이나 억압을 중단시키기 위해서는 소수민보다는 주류사회의 변화가 필요하기 때문이다.

특히 다문화 학생을 가르치는 교사가 다양한 문화 출신의 학생이 모인 교실과 학교 상황에서 학생 개개인을 충분히 이해하고 그들의 잠재력이 발달되도록 적극적으로 돕기 위해서는 다문화 학급에서 자신이 교육활동을 잘 해내는 데 필요한 다문화역량과 문화적 배경으로 인해 학생들이 당하는 차별과 억압을 인지하고 대응하는 옹호역량이 필요하다.

2) 평생학습시대

평생학습사회는 학습의 행위가 평생에 걸쳐 일상화되고, 삶의 장면에서 학습원리가 작동하며, 사회의 제반시설과 지원체계가 학습을 최우선 과제로 설정하는 사회이다. 평생학습사회에서는 국민 누구나 인생의 어느 단계에서든 필요한 것을 적절한 시기에 학습할 수 있는 평생학습체제를 구축하고 이를 지원할 수 있는 효과적인 평생학습정책을 수립해야 한다(송재홍, 2016).

2017년 우리나라 성인의 평생학습 참여율은 34.4%였다. 만 25세부터 64세 성인 10명 중 3.4명이 평생학습에 참여하고 있다(한국교육개발원, 2017b). 대략적인 평생교육 참여율은 지속적인 증가 추세에 있다. 여성의 참여율은 남성의 참여율보다 높았는데, 여성 참여율이 높은 이유는 정규교육과정 이외의 비형식교육에서 낮 시간대에 이루어지는 교육에 많이 참여하기 때문이었다. 정규교육과정을 통해 이루어지는 평생교육에는 남성이 더 많이 참여하였으며, 연령이 낮을수록, 학력과 소득 수준이 높을수록 평생학습에 더 많이 참여하였다. 경제활동 상태에 따라서는 실업자가 재직자보다 월등하게 높은 참여율을 보였다.

평생학습의 역량에는 자아실현의 내용이 포함되어 있다. 김진화와 전은선, 박선경(2014)은 유네스코(UNESCO)의 입장을 참고하여 평생학습역량을 다음의 다섯 가지로 정리하였다(김진화, 전은선, 박선경, 2014, pp. 9-11). 첫째, 앎을 위한 평생학습역량은 성인이 새로운 지식을 배우고 익히며 체계화시키는 인지적 학습행위를 강조한다. 주로 형식화된 과학지식과 학술적 지식을 자신에게 필요한 형식으로 내재화시키기 위한 방법을 학습하는 것이다. 학습의 주체자가 자신의 상황 속에서 접하는 다양한 문제에 대하여 집중하여 분석하고 평가하는 사고력과 논리력을 갖추기 위한 학습행위를 강조한다. 새로운 지식, 심화학습, 매체를 통한 지식습득, 지식을 배우며 느끼는 행복감, 어디서나 학습하려는 태도 등이 이에 해당한다.

둘째, 실존을 위한 평생학습역량은 학습자가 자기에 대한 지식을 배우고 체계화시켜서 인격을 형성하는 학습역량이다. 이는 성인이 각자 스스로 자신의 가치와 소중함을 발견하고 인식하는 학습역량을 강조한다.

셋째, 행함을 위한 평생학습역량은 직장인이 학습을 통해 습득한 특정 정보와 지식을 어떻게 처리하고 적용하는지 그 사용성에 대한 학습행위를 의미한다. 단순히 지식과 정보에 대한 인지적 이해의 수준을 넘어 기능적·기술적 수행을 의미할 뿐 아니라 지식과 정보를 매개로 한 타인과의 효과적인 관계형성 능력, 조직 구성원으로서의 능동적인 참여와 활동을 포함한다.

넷째, 공생을 위한 평생학습역량은 더불어 살아가는 현대인의 집단과 공동체에서의 가치를 추구하고 실천하며 생활하는 학습행위를 의미한다. 성인이 다양한 계층과 직급 간 그리고 세대 간의 격차와 다양성을 존중하여 각각의 문화적 특성을 이해하고, 상호관계를 존중하고 포용하며 생활화하는 생활역량이다. 공동체 안에서 함께 살아가기 위한 방법을 습득하는 것과 인간으로서 성인다운 기본 예절과 공동체 의식, 지리적·문화적·인종적 격차를 인정하고 다른 문화와 가치관에 대한 상대주의적 가치와 조화를 이루려는 태도를 갖는 것을 포함한다.

다섯째, 생성을 위한 평생학습역량은 현대인이 생각하는 존재에 머무르지 않고 지식과 정보를 통해 새로운 지식을 창출하는 역량을 말한다. 여기에는 성인이 자신의 상황과 주어진 과제 속에서 기존 지식에 대한 창조적 비판과 혁신성을 발휘하는 이중고리학습을 포함한다. 이는 과거의 지식에 안주하지 않고 새로운 지식에 대해 개방적이고 역동적인 학습행위를 보이며, 새로운 지식으로 재구조화하고 재생성하는 것을 강조한다.

평생학습동기가 평생학습역량을 향상시키고, 임파워먼트는 매개역할을 한다는 연구결과(이려화 외, 2017)는 평생학습시대 학습자 상담에 중요한 시사점을 남긴다. 평생학습에 대한 동기는 학습에 대한 식지 않는 열정이 있을 때 가능하다. 평생학습은 진로를 발달시키기 위한 수단이며, 학습에 대한 흥미와 학습에 대한 가치, 그리고 학습에 대한 효능감이 있을 때 가능하기 때문이다. 그렇지 않고서야 학창 시절에도 하기 힘들었던 학습을 평생 해 나갈 수가 있겠는가? 또한 평생학습을 돕기 위해 상담자가 주로 사용하는 기법은 역량 강화를 위한 기법이다. 지식을 효과적으로 습득하고 암기하며 시험에 맞춰 인출하는 것은 평생학습자에게는 아주 제한적인 학습활동의 일부일 뿐이다. 평생학습자는 학교를 졸업하고 나서도 학습을 삶의 일부로 삼아 새로운 경향을 익히고 자신만의 전문지식과 기술을 꾸준히 개발해야 하기 때문이다. 이 점에서 학습자의 강점을 찾아내고, 개발하도록 도우며, 학습자 스스로 자신의 힘을 발견하여 그 힘으로 지속적인 학습을 해 나가도록 돕는 것이 평생학습 상담자의 주요 과제임을 알 수 있다.

4. 평생학습시대 학습상담의 전망과 과제

산업구조의 재편, 인구구조의 변화, 다문화 시대의 도래 등은 학습의 의미를 지식의 저장에서 지식의 구성으로 옮겨 놓았다. 변화하는 세계에서 내담자가 전 생애 동안 자신의 진로와 삶 전체를 염두에 두고 평생학습을 해내도록 돕는 것은 차세대 학습상담에 부여된 과제이며, 쉽게 달성하기 어려운 도전이다. 학습상담의 핵심은 상담자에게 달려 있기 때문에 상담자의 역할과 자질을 통해 평생학습시대 학습상담의 전망과 과제를 점검하고자 한다.

1) 학습상담의 전망과 과제에 대응하는 상담자의 역할

평생학습사회에서 학습상담자는 여러 가지 역할을 맡는다. 우선, 학습자가 자기주도적으로 학습할 수 있는 역량을 개발하도록 지원하는 일이다. 이 과정에서 평생학습과 발달에 도움이 되는 개인 내적 자원과 환경적 자원을 확충할 수 있도록 돕는다. 또한 오랜 시간 동안 학습하면서 경험하는 스트레스를 관리하며, 새로운 에너지를 충전하도록 도와주어야 한다. 학습과정의 선택이나 수행 및 성과가 진로와 연계될 수 있도록 생애설계과정을 지원한다. 또한 학습자가 협력적인 학습공동체 속에서 학습을 지속할 수 있도록 환경적으로는 공동체를 육성하는 일에 참여하고, 학습자 개인이 공동체를 활용하도록 돕는다(송재홍, 2016). 자기주도적인 평생학습을 해 나가는 내담자를 위한 상담자의 역할을 다음과 같이 정리할 수 있다.

(1) 학습을 즐기도록 조력

상담자는 내담자가 학습을 즐기도록 도와야 한다. 평생학습시대의 학습은 일생의 전 과정에 걸쳐 필요하다. 급격한 산업구조의 재편은 일자리를 얻고자 하는 개인에게 새롭게 등장하는 지식과 기술에 유연하게 적응할 것을 요구한다.

현재 청소년기를 보내고 있는 다음 세대의 성인은 평균 5개의 직종, 17개의 직업을 전전하게 될 것이라는 예측이 있다. 빠르게 갱신되는 지식의 주기는 특정 시점에 익힌 지식의 유효기간이 매우 짧다는 것을 의미한다. 학습자는 계속해서 배워야 한다. 이미 배운 것을 가지고 활용할 수 있는 기간이 점점 줄어들기 때문이다(송재홍, 2016).

그렇기 때문에 상담자는 학습자가 배우는 것 자체를 즐길 수 있도록 돕는 데 주력해야 한다. 아무리 열심히 공부한다 해도 연일 쏟아지는 엄청난 지식의 양을 소화하기는 매우 어렵다. 자신이 모른다는 것을 수용하고, 배워도 여전히 일정 범위 안의 지식만을 알게 될 것임을 받아들이며, 알아야 할 영역이 예상했던 것 이상으로 확장될 때에 유연하게 배움의 자세로 임하는 태도를 갖추도록 내담자를 도와야 할 것이다. 지적인 내용을 얼마나 이해하고 보유하고 있느냐보다는 학습에 대한 즐거움을 느끼고 도움을 추구하는 능력이 보다 기본적인 학습역량이다.

(2) 할 줄 아는 것에 주의를 기울이도록 조력

상담자는 내담자가 자신이 할 줄 아는 것에 주의를 기울이도록 도와야 한다. 산업구조의 변화가 급격히 일어나고 지식의 양이 폭발적으로 증가하는 현대사회에서 자신이 무엇을 모르는지에 집중하는 것은 소모적인 행위이다. 자신이 모르는 것에 대하여 반추하고 자책하며 수치심을 느낄 여유는 더욱 없다. 생산되는 지식을 전부 알 수 있는 사람은 없기 때문이다. 차세대의 학습자는 자신이 할 줄 아는 것을 통해 세상과 교류하며 세상에 공헌해야 한다. 상담자는 내담자가 알고 있는 것과 할 줄 아는 것이 무엇인지 구체화하고, 자신의 목표를 달성하기 위해 그것이 얼마나 유용할지를 점검하며, 필요한 만큼 보완할 수 있도록 안내해야 한다. 학습자가 자신이 꿈꾸는 삶에 어떤 학습이 얼마만큼 필요한지를 진단하고 선택과 집중을 계속해 나가도록 도와야 한다.

(3) 내담자의 강점 활용

내담자의 강점을 빠르고 정확하게 인식하여 상담에 활용해야 한다. 약점을 찾아내고 보완하는 방안보다 강점을 찾아내서 더욱 강화하는 것이 더 효과적이다. 어린 학습자에게는 학습자가 전혀 모르는 분야를 안내하는 것이 효과적이지만 나이 든 학습자일수록 자신이 강점을 가진 학습 영역을 더욱 강화하여, 생산력을 극대화하는 것이 능률적이다. 학습을 해 나가는 과정에서도 학습자로 하여금 자신의 강점을 활용할 수 있도록 도움을 주어야 한다. 상담자는 학습자의 강점을 정확히 이해하고, 그 강점이 학습의 과정이나 성과를 촉진하는 데 어떤 도움을 줄지를 파악하여 적절하게 전달하며 활용 방안을 안내해야 한다.

(4) 발달단계에 따른 학습의 의미 재조명

내담자의 발달단계에 맞춰 학습의 의미를 재조명해야 한다. 학습의 의미와 방법은 발달단계에 따라 달라질 수 있다. 예를 들어, 대학교까지는 교육과정에 제시된 목표를 달성하기 위해 노력하여 진학이나 취업에서 유리한 고지를 점하며, 사회에 원만하게 적응하기 위한 행동을 배우고 인성을 함양하며 성인 생활에 진입하기 위해 공부한다. 한편, 성인은 소속기관에서 제시하는 인간상을 달성하기 위해, 또는 옮겨 가고자 하는 새로운 일터에 적절한 조건을 맞추고 교양을 높이기 위해 학습한다. 노인은 건강을 관리하고 지역사회 및 가족과 원만하게 지내며 자신의 삶을 긍정적으로 정리하기 위해 학습한다. 상담자는 학습자가 자신의 발달단계에 맞춰 필요한 학습이 무엇이라고 생각하는지 탐색한 후 학습자의 구체적인 요구사항에 주의를 기울이며 상담해야 한다.

(5) 지식의 구성자로서의 학습자 관점 취하기

학습자가 지식의 수용자에서 머무는 것이 아니라 지식의 구성자가 되도록 도와야 한다. 책에 적힌 내용을 이해하고 외우는 것보다 자신이 해야 할 과제를 해결하는 데 필요한 지식이 무엇인지 탐색하여, 기존의 지식 중 해당되는 것을 모으고 조직하면서 새롭고 복합적인 문제에 적용하는 역량을 길러야 한다. 상담자는 학습자에게 지금 무엇을, 왜 배워야 하는지, 과제 완수를 위해 어떤 정보를 모으고 재조직해야 하는지를 질문함으로써 학습자가 지식기반 사회에 능동적으로 적응하도록 도와야 한다.

2) 학습상담의 전망과 과제에 대응하는 상담자의 자질

(1) 인간발달과 발달단계별 과업에 대한 이해

평생학습시대의 학습자에게 학습은 특정 발달단계에만 해당되는 일이 아니다. 발달단계에 따라 유아기에는 놀이와 학습, 아동기와 청소년기에는 학교 공부를 통한 학습, 성인기에는 일과 평생교육을 통한 학습, 노년기에는 여가를 통한 학습 등으로 발달단계에 따라 학습의 주요 양태가 바뀔 수는 있으나 학습이 전생애단계 동안 개인에게 중요한 활동이라는 점에는 변함이 없다. 상담자는 인간발달과 발달단계별 과업 및 그에 따라 요구되는 학습의 내용과 방법이 무엇인지에 대하여 알아야 한다. 또한 시대 변화에 따라 달라지는 발달단계 및 그에 따른 과업을 충분히 이해하면서 학습자와 소통해야 한다.

(2) 평생학습시대 학습상담자로서의 정체성 수립

평생학습시대 학습상담자로서의 정체성을 수립해야 한다. 상담자 자신도 평생학습자이며, 내담자도 평생학습자이다. 평생학습시대의 학습자는 어느 발달단계에만 집중적으로 학습하여 성과를 올리고, 그 이후에는 학습과 단절된 삶을 살아도 되던 이전 시대의 학습자와는 다른 삶을 살고 있다. 기술의 발전이 주도하는 사회체계의 전반적인 변화에 적응하기 위해서는 끊임없이 학습해야 한다. 따라서 평생학습시대의 학습상담자는 단기간의 학습효과에 매달리지 않도록 내담자를 도와야 한다. 이를 위해 상담자 자신도 새로운 공부거리를 개방적으로 받아들이며, 학습이라는 말을 부담스러워하지 말고 자연스럽게 생활화해야 한다.

(3) 내담자로부터 배우는 태도

평생학습시대에 내담자가 겪는 학습문제에는 전생애과정의 발달과제 이행과 개인별 학습이력이 복합되어 있다. 연령이 같은 내담자라 할지라도 학습의 목표, 학습의 내용, 학습의 수준이 다를 수 있다. 형식교육을 받고 있는 아동기·청소년기 내담자의 경우에도 같은 학년이라고 해서 모두 같은 학습문제를 지녔다고 간주할 수 없다. 개인의 학습문제는 저마다 다르기 때문에 학습상담자는 내담자가 경험하는 학습문제가 무엇인지 내담자에게 직접 듣고 배워야한다. '고등학생인데 성적이 이 정도이니 이 내담자는 이런 문제를 겪고 있겠지.'와 같은 선입견은 내담자가 언어적·비언어적으로 호소하는 문제를 이해하는 데 걸림돌이 될 수 있다. 이때 포스트모더니즘 상담접근에서 제시하는 알지못함의 태도(not-knowing posture)를 바탕으로 내담자의 세계를 이해해야 한다. 내담자에게 배우려는 긍정적인 호기심을 가지고 대할 때 내담자 세계의 학습 이야기를 풍부하게 만날 수 있을 것이다. 상담자와 내담자의 만남을 바탕으로 내담자 입장에서 문제를 진단하고 처방을 마련해야 내담자가 실천 의지를 가지고 주도적으로 문제해결에 나설 수 있을 것이다.

제5장
생애개발과 진로상담

| 공윤정 |

　진로상담은 일을 포함한 삶의 다양한 역할을 조망하며 삶을 어떻게 살아갈 것인지 설계하고 준비하도록 돕는 과정이라고 볼 수 있다. 진로상담에는 개인 진로발달의 촉진, 진로계획, 진로나 직업의 선택과 결정, 선택한 진로목표 및 계획의 실천, 직업적응, 진로전환을 돕기 위한 일련의 활동이 포함된다(김계현, 1995). 여기에서는 연구나 상담에서 자주 활용되는 진로상담의 이론 중 홀랜드 (Holland)의 직업성격이론, 수퍼(Super)의 진로발달이론, 사회인지진로이론, 직업적응이론을 소개하였다.

　최근에는 누구나 자신의 특성에 따라 진로를 선택할 수 있다고 가정하고 진로발달 및 선택에서 맥락적 요인에 대한 고려가 부족한 점이 전통적인 진로상담이론의 한계로 비판받으면서, 이러한 한계를 보완하기 위한 이론이 발표되었다. 진로발달이 일어나는 관계적 요인 및 발달의 맥락 등을 이론의 틀 안에 포함하는 진로이론으로는 직업관계이론(Blustein, 2011)과 진로구성이론(Savickas, 2013)이 소개되었다.

　생애단계별로 보면 아동기, 청소년기, 청년기, 성인기와 노년기에 따라 고유한 진로발달과업이 있고, 이에 따라 진로상담 및 교육에서의 개입전략도 달라져야 한다. 이 장에서는 진로인식, 진로의사결정, 취업준비와 취업, 진로전환, 직업적응, 은퇴 후 진로에 관련한 주제와 개입전략을 살펴보고자 한다. 한편, 4차 산업혁명으로 지칭되는 최근의 사회경제적 변화는 필연적으로 이에 따른 직업의 변화로 이어진다. 이러한 환경에서의 진로상담의 도전과 과제를 살펴본다.

1. 생애개발상담의 일부로서의 진로상담

1) 진로와 진로상담의 의미

진로는 한 개인이 일생 동안 일과 관련해서 경험하고 거쳐 가는 모든 체험을 뜻한다(김계현, 1995). 김계현은 진로에는 일 자체뿐만 아니라 일과 관련된 태도, 동기, 행동이 모두 포함되며, 직업이 일반적으로 보수를 받고 하는 일을 지칭하는 데 비해, 진로는 무급의 일까지 포함하는 포괄적인 개념이라고 하였다. 일에 대한 동기와 관련하여 일의 의미를 살펴보면 다음과 같다(Blustein, 2006; Lent & Brown, 2013). 첫째, 일은 우정, 친밀감, 자아존중감, 개인적 성장과 같은 심리적 욕구충족의 수단이다. 둘째, 일은 사회적으로 어떤 위치에 있는지와 관련되는 공적 정체성을 드러내는 수단이다. 셋째, 일을 통해 자아개념을 실행한다는 관점에서 일은 개인적 정체성을 구현하는 방법이다. 넷째, 집단주의 문화에서 개인의 일은 집단정체성을 나타낼 수 있으며 사회적 기여의 수단이다. 다섯째, 일은 무의미한 세계에서 개인적 의미를 구성해 나가는 방법이며 정신건강에도 도움이 된다. 여섯째, 일은 살아남기 위한 수단이다. 개인은 누구나 자신만의 고유한 동기로 진로를 구성해 나간다.

진로상담은 개인의 진로발달의 촉진, 진로계획, 진로나 직업의 선택과 결정, 선택한 진로목표 및 계획의 실천, 직업적응, 진로전환을 돕기 위한 일련의 활동을 뜻한다(김계현, 1995). 진로상담은 발달의 각 단계에서 진로의사결정을 돕는 과정이며, 학교에서 직장으로 혹은 다른 직업으로의 진로전환과정을 돕는 역할을 한다(Lent & Brown, 2013). 진로를 유급의 일로 한정해서 보지 않고 무급의 일을 포함한 삶의 여러 역할을 구성하고 계획하는 발달과업의 관점(Super, Savickas, & Super, 1996)에서 본다면, 진로상담은 일을 포함한 삶의 다양한 역할들을 조망하여 삶을 어떻게 살아갈 것인지를 설계하고 준비하도록 돕는 과정으로 볼 수 있다.

2) 생애개발상담과 진로상담의 관계

생애개발상담은 청년기에서 성인기에 이르는 20~30년간 집중적으로 일을 한 결과 얻는 심리적 · 경제적 보상으로 노년기를 보내는 기존의 삶의 방식이 기대수명이 급격히 늘어난 21세기의 삶과는 맞지 않는다는 인식에서 출발한다. 발달단계에 따라 학업에 집중하는 시기, 일에 집중하는 시기, 여가에 집중하는 시기 등으로 구분하고 삶의 각 시기에 한두 가지 역할에 집중하면서 사는 20세기 삶의 방식이 아니라, 전 생애에 걸쳐 학습 · 일 · 여가를 종합적으로 조망하면서 자신에게 중요한 역할을 선별하고 균형 있게 수행하는 삶의 방식이 더 바람직하다는 것이다. 이에 따라 생애개발상담은 다양한 생애주기별 집단을 대상으로 건강, 여가, 학업, 일, 진학, 취업, 문화적응, 재정, 스트레스 관리 등을 포괄하여 조력하는 통합적인 상담으로 규정된다.

생애개발상담은 삶의 다양한 역할을 조망하고 중요성을 평가하여 삶을 계획해 나가도록 돕는 진로상담의 방식과도 유사하다. 수퍼의 진로발달이론(Super et al., 1996)에서는 생애역할을 자녀, 학생, 여가인, 시민, 근로자, 가정관리자의 역할로 구분하고 발달단계에 따라 각 역할의 중요도가 달라진다고 가정하였다. 삶의 여러 역할의 중요도는 발달단계 및 선호하는 삶의 방식에 따라서 달라지며, 원하는 삶의 방식을 유지할지는 특정한 일의 선택과 밀접하게 관련된다. 선택한 일에 따라 직업에서 보내는 시간, 직장과 지역사회에서의 대인관계, 가족 및 여가생활에 보낼 수 있는 시간과 관계 등 삶의 여러 영역이 영향을 받기 때문에 진로의사결정을 돕는 진로상담은 결국 삶의 다양한 역할을 돌아보고 어떻게 조화롭게 수행해 나갈지를 돕는 생애개발상담과 맞닿아 있다고 볼 수 있다. 특히 청소년기와 청년기를 거치면서 평생의 직업을 선택하고 한 직업에 머물던 과거와는 달리, 학습과 일, 여가에 대한 선택과 수행이 전 생애를 통해 이루어지는 최근에는 진로상담이 생애개발상담과 더 밀접하게 관련된다고 볼 수 있다.

3) 진로상담의 이론

진로상담의 연구 및 실제에서 활발하게 이용되는 상담이론 중 여기에서는 진로선택이론인 홀랜드의 직업성격이론(Holland, 1997), 사회인지진로이론(Lent, Brown, & Hackett, 1994), 진로발달에 관한 수퍼의 진로발달이론(Super et al., 1996), 직업적응에 관한 다위스와 로프퀴스트의 직업적응이론(Dawis & Lofquist, 1984)을 살펴본다.

(1) 진로선택이론 I: 홀랜드의 직업성격이론

직업성격이론(Holland, 1997)은 개인의 특성과 직업환경의 특성을 파악하여 이 둘 사이의 특성이 일치하는 직업을 택하면 직업 만족도, 직업 유지 기간, 성취 수준이 높아질 것이라고 가정한다. 개인의 흥미를 뜻하는 직업성격은 RIASEC의 여섯 유형으로 구분되고, 직업환경도 그 직업에서 일하는 사람들의 흥미 분포에 따라 RIASEC의 여섯 유형으로 구분된다. 직업흥미는 실재형(Realistic type), 탐구형(Investigative type), 예술형(Artistic type), 사회형(Social type), 기업가형(Enterprising type), 관습형(Conventional type)으로 구분된다.

직업흥미는 순환순서모델과 정육각형 구조로 설명할 수 있다. 순환순서모델에 따르면, 직업흥미는 육각형상에 RIASEC의 순서로 위치하며, 가까이 위치한 유형은 유사한 특성을 더 많이 공유한다고 가정한다. 예를 들어, 실재형(R)은 탐구형(I), 관습형(C)과 더 가까운 유형이며, 사회형(S)과는 가장 거리가 먼 유형이라고 볼 수 있다. 정육각형 구조 모형에 따르면, 인접한 흥미유형 간의 거리는 동일하며 흥미유형 간의 상관은 정육각형에서의 거리와 역으로 비례한다고 가정한다. 국내 내담자를 대상으로 한 연구에서 홀랜드의 흥미유형을 적용하여 진로탐색과 선택을 위한 상담을 진행하는 것은 도움이 되는 것으로 나타났다(공윤정, 2005). 다만 육각형상에서 인접한 흥미유형이 더 많은 공통점을 가지며 대각선으로 마주 보는 흥미유형은 공통점이 적다는 가정은 검증되지 않아, 홀랜드의 이론을 적용한 상담에서는 개인-환경 간의 일치성 개념을 적용하여 진로탐색과 결정을 돕는 것은 바람직하지만, 흥미유형의 일관성이나 변별성 개념을 상담에서 적용하는 데에는 주의가 필요하다(공윤정, 2005).

(2) 진로선택이론 II: 사회인지진로이론

사회인지진로이론은 성취에서 자기효능감의 역할을 강조한 밴듀라(Bandura, 1986)의 이론을 진로 영역에 적용하여 발전시킨 것이다. 자기효능감은 원하는 결과를 얻기 위해 필요한 활동을 조직하고 실행하는 본인의 능력에 대한 믿음이다. 베츠와 해켓(Betz & Hackett, 1981)은 자기효능감 개념을 도입하여 진로행동을 설명하면서, 여자 대학생이 전통적인 남자직업에 대하여 자기효능감이 낮고, 낮은 자기효능감이 수학 및 과학 영역에서의 낮은 흥미와 관련된다는 연구결과를 발표하였다. 사회인지진로이론(Lent et al., 1994)은 진로 영역에서 자기효능감과 관련한 연구의 결과를 통합하여 이론으로 발전시킨 것이다. 사회인지진로이론에 따른 진로선택모델은 [그림 5-1]과 같다.

아동은 성장과정에서 가정, 학교, 학원 등의 다양한 학습경험을 통해 능력을 발달시켜 나간다. 아동의 성별이나 능력과 같은 개인적 특성, 가정의 사회경제적 지위, 부모의 양육 태도 등은 아동이 경험하는 학습의 종류에 영향을 미친다. 학습경험과 결과에 대한 차별적 강화를 통해 개인은 특정 영역에서의 자기효능감, 결과기대, 진로흥미를 발달시킨다. 자기효능감은 특정 행동이나 과제에 접근하거나 회피하려는 행동, 목표 영역에서 수행의 질, 장애가 있더라도 목표를 향해 지속적으로 노력하는 정도에 영향을 미친다(Bandura, 1997). 결과기대는

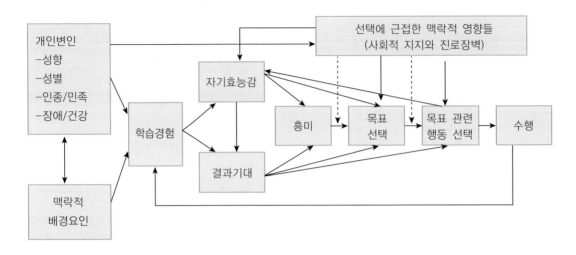

[그림 5-1] 사회인지진로이론에 따른 진로선택모델

출처: Lent et al. (1994, 2000).

특정 행동을 수행하는 결과에 대한 개인적인 믿음으로, 일을 성공적으로 해냈을 때 받을 수 있는 물리적 보상 및 타인의 인정과 같은 외적 강화, 자부심 등의 자기지향적 결과, 과제를 수행하는 과정 자체에서 느끼는 경험을 모두 포함한다(Lent, Brown, & Hackett, 1996). 자기효능감, 결과기대, 흥미는 진로목표에 영향을 주는 주요 요인으로 간주된다.

　진로목표는 진로와 관련해 어떤 활동에 참가하겠다거나 특정한 결과를 얻겠다는 개인의 의도를 뜻한다(Lent et al., 1994). 목표가 정해지면 어려움이 있더라도 목표를 이루기 위한 진로 관련 행동을 정하고 지속적으로 하게 된다. 자기효능감, 결과기대, 흥미와 같은 개인 내적 변인이 진로목표로 전환되는 과정에는 사회적 지지나 진로장벽과 같은 맥락적 변인이 영향을 주는 것으로 가정된다. 개인이 자기효능감, 결과기대, 흥미에 따라 진로목표를 선택하는 데 충분한 지지가 주어지고 진로장벽도 개인이 감당할 수 있을 정도면 심리 내적 변인에 따른 진로목표가 정해지지만, 원하는 진로에 대한 사회적 지지가 부족하거나 진로장벽이 너무 많으면 맥락적 제한 내에서 현실적으로 실현 가능해 보이는 진로를 선택한다.

사회인지진로이론은 진로선택에서 자기효능감, 결과기대, 흥미와 같은 심리 내적 변인의 중요성을 강조하면서도, 학습이 일어나는 배경변인, 진로선택에 영향을 주는 맥락 등을 진로선택모델에 포함해서 진로선택과정을 설명했다는 점에서 기존의 이론에 비해 현실적인 요소를 이론의 틀 안에 반영했다는 평가를 받는다.

(3) 진로발달이론: 수퍼의 진로발달이론

수퍼의 진로발달이론(Super et al., 1996)에서는 사람들이 능력, 성격, 욕구, 가치, 흥미, 자아개념의 면에서 개인차가 있으며 이러한 특성 중 직업을 수행하는 데 적합한 부분이 나타난다고 가정한다. 한 개인의 특성에 맞는 직업은 여러 개 존재할 수 있으며, 직업 또한 다양한 특성을 가진 사람들을 수용할 만한 허용 범위가 있다.

수퍼의 진로발달이론은 개인이 선택하는 삶의 역할의 측면과 시간의 변화 측면의 두 부분을 통해 진로발달을 설명한다. 삶의 역할과 관련해서 진로발달은 삶의 다양한 역할(자녀, 학생, 여가인, 시민, 근로자, 가정관리자 등)을 선택하고 적응하는 과정으로 볼 수 있으며 이 과정에서 능력과 흥미가 발달한다고 가정한다. 진로발달은 직업자아개념(vocational self-concept)의 발달과 실행(implementing)의 과정으로도 볼 수 있다. 직업자아개념은 적성을 발휘하고, 적성을 더 활용할 수 있는 기회를 찾고, 일 경험을 통한 피드백을 얻는 과정을 통해 발달한다. 이런 면에서 진로발달은 자신과 환경의 끊임없는 탐색과 타협의 과정이라고 볼 수 있다.

시간의 변화에 따른 진로발달의 단계는 성장기, 탐색기, 확립기, 유지기, 쇠퇴기로 구분된다. 성장기(4~13세)는 진로에 대한 인식이 발달하는 시기이며, 탐색기(14~24세)는 진로탐색을 통해 직업선택을 명료화, 구체화, 실행하는 시기이다. 확립기(25~34세)는 선택한 진로에서 자리를 잡아 가는 시기이며, 유지기(45~64세)는 선택한 직업에서 자신의 역할을 유지하기 위해 노력하면서 그 안에서 혁신해 나가는 시기이다. 마지막으로 쇠퇴기(65세~)는 정신적·육체적으로 기능과 힘이 약해지면서 직업에서 은퇴하고 새로운 역할이나 활동을 추구하는 시기이다. 한편, 일생동안 여러 개의 직업을 갖는 최근의 직업세계에서는 이와 같은 단선적인 진로발달단계가 적합하지 않다는 지적에 따라, 이후 전 생애를 통해 발달하는 5개의 단계가 있고, 각 단계 내에서 성장기-탐색기-확립기-유지기-쇠퇴기의 미니단계를 거치는 것으로 이론이 수정되었다.

수퍼의 진로발달이론에서는 진로성숙도(career maturity)가 중요하게 다루어진다. 진로성숙도는 개인이 도달하는 진로발달의 단계 및 그 단계에서 당면한 진로과업에 대처할 수 있는 능력을 뜻하며, 같은 발달단계에 있는 다른 사람과 비교하여 결정된다(Super, 1977). 진로상담에서는 진로발달평가와 상담모델(Career-Development Assessment and Counseling model: C-DAC)에 따라 내담자의 진로성숙도를 평가하고 진로의사결정을 돕는 개입이 이루어진다.

(4) 직업적응이론

직업적응이론(Dawis & Lofquist, 1984; Lofquist & Dawis, 1991)은 직장에서 개인과 직업환경의 상호 적응이 이루어지는 과정 및 결과를 다룬다. 직업적응이론에서는 개인이 환경과 조화를 이루고 유지하려는 동기를 가진다고 가정한다. 이에 따라 개인에게 환경이 원하는 기술(skill)이 있어 환경의 요구를 충족시키고, 직업환경은 개인의 욕구를 채워 줄 강화인(reinforcer)을 제공할 때 개인-직업 간의 조화로운 상태가 된다고 여긴다. 개인과 환경의 조화는 서로 조화를 이루려고 하는 역동적인 과정이며 이를 직업적응(work adjustment)이라고 한다.

직업적응은 만족(satisfaction)과 충족(satisfactoriness)에 의해 평가된다. 만족은 직업환경이 개인의 욕구를 얼마나 채워 주고 있는지에 대한 주관적 평가로, 개인의 욕구에 대한 직업의 강화가 잘 이루어질 때 높아진다. 충족은 직업에서 요구하는 과제를 수행할 수 있는 개인의 능력과 관련된 개념으로, 개인에게 기술(능력)이 있어 직업요구를 잘 수행할 때 높아진다. 개인 욕구의 만족과 직업 요구의 충족은 개인과 직업환경의 조화가 얼마나 성공적으로 이루어지고 있는지를 나타내는 지표로 볼 수 있다.

직업적응이론에 기반한 상담에서 내담자의 직업적응문제는 개인의 능력과 직업요구의 부조화로 인한 충족의 문제나 개인의 욕구와 직업의 강화인의 부조화로 인한 만족의 문제로 개념화된다. 상담에서는 내담자 가치의 평가, 직업환경의 강화인의 평가, 직업의 요구 및 내담자의 능력의 평가가 이루어지고, 이에 따라 부조화를 줄일 수 있는 다양한 적응전략이 다루어진다. 적응전략은 개인이 변화하거나 환경의 변화가 가능한 부분을 변화시키는 두 가지 방향으로 모두 이루어질 수 있다. 개인과 환경의 조화 정도가 극단적으로 낮아서 견딜만한 수준으로 부조화의 정도를 줄이기 어렵다면, 한 가지 대안으로 이직을 간주할 수 있다. 만족 및 충족, 직업적응에 관한 직업적응이론의 가정은 한국고용정보원의 진로정보제공 사이트인 워크넷(http://www.work.go.kr)과 미국 노동부의 진로정보제공 사이트인 O'net(http://www.onetonline.org) 등에 반영·활용되고 있다.

4) 진로상담이론의 최근 동향

사회경제적 환경의 변화 및 이에 따른 직업세계의 변화에 따라 전통적인 진로이론은 현실을 반영하지 못한다는 비판을 받아 왔다. 블루스타인(Blustein, 2011)은 다음의 두 가지 측면에서 전통적인 진로이론을 비판하였다. 첫째, 전통적인 진로이론에서는 개인이 흥미, 능력, 가치 등에 따라 자신이 만족할 수 있는 직업을 선택한다고 가정한다는 것이다. 현실에서는 흥미와 무관하게 생계 등의 이유로 직업을 선택하는 경우가 많은데, 이러한 직업선택의 과정이 진로이론에 포함되어 있지 않다는 점을 지적하였다. 둘째, 진로발달이 이루어지는 맥락에 대한 고려 없이 개인이 원하면 어떤 직업이든 얻을 수 있을 것이라는 가정이 현실과 다르다는 것이다. 사람들은 특정한 직업에 진입하는 데 필요한 교육과 훈련비용이 없거나, 교육이나 훈련과정에서 발생하는 기회비용을 감당할 수 없어서, 혹은 직업선발이나 직장에서의 성차별 등의 다양한 이유로 흥미와 능력이 있음에도 특정 직업을 선택하기 어려운 경우가 많다. 진로발달과 선택이 이루어지는 맥락에 대한 고려 없이 자신의 흥미나 능력만 알면 누구나 원하는 직업을 선택할 수 있다는 가정은 비현실적이라는 것이다.

진로발달은 직업세계의 변화 및 사회문화적 맥락과도 밀접하게 관련되어 이루어진다. 20세기 후반부터 시작된 정보화 시대에는 기술의 발달에 따라 특정한 직업이 생기거나 사라지는 등 직업환경이 빠르게 변화하는데, 이런 환경에서는 직업을 선택하고 준비하여 진입하는 것만큼 변화하는 직업환경에 적응하는 부분이 중요하다. 직업세계와 환경의 변화에 따라 일생 동안 여러 직장(혹은 직무)을 경험하고 은퇴하는 구조에서는 일을 선택하는 이유도 과거와 달라질 수 있고, 직업 전환에 요구되는 능력과 태도도 다를 수 있다는 것이다.

최근의 진로이론은 진로에서 일의 의미와 중요성, 진로발달이 이루어지는 관계와 맥락 등을 중요하게 포함하여 진로발달을 설명한다. 또한 무급의 일도 진로의 틀 안에 포함해서 설명한다는 점에서 차이가 있다.

(1) 직업관계이론

직업관계이론(relational theory of work)에서는 일의 선택 및 유지 과정이 관계와 밀접하게 관련되며, 일과 관계에는 문화가 큰 영향을 준다고 가정하였다. 관계 형성은 인간의 가장 기본적인 욕구이고, 일은 본질적으로 관계적인 속성을 가지고 있으므로 대부분의 사람은 일을 통해 다른 사람들이나 지역사회와 접촉한다(Schultheiss, 2007). 일과 관계에 대한 직업관계이론의 주요 가정은 다음과 같다(Blustein, 2011).

첫째, 일과 관계는 개인의 내적 경험과 실제 생활경험에서 상당한 심리적 공간을 공유한다. 이때 일과 관계는 상호 영향을 미치며 서로의 경험을 조형(shaping)한다. 둘째, 관계는 일 경험에 영향을 주는데 그 영향은 적응적일 수도 부적응적일 수도 있다. 셋째, 과거부터 현재까지 관계경험에서 핵심적인 주제, 패턴, 경험들은 분화·통합되는 내면화 과정을 거치며, 내면화는 일 경험과 직업적응에 중요한 역할을 한다. 넷째, 일과 관계는 유급, 무급의 상황 모두에서 발생한다. 다섯째, 일과 관련 교육에 대한 탐색과 의사결정은 관계에 의해 촉진되거나 방해받는다.

사람들은 일과 관계를 분리하기 어려울 정도로 함께 경험하는 경우가 많으며 일은 관계에, 관계는 일에 영향을 준다. 관계와 문화는 우리가 경험하는 사건의 의미를 구성하는 렌즈의 역할을 한다고 간주한다(Blustein, 2011). 문화는 사회 구성원이 일과 관계를 이해하는 틀을 제공하면서 한편으로는 사람들이 일과 관계를 경험하는 방식을 조형한다. 국내에서는 청년취업이 힘들어지면서 취업을 위해 대학 졸업을 유예하거나 졸업 후에도 몇 년간을 시험 준비에 보내기도 한다. 또한 취업의 어려움은 연애, 결혼, 가정생활의 패턴과도 밀접하게 관련된다. 개인이 선택하는 관계 및 취업 관련 행동은 취업의 어려움, 대졸자의 수에 비해 좋은 직업의 수가 충분하지 않은 사회경제적 배경, 안정적인 직업의 선호 등 다양한 문화적 맥락 속에서 이해해야 그 의미가 분명해진다는 것이다.

개인이 흥미, 능력, 가치에 따라 이와 일치하는 직업을 선택한다면 직업만족이 선택의 기준이 되겠지만, 생존과 같은 현실적인 이유로 직업을 선택한다면 직업만족 이외의 다른 요소가 직업을 갖는 이유나 목표로 제시될 수 있다. 블루스타인(2011)은 어떤 일에서든 일의 의미(meaning)나 중요성(mattering)을 찾을 수 있으므로, 사람들이 일을 통해 추구하는 바람직한 결과물로 '일의 의미와 중요성'을 들 수 있다고 제안하였다. 즉, 진로상담에서는 직업선택에서 특정 직업의 의미와 중요성을 찾아 나가도록 돕는 일이 중요한 과제가 될 수 있다. 특정 직업의 의미와 중요성은 그 사회의 사회경제적·문화적 배경과 밀접하게 관련되어 파악할 수 있다.

(2) 진로구성이론

진로구성이론(career construction theory: Savickas, 2013)은 수퍼의 진로발달이론을 토대로 21세기의 변화한 직업세계의 특징, 사회구성주의, 맥락적 관점 등을 통합하여 발전시킨 이론이다. 진로구성이론에서 개인은 자신의 일 경험에 의미를 부여하고 이야기를 구성함으로써 자신의 진로를 스스로 구성한다고 여긴다. 진로와 관련한 개인의 고유한 이야기(narrative)에는 직업성격, 발달과업, 진로적응성, 생애주제(life themes)의 네 가지 주요 영역이 포함되어 있다.

개인은 성장과정에서 가족과 상호작용하면서 의사소통을 통해 경험의 의미를 구성하고 해석해 나가며, 이 과정에서 직업자아개념을 형성한다. 이후에는 학교에서의 경험과 상호작용, 직장에서의 경험과 상호작용이 직업자아개념 형성에 중요한 역할을 한다. 개인은 실제 인물, 좋아하는 만화나 글, 영화 속에서 역할모델을 찾고, 그 역할모델의 가치나 문제해결 방식을 받아들여 자신만의 어떤 것으로 통합하면서 직업자아개념을 형성한다고 가정한다. 주어진 문화에서 성별, 사회경제적 지위 등 중요한 맥락적 요인은 역할모델의 태도나 행동에도 반영되며, 역할모델의 가치나 태도, 행동을 내사하거나 통합하여 형성되는 직업자아개념에도 성별, 사회경제적 지위 등과 관련한 중요한 주제가 포함된다.

사회구성주의에 따른 진로상담에서는 개인의 일 경험을 파악하여 패턴을 찾고 의미를 부여하여 일 경험을 직업자아개념으로 통합하도록 돕는 작업을 한다. 내담자가 진로와 관련하여 혼란을 경험하는 이유는 일 경험과 타인과의 상호작용 경험이 진로자아개념으로 잘 통합되지 못했거나 파괴적인 방식으로 통합되었기 때문이라고 가정한다. 사빅카스(Savickas, 2011)는 내담자의 일 경험을 돌아보도록 돕는 과정에서 내담자가 인식하지 못했던 삶의 주제와 경험의 의미를 찾을 수 있도록 하고, 이를 통해 일 경험을 재구성하여 모호했던 직업자아개념을 분명히 함으로써 진로목표를 정하도록 도울 수 있다고 하였다.

2. 생애단계별 진로발달과제와 진로상담

1) 생애단계별 진로발달과제

(1) 아동기

아동기는 진로발달단계 중 성장기에 해당한다(Super et al., 1996). 이 시기에는 제복을 입은 이미지 등 직업에 대한 호기심이나 환상에 근거해서 진로를 인식하기 시작한다. 아동기 초기의 힘과 크기 지향의 단계에서는 주로 힘을 상징하는 제복을 입은 직업에 대한 선망이 나타나며, 이후 직업의 성 유형(남자직업, 여자직업)을 인식하면서 자신의 성역할과 직업의 성 유형의 일치 여부가 직업포부의 형성에 영향을 주게 된다. 초등학교 고학년 시기가 되면 직업의 사회적 지위를 알기 시작하며 이에 따라 직업의 성 유형과 사회적 지위의 두 변인을 반영한 진로대안 영역을 형성한다. 직업포부는 진로대안 영역의 성 유형 및 사회적 지위의 범위를 벗어나지 않는 범위에서 형성된다(Gottfredson, 1981). 초등학교 고학년 시기에는 자신의 흥미, 능력에 대한 이해가 높아지고 점차 흥미, 능력, 가치 등 내적 특성을 반영한 진로포부를 형성한다. 직업과 관련해서는 아동기 초기에는 주로 생활에서 쉽게 접하는 직업(예: 교사, 의사, 소방관, 경찰 등)에 관심을 가지다 점차로 활동 반경이 넓어지면서 많은 직업을 알고, 간접적으로 알게 되는 직업의 종류도 많아져 직업에 대한 이해가 높아진다.

진로발달에서 아동기의 주요 과제는 진로에 대한 관심과 인식의 증가, 자신의 흥미와 능력의 개발과 이해, 직업에 대한 이해의 확대, 학업과 진로의 관계 인식, 직업에 대한 긍정적인 태도를 형성하는 것 등이다(Turner & Lapan, 2013). 따라서 이 시기에는 다양한 진로 및 직업 체험, 학습과 진로와의 관계에 대한 이해 등을 토대로 자신과 직업세계에 대한 이해를 높여 나가고, 진로선택과 활동에 자신감을 가지도록 개입하는 것이 도움이 된다.

(2) 청소년기

청소년기는 진로발달단계의 탐색기에 해당하며, 진로선택을 명료화 · 구체화해 나가며 선택을 행동으로 실행하는 시기이다(Super et al., 1996). 청소년기에는 다양한 일 체험 및 학습경험을 통해 흥미와 능력의 개발이 계속해서 이루어지고 욕구, 흥미, 능력, 가치, 직업적 기회 등을 이용하여 자신에게 맞는 직업에 대한 잠정적인 탐색이 이루어진다. 학교의 교과수업 및 동아리 활동, 여가활동, 아르바이트, 인턴십 등의 다양한 방법으로 역할을 수행하면서 자아개념을 검증 및 수정해 나간다. 아동기의 직업포부가 현실적 요소를 반영한 부분이 부족한 데 비해, 청소년기에는 직업에 대한 생각이 다른 사람들이 인정할 만한 직업정체성 으로 발전하고, 자신의 능력으로 할 수 있는 여러 직업에 대한 선호로 발전한다.

직업선호가 분명해지고 잠정적인 진로선택이 이루어짐에 따라 진로계획의 설정, 계획의 실행과 같은 과제가 순차적으로 이루어질 수 있다. 진로선택에는 상급학교의 결정, 대학 전공의 결정, 잠정적인 직업의 선택 등이 포함된다. 선택 한 진로에 따라 상급학교 진학을 위한 준비, 원하는 대학이나 전공에 진입하기 위한 준비, 자격증 취득, 직업에 대한 직접적인 탐색을 위한 아르바이트나 인턴 십 경험 등의 진로준비가 이루어진다.

청소년기의 진로발달과업을 잘 수행하면 진로계획성, 직업인으로서 역할 탐 색에 대한 호기심, 진로의사결정 지식과 기술, 직업세계에 대한 정보의 확대 등 이 나타난다. 이에 따라 원하는 직업에 진입하기 위해 필요한 교육과 훈련 수행, 현실적인 진로대안의 선택 등이 이루어질 수 있다.

(3) 청년기

청년기의 주요 과제는 직업선택, 취업, 취업 후 직장 초기 적응으로 볼 수 있다. 이 시기에는 현실적인 취업대안의 선택, 취업준비, 취업을 위한 일련의 행동 실행 등이 중요하다(Super et al., 1996). 청년기의 취업과 관련해 국내에서 는 취업준비행동이라는 개념으로 취업에 도움이 되는 행동을 분류한 연구들이 있다. 취업준비행동은 '직업을 준비하거나 취직하여 적응하는 과정에서 개인과 환경에 대한 정보를 얻기 위한 행동 혹은 당면한 취업문제를 해결하기 위한 현 실적인 행동'을 포함하는 개념으로 정의할 수 있다(어윤경, 김동일, 정여주, 이주 영, 2011). 취업준비행동에 포함되는 요소로는 공식적인 경로를 통한 진로탐색, 비공식적 경로를 통한 진로탐색, 취업준비강도, 취업준비를 위한 노력(예: 적극 적 정보 탐색 및 공유), 예비적 직업탐색(예: 이력서에 넣을 구체적인 경력 준비, 학점 관리, 자격증 취득 등), 취업과 직접 관련된 적극적 직업탐색(예: 채용과정에 지원, 면접대비 훈련, 면접 등) 행동이 있다(어윤경 외, 2011).

취업 후에는 주어진 직무의 성공적 수행, 직업문화에의 적응, 업무 생산성의 향상, 직장 내 대인관계에의 적응 등을 통해 적응과정이 촉진될 수 있다(Dawis & Lofquist, 1984). 직업에서의 다양한 직무경험 및 성공적인 대인관계의 유지 등은 직업자아개념에 반영되어 직업자아개념이 더욱 분명해지고 안정되는 데 도움이 된다. 일하는 직장이나 맡은 일에서 직업자아개념을 발휘할 수 있을 때, 생계유지뿐만 아니라 직업의 의미를 찾는 데도 도움이 된다.

(4) 성인기

성인기의 주요 과제는 선택한 직업을 통해 직업자아개념을 더욱 발달시키고 실행하며 공고히 하는 것이다(Super et al., 1996). 이 시기에는 직장에서 더 생산성을 높이고 자신의 입지를 다지거나, 직업전환의 준비와 실행, 은퇴 후의 생활에 대한 준비 등 다양하게 진로발달을 해 나간다. 직장에서 많은 일을 맡게 되면서 일-가족 간 균형을 유지하는 것도 이 시기의 중요한 과제이다.

직업적응의 측면에서 현재 직업에 만족하면서 직업에서의 생산성도 높다면 은퇴 시기까지 그 직업에 머물 수 있다. 다만, 21세기에는 기술의 발달 및 직업환경의 급격한 변화로 한 직장에 근무한다고 해도 직업에서 요구하는 직무가 계속 변화할 수 있다. 따라서 직장에서의 성취와 만족을 위해서는 지식과 기술을 지속적으로 학습하는 과정이 필요하여 이때 학습능력이 중요하게 다루어진다(Hall, 1996). 지속적인 학습능력은 21세기의 진로발달에서 요구되는 중요한 능력 중 하나로 볼 수 있다.

성인기에는 다양한 이유로 인해 직업전환이 빈번하게 일어나기도 한다. 직업전환은 현재 직장이 불만족스러워 자발적으로 이루어지기도 하지만, 구조조정이나 직장폐쇄에 따른 실직과 같이 비자발적으로 이루어지기도 한다. 현재 직장이 불만족스럽더라도 이직이나 전직이 이루어지기 위해서는 대안적인 직장의 존재 여부가 중요한 영향을 주는 것으로 나타난다(이요행, 2002). 전직이나 이직이 이루어지기 위해서는 경제발달에 따른 충분한 일자리의 유무, 경력자가 쉽게 채용될 수 있는 직업구조, 고용가능성(employability)을 높이기 위한 지속적인 학습능력 및 전직과 관련한 바람직한 태도 등이 요구된다(Hall, 1996).

성인기의 후반부에는 일에 대한 몰입과 생산성을 줄이고 가정, 지역사회, 여가 등에서의 자신의 역할을 되돌아보고 재조정하는 과업이 이루어진다. 은퇴 이후의 삶에 대해 미리 생각하고 계획하는 과정이 성인기에서 노년기로의 변화가 수월하게 이루어지는 데 도움이 된다.

(5) 노년기

노년기는 수퍼의 진로발달이론(Super et al., 1996)에서 쇠퇴기(65세~)에 해당한다. 이 시기는 정신적 · 육체적으로 기능과 힘이 약해지면서 직업에서 은퇴하고 새로운 역할이나 활동을 추구하는 시기이다. 은퇴에 따라 생애역할 중 직업인으로서의 역할이 줄어들고 다른 영역에서의 역할이 늘어나는데, 가족, 지역사회, 여가 등과 관련된 역할의 증가가 대표적이다.

최근에는 직업환경의 변화에 따라 빨라진 은퇴 시기와 기대수명의 증가로 은퇴 시점의 소득이나 연금만으로는 은퇴 후의 생활을 유지하기 어려운 경우가 많다. 따라서 노년기에도 계속 직업을 유지하고 싶거나 비정기적이라도 유급의 일을 하려는 경우가 많다. 2016년 고령자 통계를 보면 고령층(55~64세)의 61.2%는 일하기를 원하는 것으로 나타났다(통계청, 2016). 노년기의 취업을 위해서는 새로운 기술을 배워야 하기 때문에 이 시기에도 학습자 및 직업인으로서의 역할이 지속되는 경우가 많다. 직업인의 역할을 유지하더라도 시간제 일 등으로 삶에서 차지하는 비중이 줄어드는 경우가 대부분이며, 지역사회와의 연계를 통한 유대감의 형성, 가족과의 좋은 관계의 유지 및 가족 내 역할분담의 증가, 여가생활의 계획 및 실행 등 성인기와는 다른 삶의 과업을 수행해 나간다.

은퇴자와의 면접을 통해 은퇴 후 삶의 의미를 분석한 연구결과(Sargent, Bataille, Vough, & Lee, 2011)를 보면, 은퇴 후의 삶은 다양한 의미 부여가 이루어지는 것으로 나타난다. 삶의 의미와 방식에 따라 은퇴자를 네 집단으로 구분할 수 있는데, 첫째는 새로운 지평을 개척하는 집단으로, 이들은 은퇴 후를 르네상스, 전환기 등으로 구분하여 새로운 것을 배우거나 새로운 활동을 하며 새로운 자기를 실험하면서 생활한다. 둘째는 의미를 찾는 집단으로, 은퇴를 상실로 간주하면서 약간의 유급일을 병행하며 정체된 삶을 산다. 셋째는 은퇴를 삶의 속도를 줄여 나가는 시기로 긍정적으로 보는 집단으로, 유급/무급의 일을 계속하면서 은퇴 전과 유사한 방식으로 생활을 지속한다. 넷째는 은퇴를 자신이 살아온 삶에 대한 보답이자 진정한 자기 자신을 회복할 기회로 보는 집단으로, 휴식을 중시하는 여가생활을 보내며 살아간다. 이와 같이 개인이 은퇴에 부여하는 의미에 따라 은퇴 후 삶의 방식이나 정체성이 달라질 수 있으므로, 상담에서는 은퇴 이후 자신의 정체성을 찾아 나가도록 도와주면서 미래지향적으로 은퇴 후의 삶을 설계할 수 있도록 돕는 작업이 요구된다.

2) 생애단계별 진로상담의 실제

(1) 아동기와 청소년기

아동기와 청소년기에는 자기이해의 증가, 직업정보의 증가, 진로의사결정 등을 위한 상담이 이루어진다. 진로상담은 일반적으로 내담자와의 상담관계를 기초로 하여, 내담자에 대한 정보 수집하기, 내담자의 행동을 이해하고 가설 세우기, 진로목표를 설정하고 이에 따른 행동계획을 세워 실행하기, 개입 결과를 평가하기, 종결하기의 단계를 거쳐 진행된다(김봉환, 2017). 내담자의 진로행동에 영향을 주는 성별, 경제적 배경, 사회문화적 맥락, 직업세계 정보 등을 종합하여 내담자의 문제에 대한 가설을 세우고 상담목표와 개입의 방향을 정한다.

진로문제에 대한 개입은 이론적 접근에 따라 달라질 수 있으나 진로상담자들이 일반적으로 사용할 수 있는 몇 가지 개입방법은 다음과 같다.

- 내담자의 흥미나 능력을 평가하여 직업과 매칭하기: 심리검사와 면접을 통해 내담자의 직업흥미, 능력, 가치를 평가하고 개인의 특성과 잘 맞는 직업들을 찾은 후 그 안에서 선호 진로를 좁혀 나간다.
- 직업세계의 이해 확장하기: 현재 및 미래 직업의 변화를 알고 직업에 대한 이

해의 폭과 범위를 넓혀 그 안에서 직업포부가 형성되도록 돕는다. 직접 혹은 간접경험을 통해 직업정보가 확장될 수 있으며, 다양한 정보는 상담시간에 함께 정리하는 과정이 필요하다.

- 직업자아개념의 통합과 재구성하기: 내담자의 생애 이야기를 통해 일 경험에 드러난 패턴과 의미를 발견하고, 경험의 재구성을 통해 직업자아개념을 명료화하도록 돕는다. 내담자는 자신의 경험을 돌아보며 이를 통합적으로 해석할 수 있는 새로운 참조틀을 얻고 이를 통해 진로목표를 분명히 한다.

- 불안의 조절을 통한 진로의사결정 돕기: 부정적 정서성, 상태불안 및 특성 불안, 우울 등이 진로미결정과 관련되므로 불안의 탐색 및 조절을 도와 진로의사결정이 이루어질 수 있도록 개입한다(공윤정, 2014).

- 진로와 관련한 역기능적 사고의 평가와 개입하기: 진로와 관련한 역기능적 사고를 확인하고 이를 합리적인 사고로 변화하도록 개입하는 과정으로, 진로사고검사(이재창, 최인화, 박미진, 2003)를 실시하고 그 결과 사고의 변화가 필요한 부분을 평가하고 개입한다.

한편, 진로상담의 다양한 효과연구를 메타분석한 결과, 진로의사결정에 도움이 되는 요소로는 쓰기 활동, 개별화된 검사의 해석과 피드백, 직업세계에 대한 정보제공, 모델링, 사회적 지지체계 구축의 다섯 가지가 확인되었다(Brown & Krane, 2000). 각각의 요소를 구체적으로 살펴보면 다음과 같다.

- 쓰기 활동: 선호 직업에 대한 평가와 몇 개의 선호 직업의 비교, 상담이 끝날 때 주로 이루어지는 앞으로의 진로계획 등에 대한 쓰기 활동이 특히 효과적이다(Brown & Colleagues, 2003).

- 개별화된 검사해석과 피드백: 진로상담에서는 심리검사의 실시와 해석이 포함되는 경우가 많은데, 특히 집단상담이나 학급단위 프로그램의 경우에도 개별화된 진로심리검사 해석이 이루어질 때 의사결정에 도움이 된다.

- 직업세계에 대한 정보제공: 상담자가 상담시간에 함께 정보를 찾아보거나, 혹

은 내담자에게 직업정보를 찾아오도록 하는 경우라도 찾아온 정보를 상담시간에 함께 확인하면서 정리하는 작업이 도움이 된다.

- 모델링: 가족을 포함한 주변인의 직업탐색, 실제 직업인을 만나 보기, 책이나 비디오 자료를 활용한 직업인의 모델링 등을 활용할 수 있다. 특히 내담자의 관심 분야의 전문가를 활용한 모델링이 도움이 된다(Brown & Colleagues, 2003).
- 사회적 지지체계 구축: 아동기와 청소년기에는 진로탐색 및 선호 진로에 대한 부모의 심리적 지지, 교육이나 훈련에 필요한 자원의 제공 등 부모의 도움이 필요한 경우가 많다. 진로상담에서 부모 회기를 넣어 지지가 이루어지도록 도움을 줄 수 있다(오해영, 공윤정, 김영화, 2012).

개입의 결과로 상담의 목표가 달성되었으면 그 결과를 평가하고 종결할 수 있다. 상담의 성과는 흔히 잠정적인 진로대안의 결정, 상급학교 진학과 관련된 문제, 대학 전공과 같은 진로의사결정, 진로와 관련한 불안의 감소 등으로 나타난다. 특히 진로상담에서는 상담의 종결 후에도 진로목표에 따른 진로계획을 실행해 나가는 과정이 이루어지므로, 종결단계에서 상담 성과의 평가와 함께 진로계획의 실행과 관련한 점검 및 격려가 이루어지는 것이 바람직하다. 아동기와 청소년기에는 원하는 진로와 관련한 능력을 쌓아 가는 시기이므로 능력의 개발과 관련한 진로계획이 종결기에 다룰 수 있다.

(2) 청년기

청년기에는 현실적인 직업선택 및 취업준비를 위한 상담이 이루어진다. 직업탐색은 직업탐색 준비단계와 실제 직업탐색 단계로 나눌 수 있다(Blau, 1993). 직업탐색을 위한 준비단계에서는 개략적인 직업탐색의 범위와 방법, 목표를 정하는 과정이 이루어진다. 실제 직업탐색 단계에서는 지원서 작성 및 제출, 면접 준비 및 실제 면접, 직장 방문을 통한 정보 확인 등 다양한 실제 탐색이 이루어진다. 직업탐색의 강도와 지속성의 측면에서 더 적극적으로 직업탐색을 하는

사람이 취업에 성공할 가능성이 높으므로, 진로상담자는 더 적극적인 직업탐색
이 이루어지도록 돕는다. 직업탐색의 방법은 원하는 직업과 취업 목표에 따라
달라질 수 있으므로, 상담자는 내담자의 목표에 따라 효과적인 방법을 사용할
수 있도록 개입한다(Van Hoye, 2017). 직업탐색과 관련해 논의되는 방법들을 정
리해 보면 다음과 같다.

- **공식적인 직업탐색 방법**: 직업탐색을 위해 신문, 온라인 광고, 관심 기업의 채
  용공고, 대학의 취업센터 등 공식적으로 이루어지는 과정을 통해 잠정적으
  로 취업하고 싶은 기업의 범위를 확인하도록 돕는다. 상담에서는 내담자의
  선호 직장의 주 업무, 급여 및 복리후생, 지역 등을 고려해 지원하고자 하
  는 기업의 범위와 우선순위를 정하도록 도울 수 있다.
- **네트워킹을 통한 직업탐색 방법**: 인턴십, 자원봉사 등을 통해 취업현장을 직접
  경험하면서 직업탐색을 하는 방법이다. 인턴십 등은 공식적인 탐색을 통해
  서도 지원이 가능하지만 직업을 직접 경험하기 위해서는 네트워킹이 중요
  한 경우가 많으므로, 관심 분야의 전문가, 선후배, 취업센터 등과의 네트워
  킹을 통해 직업 체험의 기회를 찾아 나간다.
- **취업시험 준비**: 국내에서는 취업을 위해 시험을 통과해야 하는 경우가 많고
  시험 준비에는 많은 시간과 비용, 심리적 어려움이 동반된다. 상담자는 이
  과정에서 실제적·심리적 어려움을 탐색하고 실제적 어려움이나 심리적인
  불안 등의 조절을 돕는다.
- **지원 서류 및 이력서 작성**: 지원 서류가 주요 내용을 포함하면서도 간결하게
  작성되었는지, 인사담당자의 관심을 끌 수 있는지, 구직자의 특성이 잘 드
  러나는지, 오탈자 등이 없고 형식에 맞게 작성되었는지 등을 확인하고 준
  비할 수 있도록 한다.
- **취업면접 준비**: 청년기는 면접경험이 많지 않으므로, 면접에서 바람직한 복
  장, 태도, 답변 등을 교육하고 모의면접 등을 활용한 피드백을 통해 면접능
  력이 높아지도록 돕는다. 면접 시 경험하는 불안이 면접의 성과에 영향을

줄 수 있으므로, 불안관리전략을 상담에서 다루는 것도 도움이 된다.

(3) 성인기

성인기 진로상담의 주요 주제로는 직업적응 및 이직 · 전직을 들 수 있다. 직업적응은 능력 부족으로 인한 낮은 성과의 문제, 가족 등 직업 외의 다른 문제가 파급되어 직장에서 적응하기 어려운 문제, 개인의 욕구가 직장에서 적절하게 충족되지 않아 생기는 불만족, 직장 내 관계문제 등과 관련된다(Lofquist & Dawis, 1991). 직업적응이론(Lofquist & Dawis, 1991)을 적용하면 상담에서는 내담자의 가치 및 능력과 직업의 강화인 평가, 개인-환경 간의 부조화에 대한 내담자의 적응방식을 평가하여 변화가 필요한 부분을 파악하고 개입한다. 개인-환경 간 부조화가 있을 때 내담자에게 능력개발, 대인관계 개선 등 변화가 필요한 부분이 있으면, 필요한 학습을 통해 능력을 개발하거나 대인관계문제의 통찰을 통해 관계를 개선하도록 돕는 방식으로 개입할 수 있다. 직장에서 주어지거나 변화된 업무에 대한 숙달은 직업적응의 중요한 요소이므로 업무의 숙달을 돕는 방법을 찾아 나간다(Griffin & Hesketh, 2005). 한편, 내담자 자신의 변화뿐 아니라 기관의 조직 및 분위기의 변화도 적응에 중요한 요소로 작용하므로, 내담자가 자신의 요구를 상사나 동료에게 전달함으로써 환경의 변화를 이룰 수 있도록 내담자의 의사소통 방식 및 대인관계 능력 개선을 조력하는 것도 도움이 된다(Griffin & Hesketh, 2005).

개인과 환경의 부조화가 견딜 수 있는 정도를 넘어서 이직 또는 전직을 해야 한다면, 청년기에 다루어진 직업탐색 및 취업준비를 위한 과정을 거치도록 돕는다. 이직 · 전직에는 이와 관련된 분노, 상실, 우울 등의 감정이 동반된 경우가 많으므로, 이러한 감정을 탐색하고 다루어 이직 · 전직을 위한 준비를 하는 것이 좋다(공윤정, 2013). 성인기의 진로상담에서는 내담자가 이전의 직업경험을 통해 개발한 핵심적인 능력을 파악하고 활용하는 것이 중요한 과제이다.

(4) 노년기

은퇴 후의 생활을 은퇴 전에 미리 계획하고 준비하는 것은 성공적인 노후생활을 좌우하는 중요한 요인이다(김봉환, 2014). 은퇴 후 삶의 질은 건강, 경제적인 여건, 가족관계, 사회적 지지망, 여가생활 등 다양한 요인과 관련되는데, 특히 은퇴 후에 이루어지는 다양한 방식의 일 경험은 은퇴 후의 삶을 생산적으로 유지하는 데 도움이 되며 개인의 정체성과도 관련된다. 과거와 달리 최근에는 은퇴 후에도 일을 계속하기를 희망하는 은퇴자의 비중이 꾸준히 증가하는 것으로 나타난다(통계청, 2016). 은퇴 후에는 재직 시에 하던 일과 유사한 업종에서 일을 계속하는 경우도 있지만, 그런 가능성이 누구에게나 열려 있는 것은 아니므로 은퇴 후에 취업 가능한 업무에 대한 직업탐색과 결정이 이루어져야 하는 경우가 많다.

직업적응이론(Lofquist & Dawis, 1991)이 은퇴자의 진로설계에도 유용하게 적용될 수 있는데, 노년기에 직업탐색을 위해서는 개인이 일할 수 있는 신체적 · 정신적 건강과 업무능력을 갖고 있는지에 대한 평가가 먼저 이루어져야 한다(Harper & Shoffner, 2004). 또한 아픈 부모나 배우자에 대한 보살핌, 손자녀에 대한 보살핌 등 사회적 관계에서의 의무를 수행해야 하는 경우가 많기 때문에 관계적 요구에 대한 부분도 진로상담에서 함께 다루는 것이 도움이 된다(Harper & Shoffner, 2004).

직업적응이론에서는 개인의 욕구와 환경의 강화인 간의 조화, 환경의 요구와 개인의 수행 간의 조화가 직업만족과 관련된다고 여긴다. 따라서 노년기의 진로상담에서는 먼저 재직 시 중요하게 간주했던 욕구와 직업의 강화인 간의 조화, 직업 요구와 개인 능력 간의 조화에 대한 평가가 이루어진다. 이 시기의 직업에서는 재직 시의 개인의 욕구와 직업 환경 간의 조화가 모두 이루어질 수 없기 때문에 은퇴 후 직업에서 계속 이루기를 원하는 욕구와 포기할 수 있는 욕구에 대한 우선순위를 평가하고 이에 따라 직업탐색을 하는 것이 도움이 된다. 개인의 능력에 대한 평가가 이루어진 후에는 취업 가능한 직업에서 요구하는 능력 중 학습을 통해 습득 가능한 부분이 있는지, 그리고 학습에 대한 동기가 있는지를 탐색해 능력을 확장하는 데 도움을 줄 수 있다. 한편, 이 시기의 진로상담에서는 일 이외의 역할(가족, 사회적 관계, 여가 등)에서의 개인과 환경의 조화에도 관심을 가지고 이를 포함해서 진로상담을 진행하는 것이 도움이 된다.

3) 진로상담에서 심리검사의 활용

진로상담에서 심리검사는 내담자 진로문제의 진단, 진로의사결정의 어려움에 대한 원인 및 개입방법의 평가, 진로전환 및 직업적응을 조력하는 등 다양한 목적으로 활용된다. 가장 기본적으로 진로심리검사는 내담자의 성격, 흥미, 가치, 능력 등을 평가하고, 이러한 특성을 잘 발휘할 수 있는 직업을 찾기 위해 활용하는 경우가 많다. 진로심리검사 결과로 제시되는 직업목록은 내담자가 좀더 탐색하고 싶은 직업을 늘리거나 진로의사결정을 위해 직업목록을 줄이는 데 도움이 된다.

흔히 활용되는 검사로는 흥미검사, 가치관검사, 적성검사, 진로성숙도검사 등이 있고, 내담자에 따라 지능검사, MBTI, 자기효능감검사, 진로장벽검사, 진로사고검사 등을 선별적으로 실시할 수 있다. 심리검사의 결과는 상담시간에 상담자가 직접 해석해 주는 것이 도움이 된다. 국내에는 출판사에서 유료로 제공되는 심리검사도 있지만, 진로 관련 국가기관에서 개발하여 온라인상에 탑재해 무료로 이용할 수 있는 심리검사도 많다. 대표적으로 다음과 같은 사이트에서 온라인을 통한 무료 심리검사를 받을 수 있다.

- 한국고용정보원 워크넷(http://www.work.go.kr): 청소년부터 성인까지 다양한 연령층 대상의 검사를 온라인으로 제공한다.
- 한국직업능력개발원 커리어넷(http://www.career.go.kr): 청소년과 대학생을 위한 진로심리검사를 온라인으로 제공한다.

진로심리검사는 진로상담에서 자주 사용되기는 하지만 반드시 실시해야 하

는 것은 아니다. 진로심리검사를 실시하기 위해서는 검사의 목적이 분명해야
하며, 목적에 적합한 심리검사를 선별해서 활용하는 것이 필요하다. 표준화 검
사가 아니더라도 직업카드, 진로가계도, 진로인터뷰 등 다양한 방식으로 내담자
의 특성을 탐색할 수 있으므로 상담자는 상황에 따라 적합한 방법을 선택해서
활용하는 것이 바람직하다.

4) 진로상담에서 진로정보의 활용

진로정보는 다양한 직업, 직장, 전공, 상급학교, 시험, 교육과 훈련과정 등에
대한 정보를 포함한다. 진로상담에서는 내담자의 진로의사결정을 돕기 위해 다
양한 종류의 진로정보가 활용된다. 상담에서 진로정보를 활용할 때에는 내담자
의 진로정보에 대한 필요성을 파악하고, 내담자의 요구에 맞는 정보가 제공되는
것이 중요하다.

상담과정에서 내담자에게 어떤 정보가 필요한지에 대한 평가가 이루어지면,
진로정보는 상담자가 직접 제공할 수도 있고, 내담자가 찾아볼 수 있도록 돕거
나 과제로 제시할 수도 있다. 상담실에 진로정보를 찾아볼 수 있는 자료나 컴퓨
터가 있다면 상담자가 진로정보를 제공하는 사이트에 접속해 정보를 찾는 방법
을 직접 알려 주거나, 진로정보에서 중요한 부분을 직접 알려 주는 것도 도움이
된다. 한편, 진로정보는 온라인 자료, 직업이나 전공과 관련한 책자, 선호 직업
의 전문가나 종사자를 면접해서 수집하는 방법, 동영상 자료 등 다양한 방법으
로 제공된다. 상담시간에는 진로정보를 어떤 방법으로 찾을 것인지, 진로정보
에 도움을 줄 수 있는 사회적 관계망이 있는지 등을 확인해 내담자가 진로정보
를 스스로 찾아볼 수 있도록 안내한다. 국내에서 진로정보를 제공하는 대표적
인 온라인 사이트는 다음과 같다.

• 한국고용정보원 워크넷(http://www.work.go.kr): 한국직업전망과 한국직업사
  전을 제공하며, 다양한 직업정보와 학과정보 등을 제공한다.

- 한국직업능력개발원 커리어넷(http://www.career.go.kr): 500여 개의 대표직
  업, 초등학생과 중학생의 관심 직업, 해외 신직업, 직업별 전문가 인터뷰
  자료 등을 제공한다.

상담에서 진로정보를 제공하거나 내담자에게 추가적인 정보를 탐색하도록
한 이후에는 내담자가 정보를 어떻게 자신의 진로결정에 반영하여 통합하고 있
는지를 확인한다. 진로정보를 제공할 때에는 발달단계에 따라 적절한 수준의
정보를 제공하는 것이 도움이 된다. 아동이나 청소년에게 선호 직업에 대해 필
요 이상의 정보를 제공하는 것은 바람직하지 않다. 한편, 노년기의 내담자에게
진로정보를 제공할 때에는 온라인에서 제공되는 자료를 검색할 수 있도록 정보
탐색 방법에 대한 교육이 선행되어야 하는 경우도 있다. 내담자가 전자자료를
탐색할 수 있는 능력이 있는지 등을 확인하고 내담자에 맞게 정보 제공이 이루
어지는 것이 바람직하다.

3. 진로상담의 전망과 과제

최근 국내에서는 4차 산업혁명에 대한 논의가 광범위하게 이루어지고 있다.
4차 산업혁명이란 정보통신기술의 발달로 나타나는 빅데이터, 인공지능, 로봇
기술 등으로 대표되는 차세대 산업의 변화를 지칭한다. 이러한 변화가 산업혁
명이라고 할 만큼 생산성의 급격한 향상을 가져올 수 있느냐의 논의와는 별개
로, 스마트 팩토리(smart factory)와 인공지능으로 대표되는 산업현장의 변화는
관련 직업의 재편으로 이어질 것을 짐작하게 한다. 사회적으로는 기대수명의
증가로 고령인구가 늘어남에 따라 노년층을 대상으로 하는 다양한 직업이 등장
하고 노년기에도 유급/무급의 일을 유지하는 등의 변화가 이루어질 것으로 예
상된다.

산업의 변화는 기존 직업의 소멸 및 새로운 직업의 생성 등 직업의 변화로 연

결된다. 기술의 발달로 특정 분야의 일자리는 줄어들지만, 과학기술기반의 새로운 직업의 생성, 삶의 질에 대한 관심으로 복지와 서비스 분야의 직업의 생성, 공유경제, 요구기반 직업의 생성 등과 같이 다양한 새로운 직업의 생성에 대한 기대도 높다(이승규, 지선미, 2017). 기술의 발달 속도가 빨라짐에 따라 직업환경의 변화 및 요구되는 기술의 변화도 빨라져 개인에게는 새로운 기술을 학습하고 변화에 적응해 나가는 능력이 필요하다(Hall, 1996). 이와 함께 환경의 변화에 적응할 수 있는 유연성, 지속적인 학제 간 학습, 전문적 지식뿐만 아니라 지식을 활용할 수 있는 조직 내 의사소통 능력, 복합적 문제해결능력 등이 중요한 직무 역량으로 예측된다(이승규, 지선미, 2017).

이러한 사회경제적 환경에서 아동기나 청소년기에 미래에 원하는 직업을 한두 가지 정하고 그에 맞추어 역량을 키워 나가는 기존의 진로상담의 방식은 더 이상 도움이 되지 않을 가능성이 크다. 특정 직업을 정하고 그에 맞추어 역량을 키워 나가는 방식보다는 여러 직무에 도움이 되는 기초역량을 키워 나가는 것이 더 바람직하다는 것이다. 진로선택에서도 현재처럼 직업의 안정성을 우선적으로 고려하여 선택하는 방식이 아니라, 개인의 학습능력, 유연성, 고용 가능성 등을 키워 환경의 변화에 적응할 수 있도록 돕는 것이 바람직하다(Hall, 1996).

진로상담에서는 직업세계의 변화를 예측하고 진로상담에 반영하기, 직업세계의 빠른 변화에 대비한 아동기·청소년기의 진로발달을 돕기, 청년실업이 높아지는 시기에 청년기 취업 조력하기, 성인기의 이직 및 전직에 대한 조력, 노년기의 진로 계획 및 취업 조력 등 발달단계별로 고유한 진로상담의 과제를 파악하고 이에 대한 보다 전문적인 개입방안을 찾아 나가는 것이 앞으로의 과제라고 할 수 있다. 이러한 개입을 효과적으로 진행하기 위해 필요한 진로상담자의 역량과 관련해서도 지속적인 탐색과 교육이 요구된다.

제6장
생애개발과 성격상담

| 왕은자 |

　인간이 태어나 자라면서 신체가 성장하듯이 성격도 전 생애에 걸쳐서 변화하고 발달한다. 인간의 생애개발과 그에 따른 적응에 지대한 영향을 미치는 것 중의 하나가 개인의 성격이다.

　사람은 인생의 전환점에서 혹은 어떤 계기로 선택과 결정을 할 때 자기 자신이 누구이며 어떤 성격을 가졌는가를 진지하게 탐색한다. 때로는 실패와 좌절 혹은 불만족스러운 삶이 자신의 성격 때문은 아닌지 고민하며 상담실을 방문한다. 성격상담은 개인이 자신의 성격에 대한 이해와 더불어 성격의 긍정적 변화를 통해서 좀 더 충만한 삶을 살 수 있도록 조력하는 전문적 활동이다.

　이 장에서는 성격상담을 위한 이론적 토대가 되는 성격에 대한 정의와 역사, 성격의 연구 및 평가와 측정에 대해 살펴본다. 그리고 생애개발의 관점에서 주목할 필요가 있는 성격의 발달이론을 개관하고, 성격상담의 주제별 접근을 통해 실제적인 상담의 과정과 전략을 기술한다.

1. 성격의 이해

인간의 마음은 흔히 우주에 비유되는데, 우주처럼 거대한 마음에서도 큰 부분을 차지하는 것이 성격이다. 인간이 우주를 이해하기 어려운 만큼 성격을 이해하는 과정 역시 어렵고 복잡하다고 할 수 있다. 이 절에서는 성격의 정의와 역사를 살펴보고, 성격연구의 주제와 성격의 평가와 측정에 대해 간략하게 개관한다.

1) 성격의 정의와 역사

성격이론가들은 그들이 보는 인간관과 성격의 조직이나 발달에 대한 관점의 차이를 토대로 성격을 다양하게 정의해 왔다. 여기서는 대표적인 학자들이 제시한 몇 가지 성격의 정의를 살펴보고, 성격의 다양한 정의에 내포된 공통적인 요소를 찾아 성격의 개념을 이해하여 본다.

성격심리학의 창시자라고 할 수 있는 올포트(Allport, 1961)는 성격을 한 개인의 독특한 행동과 사고 및 감정의 패턴을 생성해 내는 개인 내부에 존재하는 심리적·신체적 체계의 역동적 조직이라고 하였다. 매디(Maddi, 1996)는 성격을 사고, 감정 및 행동과 같이 사람의 심리적 행동에 있어 공통성과 차이를 결정하는 일련의 안정된 경향성과 특성이며, 이러한 심리적 행동은 시간에 따른 연속성을 가지며, 어떤 한 순간의 사회적 및 생물학적 압력의 단일한 결과로는 쉽게 이해될 수 없다고 하였다. 정신의학을 대인관계이론으로 정의한 설리반(Sullivan, 1953)은 성격을 개인이 대인관계에서 타인을 대하는 비교적 지속적이고 특징적인 방식으로 정의하였으며, 성격이 인간의 삶을 특징짓는다고 하였다. 그는 성격이 개인의 대인관계, 특히 친밀한 사람들과의 관계에 의해 일생에 걸쳐 형성되며 성격의 발달을 자아의 진화로 생각하였다.

이 외에도 성격에 대한 다양한 정의가 있고 관점의 차이가 있지만, 성격의 정의에는 다음과 같은 공통적인 요소가 내포되어 있다고 할 수 있다(권석만, 2017; 노안영, 강영신, 2003; 이수연 외, 2013; 임승권, 김정희, 김병석, 1996).

- 성격은 개인이 나타내는 행동의 독특성 혹은 개인차와 사람들이 보편적으로 공유하는 공통성을 함께 내포한다. 동시에 개인마다 생리적·환경적 요소가 다르기 때문에 성격에도 차이가 있음을 전제한다. 또한 사람들이 보편적으로 갖는 성향이 있다는 전제를 바탕으로, 개인의 성격을 외향성 혹은 호감성과 같은 성격특성으로 분류한다.
- 성격은 구조를 지니고 역동적으로 기능하는 내면적 조직체로 정의된다. 사람들이 어떤 상황에 처했을 때 비교적 일관성 있게 행동하는 이유는 개인의 조직화된 특성인 성격이 관련되기 때문이다.
- 성격은 개인의 독특한 심리적 반응을 동기, 인지, 정서, 행동의 여러 측면에서 설명하는 개념이다. 관찰 가능한 사람들의 행동을 바탕으로 성격이 판단될 수 있음을 의미하며, 행동이 최소한 부분적으로는 성격에 의해 조직되고 통합되는 것으로 이해할 수 있다.
- 성격은 인간의 적응과 관련된 측면을 반영한다. 삶은 적응의 과정이며 사람들은 자신이 처한 상황에서 생존하기 위해 자신의 성격을 발달시키고 형성한다고 전제한다. 성격은 환경에 적응하고 반응하는 양식을 결정해 주는 생리적·정신적 측면이 포함되어 있다.
- 성격은 성장함에 따라서 형성·발달하며 환경이나 학습 등의 조건에 따라서 변화될 수 있다. 성격이란 유전 및 생물학적 경향성, 사회적 경험 그리고 환경 변화와 같이 다양한 내적·외적 요인에 따라 변하는 진화적 과정이다. 그러므로 성격을 생활사적 또는 발달사적 견해로 맥락을 고려하며 조망할 때 더욱 잘 이해할 수 있다.

성격에 대한 학문적 관심은 기원전 고대사회로 거슬러 올라간다. 성격연구의 초기 접근은 점액, 기질, 골상학, 필적학, 체형, 동양의학 및 사상의학 등의 관점에서 성격을 이해하고자 하였다. 고대 그리스의 의학자인 히포크라테스(Hippocrates, B.C. 460~B.C. 377)는 인체를 구성하는 네 종류의 체액, 즉 혈액, 흑담즙, 황담즙, 점액 중 어떤 체액이 우세한지에 따라서 개인의 성격과 행동방식이 달라진다고 주장했다. 이후 근대와 현대에 접어들면서, 많은 연구자에 의해 보다 더 과학적이고 체계적인 성격연구 방법 및 성격이론으로 발전되어 지금까지 계속되고 있다.

지금까지 주장되는 성격이론은 수십 가지에 이른다. 이 성격이론은 정신역동적 접근, 현상학적 접근, 행동주의적 접근, 인지적 접근, 생물학적 접근, 특질 접근 등을 통해 개인의 성격을 이해하고 그 발달과정을 설명하고자 하였다. 다양한 성격이론은 성격을 형성하는 데 영향을 미치고 성격을 특징짓는 데 핵심적인 요인을 무엇으로 보는지에 따라 구분할 수 있는데, 이러한 요인에는 유전적 요인, 환경적 요인, 학습 요인, 부모 요인, 발달 요인, 의식 요인, 무의식 요인 등이 있다(Schultz & Schultz, 1998).

2) 성격의 연구

성격에 대한 방대한 연구 중에서 특질 개념을 중심으로 한 특질 차원의 성격연구와 성격의 변화 가능성에 대한 연구, 긍정심리학의 긍정적인 성격특성 연구는 생애개발의 관점에서 성격을 이해하는 이론적 토대가 될 수 있다.

특질연구는 성격의 기본적인 구성요소가 무엇인가에 대한 관심에서 시작되어 특질이론으로 발전하였으며 가장 오랜 연구 전통을 가지고 있다. 특질이론은 상담에서 활용되는 성격검사의 이론적 토대이다. 성격의 변화 가능성 연구는 성격의 천성 대 양육 논쟁과 관련이 깊다. 성격이 생애를 통해 어떻게 형성 및 변화하며 성격의 변화에 영향을 미치는 요인은 무엇인지를 연구한다. 다음으로 최근 개인의 긍정적인 성격특성에 대한 긍정심리학적 연구는 성격의 변화와 개발의 측면에서 새로운 관점을 제공하고 있다.

(1) 성격의 특질연구

특질이론가들은 성격의 개인차를 반영할 수 있는 보편적이며 중요한 특질차원들을 발견하고, 이를 측정하는 검사를 만들어 이 차원들의 생리적·발달적 기반을 연구하였으며, 특질과 상황이 어떻게 상호작용하여 개인의 행동으로 나타나는지에 관심을 가졌다. 특질은 성격심리학의 창시자인 올포트의 특질 개념에서 출발하여 커텔(Cattell), 아이젱크(Eysenck), 그리고 최근에는 여러 연구자에 의해 성격의 5요인 모형(Five Factor Model)으로 발전하였다.

올포트(1937)는 특질을 성격의 기본적인 구성요소라고 하였으며, 다양한 종류의 자극에 특정한 방식으로 반응하게 하는 성향이며 직접적으로 관찰하거나 측정할 수는 없지만 일련의 행동을 통해 파악할 수 있다고 제안하였다. 그는 특질을 크게 공통 특질과 개인 특질로 구분했는데, 공통 특질은 어떤 문화에 속해 있는 많은 사람이 공유하는 것으로, 개인 특질은 개인마다 독특한 것이라고 주장하였다.

커텔(1956)은 요인분석이라는 통계적 기법을 사용해서 다수의 사람에게 얻은 자료 간에 공통된 요인이 포함되었는지를 평가하고 이러한 요인들을 특질이라고 불렀다. 특질은 정신적 구성요소이며 행동의 규칙성 또는 일관성을 설명하는 기본적인 구성개념이다. 그는 요인분석으로 발견한 열여섯 가지 원천특질로 다요인 인성검사(16 Personality Factors: 16 PF)를 개발하였고, 특질의 형성에 유전과 환경이 미치는 영향을 연구하였다.

아이젱크(1970)는 요인분석 방법을 이용해서 성격의 기본 차원에 대한 탐색을 이상행동 분야까지 확장시켜 신경증과 같은 특성을 연구하였다. 그는 성격을 인격, 기질, 지성 그리고 신체의 요소가 조직화된 것으로 정의하였으며, 다소 안정되고 영속적인 특성이 있고 환경에 대한 개인의 독특한 적응에 영향을 미친다고 주장하였다. 그는 전 세계의 사람들로부터 수집한 자료를 요인분석하여 세 가지 기본적인 성격 요인으로 외향성, 신경증적 성향, 정신병적 성향 등의 세 차원을 발견하여 아이젱크 성격검사(Eysenck Personality Questionnaire: EPQ)를 개발했으며, 이 성격 차원의 생물학적 기초를 밝히기 위한 연구를 진행하였다.

최근의 특질연구는 성격이 5개 요인으로 구성되어 있다는 성격의 5요인 모형(Five Factor Model)으로 수렴하고 있다. 이 모형에서 제안된 5요인(Big Five)은 신경증, 외향성, 경험에 대한 개방성, 호감성, 성실성으로, 여러 문화에서 일관적으로 나타나고 있으며 요인분석 방법에 기초해 제작된 다른 성격검사와도 높은 일치도를 보였다. 코스타와 맥크레(Costa & Macrae, 1992)는 5요인을 설명하는 6개의 하위특성을 발견하여 NEO-PI 성격검사(The Revised NEO Personality Inventory: NEO-PI-R)를 개발하였다.

특질이론은 성격의 개인차를 설명하거나 예언하는 데 유용하고, 진화론 및 생물학과 관련된 연구들을 자극하였으며, 대인관계나 정신병리와 관련하여 시사점을 제공해 주었다. 반면, 특질이론은 요인분석에 과도하게 의존하고, 개인적 독특성을 반영하는 성격특질이 배제되었으며, 특질 개념이 특질을 제시할 뿐 성격의 역동이나 조직화 및 변화를 설명하기 어렵다는 점이 한계로 비판받고 있다(민경환, 2002).

(2) 성격의 변화가능성 연구

성격이 선천적으로 부여되는 것인지 아니면 후천적으로 형성되는 것인지에 대한 논쟁은 성격이론가 사이에서 오랫동안 계속되었고 각 입장을 지지하는 많은 연구결과가 있다. 선천론자들은 인간의 성격이 선천적으로 주어진 것이기 때문에 후천적인 환경적 영향에 의해서 변화하지 않는다고 주장한다. 성격의 5요인 이론을 제시한 코스타와 맥크레는 인간은 나이에 따라 성격이 변화하는데, 이는 유전적으로 정해진 내재적 성숙에 의한 것이라고 주장한다. 이들은 여러 문화권에서 성격 5요인 구조가 유사하게 나타난다는 점, 그리고 여러 문화권에서 나이에 따른 성격 5요인의 변화가 유사하다는 점에 근거하여 성격특질이 연령 증가와 함께 변화하는 것은 환경적 요인에 의한 것이 아니라 생물학적인 성숙에 의한 발달적인 변화라고 주장한다.

반면, 후천론자들은 유전적 요인이 성격의 기본 골격을 제공하지만 그 세부적인 특성은 후천적 경험에 의해서 채워지는 것이기 때문에 살면서 만나는 다양한 경험에 따라 성격이 현저하게 변할 수 있다고 주장한다. 모든 사회에서는 구성원의 연령과 발달단계에 따라 사회적 역할과 적응과제가 변화하고, 이러한 사회적 요구에 적응하는 과정에서 성격이 나이와 함께 변화한다고 제안한다. 인생의 발달단계에서 수행하는 사회적 역할은 성격변화의 주요 요인으로 알려져 있다.

쌍둥이에 대한 종단연구들(Bleidom et al., 2009; Hopwood et al., 2011)은 나이에 따른 성격변화가 유전과 환경 모두에 기인한다는 결과를 보여 주었고, 이를 통해 유전과 환경이 서로 영향을 주고받는다는 상호작용적 관점이 발전하였다. 개인-환경 상호작용 관점은 내재적인 성숙뿐만 아니라 사회적 역할과 주요 생활사건에 초점을 맞추어 전 생애의 성격변화를 설명한다. 개인은 자신의 선호에 따라서 환경을 선택하거나 환경의 일부 측면이나 전체를 자신의 성격에 적합하도록 변화시키며 또한 나이가 들면서 변화하는 생활사건과 사회적 요구에 적응하기 위해서 자신을 변화시킨다(권석만, 2017).

한편, 충격적 사건으로 인한 심리적 상처인 외상(trauma)은 개인의 삶에 지속적인 파급효과를 미치고 성격에 커다란 변화를 유발할 수 있다. 폭행이나 강도와 같은 범죄, 또는 지진이나 건물 붕괴와 같은 재해로 인한 외상 사건은 개인의 자기개념이나 신념체계에 심각한 혼란을 초래하여 극심한 고통과 스트레스를 경험하게 하며, 이를 외상후 스트레스장애(Post-Traumatic Stress Disorder: PTSD)라고 한다. 외상 사건을 경험한 사람이 성격의 변화에 이르는 심리적 과정을 설명하는 스트레스 반응 이론(stress response theory)에 따르면, 충격적인 외상 사건은 개인이 가진 기존의 신념체계와의 심각한 불일치로 인해 고통과 혼란을 야기한다. 이러한 고통과 혼란 속에서 점진적으로 외상경험을 기존의 신념체계와 통합시키려는 노력이 이루어진다. 그리고 시간이 흐른 후 외상경험의 통합을 통해 개인의 신념체계가 변화함에 따라 성격 역시 변화한다. 충격적인 외상경험의 유형과 강도, 그리고 외상경험이 신념체계와 통합되는 넓이와 깊이에 따라 성격변화의 정도와 수준이 달라진다(Horowitz, 1986).

성격의 변화 가능성 연구를 종합해 보면, 성격은 쉽게 변하지 않는 심리적 구조이지만 세월에 따라 변화하는 것으로 밝혀지고 있으며, 특히 충격적인 사건은 성격의 변화를 유발한다. 일반적으로 연령이 증가함에 따라 성격특질의 안정성도 증가하지만 성격은 특정한 연령에서 변화를 중단하지 않는다. 다만 성격을 구성하는 심리적 요소 중에서 쉽게 변화하지 않는 것과 상대적으로 변화가 용이한 것이 존재한다. 성격은 안정성과 유동성의 양면성을 지니고 있어 변화하지 않는 요소와 변화할 수 있는 요소로 구분할 수 있다. 일반적으로 성격특질을 이루는 선천적인 기질이나 신경생물학적 기반의 성향은 환경적 요인에 의해서 쉽게 변화하지 않지만, 후천적 경험에 의해 영향을 받는 성격의 좀 더 세부적인 측면, 즉 개인적 신념, 사고방식, 정서표현 방식, 행동적 습관 등은 변화할 수 있다는 것이 일반적인 견해이다(권석만, 2017).

(3) 긍정심리학의 성격적 강점과 덕목

1998년에 미국심리학회장으로 취임한 셀리그먼(Seligman)이 인간의 강점과 재능을 함양하고 행복을 증진시키기 위한 노력으로 긍정심리학을 주창한 이래, 긍정심리학은 여러 연구자(M. Csikszentmihalyi, Ed. Diener, C. Peterson)의 노력을 거쳐 광범위한 주제로 발전되었다. 긍정심리학의 연구 주제는 긍정 상태(positive states), 긍정 특질(positive traits), 긍정 조직(positive organizations)으로 구분할 수 있는데, 여기서는 성격상담과 관련하여 긍정 특질을 살펴본다.

긍정 특질이란 일시적인 심리상태가 아니라 개인이 지속적으로 나타내는 긍정적인 행동패턴이나 훌륭한 성품 및 덕목을 의미한다. 이러한 성격적 강점과 덕성을 잘 계발하여 발휘하는 것이 행복과 정신건강에 중요하다. 피터슨과 셀리그먼(Peterson & Seligman, 2004)은 다양한 시대와 문화에서 소중하게 여겨졌던 보편적인 성격적 강점과 심리학자들의 연구 자료를 검토하여 성격 강점과 덕목에 대한 VIA 분류체계(Values-in-Action Classification of Character Strengths and Virtues)를 제시하였는데, 이 분류체계는 〈표 6-1〉과 같이 6개의 덕목과 24개의 성격 강점으로 구성되어 있다.

긍정심리학은 인간의 부정적 측면의 제거보다는 긍정적 측면의 향상에 더 많은 관심을 가진다. 하지만 인간은 긍정적 측면과 부정적 측면을 모두 가지고 있다. 인간의 성격에 대한 연구와 성격발달에는 이러한 두 관점의 조화가 필요하다.

ᓂᓂᓂ **표 6-1** VIA 분류체계: 6개의 덕목과 24개의 성격 강점

덕목	성격 강점
지혜 및 지식	삶에서의 지혜로운 판단과 지적인 성취를 돕는 것과 관련된 강점 – 창의성, 호기심, 개방성, 학구열, 지혜
인간애	다른 사람을 보살피고 친밀해지는 것과 관련된 대인관계적 강점 – 사랑, 친절성, 사회지능
용기	고난과 역경에 직면하더라도 추구하는 목표를 성취하려는 의지와 관련된 강점 – 용감성, 진실성, 끈기, 활력
절제	극단적인 독단에 빠지지 않는 중용적인 강점 – 용서, 겸손, 신중성, 자기조절
정의	건강한 공동체 생활과 관련된 사회적 강점 – 공정성, 리더십, 시민정신
초월	자신보다 더 큰 것과의 연결성을 추구하는 초월적 또는 영적 강점 – 감사, 낙관성, 유머감각, 심미안, 영성

출처: Peterson & Seligman (2004).

3) 성격의 평가와 측정

성격의 평가와 측정은 성격상담에서 이루어지는 주요 활동 중의 하나로, 일련의 과정을 통해 자료를 수집하고 개인의 성격특징을 체계적으로 파악한다. 성격평가를 위한 자료를 수집하는 방법은 다양하다. 개인의 성격평가는 크게 면접, 행동관찰, 개인 생활사 자료, 타인의 보고, 성격검사를 통해 이루어진다. 평가하고자 하는 성격의 측면에 따라서 적절한 평가방법과 도구를 선택하는 것이 중요하다.

성격평가를 위한 자료수집 방법을 살펴보면, 우선 상담자는 면접(interview)을 통해 개인이 자신의 성격이나 특성에 대해서 지니고 있는 주관적인 생각을 탐색하며 개인의 성격특성을 반영하는 다양한 정보를 수집한다. 또한, 행동으로 표

현된 성격을 평가하는 행동관찰(behavior observation)은 개인이 일상적인 특정 상황에서 보여 주는 행동을 자신이나 제3자가 관찰하여 평가하는 방법이다. 그리고, 생활사(life history) 자료는 성격이 형성되는 과정을 이해하고 현재의 성격특성을 추측할 수 있게 한다. 생활사는 어린 시절 성장과정 및 첫 기억들, 가족사, 학교생활 및 적응 수준, 신체적 · 심리사회적 발달과정, 친구관계 및 이성관계 등의 대인관계 양상 등의 정보를 수집하여 성격을 평가하는 방법이다. 마지막으로 타인의 보고를 통해서는 타인과의 관계에서 드러나기 쉬운 개인의 성격에 대한 정보를 얻을 수 있다.

성격검사는 개인의 성격적 특성을 객관적으로 평가할 수 있는 방법으로, 성격특질, 정서, 신념, 욕구, 자기존중감, 대인관계 유형, 정신병리 등을 측정하기 위한 다양한 검사가 개발되어 사용되고 있다. 상담장면에서 일반적으로 사용되는 성격검사를 자기보고식 검사와 투사적 검사로 구분하여 그 종류를 간략하게 살펴보면 다음과 같다.

(1) 자기보고형 성격검사

자기보고형 검사(self-reporting test)는 성격특징을 기술하는 문장으로 구성된 여러 문항을 제시하고 개인으로 하여금 그 문항이 자신에게 해당하는지의 여부나 정도를 응답하게 하는 지필식 검사를 말한다. 상담에서 성격을 평가하기 위해 일반적으로 활용되는 자기보고형 성격검사는 미네소타 다면적 인성검사(MMPI), 성격유형검사(MBTI), 기질 및 성격검사(TCI)가 있다.

- 미네소타 다면적 인성검사(Minnesota Multiphasic Personality Inventory: MMPI): 성격특성과 더불어 정신병리적 증상을 평가할 수 있는 자기보고형 성격검사로 상담장면을 비롯하여 다양한 장면에서 가장 널리 사용되고 있다. MMPI는 1943년 해서웨이와 맥킨리(Hathaway & McKinley)에 의해 정신병리적 증상을 객관적으로 측정하기 위한 도구로 개발되었으며, 2003년에는 재구성 임상 척도를 활용한 MMPI-2-RF(Restructured Form)가 개발되었다.

국내에서는 2005년 표준화된 MMPI-2와 MMPI-A가 사용되고 있다(김중술 외, 2005).

MMPI-2는 9개의 타당도 척도와 10개의 임상 척도(건강염려증, 우울증, 히스테리, 반사회성, 남성성-여성성, 편집증, 강박증, 정신분열증, 경조증, 내향성)로 구성되어 있으며, 개인의 일상적 경험과 심리적 특성을 문장으로 기술한 566개의 문항에 대해서 피검자는 예/아니요로 응답하도록 되어 있다. MMPI-2는 임상 척도 외에 재구성 임상 척도(의기소침, 신체 증상 호소, 낮은 긍정정서, 냉소적 태도, 반사회적 행동 등), 성격병리 5요인 척도(공격성, 정신증, 통제 결여, 부정 정서성, 내향성), 임상 소척도(주관적 우울감, 정신운동 지체, 둔감성, 애정 욕구 등), 내용 척도(불안, 공포, 강박성, 낮은 자존감 등)와 같은 다양한 평가지표를 제시하고 있다. MMPI 검사결과는 각 척도의 t-점수의 높낮이, 척도점수 간의 관계, 그리고 피검자에 대한 여러 가지 정보를 종합적으로 고려하여 해석된다. MMPI를 임상적 진단도구로 사용할 때는 반드시 성격이론, 정신병리이론, 심리검사에 대한 전문적인 교육과 훈련을 받은 사람에 의해서 신중하게 그 결과를 해석해야 한다.

• 성격유형검사(Myers-Briggs Type Indicator: MBTI): 칼 융(Carl Jung)의 성격유형이론에 근거하여 캐서린 브릭스(Katharine Briggs)와 그의 딸 이사벨 마이어스(Isabel Myers)가 개발한 자기보고형 성격검사이다(Myers, 1962). MBTI는 널리 사용되고 있는 대중적인 성격검사로서 국내에서 심혜숙과 김정택(1990)이 번안한 한국판 MBTI가 사용되고 있다.

MBTI는 피검자가 단어나 문장으로 이루어진 2개의 선택지 중에서 자신의 성격을 가장 잘 나타낸다고 생각하는 하나를 선택하는 문항으로 구성되어 있다. MBTI는 네 가지 선호지표, 즉 외향(E)-내향(I), 감각(S)-직관(N), 사고(T)-감정(F), 판단(J)-인식(P)에서 개인이 어느 쪽을 선호하는지를 보여 준다. 따라서 MBTI는 개인의 성격을 양극으로 구성된 네 차원에 의해서 열여섯 가지의 성격유형(예: ISTJ, INFP, ESTP, ENFJ)으로 구분한다. 다만, MBTI가 객관적인 성격검사로서 적절한 신뢰도와 타당도를 지니고 있느냐에 대해서는 회의적인 관점이 있다. 또한 다양한 인간의 성격을 16개 유형으로 구분하는 성격유형론의 한계 역시 비판을 받고 있다.

- 기질 및 성격검사(Temperament and Character Inventory: TCI): 클로닝거(Cloninger)가 자신이 제시한 기질과 성격을 측정하기 위해 1994년에 동료들과 함께 개발한 자기보고형 검사이다(Cloninger, Przybeck, Svrakic, & Wetzel, 1994). 국내에서는 오현숙과 민병배(2004)가 한국판 청소년용 TCI(JTCI)를 개발하였고, 이후 2007년에는 성인용 TCI(TCI-RS)를 개발하였다(민병배, 오현숙, 이주영, 2007).

    TCI는 선천적으로 타고난 반응성향을 측정하는 4개의 기질 척도(자극추구, 위험회피, 사회적 민감성, 인내력)와 개인의 성숙도와 적응 수준을 측정하는 3개의 성격 척도(자율성, 연대감, 자기초월)로 구성되어 있다. 기질 척도와 성격 척도는 각각 3~5개의 하위척도로 구성되어 있다. TCI는 기질과 성격특성을 기술하는 140개의 문항으로 구성되어 있으며, 각 문항에 대해서 피검자가 5점 척도로 평정하게 되어 있다. TCI는 기질 척도의 점수 조합을 통해서 개인의 선천적인 반응양식을 이해할 수 있을 뿐만 아니라, 성격 척도의 점수의 조합을 통해서 개인의 성숙도와 적응 수준을 파악할 수도 있다.

(2) 투사적 성격검사

투사적 성격검사는 개인에게 애매모호한 자극을 제시하여 그의 성격적 특성이 투사된 반응을 유도하고, 검사반응을 면밀하게 분석함으로써 피검자의 무의식적인 성격특성을 평가하는 검사이다. 투사적 성격검사는 피검자가 자유롭게 자신을 표현할 수 있으며 개인의 심리적 특성에 대한 풍부한 자료를 제공해 주는 반면, 검사 해석자의 주관성이 개입될 수 있는 여지가 많아 신뢰도와 타당도가 떨어진다는 단점이 있다. 상담에서 사용되는 투사적 성격검사는 로르샤흐검사, 그림 그리기 검사, 문장완성검사가 있다.

- **로르샤흐 검사(Rorschach test)**: 가장 대표적인 투사적 성격검사로 헤르만 로르샤흐(Rorschach, 1921)에 의해 개발되었다. 데칼코마니 양식에 의한 대칭형의 잉크얼룩으로 이루어진 10장의 카드를 순서에 따라 피검자에게 한 장씩 보여 주고 이 그림이 무엇처럼 보이는지를 말하게 한다. 모든 반응은 검사자에 의해서 자세하게 기록되며, 10장의 카드에 대한 피검자의 반응이 끝난 후에 검사자는 다시 카드마다 피검자가 카드의 어느 부분에서 어떤 특성 때문에 그런 반응을 하게 되었는지를 확인한다.

  로르샤흐 검사의 경우 피검자가 나타낸 반응을 채점하여 결과를 해석하는 방법을 통계적인 자료에 근거한 객관적 해석방법과 임상가의 주관적 경험을 강조하는 임상적 해석방법으로 나눌 수 있다. 이러한 해석방법에 따라 결과가 다소 달라질 수도 있으나 로르샤흐 검사를 통해서 개인이 지니는 사고나 공상의 주된 내용, 욕구와 충동, 정서상태와 정서조절 능력, 인지적 접근양식, 무의식적 갈등 등을 평가할 수 있다. 나아가서 현실검증력, 충동통제력, 자아강도와 같은 다양한 심리적 적응능력을 평가할 수도 있다.

- **그림 그리기 검사(drawing test)**: 그림 그리기는 언어로 표현하기 어려운 내면의 심리상태를 반영해 주는 좋은 평가방법이다. 개인의 무의식적 소망이나 갈등이 꿈이나 예술 작품을 통해 표현되듯이, 그림 그리기를 통해서 개인의 성격적 특성뿐 아니라 무의식적인 심리 내용이 표현될 수 있다. 아동의 경우, 그림 그리기는 자연스러운 표현수단 중 하나로서 방어적 태도를 완화하기 때문에 솔직한 내면 상태를 잘 드러낼 수 있다.

  집-나무-사람 검사(House-Tree-Person: HTP)는 가장 대표적인 그림 그리기 검사로서 벅(Buck, 1948, 1964)이 개발하고 해머(Hammer, 1969)가 발전시켰다. 이 검사는 피검자에게 백지를 주고 그 위에 집, 나무, 사람을 각각 그리도록 한 후, 그림의 특징을 분석하여 자기상, 가족관계 및 대인관계, 정서상태를 포함한 성격적 특징을 평가한다. 집 그림은 가정과 가족에 대한 내면적 표상을 반영하고, 나무는 무의식적인 자기표상을 반영하며, 사람은 좀 더 의식적인 수준의 자기표상을 나타내는 것으로 해석되기도 한다.

- 문장완성검사(Sentence Completion Test: SCT): 문장의 첫 부분을 제시하고 미완성된 뒷부분을 채워 넣도록 하는 준구조화된 투사적 검사이다(Holaday, Smith, & Sherry, 2000). SCT를 통해서 개인의 자기개념, 부모나 타인에 대한 의식, 미래나 과거에 대한 태도 등과 같은 다양한 성격적 특성과 심리적 상태를 평가할 수 있다. 검사자는 피검자가 문장을 모두 완성한 후에 의미가 있을 법한 답변에 대해서 추가적인 질문을 하여 피검자의 내적 갈등이나 태도를 좀 더 세밀하게 파악할 수 있다.

2. 성격의 발달이론

성격의 발달이론은 성격은 무엇이며 어떻게 형성되고 발달하는지, 성격의 형성과 구조에 영향을 미치는 요인은 무엇인지, 건강하고 적응적인 성격과 부적응적이고 병리적인 성격 특성과 기제는 무엇인지 등을 설명한다. 이 절에서는 생애개발의 관점에서 주목할 필요가 있는 프로이트의 심리성적 발달이론, 에릭슨의 심리사회적 발달이론, 인본주의적 자기의 발달이론, DSM-5 성격장애와 대상관계이론을 간략히 개관한다.

1) 프로이트의 심리성적 발달이론

정신분석은 인간의 성격을 설명하는 대표적인 이론이자 심리적 과정을 연구하는 절차이며, 상담 및 심리치료의 한 형태이다. 여기에서 여러 이론이 파생되었다. 정신분석의 창시자인 지그문트 프로이트(Sigmund Freud, 1856~1936)는 과학적 진보의 시대를 살았던 만큼 인간의 마음은 물질적 법칙을 따르는 에너지의 체계이며 인간 행동의 동기는 무의식적인 에너지원에 의해 지배된다고 생각하여 인간 행동을 과학적으로 탐구하였다.

프로이트는 성격의 구조를 원초아(id), 자아(ego) 및 초자아(super-ego)의 세 가지 체제로 설명한다. 원초아, 자아, 초자아는 각각 분리된 요소가 아니라 성격 구조 전체로서 그 기능을 발휘한다. 원초아는 원시적이며 비합리적인 무의식적 힘으로 성이나 적개심과 관련된 충동이기도 하다. 이러한 충동은 한때는 의식되 었으나 너무 고통스럽거나 위험하여 의식세계로부터 무의식의 세계로 억압되 었다. 원초아는 선천적 추동이나 유전적인 모든 것을 포함하며 이후에 발달하는 자아와 초자아의 기능 수행 때 필요한 정신적 에너지를 공급해 준다. 원초아는 기본 욕구의 충족과 고통의 회피라는 쾌락 원리(pleasure principle)의 지배를 받 는다. 그러나 그러한 기초과정 자체로는 긴장이 해소되지 않기에 새로운 2차적 인 심리적 과정으로 자아가 형성된다. 자아는 환경과 접촉하는 과정에서 나타나 며, 의식적인 부분과 무의식적인 부분이 있는 심리적 구성체이다. 자아는 욕구 충족을 통한 긴장해소를 유보하면서 현실을 검토하는 현실 원리(reality principle) 를 따른다. 자아는 행동을 통제하고 환경의 성질을 파악하여 어떤 본능을 만족 시킬지를 결정한다. 초자아는 양심(conscience)과 자아 이상으로 구성되어 있다. 자아 이상은 성격의 도덕적 힘이나 이상이며 본능적 쾌락이나 현실보다 한 차원 높은 완성의 추구를 지향한다. 초자아는 원초아의 충동을 억제시키고, 자아의 목표를 현실적인 것에서 도덕적인 것으로 변경시킨다.

프로이트는 환자의 무의식에 존재하는 어린 시절의 경험이 이후 삶에 중요한 영향을 미친다는 사실을 깨닫게 되면서 유아의 발달과정에 관심을 가졌다. 어 린아이가 쾌락을 추구하는 신체부위가 나이에 따라 변천하며 이러한 욕구충족 경험이 성격 형성에 중요하다고 보고 특정 신체부위를 정신성욕의 반응양식과 관련시켜서 심리성적 발달이론(theory of psychosexual development)을 다음과 같 이 제시하였다(권석만, 2017; 이수연 외, 2013; 홍숙기, 2014).

- 구강기: 유아가 출생한 직후부터 대략 1년 반까지의 시기로 유아의 쾌락적 신체감각과 만족이 구강과 관계가 있다. 유아는 입을 통해 어머니의 젖을 빨면서 외부 대상과 처음으로 관계경험을 하게 된다. 이 시기에 유아의 욕

구가 적절히 충족되면 자신감 있고 관대하며 외부세계에 대해 신뢰감을 지니는 안정된 성격을 형성할 수 있다. 그러나 구강기를 두 하위단계로 나누어, 앞 단계인 구강적 성애기의 욕구가 과도하게 충족되면 다른 사람을 잘 믿고 의존적이며 요구가 많은 성격을 형성할 수 있고, 뒷 단계인 구강적 가학기 욕구의 과도한 좌절은 구강기 공격성을 형성하여 냉소적이고 탐욕스러우며 논쟁적인 구강적 성격이 나타날 수 있다.

- 항문기: 구강기 이후 3년까지의 시기로 쾌락을 추구하는 신체부위가 입에서 항문으로 옮겨진다. 아동은 배변을 참거나 배설하면서 긴장감과 배설의 쾌감을 경험한다. 생후 최초로 배변이라는 본능적 충동과 관련하여 부모의 통제를 받는 과정에서 갈등을 경험한다. 배변훈련과정에서 아동은 불안과 수치심을 경험하며 자율성과 자기통제력을 발달시키게 된다. 이 시기에 적절한 욕구만족 경험을 하게 되면 독립적이고 자기주장적이며 협동적인 성격을 형성할 수 있다. 변을 참거나 내보내는 배설과 관계된 활동이 즐거움을 줌과 동시에 공격의 무기가 되어 항문기적 성격이 나타난다. 항문기에 욕구가 지나치게 좌절되면 완벽주의적이고 청결과 질서에 집착하며 인색한 항문기 보유 성격이 나타날 수 있고, 항문기에 욕구가 적절한 좌절경험 없이 과도하게 충족되면 감정적이고 분노를 잘 느끼며 무질서한 항문기 배출 성격이 나타날 수도 있다.

- 남근기: 항문기 이후부터 5, 6세에 해당하는 시기로 쾌락을 추구하는 신체부위가 항문에서 성기로 바뀌게 된다. 아동은 성기에 대한 호기심과 노출 행동을 나타내고 소변을 보면서 쾌감을 얻는다. 또한 아동은 이 시기에 남녀의 해부학적 차이를 최초로 인식한다.

  성기에 대한 아동의 관심이 이성 부모에게로 확산되면서 아동은 이성 부모에게 유혹적인 행동을 보이며 애정을 독점하려고 노력하는 동시에 동성 부모를 경쟁자로 인식하는 복잡한 심리적 갈등을 경험하며 상상 활동이 활발해진다. 남자 아동은 어머니를 독점하려 하지만 경쟁자인 강력한 아버지에 의해 남근이 잘릴지도 모른다는 상상 속에서 거세불안(castration anxiety)을 경험한다. 어머니의 애정을 독점하려는 남자 아동은 아버지에 대한 경쟁심, 적대감, 두려움, 존경심, 애정 등의 복잡한 감정 속에서 갈등을 경험한다. 프로이트는 이러한 복잡한 심리적인 갈등을 오이디푸스 콤플렉스(Oedipus complex)라고 하고, 여자 아동의 경우는 엘렉트라 콤플렉스(Electra complex)라고 명명하였다.

남자 아동의 유혹적인 행동에 대해 부모가 유연하게 대응하면, 아동이 세대의 구분을 이해하면서 어머니에 대한 유혹적 행동이 줄고 아버지에 대한 동일시를 통해 남자의 성역할을 학습하면서 초자아를 형성할 수 있다. 오이디푸스 콤플렉스의 원만한 해결은 건강한 성 정체감의 형성, 초자아와 자아의 발달, 삼각관계의 수용과 더불어 건강한 이성관계를 맺을 수 있는 능력의 발달이라는 긍정적인 결과를 낳는다. 그러나 잘 해결되지 못하면 이후의 적응과 성격형성에 문제를 초래할 수 있다. 남근적 성격은 자신의 아름다움과 비범함에 도취하여 타인의 인정을 받고 싶어 한다. 그 결과 타인의 인정 여부에 따라 기고만장과 무가치함을 오락가락한다. 프로이트는 오이디푸스 콤플렉스와 관련된 고통스러운 경험이 나중에 성인기의 신경증을 유발하는 주요 원인이라고 보았다.

• 잠복기: 6세부터 사춘기 이전까지의 시기로 성적인 욕구는 잠복하고 아동은 학교생활, 친구관계, 취미활동에 관심을 쏟는다. 이 시기는 자아가 성숙하고 초자아가 확립되는 시기로서 현실적 성취와 원만한 대인관계를 위한 적응 능력이 발달한다. 그러나 이 시기에 좌절을 경험하면 열등감이 형성되고, 소극적이고 회피적인 성격특성이 나타날 수 있다.

• 성기기: 사춘기 이후의 시기로서 육체적인 성숙이 이루어지며 이성에게 성적인 흥미를 느낀다. 성욕구가 현저하게 증가하며 이성과의 연인관계를 통해서 성욕구를 충족시키고자 한다. 성기기는 급격한 신체적 변화와 더불어 부모로부터의 심리적 독립과 자기정체성의 확립이라는 과중한 발달과제를 안고 있는 시기이기도 하다. 프로이트는 성기기를 통해서 성격형성이 완결된다고 보았다.

프로이트는 심리성적 발달이론을 설명하면서 어느 단계에서든 욕구가 과도하게 좌절되거나 충족되면 성적 에너지가 고착되어 성인이 된 후에도 그 단계의 만족을 추구하는 성격특성을 나타낼 수 있다고 보았다. 우리가 성숙한 사람으로 일과 사랑을 즐기며 행복하게 사느냐, 아니면 유아적이고 자기중심적인 사람으로 신경증적인 삶을 사느냐는 어린 시절의 경험에 의해 결정된다고 하였다.

2) 에릭슨의 심리사회적 발달이론

에릭슨의 심리사회적 발달이론은 자아심리학에 속한다. 자아심리학은 프로이트에서 시작되어 안나 프로이트(A. Freud, 1936), 하르트만(Hartmann, 1937), 에릭슨(Erikson) 등이 미국에서 발전시킨 현대 정신분석 학파로 성격 구성요소로서 자아의 기능적 측면을 강조하고 정교화하였다.

에릭슨(Erik Erikson, 1902~1994)은 자아가 지각, 사고, 주의, 기억 등을 통해 현실을 다루어 나가는 자율적인 체제라고 보았다. 그렇기에 초자아와 원초아, 그리고 일반 사회로부터 야기되는 압력을 보다 잘 견딜 수 있도록 자아를 강화시키는 것이 성격의 구성과 발달에 있어서 중요하다고 제안하였다. 발달의 초기부터 유아는 쾌락 원리에 지배되는 것이 아니라 자신의 욕구를 충족시켜 주거나 억압하는 사회적 요인과 내재적 욕구 간의 갈등을 조정하고 통제하는 자아의 힘을 가지고 있다. 그는 프로이트의 심리성적 발달을 확장하여 사람의 성격발달이 전 생애에 걸쳐 8단계의 심리사회적 발달과정을 거친다는 관점을 제시하였다. 에릭슨은 개인의 발달에서 생물학적 영향이나 심리성적 영향을 무시하지는 않았으나 사회적 · 문화적 영향과 전생애자아발달을 더욱 강조하였다.

에릭슨의 성격발달의 원리는 몇 가지로 요약해 볼 수 있다(Erikson, 1968). 첫째, 성숙은 후생적(epigenetic)이다. 후생적 원리란 발달하는 모든 것에게는 생물학적으로 타고난 기본 계획이 존재하며 이 계획을 바탕으로 각 부분이 저마다 적절한 시기에 형성된다고 보는 것이다. 둘째, 개인은 태어나면서부터 평생 동안 8단계의 발달단계를 경험하는데, 각 단계는 그 단계만의 심리사회적 발달과제와 위기가 있다. 각 단계의 위기는 '대(versus)'로 표현되고 있는데, 여기서 위기란 내재적 욕구와 환경적 경험 간의 갈등을 말한다. 욕구와 환경적 경험 간의 관계에서 발생하는 부정적 경험과 긍정적 경험이라는 양극적 위기에서 긍정적 경험이 우세하면 위기가 해결된다. 하지만 긍정적이고 바람직한 측면만을 강조하고 다른 부정적이고 바람직하지 못한 측면을 배제해서는 발달에 중대한 장애를 초래한다. 사람은 모두 각 단계의 특징적인 과제에 진전하도록 동기유발되어 있다. 셋째, 자아는 성격발달상의 위기에 대해 적절하거나 부적절한 방식으로 반응할 수 있다. 과제는 사회구조에 의해 전통적인 방식으로 그 인간을 위해 준비된 선택과 도전에서 성립한다. 각 위기와 과제를 어떻게 해결했는가 혹은 해결하지 못했는가에 따라 건전하거나 그렇지 못한 성격의 두 결과를 낳는다. 넷째, 심리사회적 발달단계는 개인의 강점과 덕목을 발달시킬 수 있는 기회를 제공한다. 각 단계를 간단히 살펴보면 다음과 같다(이수연 외, 2018; 홍숙기, 2014).

- 신뢰 대 불신: 갓난아기는 먹고, 자고, 싸는 데 대부분의 시간을 보내는데, 이런 일들이 긴장 없이 잘 이루어지면 자신과 타인에 대한, 그리고 세상에 대한 기본적 신뢰가 생긴다. 프로이트의 구강기와 일치하는 단계로 유아는 음식과 평안을 제공하는 어머니가 보이지 않아도 불안이나 분노를 느끼지 않을 정도의 충분한 신뢰를 먼저 발달시켜야 한다. 신뢰는 어머니의 행동에 대한 믿음이기도 하지만 자신에 대한 믿음이기도 하다.
- 자율 대 수치/의심: 프로이트의 항문기와 같은 단계로 말을 배우고 걸음마를 하게 되면서 무엇은 해도 좋고 무엇은 안 되는지를 배운다. 이 과정에서 배변 훈련이 특히 중요하다. 이 시기에 아동이 자존감을 상실하지 않고 자기 통제감을 갖게 되면 의지감과 자부심이 생긴다. 부모의 기대에 맞추어 대소변을 가리지 못하면 수치, 의심이 일어나게 된다.
- 솔선 대 죄책: 프로이트의 남근기와 같은 단계로 아이는 활기차게 돌아다니고 호기심과 상상력이 왕성하며 놀이를 즐긴다. 이 시기 아동은 어머니의

관심에 대한 경쟁심을 참는 방법을 배워야 하고, 도덕적 책임능력을 발달시켜야 한다. 이 시기의 아동은 약하고 지배당하고 있다는 느낌을 가지면서 외부적으로는 과대적인 행동을 과시하기도 한다. 약하고 지배당하고 있다는 감정을 극복하기 위해서는 적절한 역할 솔선을 익혀야 한다. 솔선은 창조적 놀이나 애기 보기 등 사회적 문화적으로 바람직한 활동을 즐겁게 해 봄으로써 얻을 수 있다.

- 근면 대 열등: 프로이트의 잠복기에 해당하는 단계로 에릭슨도 추동이 감소하는 단계라기보다는 자아가 성장하는 능동적인 삶의 단계로 보았다. 이 단계에서 아동은 학업에 적응해야 하고, 사회에서 중시하는 여러 가지 지식과 기술을 배운다. 친구들과의 관계를 잘 유지하고 협동하는 법을 배우며, 자기 한계를 볼 수 있어야 한다. 이러한 사회적 과업에 실패하게 될 경우 열등감이 생기게 된다.

- 정체감 대 역할혼미: 사춘기의 청소년은 2차 성징으로 인한 신체의 변화와 함께 나는 누구인가에 대한 혼란을 느낀다. 정체감은 현재의 내가 과거의 나와 연속되고 내가 느끼는 것처럼 다른 사람도 나를 그렇게 보는 것에 대한 확신을 말한다. 이 확신이 사회에서 나의 자리가 어디인가에 대해 확신을 줄 수 있다. 정체감을 형성하지 못하면 역할혼미가 일어난다. 역할혼미는 직업선택이나 교육목표를 제대로 이루는 능력이 없거나 인기 있는 영웅에 대한 과잉 동일시가 있을 때 생긴다. 역할혼미는 청소년기를 넘어서 성인기 초기로 연결된다. 정체감은 직업에 의해 많은 영향을 받으며 일생을 통해 정교화되어 확장된다.

- 친밀 대 고립: 친밀은 자신의 정체성을 상실하지 않으면서 다른 사람(연인, 친구, 동료 등)에 헌신할 수 있는 능력이다. 성인기 초기는 사회적 · 직업적 관계에서 진실한 관계를 원하고 발달시켜야 하며 배우자를 선택해야 한다. 이런 관계를 발달시키지 못한 사람은 고립감을 느끼게 된다.

- 생산 대 침체: 성인은 친밀한 관계를 맺을 줄 알 뿐 아니라 다른 사람을 도와주고 젊은 사람들을 보살피고 가르치고 싶어 한다. 생산은 다음 세대를 양

육하고 교육시키는 것으로 인류 문화의 발전에 이바지한다. 이렇게 하지 못하면, 사람은 침체감과 박탈감을 느끼게 된다.

• 자아통합 대 절망: 노년기는 큰 그림을 보고 삶을 정리할 때이다. 지나온 삶을 긍정하고 자기 인생에 영향을 미친 중요한 사람들을 이해할 수 있으면 통합감을 느낀다. 앞의 갈등들을 적절히 해결하지 못하면 인생 후기에 절망감이 올 수 있다. 이 경우 사람들은 자신을 혐오하고, 다른 삶을 시작하기에는 너무 늦었다고 느끼면서, 자책감으로 인생을 살아간다.

에릭슨은 생애단계마다 가장 현저한 심리사회적 발달과제가 있으나 각 과제는 한 연대기나 발달단계에 국한되지 않으며 유전적 요소뿐만 아니라 사회문화적 요소와 같은 그 이외의 요소와 상호작용을 통해 발달한다고 설명하였다. 그는 성격발달과정에서 주어지는 환경적 자극의 적시성과 발달단계별 위기에 대한 자아의 대응에 따라 성격의 건강함 여부를 판단하였다.

3) 인본주의적 자기의 발달과 실현

자기는 사람들의 경험 세계의 주된 부분이다. 자기애, 자의식, 자존감 등의 용어에서 보듯이, 자기는 삶과 현상적 장의 가장 중요한 부분으로서 대화나 상담 등에서 가장 자주 언급되는 주제이다. 개인은 다양한 상황에서 서로 다른 방식으로 행동하는데, 자기가 이러한 다양한 행동을 조직화하고 통일성을 부여한다(민경환, 2002). 인본주의적 이론을 대표하는 로저스와 매슬로는 자기의 수용과 자기실현의 중요성을 강조하였다.

(1) 로저스의 인간중심이론

로저스(C. Rogers, 1902~1987)의 이론은 비지시적 상담이론, 내담자중심이론, 인간중심이론으로 발전하였는데, 이 이론들은 인본주의 심리학의 긍정적인 인간관에 근거하여 인간의 성격과 행동을 설명하고 있다.

로저스는 인간은 자신의 모든 잠재력을 발현하여 더 가치있는 존재로 성장하려는 선천적인 성향, 즉 자기실현(self-actualization) 경향성이라는 동기로 행동을 설명한다. 자기실현 경향성은 유기체의 중추적인 에너지 출처로 생리적 과정에 뿌리를 두고 있으며, 인간뿐만 아니라 살아 있는 모든 생물의 특징이자 삶의 본질이다. 유기체 수준에서 이러한 선천적인 경향성은 유기체의 유지뿐 아니라 신체 기관과 기능의 발달, 분화, 성장, 재생산 등을 제공함으로써 유기체의 향상도 도모한다. 자기실현 경향성은 자기와 관련된 심리적 과정에서도 자율성의 증대와 자기 신뢰감을 제공하고, 경험의 장을 확대시키고 창조적으로 만드는 동기적인 힘을 갖는다. 자기실현 경향성은 유기체가 단순한 것에서 복잡한 것으로, 의존에서 독립으로, 고정되고 경직된 것에서 변화와 자유로움으로 성장하는 것을 포함한다. 로저스는 유아기부터 성인기까지의 자기의 발달단계를 가정하지 않았지만 자기의 발달은 개인이 세상에서 경험하는 것에 근거하여 변화하는 역동적인 과정으로 제안하였다. 유아는 자신의 내부에서 지각되는 자기경험과 외부의 타인에 대한 경험을 구별하기 시작하면서 자기 존재에 대한 인식이 발달한다. 자기(self) 또는 자기개념(self-concept)은 개인이 자신에 대하여 지닌 지속적이고 체계적 인식인 자기상을 의미한다.

자기에 대한 인식이 발달하면서 아동은 타인에게 긍정적인 존중(positive regard)을 받고 싶은 욕구도 함께 발달한다. 긍정적 존중의 욕구는 중요한 타인에게 사랑과 인정을 받을 뿐만 아니라 신체적·정서적 보살핌을 통해서 자신이 소중하게 여겨지고 있음을 확인하려는 소망을 포함한다. 자기개념은 현재의 자기 모습을 반영하는 현실적 자기(real self)뿐만 아니라 긍정적 존중을 받기 위해 추구해야 할 이상적 자기(ideal self)도 포함한다. 이상적 자기는 다른 사람에게 긍정적으로 평가받기 위한 가치의 조건(conditions of worth)을 반영하고 있다. 아동은 부모를 비롯한 중요한 타인과의 상호작용을 통해서 자신이 소중하게 인정받는다는 느낌을 받기 위한 가치의 조건을 습득할 수 있다.

개인이 자신의 유기체적 경험을 자기개념과 일치하는 것으로 받아들여 통합할 때 건강한 심리적 적응이 이루어진다. 그러나 개인은 실현 경향성에 따르는 유기체적 욕구와 가치의 조건을 획득하려는 존중의 욕구 사이에서 갈등을 겪는다. 개인이 유기체적 경험을 자기개념으로 통합하지 못하는 이유는 그러한 경험에 대한 수용과 존중을 받지 못했기 때문이다. 그로 인해 개인이 유기체로서 소망하며 경험하는 것과 존중감을 느끼기 위해 추구하는 것 간에 불일치가 생겨난다. 로저스는 이를 자기와 경험의 불일치(incongruence between self and experience)라고 불렀다. 개인이 자신의 유기체적 경험을 무시하거나 왜곡하여 그러한 경험을 자기구조로 통합하지 못할 때 심리적 부적응이 발생한다.

로저스는 개인이 경험하는 가치의 조건을 줄이기 위해서는 타인으로부터의 무조건적인 긍정적 존중(unconditional positive regard)이 필요하며, 이를 통해서 자기존중감이 증진될 수 있다고 믿었다. 개인의 모든 경험에 대해 무조건적으로 긍정적인 존중을 받으면, 자신의 경험을 충분히 수용하여 자기구조로 통합시킬 뿐만 아니라 내면적 자원을 발휘하는 온전히 기능하는 사람(the fully functioning person)으로 성장할 수 있다. 온전히 기능하는 사람은 기쁨과 슬픔, 절망과 희열 등과 같은 모든 정서를 깊이 경험하는 능력이 있으므로 완전한 생동감이 있으며, 실존의 모든 순간을 완전히 살 수 있는 능력을 가지고 있다. 그들은 속박 없이 자유롭게 선택하여 행동하고 삶의 통제감을 느끼며 창조적이고 자발적인 사람이 될 수 있다.

대조적으로, 병리적 성격(방어적 성격)을 가진 사람은 가치의 조건 아래에서 작용을 하여 정체되어 있고 역할 뒤에 숨어 어떤 경험을 소화하거나 인정조차 할 수 없다. 그들은 선택권이 제한되고 미래에 대한 시야가 좁으며, 삶에 대한 지배감이 없고 무한한 가능성을 느끼지 못한다. 그들은 자유로운 감정이 결핍되어 많은 경험을 차단시키고, 이미 결정된 지침에 따라 살아가므로 창의적이지도 자발적이지도 못하다. 또한 새로운 도전이나 자극, 흥분을 구하기보다는 삶을 안전하고 예측할 수 있는 쪽으로 이끌어 가려 하며 긴장감을 최소로 줄이고자 한다.

(2) 매슬로의 인본주의 이론

매슬로(Maslow, 1954, 1970)도 자기실현 동기를 강조하였다. 로저스와 다른 점은 매슬로는 자기실현 동기를 다른 하위의 기본적인 욕구가 충족된 후에 발현되는 가장 상위의 동기로 간주하였다는 점이다.

매슬로는 성공적인 삶을 살고 있는 사람들에 대한 관찰을 바탕으로, 인간이 주변 상황에 어떻게 대처하고 적응하는가를 탐색하여 욕구위계이론을 주장하였다. 매슬로는 인간의 다양한 욕구가 일정한 위계적 순서에 따라 발달한다고 설명한다. 욕구에 위계가 있다는 것은 위계의 아래에 있는 욕구가 충족되어야 비로소 상위에 있는 욕구가 생겨난다는 것을 의미한다.

제일 낮은 단계인 생리적 욕구는 음식, 물, 호흡, 성, 수면, 배설과 같은 기본적인 욕구로서, 개체의 생존을 위해 필수적이며 그래서 가장 강력한 힘을 발휘한다. 둘째는 안전 욕구로 다양한 위험을 회피하고 안전한 상태를 갈구하는 욕구로서, 건강, 직장, 가족, 재산 등의 안전을 추구한다. 셋째는 사랑과 소속감의 욕구로, 다른 사람과 사랑을 주고받으며 집단에 소속하고자 하는 욕구이다. 넷째인 자존감의 욕구는 자신이 가치 있는 존재라는 것을 느끼고자 하는 욕구이

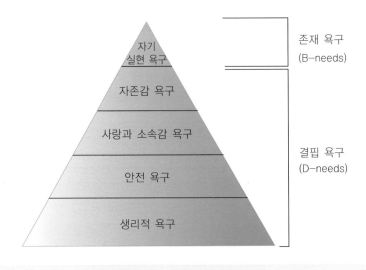

[그림 6-1] 매슬로의 욕구위계이론

다. 다섯째인 가장 상위의 자기실현 욕구는 자신이 지니고 있는 잠재력을 충분히 발현하고 인생의 의미와 목적을 성취하고자 하는 욕구이다.

매슬로는 다섯 단계의 욕구를 결핍 욕구(Deficiency needs: D-needs)와 성장 욕구(growth needs) 혹은 존재 욕구(Being needs: B-needs)로 구분하고 있다. 결핍 욕구는 욕구의 결핍에 의해 생겨나며 타인에 의해 또는 밖에 있는 요소에 의해 충족되어야 한다. 오래 굶은 사람은 먹고 싶은 욕망밖에 없으며, 안전을 위협받으면 안전만을 필사적으로 추구하게 된다. 사랑과 인정을 못 받는다고 느끼는 사람은 사랑과 인정을 받기 위해서 못할 것이 없다. 이와 같이 결핍 욕구는 신체적인 욕구에만 그치는 것이 아니라 안전, 소속감과 사랑 그리고 자존감의 욕구에까지 관계한다. 이러한 충족은 밖에서 오는 것으로 결핍 욕구의 작용은 긴장 감소 모델을 따른다고 할 수 있다. 결핍은 긴장을 유발하고, 충족은 긴장을 감소시키고 만족을 가져온다. 결핍 상태가 너무 오래 가거나 극단적이면 인간은 몸과 마음이 병이 든다. 이때, 마음의 병은 신경증이나 성격장애 같은 것을 말한다(홍숙기, 2014).

존재 욕구는 결핍 욕구가 충족된 후에 나타나는 욕구로 자기실현을 위한 기본적 욕구이다. 예를 들면, 인간은 자신이 삶에서 중요한 사명을 가지고 있다고 생각한다. 개인은 어떤 직업을 선택하고, 오랫동안 열심히 일하며, 세상의 어떤 분야에 헌신하면서 살아간다. 이러한 개인의 사명감은 존재 욕구에서 출현한다. 존재 욕구의 목적은 다른 목적의 수단이 아닌 그 자체로서의 목적적 가치를 지닌다. 존재 욕구의 예로는 전체성, 완전성, 완성, 정의, 생동감, 충만함, 단순성, 아름다움, 선, 독특성, 쾌활함, 진리 등이 있다. 자기만족에 머무르기보다는 긴장 증가를 추구한다(Maslow, 1968).

욕구는 낮은 단계의 욕구에서 높은 단계의 상위욕구로 발달해 간다. 하위욕구가 만족되지 않으면 상위욕구로의 발달이 이루어지지 않는다. 욕구의 위계에서 상위에 있는 욕구가 동기에 영향을 미치려면 먼저 낮은 단계의 욕구가 안정적으로 충족되어야 한다. 낮은 단계의 욕구가 충족되지 않으면 이 충족되지 못한 욕구가 인간의 행동을 통제한다. 자기실현 욕구는 앞의 네 가지 욕구가 부분적으로라도 충족되어야만 나타날 수 있다.

매슬로는 성격에 대하여 구체적으로 정의내리지 않았다. 다만 그는 욕구위계 이론에 근거하여 건강한 성격과 건강하지 않은 성격을 자기실현적 인간과 신경 증적인 사람으로 구분하여 성격을 설명하였다.

매슬로의 성격형성과정은 자기실현과정에 기초하여 설명할 수 있다. 자기실 현은 인간의 본능적인 욕구이긴 하지만 어린 시절의 경험에 의해서 용이해지거 나 방해받기도 한다. 매슬로는 아동을 가혹하게 지배적으로 대하거나 통제하는 것은 그 반대인 지나친 자유와 허용과 마찬가지로 해롭다고 생각하였다. 효과 적인 양육방법은 한계 내에서의 자유, 즉 통제와 자유의 적절한 혼합이 있을 때 아동이 사랑받고 있다고 느끼며, 이것은 이후 자기실현에 매우 중요하다고 하였 다. 특히 매슬로는 출생 후 두 해 동안이 중요하다고 강조하고, 만약 이 시기에 적절한 사랑과 안전, 존중을 받지 못하면 자기실현을 향한 성장은 지극히 어려 울 것이라고 주장하였다.

4) DSM-5의 성격장애와 대상관계이론

모든 심리적 고통과 문제가 성격적 결함으로 생겨나는 것은 아니지만, 성격 적 특성으로 인해서 대인관계와 직업 영역에서 심각한 부적응과 자기파괴적 결 과를 초래하는 경우를 성격장애라고 한다. 물론 성격문제를 전부 성격장애로 분류할 수 없다는 점을 유념할 필요가 있다.

성격장애는 두 가지 방식으로 이해할 수 있다. 첫째는 DSM-5에서와 같이 기 술적인(discriptive) 방식으로 이해하는 것이고, 둘째는 대상관계이론에서 설명하 는 것처럼 역동적인(dynamic) 방식으로 이해하는 것이다(임승권, 김정희, 김병석, 1996). 여기에서는 기술적인 이해를 위해서 DSM-5를 참조하고, 역동적인 이해 를 위해서는 대상관계이론을 가지고 살펴보고자 한다.

(1) DSM-5의 성격장애 분류체계

성격장애의 기술적 이해는 미국 정신의학회에서 발간한 『정신장애의 진단 및 통계 편람(Diagnostic and Statistical Manual of Mental Disorders: DSM-5)』의 5번째 개정판에 제시된 성격장애의 진단기준을 요약하였다. DSM-5에 따른 성격장애의 진단기준은 다음과 같다. 첫째, 개인의 내적 경험과 행동패턴의 지속적인 유형이 그가 속한 문화에서 기대되는 바로부터 현저하게 편향되어 있다. 이러한 형태는 다음의 4개 영역, 인지(예: 자신과 타인 및 사건을 지각하는 방법), 정동(예: 정서 반응의 범위, 불안정성, 적절성), 대인관계 기능, 충동 조절 중에서 2개 이상의 영역에서 나타난다. 둘째, 지속적인 유형이 개인의 사회 상황의 전 범위에서 경직되어 있고 전반적으로 나타난다. 셋째, 지속적인 유형이 사회적, 직업적 그리고 다른 중요한 기능 영역에서 임상적으로 심각한 고통이나 손상을 초래한다. 넷째, 유형은 안정적이고 오랜 기간 지속되어 왔으며, 발병 시기는 적어도 청소년기나 성인 전기부터 시작된다. 지속적인 유형이 다른 정신질환의 현상이나 물질 및 다른 의학적 상태로 인한 것이 아니다.

DSM-5에서는 성격장애를 열 가지 하위유형으로 구분하고 있으며, 증상의 유사성에 따라 A군, B군, C군 성격장애로 분류하고 있다. A군 성격장애(cluster A personality disorder)는 기이하고 괴상한 행동특성을 나타내는 성격장애로서 편집성 성격장애, 조현성 성격장애, 조현형 성격장애가 이에 속한다. B군 성격장애(cluster B personality disorder)는 극적이고 감정적이며 변화가 많은 행동이 주된 특징이며, 반사회성 성격장애, 연극성 성격장애, 자기애성 성격장애, 경계선 성격장애가 이에 속한다. C군 성격장애(cluster C personality disorder)는 불안과 두려움을 지속적으로 경험하는 특징을 나타내며, 강박성 성격장애, 의존성 성격장애, 회피성 성격장애가 이에 속한다.

① A군 성격장애

- 편집성 성격장애(paranoid personality disorder): 타인의 동기를 악의에 찬 것으로 해석하는 등 광범위한 불신과 의심이 성인 전기에 시작되어 여러 가

지 상황에서 나타난다. 타인의 행동에서 자신을 비하하거나 위협하는 숨겨진 의미를 찾으려 하고, 원한을 오랫동안 풀지 않으며 자신에 대한 모욕이나 경멸을 용서하지 않는다. 편집성 성격장애를 지닌 사람은 친밀한 대인관계를 맺기가 어렵고 주변 사람들과 적대적인 관계를 형성하는 경우가 많다. 과도한 의심과 적대감으로 인해 반복적인 불평, 격렬한 논쟁, 냉담하거나 공격적인 행동을 나타낸다.

- 조현성 성격장애(schizoid personality disorder): 다양한 형태의 사회적 유대로부터 반복적으로 유리되어 있고 대인관계 상황에서 감정 표현이 제한되어 있는 특성이 성인 전기부터 생활 전반에 나타난다. 타인에 대해서 무관심하고 주로 혼자서 지내는 경향이 있다. 가족을 포함한 극소수의 사람을 제외하면 친밀한 관계를 맺는 사람이 없으며 이성에 대해서도 무관심하여 독신으로 생활하는 경우가 많다. 타인의 칭찬이나 비판에도 무관심한 듯이 감정반응을 나타내지 않아 감정이 메말라 있다는 인상을 준다. 이들은 흔히 직업적 적응에 어려움을 겪는데, 대인관계가 요구되는 업무는 잘 수행하지 못하지만 혼자서 하는 일에서는 능력을 발휘하기도 한다.

- 조현형 성격장애(schizotypal personality disorder): 대인관계의 형성에 심한 어려움을 나타낼 뿐만 아니라 경미한 정신분열증적 증상을 동반하는 성격장애로서, 과거에는 단순형 정신분열증(simple schizophrenia)이라고 불리기도 했다. 다른 성격장애보다 심각한 사회적 부적응을 경험하며, 심한 스트레스를 받으면 일시적으로 정신병적 증상을 나타내기도 한다.

② B군 성격장애

- 반사회성 성격장애(antisocial personality disorder): 다른 사람들의 권리를 무시하거나 침해하는 지속적인 행동양상을 보인다. 이 성격장애를 지닌 사람들은 절도, 사기, 폭력과 같은 범죄에 연루되는 경우가 흔하다. 사회 구성원의 권리를 존중하는 규범이나 법을 무시하고 자신의 쾌락과 이익을 위해서 수단과 방법을 가리지 않는다. 그 결과 폭력, 절도, 사기와 같은 범죄행동

을 반복하여 법적인 구속을 당하는 일이 흔하다.

- **경계선 성격장애(borderline personality disorder):** 대인관계, 자아상 및 정서의 불안정성과 더불어 심한 충동성이 생활 전반에서 나타난다. 이 성격장애의 가장 큰 특징은 극단적인 심리적 불안정성으로, 사고, 감정, 행동, 대인관계, 자아상을 비롯한 성격 전반에서 현저한 불안정성을 나타낸다. 경계선 성격장애를 지닌 사람이 가장 두려워하는 것은 타인에게 버림받는 것이며, 이러한 상황이 예상되면 사고, 감정, 행동에 심한 동요가 일어나 상대방을 극단적으로 평가절하하며 강렬한 증오나 경멸을 나타내거나 자해 혹은 자살과 같은 극단적인 행동을 하게 된다.

- **연극성 성격장애(histrionic personality disorder):** 타인의 애정과 관심을 끌기 위한 지나친 노력과 과도한 감정표현이 주된 특징이다. 연극성 성격장애를 지닌 사람은 정서적으로 불안정하며 대인관계의 갈등을 초래하는 경향이 있어 사회적 부적응을 나타낸다. 마음 깊은 곳에 다른 사람의 관심을 끌고 그들에게 사랑과 인정을 받고 싶은 강렬한 욕구가 있어 다른 사람들이 각별한 관심을 주지 않으면 그들이 자신을 싫어하는 것으로 생각하고 우울하거나 불안해하는 경향이 있다. 연극성 성격장애를 지닌 사람은 마치 연극을 하듯이 자신의 경험과 감정을 과장되고 극적인 형태로 표현하나 피상적이다.

- **자기애성 성격장애(narcissistic personality disorder):** 과대성(공상 또는 행동상), 숭배에의 요구, 감정이입의 부족이 광범위한 양상으로 나타난다. 자신을 남들이 평가하는 것보다 현저하게 과대평가하여 웅대한 자기상에 집착하며 대단한 탁월함과 성공을 꿈꾼다. 따라서 자신은 주변 사람들과 다른 특별한 존재이며 특별한 대우를 받아야 한다는 특권의식을 가지며, 매우 거만하고 오만한 행동을 나타낸다. 다른 사람들이 자신을 칭찬하고 찬양해 주기를 바라며, 그렇지 않을 때는 주변 사람들을 무시하거나 분노를 느낀다. 이들은 다른 사람의 입장이 되어 생각하고 느끼는 공감능력이 결여되어 있어 대인관계에서 매우 자기중심적이고 일방적이다. 따라서 주변 사람

들에게 따돌림을 당하거나 잦은 갈등을 경험한다.

③ C군 성격장애

- 회피성 성격장애(avoidant personality disorder): 사회관계의 억제, 부적절감 그리고 부정적 평가에 대한 예민함이 성인 전기에 시작되고 여러 상황에서 나타난다. 자신에 대한 타인의 부정적인 평가를 가장 두려워하며 자신이 부적절한 존재라는 부정적 자아상을 지니는 반면, 타인을 비판적이고 위협적 존재로 지각하는 경향이 있다. 따라서 자신이 한 행위의 적절성을 늘 의심하고 타인의 시선을 예민하게 받아들인다. 이들은 겉으로 냉담하고 무관심해 보일 수 있지만, 사실은 사람들의 표정과 동작을 주의 깊게 살피는 경향이 있다.

- 의존성 성격장애(dependent personality disorder): 돌봄을 받고자 하는 과도한 욕구가 복종적이고 매달리는 행동과 이별에 대한 두려움을 초래한다. 자신이 혼자서 살아가기에는 너무 나약한 존재라는 생각을 지니고 있어 어떤 일을 혼자 해결하지 못하고 다른 사람에게 의지하며 도움을 구한다. 늘 주변에서 의지할 대상을 찾으며 그러한 대상에게 매우 순종적이고 복종적인 태도를 나타낸다. 자신을 연약한 모습으로 나타내어 지지와 보호를 유도하는 경향이 있으며, 힘든 스트레스 상황에서는 다른 사람에게 매달리거나 무기력해지며 눈물을 잘 흘린다. 특히 의존대상에게서 거절과 버림을 받게 되면 깊은 좌절감과 불안을 느끼며 적응기능이 현저하게 와해되는 경향이 있다.

- 강박성 성격장애(obsessive-compulsive personality disorder): 융통성, 개방성, 효율성을 희생시키더라도 정돈, 완벽, 정신적 통제 및 대인관계의 통제에 지나치게 집착하는 광범위한 양상이 나타난다. 강박성 성격장애를 지닌 사람은 지나친 완벽주의적 성향과 세부적인 사항에 대한 집착으로 인해 오히려 비효율적인 삶을 살 수 있다. 구체적인 규칙과 절차가 확실하지 않을 때는 결정을 내리지 못하고 많은 시간을 소비하며 고통스러워한다. 이성과

도덕을 중요시하며 제멋대로 충동적인 행동을 하는 사람을 혐오한다.

(2) 성격장애의 역동과 대상관계이론

성격장애는 대상관계이론(object relations theories)의 발달로 상담 분야의 관심 대상으로 부각되었다. 많은 상담이론이 성격발달이론을 다루어 왔지만, 내담자의 문제들을 성격의 문제가 직접적으로 반영된 것이라고 개념화하지는 않았다. 대상관계이론은 보다 문제의 근원에 관심을 두고, 바로 문제의 근원인 성격의 변화를 상담의 목표로 삼는다.

대상관계이론은 여러 성격장애의 원인론에 대하여 총체적으로 접근하여 문제를 일으킬 수 있는 성격의 발달과 구조에 대해서 설명한다. 역동적 관점에서 보면 성격에서 분류된 여러 가지 성격장애가 부적응적인 성격의 구조와 크게 다르지 않을 수 있다(임승권, 김정희, 김병석, 1996).

대상관계이론은 이론가에 따라 용어와 개념체계가 다르기 때문에 이론을 통합적으로 소개하는 일은 아주 어렵고 방대한 작업이다(Greenberg & Mitchell, 1983). 기술적으로 이해하면 성격장애가 여러 유형으로 구별될 수 있지만, 역동적으로 이해하면 여러 성격장애의 성격구조가 대단히 유사함을 알 수 있다. 성격장애의 역동적 이해는 대상관계이론으로 가장 잘 설명된다. 대상관계이론은 충동이나 생래적 욕구를 인정하는 한편, 성욕의 충족이 인간 행동의 기본적인 동기라고 보지는 않으며, 인간의 성장과정 중 대인관계의 추구를 중시하고 그것을 성격 형성의 중핵적 과정으로 취급한다. 따라서 대상관계이론은 원초아(id) 보다도 자아(ego)의 기능에 관심을 가진다.

대상관계라는 말은 프로이트가 만들었다(Greenberg & Mitchell, 1983). 그는 '본능적 충동을 만족시키기 위하여 개인이 선택하는 대상'을 기술하기 위해 대상관계라는 용어를 사용했다. 대상관계이론의 관점에서 보면, 어머니와의 관계에서 일어나는 상호작용을 통해서 아동은 자기와 어머니의 이미지를 내면화한다. 이 정신적 표상(mental representations)이 아동의 인간관계를 조정·통제하고 미래의 인간관계를 안내하는 기능을 한다. 개인이 중요한 대상, 특히 어린 시절에 형

성한 부모에 대한 표상이 성장 후의 성격과 정신장애에 심대한 영향을 미친다고
주장한다.

일반적으로 성격이란 지속적으로 인간의 지각과 행동을 결정하는 마음의 중
추로 알려져 있다. 그러므로 이 정신적 표상이 인간의 성격을 구성한다고 볼 수
있다. 대상관계이론은 자기표상(self representations)과 어머니로 대표되는 타인
표상(object representations) 간 관계의 특성을 설명한 이론이라고 요약할 수 있
다. 대상관계이론에서 설명하는 성격장애의 역동에 대해서는 다음 절에서 상담
사례를 가지고 설명한다.

3. 성격상담의 주제별 접근

개인은 스스로의 노력으로 성격을 변화시킬 수 있을 뿐만 아니라 상담전문가
의 도움을 통해서 좀 더 수월하고 효과적으로 변화시킬 수 있다. 상담자는 성격
을 이해할 뿐만 아니라 성격을 긍정적으로 변화시키는 방법에 대해서 깊은 관
심을 가져야 한다. 상담자는 개인의 성격을 객관적으로 평가하여 장점·단점을
분석하고 성격적 변화를 위한 구체적인 방법을 제시할 뿐만 아니라, 성격의 변
화과정을 안내하고 격려하며 지원하는 역할을 한다(권석만, 2017).

상담실에서 집계되는 대부분의 상담통계에는 '성격문제'라는 항목을 제시하
고 있다. 그리고 이 성격문제라는 항목은 상담신청 건수 중에서 상위에 속하는
항목이다(김계현, 1995). 성격상담의 주제별 접근에서는 성격특성이 인생의 주
요 영역인 학교생활, 대인관계, 직업장면, 가족관계 등에서 적응이나 발달 측면
에 어려움을 초래하는 사례를 소개하고 그 사례에 대한 사례 이해와 상담목표
및 상담전략을 기술한다. 상담현장에서 일반적으로 구분하는 상담주제 분류에
따라 성격상담의 주제를 적응문제, 자아/자기의 문제, 관계의 문제, 성격의 변화
와 자기이해를 위한 상담으로 나누어 기술하였다.

1) 적응문제와 상담

성격적 문제는 다양한 양상으로 나타날 수 있다. 학교생활의 곤란, 결혼생활의 위기, 직장관계에서의 갈등, 직장에서의 부적응, 기타 실패와 좌절 등 인간이 경험하는 고통과 불행은 상황적인 원인에 의한 경우도 있지만, 개인의 독특한 성격에 기인한 경우가 있다. 특히 다양한 대상과 비슷한 갈등이 반복되는 경우라면 성격적 문제가 밀접하게 관련되어 있을 수 있다.

자기애적 성격 특성을 가진 중년기 사례

이○○ 씨는 교육사업을 하는 회사의 연구개발팀 팀장이다. 그가 이전 회사에서 개발한 교육 콘텐츠가 큰 성공을 거둔 후 지금의 회사에 팀장으로 영입되었다. 그는 팀 회의에서 자신의 의견을 강하게 밀고 나갔으며 팀원들이 다른 의견을 제시하면 무시하거나 비판을 가하기 일쑤여서 어느덧 회의에서는 팀장만 말하고 팀원들은 듣고 있는 분위기가 되었다. 한 프로젝트 중간평가 회의에 맞추어 이○○ 씨는 자신의 특별한 우월함을 보여 주기 위해서 노력했지만 경영진에게서 개발 중인 콘텐츠가 시장의 요구와 잘 맞지 않는다는 평가를 듣게 되자 회사가 자신을 인정해 주지 않는다고 생각하여 분노가 치밀어 올랐다. 이○○ 씨는 팀 회의에서 분노를 폭발하면서 시장조사를 담당했던 팀원을 심하게 비난하였다. 하지만 시장조사의 설계에 오류가 있다는 팀원의 의견을 묵살하고 경영진이 기대하는 이상의 결과를 보여 주어야 한다고 압박하면서 시장조사를 진행한 것은 이○○ 씨 자신이었다.

이○○ 씨는 뛰어난 실력을 인정받아 현재 회사에 영입되었으며, 사람들에게 인기가 있는 다재다능한 사람이었다. 하지만 그는 자신만이 옳고 우월하다는 자만심으로 다른 사람의 의견은 들을 가치가 없다는 듯이 오만하게 행동하였다. 그는 자신의 우월함을 보여 주고 싶은 욕구로 지나치게 성과만을 추구할 뿐 팀원들의 합리적인 의견을 듣지 않았고 일의 실패를 다른 사람의 탓으로 돌리는

등 팀원의 사기를 떨어뜨렸다. 이러한 행동은 자기애적 성격특성을 나타낸다고 볼 수 있다.

자기 자신을 사랑하는 것은 자연스럽고 건강한 것이다. 그러나 이것이 지나쳐서 자신을 비현실적으로 과대평가하고 타인을 무시하며 자기중심적인 행동을 나타내면 대인관계에서 갈등과 부적응이 생긴다. 자기애적 성격을 가진 사람은 '나는 대단한 사람이야.'라는 생각에 과도하게 집착하며 자존감의 유지를 위해 지나치게 과민하고 방어적인 행동양식을 나타내어 자기애적 성격으로 발전한다.

대상관계이론가인 컨버그(Kernberg)는 어린아이가 어머니로부터 지속적으로 이해와 공감을 받지 못하고 냉정하고 애정결핍적인 양육을 받으면 자기애적인 사람으로 성장할 수 있다고 설명한다. 어머니가 자신을 차갑게 대하면 '내가 나쁜 사람이라서 이런 대접을 받는 것이다.'라고 생각하며 어머니에게 분노를 표현하지 못하고 억압하다가, 어머니에게 투사하여 어머니가 자신을 미워하고 싫어하여 괴롭히는 것이라고 경험한다. 이러한 상황에서 어린아이는 어머니에 대해 위협적으로 느끼지만 어머니의 보호와 양육이 절대적으로 필요하므로 어머니가 좋은 점이라고 인정해 주는 자신의 장점을 필사적으로 찾아내어 어머니의 사랑을 얻고자 노력한다. 한편, 자기애적 성격으로 발전할 가능성이 있는 아이는 흔히 특별한 재능이 있거나 가족 내에서 중요한 위치에 있는 경우가 많다. 따라서 이런 아이에게 어머니가 우연히 재능을 칭찬해 주거나 특별한 대우를 해 주면 이를 매우 중시하고 크게 부풀려서 여러 상황에서 나타내려고 애를 쓰게 된다. 컨버그는 자기애성 성격특성을 가진 사람이 자신의 부정적이고 열등하며 수치스러운 점을 무의식 속에 묻어 놓고, 대신 자신의 긍정적이고 우월하며 자랑스러운 점만을 자꾸 생각하고 과시하려는 경향이 있다고 보았다. 즉, 이들은 자신의 긍정적 측면과 부정적 측면이 괴리되어 자아가 심한 분열을 일으키고 있다는 것이다. 따라서 이러한 두 가지 양극화된 측면을 스스로 통합하도록 하는 것이 상담의 치료목표라고 보았다(권석만, 2000).

대상관계이론에서 치료과정의 핵심은 상담자와 내담자의 상담관계이다. 상담관계에서는 과거 중요한 타인과의 관계에서 미해결된 내담자의 갈등이 활성화되어 전이 현상을 불러일으킨다. 대상관계에서는 대인관계 및 타인에 대한 심적 이미지인 표상이 성격구조를 결정하는 핵심 부분이라고 간주하므로, 전이의 해석은 그 부분에서의 갈등이 어떤 것인지를 파악하는 중요한 치료적 작업이다. 컨버그는 상담자와 내담자 간의 전이관계를 중요시하였으며 전이과정에서 나타나는 방어기제의 해석을 강조하였다.

상담 실제에서 자기애성 성격특성은 다양한 형태로 나타나기 때문에 내담자의 특성에 따라 상담 목표 및 과정은 다르게 설정될 수 있다. 치료적 개입에 대한 내담자의 반응을 주의 깊게 살핌으로써 내담자에게 적절한 접근을 결정하는 것이 필요하다.

여러 연구가 자기애성 성격을 포함한 여러 성격장애에 대한 상담 및 심리치료가 효과적이라는 점을 입증하고 있다. 베이트먼과 포나기(Bateman & Fonagy, 2000)의 분석에 따르면, 성격장애 환자는 사려 깊게 잘 구조화되어 있고 일관성 있게 진행되는 치료과정에 참여한 경험을 통해서 많은 긍정적 변화를 나타낸다. 특히 심리치료과정에서 합의하에 준수되는 치료적 구조(치료시간, 치료적 규칙 등)의 내면화, 대인관계를 구성하는 다양한 심리적 요소에 대한 명료한 이해, 생각과 행동의 실질적인 변화, 치료자와의 건설적인 상호작용, 신뢰성과 일관성을 지닌 합리적 사고의 주체로서 자신을 경험하는 것이 성격장애 환자에게 긍정적인 영향을 미친다(권석만, 2000).

2) 자아/자기의 문제와 상담

자신의 성격을 좋아하고 만족하는 사람도 있지만 대부분의 사람은 자신의 성격에 불만족할 뿐만 아니라 자신의 성격을 변화시키기를 원한다. 성격에 대한 불만족은 개인의 자존감 저하로 이어져 위축된 생활을 하게 만들고 이것이 다시 성격에 대한 불만으로 이어지는 악순환이 발생할 수 있다.

청년기는 대인관계가 확대되는 시기이므로 자신의 성격에 대한 관심이 커지면서 자신의 성격에 대한 불만족이 증가하기도 한다. 대학교의 상담센터를 방문하는 학생 중에는 다음과 같이 자신의 성격적 문제로 인하여 학교생활의 어려움을 겪는 경우가 있다.

열등감, 발표불안이 있는 청년기 사례

대학교 2학년인 ○○ 씨는 휴학을 해야 할지 고민이 되어 상담을 신청하였다. 그녀는 전공 수업에서 발표를 망쳤다고 생각한 이후로 결석을 하면서 다른 수업도 빠졌다. 그동안은 발표를 하는 수업을 아예 수강하지 않았고 조별 발표가 있는 수업에서는 발표 외의 다른 역할을 하면서 잘 버텨 왔다고 생각하였다. 전공 수업에 발표가 있다는 것을 알았지만 이번 학기에 듣지 않으면 안 되는 상황이어서 어쩔 수 없이 수강을 하게 되었다. 발표를 하러 강의실 앞으로 나가는 상황을 상상만 해도 긴장되고 가슴이 쿵쾅거렸다. 발표를 해야 한다는 압박감에 잠을 설쳤고 꿈에서는 발표를 하는데 목소리가 나오지 않아서 고통스러워하다가 잠이 깨기도 했다. ○○ 씨는 내향적인 성격으로 학창 시절을 통틀어 소수의 친구하고만 관계를 유지하고 있었고 그 친구들한테도 만나자고 먼저 연락하지는 않았다. 그래서 ○○ 씨가 이러한 발표불안으로 고통스러워하는 것을 아는 사람은 거의 없었으며, 전공수업에서는 먼저 다가가서 다른 학생에게 말을 걸어 본 적도 없었다.

이 사례의 주인공인 ○○ 씨와 같이 내향적 성격을 가진 사람은 사람들 앞에서 수줍어한다. 그녀의 내향적인 성격이 문제라기보다는 내향적인 성격에 대한 부정적인 생각과 부족한 대인관계 능력이 심리적인 문제를 악화시키고 있다. 그녀는 전문적인 일을 하는 맞벌이 부모 밑에서 2녀 중 둘째로 태어났다. 외향적이어서 적응을 잘하고 예쁜 외모를 가진 세 살 위 언니는 늘 부모의 칭찬과 인정을 받았다. 하지만 내향적이고 평범한 외모를 가진 ○○ 씨는 유치원 시절부터 수줍어하고 불안해하며 적응에 어려움을 겪었고, 그럴 때마다 직장생활로 바쁜 어머니는 그녀를 언니와 비교하며 부족한 점을 지적하였을 뿐 불안을 공감적으로 이해해 주거나 적절하게 돌보아 주지는 않았다. 그녀는 '언니처럼 잘 해라.'라는 부모의 높은 기대수준에 맞추어서 부모로부터 인정을 받고자 늘 노력

하였지만 학창 시절 내내 힘들기만 하였고, 자신이 인정받을 가치가 없는 부족하고 열등한 존재로 느껴졌다. 그 때문에 사람들에게 다가가거나 앞에 서서 발표를 하는 상황에서는 부족하고 열등한 자기 존재감이 드러날 것 같은 엄청난 두려움이 내면에서 올라왔고, 그녀는 두려움이 올라오면 즉시 회피하려고 하였다.

인간중심이론에서 아동은 자신의 유기체적 욕구와 부모의 애정을 얻으려는 욕구 사이에서 갈등한다. 대부분의 경우, 아동은 부모의 애정을 얻기 위하여 부모가 지닌 가치의 조건을 받아들인다. 이렇게 부모로부터 조건부 사랑을 받게 되면, 아동은 부모가 부여하는 가치의 조건을 내면화하여 자기개념을 구성한다. 가치의 조건과 일치하는 경험은 수용되어 자기개념으로 통합되지만, 그렇지 못한 경험은 무시되거나 왜곡된다. 이러한 유기체적 경험과 자기개념의 괴리는 아동에게 위협으로 느껴지며 불안을 일으키고, 개인은 불안을 방어하기 위해 자신의 유기체적 경험을 왜곡하거나 부인하여 심리적인 문제로 고통을 겪는다.

인간중심이론에서는 내담자에게 효과적인 변화를 일으키는 데 요구되는 세 가지의 필요충분적 태도를 중요시한다. 상담자가 일치성 혹은 진정성, 공감적 이해, 무조건적이고 긍정적인 존중의 태도를 보인다면 내담자는 자기실현의 경향성에 따라 움직일 수 있다고 가정한다. 공감적 이해는 상담자가 내담자의 현상학적 세계를 이해하는 것으로, 내담자의 입장이 되어 보고 내담자의 마음 깊숙이 들어가려고 시도함으로써 내담자가 자신의 감정이 이해받는다는 경험을 통해 자기개념을 확장시키기 위한 힘을 얻고 '내가 되는 것은 괜찮은 일이야.'라고 확신할 수 있다. 상담자가 무조건적인 긍정적 존중을 한다는 것은 내담자를 판단하거나 승인 혹은 비승인을 표현하는 대신에, 전폭적으로 이해하고 진솔하게 수용하면서 내담자가 가진 자기이해와 자기실현 경향성이라는 긍정적인 변화에 대한 자원을 신뢰하는 것이다. 진솔함은 상담자가 내담자와의 관계에서 경험하는 순간의 느낌에 의존하여 자신의 유기체적인 반응을 믿고 내담자에게 전달하는 것이다.

인지행동치료에서는 개인의 감정이나 행동이 어떤 사건이나 상황 자체 때문이 아니라 그것에 대한 인지, 즉 자신의 주관적인 해석에 영향을 받는다고 가정한다. 인지행동치료에서는 심리적 문제의 이면에 왜곡되고 역기능적인 생각과 믿음이 자리 잡고 있다는 인지매개가설을 토대로 내담자의 인지에 초점을 맞추어 심리적인 문제를 이해하고 설명하며 다양한 인지적·행동적·체험적 기법을 사용한다. 예를 들면, 대인관계를 좀 더 편안하게 할 수 있도록 불안 감소 훈련을 통해 사회불안을 감소시키고 효과적인 대인기술을 습득하며 자신과 타인에 대한 부정적 신념을 변화시키는 상담을 진행한다.

발표 상황에서 심한 긴장이나 떨림이나 가슴이 뛰는 것과 같은 신체반응을 경험하는 경우에는 긴장이완연습을 할 수 있다. 긴장이완연습은 불안이 발생하는 내적인 단서(예: 걱정, 가슴 두근거림, 땀 등)를 재빨리 알아차려서 미리 배운 이완법으로 불안을 조절하여 불안의 발생을 방지하거나 그 강도를 줄일 수 있다. 불안극복을 위해서는 불안유발 상황에 자기를 노출시키는 것도 효과적인 전략이다. 대인관계에서 흔히 경험하는 불안한 상황을 자꾸 회피하면 그 상황에 적절하게 대처하는 행동을 배울 수 있는 기회를 잃을 수 있다. 반복적으로 회피할수록 사회적 상황에 대한 두려움이 증폭되고 사회적 상황을 더욱 회피하는 악순환에 빠지게 된다. 누구나 낯선 상황에서는 어느 정도 불안을 느끼며 그런 상황을 자꾸 접하면 대처하는 기술이 늘어 그 상황을 적절히 대처할 수 있다.

3) 관계의 문제와 상담

인간관계의 부적응은 그 원인과 양상이 다양하지만 때로는 그 사람의 개인적인 성격특성 때문에 발생하는 경우도 있다. 대인관계의 갈등은 성격적 문제가 두드러지게 나타나는 삶의 영역이다. 특히 친구나 동료들과의 갈등이 여러 관계에서 나타나거나 이성친구와의 지속적인 관계를 유지하지 못하고 심한 상처를 주고받는 일이 반복된다면 성격적 문제가 관련되었을 수 있다. 성격적 특성으로 인해서 상황적 문제를 왜곡하여 받아들이거나 적절히 대처하지 못하여 대인관계의 어려움이 심화될 수 있기 때문이다.

친밀감 형성이 어려운 성인 초기 사례

30대 초반인 ○○ 씨는 회사 내 상담실에서 발행하는 뉴스레터의 '우울한 마음'을 읽고 상담실을 방문하였다. ○○ 씨는 회사 업무는 좋아하는 일은 아니지만 할 만하다고 말하고, 직장관계에서는 갈등이나 문제없이 지냈지만, 업무 관계에 필요한 수준으로 유지할 뿐 친한 동료나 관계가 있지는 않다고 한다. 개인생활에서는 호감이 가는 여러 명의 여성과 만남을 이어가지만 진지하게 사귀는 여자친구는 없었다. 20대 시절 처음 사귄 여자친구와 헤어질 때 여자친구에게 속을 모르겠고 가까워지기 힘들다는 말을 들었고, 이후로는 지금과 같은 가벼운 만남들을 이어오고 있다. 한 여성에게 집중했다가 더 좋은 다른 여성이 나타나면 후회할 것 같고, 한 여성과 진지한 교제를 이어갈 자신도 없다.

○○ 씨는 겉으로 보기에는 직장생활을 잘하고 있고 교제 범위도 넓어 여러 사람을 알고 지내는 것으로 보일 수 있다. 하지만 다른 사람과 깊이 있고 친밀한 관계를 맺는 것에 대한 불편함과 두려움을 가지고 있다. 친밀한 관계를 맺으면 자신이 상대방에게 구속되어 종속됨으로써 자율성이나 자기정체감을 잃게 될 것이라는 두려움을 느낀다. 또한 자신의 개인적인 속내를 털어놓는 것에 대해 두려워하며, 상대방의 속마음을 듣는 것에 대해서도 부담스러워하였다.

상담에서 가족을 회상하면서 그는 가족 구성원과 큰 갈등 없이 지내온 평범한 가족이라고 표현하였다. 그러나 가족의 관계를 자세히 들여다보면 서로 싸우지도 않았지만 재밌게 함께한 시간을 떠올릴 수 없을 만큼 심리적으로 거리가 먼 가족이었다. 서로가 어떻게 사는지, 어떻게 느끼는지에 대하여 궁금해하거나 묻지 않고 각자의 삶에 충실할 뿐이었다. ○○ 씨는 어린 시절 경험에 미묘한 수준의 정서적인 박탈이 있었다는 것을 이해하기 시작하였다. 어머니는 책임감이 있는 전업주부였지만 자녀에게 충분한 관심과 시간을 쏟지 않았고 자녀와 정서적으로 연결되어 있다는 느낌을 주지 않았다. 성인이 된 이후로 ○○ 씨는 타인과의 관계가 기대에 미치지 못하여 자신이 그들과 의미있는 관계 속에 있지 못하고 홀로 단절되어 있다는 고독감을 느꼈지만 표현하지 않았고 어떻게 다르게 살 방법도 찾지 않았다. 이러한 고독감이 20대 시절부터 장기화되면서 우울감으로 발전하였다. 이성과의 관계에서도 사소한 것이라도 원하는 것이 있어도 말하지 않고, 때로는 기대나 욕구가 충족되지 않는 것에 대해 실망하더라도 실망함을 상대방에게 이야기하지 않았다. 상담과정에서도 그는 자기 내면을 들여다보고 감정이나 욕구를 표현하는 데 어려움이 있음이 드러났고, 상담자는 친밀한 관계에서는 이러한 어려움이 유대가 깊어지는 것을 방해하고 관계에서의 단절감을 불러일으킬 수 있음을 파악하였다.

전생애단계에서 대인관계의 양상과 의미는 다르게 펼쳐진다. 에릭슨의 심리사회적 발달이론에 따르면, 성인 전기에는 사회적·직업적 관계에서 진실한 관계를 원하고 발달시켜야 하며 이성과 친밀한 관계를 형성할 수 있어야 한다. 이러한 관계를 발달시키지 못하면 고립감을 느끼고 우울과 무기력 같은 심리적 어려움을 경험할 수 있다. 이성관계는 친밀한 정도에 있어서 여러 가지 수준이 있고 또한 시간이 흐름에 따라 관계가 발전한다. 사랑은 매우 다양하고 미묘한 체험이라서 그 실체를 파악하기 쉽지 않다.

자기개방은 자신에 관한 정보를 타인에게 알리는 것을 뜻하며, 인간관계를 심화시키는 요인이다. 사람은 친밀감을 느끼고 신뢰할 수 있는 사람에게 자신이 경험하고 있는 문제나 고민을 털어놓고 이야기한다. 그러면 상대방도 자기공개를 촉진하여 서로 살아가면서 힘들어 어려운 개인적인 주제의 이야기를 나누고, 서로를 경청하고 공감하며 정서적 지지를 주고받을 때 서로를 소중한 존재로 여기며 관계가 깊어진다.

상대방에 대한 감정과 생각을 개방하면서 서로의 속마음을 알고, 긴장과 갈등을 해결하거나 상대방에 대한 호감과 애정을 표현하면서 친밀감을 키워 나간다. 특히 상대방에 대한 부정적 감정을 비난이나 평가로 표현하지 않고 자신의 정서적 경험을 잘 표현하면 서로에 대한 이해를 높이고 더 가까워지는 계기가 될 수 있다. 이러한 자기개방의 대화를 통해 상대방은 자신의 행동이 상대방에게 주는 영향력을 인식함으로써 행동을 조절할 수 있어 갈등이 감소할 수 있다.

4) 성격의 변화와 자기이해를 위한 상담

생애발달단계에서 달라진 사회적 역할이나 과업의 원활한 수행을 위해 자신의 성격을 변화시켜야 할 필요성을 느끼는 사람들이 있다. 이러한 경우 성격검사의 실시 및 해석은 상담에서 내담자에게 조력할 수 있는 유용한 방법이 될 수 있다. 기업이나 학교 장면에서는 자발적으로 성격검사를 받아보고 싶다거나 검사를 통해 자기이해를 하고 싶다는 내담자가 종종 있다.

한 사람의 성격을 이해하는 것은 어려운 일이다. 성격검사를 활용하여 짧은 면담을 통해서 개인의 성격을 평가하고 해석하는 것도 어려운 일이다. 상담자는 앞서 제시한 성격평가와 측정에 대한 기본적인 이해가 선행되어 있어야 한다. 여기서는 상담에서 성격검사를 실시하고 해석하기 위한 일반적인 절차를 성격검사 실시를 위한 접수면접, 검사 실시 및 채점, 검사결과의 해석상담으로 나누어 살펴본다.

(1) 성격검사 실시를 위한 접수면접: 검사 실시 목적의 명료화 및 검사 선정

상담자가 접수면접을 통해 가장 먼저 해야 할 일은 내담자가 성격검사를 받아보고 싶은 마음이 든 계기와 상황, 검사를 통해 기대하는 결과 등에 대해 충분히 탐색하여 검사 사용의 목적을 명료화하는 일이다. 성격검사는 다양한 목적을 위해서 다양한 방식으로 실시할 수 있다. 성격검사를 받고 싶은 계기와 상황은 복잡할 수 있으므로 이를 충분히 파악해야 한다.

정보 탐색이 있어야 여러 종류의 심리검사 중에서 내담자에게 도움이 되는 성격검사를 선택할 수 있다. 내담자에게 개별 심리검사의 일반적인 특성에 대해 소개하면서 어떤 심리검사를 실시할 것인가를 결정하는 과정에 내담자를 참여시킨다. 어떠한 성격검사를 실시할 것인지에 대한 결정은 심리검사에 대한 지식을 가진 상담자가 제안하여 내담자에게 안내한다. 성격은 복잡하기에 서로 다른 영역을 측정하는 성격검사 2개 내지 3개 정도의 성격검사를 함께 실시하면 성격에 대한 심층적인 이해가 가능하다. 상담자는 내담자의 기능 수준에 따라 일반적인 성격검사와 병리적인 성격의 문제를 평가할 수 있는 검사를 함께 사용할 것인지, 또는 자기보고식 검사와 투사적 검사를 함께 사용할 것인지를 고려한다(김계현 외, 2004).

내담자는 성격검사를 통해 개인적인 성격적 약점이나 단점이 드러나는 것에 대하여 불안해할 수 있다. 상담자는 내담자에게 검사의 목적이 내담자를 평가하려는 것이 아니라 내담자 스스로 자신을 더 잘 이해할 수 있도록 돕는 것에 있다는 것을 설명하여 검사에 대한 불안을 낮추고 검사에 솔직하게 응답할 수 있도록 돕는다.

(2) 성격검사의 실시 및 채점

성격검사는 신뢰도와 타당도가 잘 입증된 것을 선택하는 것이 중요하다. 검사를 실시하기 전에 평가자는 검사의 실시방법뿐만 아니라 채점방식을 잘 숙지하고 있어야 한다. 특히 표준화된 심리검사의 경우에는 검사의 지시문이나 절차를 숙지하고 자연스럽게 검사를 실시할 수 있어야 한다. 또한 검사 실시를 통해서 수집된 자료는 정확하게 기록하고 채점되어야 한다. 자기보고형 질문지검사의 경우 채점코드를 통해서 쉽게 채점할 수 있지만, 투사적 검사나 과제수행검사의 경우에는 평가 대상자의 반응과 행동을 기록하고 채점체계에 따라 정확하게 채점하는 과정이 매우 중요하다.

(3) 검사결과의 해석상담

상담에서 성격검사를 사용하는 주 목적은 내담자가 자신의 성격을 더 잘 이해하도록 돕는 것이다. 성격검사의 해석과정은 검사점수와 채점결과의 의미를 통해 표준화된 규준에 근거하여 내담자의 성격특성에 관한 구체적인 정보를 제공한다. 상담자는 검사결과와 관련된 내담자의 일상적인 행동이나 경험을 구체적으로 떠올리도록 하여 자기이해를 촉진한다.

4. 성격상담의 전망과 과제

성격연구의 긴 역사와 방대한 연구는 그만큼 성격을 설명하고 예측하며 변화를 돕는 작업이 복잡하고 어렵다는 것을 의미한다. 이 장에서는 성격의 정의와 역사, 성격 연구와 성격의 평가와 측정에 대하여 개관하였다. 그리고 생애개발의 관점에서 주목할 필요가 있는 프로이트, 에릭슨, 로저스 및 매슬로의 생애단계별 성격발달 및 과제를 살펴보고 성격상담 실제를 이러한 이론과 연결시켜 보고자 상담주제별 접근을 시도하였다. 이 장이 독자인 상담전공생 및 상담자에게 생애개발을 위한 성격상담의 개요가 되고, 성격상담에 대한 관심과 깊이 있는 이해를 위한 추가적인 노력을 촉진할 수 있기를 기대한다.

21세기를 변화의 시대라고 할 만큼 세상은 빠른 속도로 변화하고 있다. 끊임없이 변화하는 환경에 대응하기 위한 능력으로 개인에게 유연성이 요구되고 있으며, 이에 따라 개인이 자신의 타고난 잠재력을 개발하여 고유한 개성을 발휘하면서도 환경에 유연하게 대처하도록 돕는 성격상담에 대한 요구 역시 높아질 것으로 전망된다. 이러한 시대적 요구에 부응하기 위하여 생애개발을 위한 성격상담은 이론적이고 실제적인 면에서 여러 도전과제를 마주하고 있다.

생애개발상담의 학문적 정립을 위한 연구 및 실천이 이루어지고 있다. 생애개발을 위한 성격상담은 전통적인 성격상담과 얼마나 유사한지, 무엇이 어떻게 다른지, 달라야 하는지에 대한 심도 있는 고민과 탐구도 필요한 상황이다.

성격이 전 생애를 통해서 변화하고 발달한다는 성격상담의 관점과 인간의 삶이 전 생애를 통해서 개발되어 간다는 생애개발상담의 관점은 일맥상통한 부분이 있다. 반면에 상담은 심리적인 문제가 있는 사람을 위한 것이라는 편향된 인식으로 인해 발달과 예방을 위한 상담이 간과되는 것과 유사하게, 성격상담 역시 성격에 문제가 있는 사람을 위한 것이라는 편향된 인식 때문에 성격의 발달과 자아성장을 위한 성격상담이 간과되는 측면이 있다. 상담자 및 상담전공생은 성격상담이 성격의 문제로 적응을 하는 데 어려움을 겪는 사람뿐만 아니라 성격의 변화와 발달을 위한 것임을 인식하고, 더 나아가 성격의 변화와 발달을 위한 상담을 개발하고 체계화하도록 노력해야 한다.

생애개발 관점에서 상담자는 성격을 이해할 뿐만 아니라 성격을 긍정적으로 변화시키는 방법에 더 관심을 가질 필요가 있다. 성격적 문제를 치료하는 전통적인 성격상담을 확장하여 긍정적 성격특성인 성격 강점을 함양함으로써 개인을 좀 더 건강하고 성숙한 성격으로 변화시키는 것은 상담학의 중요한 과제이다. 대부분의 사람은 성격장애에 해당될 만큼 심각하지는 않더라도 어느 정도는 성격적 약점을 지니고 있다. 그렇기 때문에 생애개발상담의 한 영역으로서의 성격상담은 보통 사람들을 위한 상담이 될 필요가 있다.

성격연구가 방대하더라도 현대의 생애개발상담 관점에서 필요한 연구와 실천은 여전히 요구되고 있다. 더욱이 아동기 · 청소년기부터 노년기까지 생애단계마다 심리적 발달과업과 역할이 달라지고 이에 따라 성격상담의 주제도 다르다. 기존의 이론으로 설명할 수 없는 새로운 현상이 나타나면 새로운 이론이 필요하다. 예를 들어, 인간의 기대수명이 늘어나는 현상은 새로운 연구에 대한 요구를 낳는다. 한국인의 기대수명은 1985년 68세에서 2000년 76세, 그리고 2017년 82세로 늘어 '100세 시대'가 눈앞에 다가왔다고 해도 과언이 아니다. 성격의 발달이론은 생애를 거쳐서 성격은 무엇이며 어떻게 발달하는지를 설명하고 있다. 하지만 전생애발달단계를 설명하고 있는 에릭슨의 심리사회적 발달단계조차 인생의 후반기를 간략하게 설명할 뿐이다. 성격의 발달이론은 인간의 늘어난 기대수명에 따라 노년기 이후의 발달단계에 관심을 갖고 연구할 필요가 있다.

제7장
생애개발과 대인관계상담

| 김인규 |

　대인관계는 인간 생존의 필수조건이며, 행복과 불행의 원천이기도 하다. 인간은 부부라는 부모의 대인관계에 의해 출생하며, 다른 동물에 비해 매우 오랜 기간 부모-자녀 관계에서 양육을 받으며 살아간다. 어릴 때부터 또래관계를 통해 사회를 배우며, 유치원과 각급 학교에 진학하며 친구, 선후배, 교사와의 관계를 통해 성장한다. 청소년기부터는 이성관계를 경험하며, 성인이 되어서는 부부 등의 가족관계, 직장 내 동료 및 상하 관계, 각종 모임에서의 다양한 관계를 형성하며 살아간다. 이 과정에서 일부 관계가 단절·해체되기도 하는데, 노년기가 되면 점차 주변 사람들의 사망으로 인해 대인관계가 축소되어 간다. 이처럼 인간의 삶은 다양한 관계의 형성·발전·해체의 과정이라고 할 수 있다. 이 장에서는 이런 다양한 대인관계의 종류와 발전과정, 주요 이슈, 상담접근, 향후 과제 등을 살펴본다.

1. 대인관계 생애개발의 영역

대인관계는 일생에 걸쳐 존재하며 점차 발전하고 확장되다가 단절·쇠퇴·해체·소멸되는 발달의 과정을 거친다. 따라서 대인관계의 각 영역별 발달과정을 이해하여 원활하고 풍성한 대인관계를 형성·유지·발전시키기 위해 생애개발의 관점을 갖출 필요가 있다. 권석만(2004)은 친밀한 인간관계의 영역을 친구관계(우정), 이성관계(사랑), 가족관계, 직업과 인간관계 등으로 구분하였다. 이 절에서는 대인관계 생애개발의 관점에서 가족관계, 친구관계, 사회관계로 영역을 구분하고, 각 영역 내의 하위 대인관계별로 생애개발의 관점에서 그 특징과 주요 과제를 살펴본다.

1) 가족관계 생애개발

(1) 가족관계의 특성

가족관계는 다음과 같은 특성을 지니고 있다. 첫째, 가족관계는 혈연을 매개로 하여 맺어진 인간관계이다. 둘째, 가족은 함께 먹고 자며 생활하는 생활공동체이자 모든 소유를 공유하는 소유공동체이고 행복과 불행을 함께 경험하는 운명공동체이다. 셋째, 가족관계는 출생에 의해 부여된 인간관계이다. 넷째, 가족관계는 평생 동안 유지되는 지속적인 인간관계이다. 다섯째, 가족은 여러 구성원으로 구성된 하나의 역동적 체계이다(권석만, 2004).

(2) 부모-자녀 관계의 발달

부모-자녀 관계는 인간이 최초로 만나는 대인관계이며 일생에 걸쳐 인간에게 가장 중요한 영향을 미치는 대인관계이다. 부모-자녀 관계는 인간관계 중에서 가장 혈연적이며 수직적이고 종속적인 관계이다. 또한 부모-자녀 관계는 한 인간의 인격과 삶을 형성하는 데 가장 큰 영향을 미친다. 그래서 모든 발달이론은 초기 발달단계에서의 부모 영향을 크게 강조한다.

부모-자녀 관계는 자녀의 연령발달에 따라 변화한다. 자녀가 어릴 때는 부모의 일방적인 지원과 보호가 주요 특징이나, 자녀가 성장하면서 자녀의 자율성을 인정하고 독립적인 관계로 발전한다. 10대 자녀가 반항적인 모습을 보이는 것은 자신의 정체성을 찾기 위해 부모에게서 독립해 가는 과정이라고 할 수 있다. 20대에는 물리적·심리적으로 부모에게서 분리가 시작되며, 점차 경제적으로도 독립을 시도한다. 자녀가 결혼하여 독립된 가정을 이루어 생활하면 부모와의 적절한 관계에 대한 갈등이 생기기도 한다. 자녀가 중년기에 들면 노년기에든 부모에 대한 지원과 부모의 상실이 부모-자녀 관계의 주요 주제가 된다.

부모-자녀 관계의 발달에 있어 주요 주제는 관련 이론에 따라 다양하게 제시되고 있다. 애착, 분화, 경계선, 자율과 통제, 의존과 독립, 가치조건화, 보듬어 주는 환경 등은 부모-자녀 관계의 다양한 측면을 다루는 개념이다. 이런 개념에 공통적인 점은 초기의 부모-자녀 관계의 질이 매우 중요하며, 자녀의 연령발달에 따라 부모-자녀 관계가 점차 자녀의 자율성과 독립을 지원하는 방향으로 변화해야 한다는 것이다. 부모-자녀 관계에서 갈등이 발생하는 요인으로는 부모의 기대와 요구에 자녀가 못 미치거나 거부하기, 부모의 보호와 간섭에 대한 자녀의 독립 욕구 표현, 부모가 연령과 부모임을 근거로 일방적·강압적으로 의사소통하기, 부모의 지나친 관심과 지원 또는 반대로 지나친 무관심과 유기 또는 폭력적 관계 등이 있다.

그리고 이혼, 재혼, 입양, 한부모 가족 등 다양한 형태의 가족이 등장하면서 기존의 혈연중심 부모-자녀 관계와는 다른 특징에도 주목할 필요가 있다. 특히 재혼 및 입양 가족에서는 친부모와의 관계와 새로운 부모와의 관계를 어떻게 설정하고 유지하느냐가 매우 중요한 주제일 수 있다.

(3) 형제자매 관계의 발달

형제자매 관계는 인간에게 있어 부모-자녀 관계 다음으로 가깝고 중요한 대인관계이다. 형제자매는 부모의 피를 물려받은 혈연적 동료관계로서 개인의 선택이 아닌 일방적으로 부여된 관계이므로 임의로 가입하거나 탈퇴할 수 없다. 재혼, 입양, 파양 등을 통해 법적인 형제자매 관계로의 편입과 탈퇴가 가능하지만, 이 경우에도 혈연에 의한 형제자매 관계는 평생 유지된다고 할 수 있으며 이는 법적인 관계보다 중요한 의미를 가진다. 형제자매 관계는 수직적인 요소와 수평적인 요소가 복합되어 불평등한 역할이 주어지는 위계적 관계이고, 때로 협조적이기도 하지만 경쟁적이기도 하며, 의식주 생활을 함께 나누고 동고동락하는 운명공동체로서 인생에서 가장 오랜 기간 동안 유지되는 인간관계이다.

형제자매 관계는 형제자매의 출생과 연령발달에 따라 변화한다. 형제자매 관계는 형제자매의 성별, 수, 나이 차이 등에 따라 매우 복잡하고 다양한 형태를 지닌다. 형제자매의 서열은 개인의 성격 형성에 중요한 영향을 미치며(Adler, 1959), 부모의 애정을 나누어 갖는 과정에서 형제자매 간 경쟁(sibling rivaly)이 발달하고, 같은 주거 공간에서 밀접한 상호작용을 하며 서로 애정과 정서적 지지를 교환하며 형제자매 간 친밀성(sibling intimacy)이 발달한다. 때로 부모가 무기력하거나 자녀에게 충분한 애정을 기울이지 못하는 가족 상황에서는 형제자매는 형제자매 간 애착(sibling attachment)이라는 서로 강한 정서적 유대관계를 형성한다(Bank & Kahn, 1982). 그래서 성격을 '형제자매가 서로 경쟁하면서 가족 사이에서 자신의 위치를 찾기 위해 노력하며 아동기의 호된 시련 속에서 생존하기 위해 사용한 전략의 저장 목록'이라고 정의하기도 한다(Sulloway, 1996).

형제자매 관계의 발달에는 부모의 영향이 결정적이다. 부모가 여러 자녀에게 관심과 애정을 차별적으로 제공하거나 서로 다른 역할과 권한을 부여하고, 형제자매 간 갈등에 지나치게 개입하는 것은 형제자매 관계의 발달에 부정적인 영향을 미친다. 또한 같은 부모에게서 태어나 같은 환경에서 자란 형제자매라도 서로 다른 성격 및 능력을 갖게 되어 오히려 다른 대인관계보다 깊은 갈등이 발생하기도 한다. 그리고 출생순위에 따른 역할기대의 차이와 경제적 지원에 대한 이해관계의 대립도 형제자매 갈등을 유발한다.

(4) 부부관계의 발달

부부관계는 혈연으로 맺어진 부모-자녀 관계나 형제자매 관계와는 달리 서로 다른 가정에서 태어나 성장한 두 사람이 배우자가 되기로 결정하고, 한 가족으로서 일평생 서로에게 헌신하며 살아가는 관계이다. 다른 어떤 관계보다도 가깝고 구속적이기 때문에 부부관계는 당사자의 행복과 불행의 근원이 된다. 또한 모든 인간이 남녀 간의 성적 관계를 통해서 출생하고, 대부분의 출생이 부부관계 안에서 이루어진다는 측면에서 부부관계는 인류의 존속을 책임지는 가장 중요한 관계라고 할 수 있다. 또한 대부분의 인간이 부모의 부부관계 안에서 성장하므로 부부관계의 질은 당사자의 행복과 함께 자녀의 생존과 성장에 결정적인 요소가 된다.

부부관계는 연애 또는 중매 등을 통한 배우자 선택, 결혼과 자녀의 출산 등을 통한 부부관계 시작, 자녀 양육과 각종 생활사건을 통한 부부관계 변화, 이혼이나 사망을 통한 부부관계 해체 등의 발달과정을 거친다. 그러나 어린아이들이 부모의 모습을 보면서 부부관계의 사례를 배우고 소꿉장난 등을 통해 나름대로 바람직한 부부관계의 모델을 그려 보기 시작하므로 부부관계의 발달은 이미 어릴 때부터 시작된다고 볼 수도 있다. 배우자를 선택하는 과정에서 근접성, 매력, 사회적 배경, 의견일치, 상호보완성, 결혼준비 상태 등 6단계의 여과망을 통과한다(Udry, 1971). 그러나 이렇게 여러 단계를 거쳐 신중하게 배우자를 선정하여 시작한 결혼관계는 부부의 기대와 욕구처럼 순탄하지는 않다. 원가족과의 관계에서 각자의 역할에 이르기까지 결혼 전과 매우 달라지는 수많은 생활장면에서 부부는 잘 적응하기도 하지만, 불가피하게 갈등과 어려움을 경험한다. 이 과정에서 서로에 대한 배려와 고마움이 생겨나기도 하지만 많은 경우 서로에 대한 실망과 좌절을 경험한다. 그래서 '결혼은 사랑으로 인해 멀어졌던 눈을 뜨게 해 주는 진정한 안과의사이다.' 또는 '결혼하면 반드시 하는 한 가지는 후회이다.'라고 자조적으로 표현하기도 한다.

이런 어려움을 거치면서 성공적인 부부관계를 유지·발전시키기 위해서는, 결혼 전 요인으로 성공적인 결혼생활을 한 부모, 부부의 연령과 성숙도, 결혼 전의 교제 기간의 길이, 결혼 동기의 순수성, 혼전임신 여부, 결혼에 대한 부모의 동의 여부 등이 중요하다. 결혼 후 요인으로는 부부의 태도, 관심사의 유사성, 인척과의 좋은 관계, 안정되고 적절한 수입, 종교적 활동 참여 등이 중요하다(권석만, 2004). 부부관계의 적응과정을 통해 형성된 성공적인 부부관계는 결혼생활의 지속, 갈등과 불안의 감소, 높은 일체감과 응집성, 개인의 성장과 발달 촉진과 지원, 높은 의견 일치, 높은 주관적 만족도와 행복, 사회적 요구나 기대에 부합한 결혼생활 등의 특징을 지닌다(Leslie, 1982). 그러나 성격 차이, 배우자의 부정, 가족 간 불화, 경제적 문제, 건강문제 등으로 인해 부부간의 갈등이 심해지고 결국 별거·이혼 등 부부관계 해체를 경험하기도 한다. 최근 이혼률이 높아지면서 돌싱(돌아온 싱글), 재혼 부부가 늘어가고 있으며, 중년 이후 졸혼(혼인관계 졸업)과 같은 새로운 부부관계 모습이 나타나고 있다.

2) 친구관계 생애개발

(1) 친구관계의 특성

친구관계는 다음과 같은 특성을 지니고 있다. 첫째, 친구관계는 대등한 위치의 인간관계이다. 둘째, 친구관계는 가장 순수한 인간지향적 대인관계이다. 셋째, 친구관계는 인간관계 중 가장 자유롭고 편안한 관계이다. 넷째, 친구는 여러 가지 측면에서 유사점을 지닌 사람들이기 때문에 서로 공유할 삶의 영역이 넓다. 다섯째, 친구관계는 구속력이 적어 해체되기 쉽다(권석만, 2004).

(2) 일반적 친구관계의 발달

인간은 태어나서 어느 정도 신체적 기능과 언어적 기능이 발달하면 친구에게 관심을 가지고 사귀어 같이 활동하게 된다. 친구관계는 그 형성요인에 따라 1차적 친구와 2차적 친구로 나눌 수 있다. 1차적 친구는 상당 기간 반복적인 만남을 통해 형성된 친구관계를 말한다. 즉, 어린 시절 같이 자라거나 같은 학교를 다닌 경우, 가까운 친척 중에 같은 또래 사이에서 1차적 친구관계가 형성된다.

2차적 친구는 관심사, 취미, 가치관의 공유로 인해 형성된 친구관계이다. 즉, 2차적 친구는 상황적 요인보다 개인적 특성에 근거한 친구라고 할 수 있다. 1차적 친구가 어린 시절에 형성되어 일평생을 계속 가는 반면, 2차적 친구는 청소년기 이후에 생겨 일정 기간만 유지되는 경향이 있다(권석만, 2004).

친구관계의 시작단계에서는 물리적으로 가까운 근접성, 자주 접하는 친숙성, 자신과 비슷한 유사성, 나에게 도움과 즐거움을 주는 보상성, 좋은 성격이나 신체적 매력과 같은 개인적 특성 등이 영향을 미친다. 친구관계의 발전과 심화에는 자신을 알리는 자기공개, 서로에게 편안함과 신뢰감을 느끼는 정서적 지지와 공감, 재정적·물리적 도움 등의 현실적 도움의 교환, 취미나 여가활동 등의 즐거운 체험의 공유 등이 중요한 요인이다. 넬슨-존스(Nelson-Jones, 1990)는 만족감과 행복을 제공하는 보상성, 보상적 효과를 서로 균형 있게 교류하는 상호성, 역할과 행동의 일관성을 유지하는 규칙성을 인간관계 심화에 필수적인 요소로 제시하였다. 그러나 이런 친구관계는 접촉과 관심의 감소, 갈등해결의 실패, 친구에 대한 실망, 투자와 보상의 불균형, 이해관계의 대립 등을 통해 약화되거나 해체되기도 한다.

친구관계는 어린 시절 만족한 생활, 사회성 발달, 학습, 학교 적응 등에 핵심적인 요소로 기능하며, 청소년기부터 정체성 발달의 주요 요인이 되어 부모-자녀 관계보다 더 큰 비중을 차지하기도 한다. 청년기 이후 이성관계나 부부관계에 의해 대치되는 측면도 있지만 평생 동안 친구관계는 개인에게 삶의 질을 결정하는 중요한 요인이 된다. "좋은 친구 다섯 명만 있으면 우리는 어떤 어려움을 당해도 결코 우울증에 빠지거나 자살하지 않는다."라는 말은 이런 친구관계의 중요성을 잘 나타내고 있다.

(3) 낭만적 친구관계의 발달

낭만적인 사랑의 감정은 인간에게 매우 중요한 경험으로서 많은 문학과 예술의 주제가 되어 왔다. 낭만적 친구관계는 인류 역사의 전개과정에서 개인적·사회적·정치적으로 큰 영향을 미쳤으며, 주변에서 일상적으로 접할 수 있는 것이기에 누구나 잘 알고 있다고 생각하지만 사실상 예전에 살았던 사람들이 낭만적 친구관계에서 경험한 문제와 어려움을 지금도 계속 반복하는 것을 보면 낭만적 친구관계에 대해 잘 알고 대처하고 있다고 하기 어렵다. 낭만적 친구관계는 흔히 이성관계에서 발생하기 때문에 대부분 이성관계라고 부르지만, 동성 간에도 형성되고 발전할 수 있으므로 여기서는 이성관계라는 용어보다는 낭만적 친구관계라는 용어를 사용한다.

낭만적인 친구관계는 서로를 가깝고 편안하게 느끼는 친밀감, 서로를 향한 뜨거운 마음인 열정, 서로를 사랑하겠다는 결정과 행동적 표현인 헌신 등으로 구성된다(Sternberg, 1986). 낭만적 친구관계는 두 사람 사이의 독점적이고 배타적인 관계이며, 발전 속도가 빠르고 매우 강렬한 감정이 개입된다. 낭만적 친구관계에 빠지면 행복과 기쁨을 누리기도 하지만 과민성, 감정의 동요, 거부의 두려움, 열등감의 확대, 의심, 질투, 외로움과 불완전감 등 부정적인 감정을 경험하기도 한다.

낭만적 친구관계는 상대방에 대한 호감을 형성하는 첫인상 단계, 서로에 대한 정보를 교환하고 탐색하는 지향단계, 조금 더 친근해지고 초보적인 애정과 사랑을 나누는 탐색적 애정교환단계, 연인 사이를 인정하고 확실한 방법으로 사랑을 표현하는 애정교환단계, 상대방에 대한 확신을 가지고 안정된 애정교환을 하는 안정적 애정교환단계 등을 통해 발전한다(Altman & Taylor, 1973). 그러나 호감과 매력의 상실, 갈등해결의 실패, 다른 연인의 출현, 부모의 반대나 물리적 이별, 투자와 보상의 불균형 등으로 인해 낭만적 친구관계가 붕괴되거나 종결되기도 한다.

3) 사회관계 생애개발

사회관계에는 직장 내 인간관계를 비롯하여 학교의 선후배 관계, 종교나 취미 생활 같은 동호회 내에서의 인간관계, 거주하는 지역 내 이웃 주민과의 관계 등이 있다. 이 중에서 직장 내 인간관계 이외의 관계는 앞에서 살펴본 친구관계의 발달과 유사한 측면을 가지고 있으므로 여기서는 직장 내 인간관계에 대해 주로 살펴본다.

직장은 대부분의 성인에게 경제적 필요를 충족시킬 뿐만 아니라, 자신의 정체성을 형성·유지·발전시키고 주요 인간관계를 형성하는 매우 중요한 삶의 장이다. 직장은 대부분 위계조직으로 구성되어 있어 상사와 동료, 부하 직원과의 인간관계가 자연스럽게 형성된다. 그래서 위로는 상사, 옆으로는 동료, 아래로는 부하가 있는 위계적인 인적 구조 속에서 업무를 수행하는 독특한 생활을 한다. 또한 대부분의 직장은 달성해야 할 과업과 목표가 있고, 다른 업체와의 치열한 경쟁구도 속에서 일을 해야 하기 때문에 직장인은 업무에 대한 스트레스와 함께 복잡한 직장 내 인간관계를 다루어야 하는 어려움에 처한다. 그래서 직장생활을 하는 성인은 직장에 대한 만족도가 높지 않고 수시로 직장을 그만두고 싶다는 생각을 한다.

직장에서의 인간관계는 구성원 간의 호감도와 응집력에 따라 구분할 수 있다. 여기에는 구성원들이 서로 긍정적 감정과 친밀감을 지니고 직장에 대한 소속감과 단결력이 높은 화합응집형, 구성원들이 서로 적대시하는 2개 이상의 하위집단으로 분리되어 집단 간에는 서로 반목하지만 하위집단 내에서는 친밀감을 지니며 응집력이 높은 대립분리형, 직장 구성원 간에는 비교적 호의적인 관계가 유지되지만 직장에 대한 응집력이 미비한 화합분산형, 직장 구성원 간의 감정적 갈등이 심하며 직장의 인간관계에 구심점이 없는 대립분산형 등이 있다.

직장 내 인간관계에서 가장 어려운 것은 상사와의 관계이다. 업무의 지시와 결재, 결과의 평가에 이르기까지 여러 장면에서 상하관계를 경험하며 때로는 직장 밖에서까지 이 상하관계가 유지되는 경험을 한다. 상사의 유형은 업무를 분담하고 지시하며 지휘하는 일에 주로 관심을 갖는 과업중심적 상사와 업무뿐만 아니라 부하와의 인격적 교류에도 관심을 갖고 정서적 교류를 하는 인간중심적 상사로 구분한다. 이 외에도 부하 직원에게 지시적이고 통제적인 권위형 상사, 부하 직원의 업무 활동에 비교적 무관심하거나 자신감이 없는 방임형 상사, 업무 추진에서 부하 직원의 의견을 수렴하고 재량권을 존중하는 민주형 상사로 구분하기도 한다. 이에 대한 부하의 유형으로는 상사의 의견을 존중하고 순종하는 추종형 부하, 상사의 지휘방식에 불만을 느끼고 반항적으로 행동하는 저항형 부하, 상사의 지시내용의 적절성을 합리적으로 판단하여 행동하는 합리형 부하, 상사와 소원한 관계 속에 상사의 지시에 정서적 반응을 보이지 않고 무관심한 태도를 나타내는 분리형 부하가 있다.

이에 비해 동료관계는 나이, 전공, 관심사, 업무 내용, 조직에서의 어려움 등 많은 유사성을 가지기 때문에 가장 친밀한 관계가 된다. 물론 성과와 진급에 있어 서로 경쟁자가 되기도 하고 공적·사적인 상호 간 평가를 통해 인정과 비난의 관계가 엇갈리기도 하지만, 동료관계는 직장에서 경험하는 업무 및 상사 또는 부하들과의 관계의 어려움을 대처하는 데 우선적인 도움을 주는 매우 중요한 관계라고 할 수 있다. 동료관계의 유형에는 업무 활동이나 상사와의 관계에서 동료들과 균형을 이루면서 동시에 동료관계에서 협동과 경쟁의 균형감각을 지닌 원만형 동료, 동료를 위해 자신의 이익을 희생하거나 손해를 감수하는 희생형 동료, 동료에 대한 경쟁의식이 강하여 상사에게 자신의 능력이나 성취를 과장하게 표현하는 돌출형 동료 등이 있다.

직장에서의 인간관계 발달은 직장생활 초기에는 직장에 적응해 가면서 동료들과의 협력·지지·경쟁 관계가 형성되고, 상사와의 관계에서 업무 및 인간관계 능력이 평가받는다. 경력이 쌓이면서 일부 동료와는 더욱 협력적 관계를 맺지만 많은 동료와는 승진에 있어 경쟁적 관계를 맺으며, 부하 직원이 생기면서 상사로서의 리더십 발휘가 주요 관심사가 되기도 한다. 직장생활을 하면서 생기는 업무 및 인간관계의 스트레스를 잘 대처하고 극복하면 더욱 친밀하고 우호적인 직장 내 인간관계 형성에 기여하게 되지만, 적절하게 처리하지 못하면 직장 내 반복과 갈등이 심화되어 지속적인 직장 내 문제가 되거나 결국 직장을 그만두는 요인이 되기도 한다. 그래서 많은 직장에서는 입사 초기부터 직장적응 훈련 프로그램이나 직원화합 프로그램을 실시하는데, 최근에는 직장 내에서의 어려움을 해결하도록 돕기 위해 사내에 고충처리상담실을 두거나, 외부의 전문 상담기관을 통한 상담 서비스를 제공하는 기업이 많아지고 있다.

2. 생애주기별 대인관계상담의 주요 이슈

인간은 출생에서 사망에 이르기까지 여러 발달단계를 거치며 각 단계마다 여러 대인관계 영역에 걸쳐 특징적인 대인관계의 모습을 가진다. 이 절에서는 앞에서 살펴본 대인관계의 여러 영역이 개인의 발달단계에 따라 어떤 모습을 지니며 전개되는지를 살펴본다.

1) 유아기

인간의 첫 발달단계인 유아기는 출생하여 만 2세를 전후한 시기까지로 볼 수 있는데, 이 시기의 대인관계는 부모와의 관계와 형제와의 관계로 나누어 살펴볼 수 있다.

(1) 부모와의 관계

인간이 유아기에 맺는 부모와의 관계는 이후 대인관계 발달의 기반이 되는 중요한 특성을 형성한다. 발달이론에 따라 다양한 개념으로 이를 표현하고 있는데, 주요 개념으로는 애착, 대상관계, 신뢰감과 자율성 형성, 구강기 과업 등을 들 수 있다.

애착이론에서는 이 시기에 유아가 부모와의 관계를 통해서 형성하는 심리관계적 특성을 애착 개념으로 설명한다. 애착은 근접과 접촉을 추구하는 경향성으로서, 환경을 탐색하는 유아가 위험을 느끼면 어머니에게 다가가 위안을 얻은 후 다시 탐색하러 나가는데, 이때 어머니의 반응에 따라 형성된 유아의 애착관계 특성은 이후 관계의 모델이 되어 평생 동안 자신과 타인에 대한 기대와 신념을 주도하고 사회적인 유능감과 안녕감에 영향을 미친다.

대상관계이론에서는 자라나는 유아가 자신을 돌보는 사람과의 관계를 경험하면서 그 경험을 통해 자신과 다른 사람들에 대해 배우게 되는데, 특히 좌절되고 충족되지 못한 부모-자녀 간 패턴은 내적 투사체인 대상관계로 내면화되어 이후 외부와의 관계형성에 밀접한 영향을 미친다고 본다.

에릭슨(Erikson)의 심리사회적 발달이론에서는 이 시기의 주요 과제로 신뢰감과 자율성 형성을 제시한다. 유아기의 중요한 타인인 부모가 기본적인 신체적 및 감정적 필요를 제공하면 유아는 신뢰감을 발달시키는데, 이런 필요가 충족되지 않으면 세상, 특히 대인관계에서 불신의 태도가 나타나게 된다. 초기 아동기에 있는 아동은 탐색하고 실험하며 실수를 범하고 한계를 체험해야 할 필요가 있는데, 부모가 이를 허용하고 지지해 주면 자율성이 발달하지만 부모가 의존성을 조장하면 아동의 자율성은 억제되고 수치심과 의심이 발달하게 된다.

(2) 형제자매와의 관계

인간은 태어나면서 자동적으로 형제자매와의 대인관계에 속한다. 첫째의 경우는 둘째가 태어나기까지 혼자 생활하지만 둘째부터는 앞서 태어난 형이나 오빠, 누나나 언니와의 관계 속에서 생애를 시작하게 된다. 형제자매 관계는 출생순위에 따라 대체적으로 유사한 유형의 관계가 맺어지고, 이는 부모와의 관계와 더불어 개인의 성격발달에 결정적 영향을 미치기도 한다.

첫째는 외동으로 있는 동안 독차지했던 부모의 관심을 둘째가 태어나면서부터 잃게 되어 경쟁자인 동생에 대한 미움과 불신, 권위적인 태도를 형성한다. 한편, 둘째는 태어나면서부터 첫째와 부모의 관심을 나누어 가져야 하기 때문에 경쟁적 태도를 형성하는데, 여러 가지 측면에서 첫째가 우월하기 때문에 첫째와는 다른 면에서 우월한 모습을 보이기 위해 노력한다. 중간에 끼인 형제는 위아래의 형제자매에게 관심과 인정을 빼앗기면서 삶이 불공평하고 자신은 불쌍하다고 느껴 문제아가 될 수도 있지만, 가족 간 갈등을 조정하는 역할을 하기도 한다. 막내는 과잉보호를 받으며 자라서 무력감이 발달하고 타인의 도움을 받는 것을 당연하게 여길 수 있다.

2) 아동기

인간이 3세 이후부터 언어와 신체기능이 급속도로 발전하고 유치원이나 초등학교에 다니면서 기존의 부모와의 관계, 형제와의 관계의 모습이 달라진다. 또한 친구와의 관계, 성인과의 관계가 새로운 대인관계 영역으로 등장하면서 그 중요성이 커진다.

(1) 부모와의 관계

에릭슨의 심리사회적 발달이론에서는 이 시기의 주요 과제로 주도성과 근면성 형성을 제시한다. 부모가 아동에게 개인적으로 의미 있는 활동을 선택할 수 있는 자유를 허용하면 스스로에 대한 긍정적인 관점을 발달시키고 자신의 과업을 완수해 내는 특성을 가질 수 있다. 그러나 이런 자유가 허용되지 않으면 죄의식이 발달하여 소극적 입장을 취하면서 다른 사람들이 대신 선택하도록 하는 행동특성이 발달한다. 유치원과 초등학교에 다니면서 아동은 세상에 대한 이해와 학습에 성공하기 위한 기본 기술을 배우는데, 부모나 성인으로부터 적절한 지지적 피드백을 받으면 근면성과 유능감이 발달하지만 이런 피드백이 주어지지 않으면 열등감과 무능감이 형성된다.

(2) 형제자매와의 관계

이 시기의 형제관계는 같이 놀이하는 또래로서의 관계경험이 발달하며 이전 단계에서 형성된 형제순위별 관계특성이 심화된다. 즉, 같이 놀고 숙식을 하면서 형제로서의 동질감과 유대감을 형성하지만 동시에 부모나 성인의 관심과 지지를 비롯하여 각자 필요한 자원을 획득하기 위한 경쟁과 갈등경험이 반복된다. 특히 유치원과 초등학교에 다니게 되면서 형제관계는 독특한 유대감을 바탕으로 다른 친구들과의 관계와는 구별되며 때로 독점적인 보호와 지지 역할을 하기도 한다.

(3) 친구와의 관계

이 시기의 친구관계는 언어 및 행동 능력의 발달에 따라 다양한 놀이와 학습에서 협력과 경쟁을 한다. 특히 이 시기에는 같은 연령대의 아동과 어울리려는 경향성을 보이며, 친척이나 이웃의 아동들과 초보적인 교우관계를 맺기 시작한다. 유치원과 초등학교에 입학하면서 친구관계의 양이 증가하고 특성이 다양해지는데, 특히 공적인 조직 내에서 시간과 행동에 대한 일정한 규율을 따라야 하면서 친구관계는 크게 복잡해진다. 친구를 외모, 운동능력, 학업성적, 사회경제적 특성 등에 따라 선별하여 사귀고 함께 어울리면서 또래집단을 형성한다. 또한 학교에서 학습능력이 평가되면서 학업성적에 따라 친구에 대한 우월감과 열등감을 경험하는 일이 반복되고 이는 친구관계 형성에 중요한 요인으로 작용한다.

(4) 성인과의 관계

이 시기에 아동은 친척, 이웃, 교사 등의 성인과 대인관계를 형성하고 발달시킨다. 친척은 혈연관계라는 유대감을 기초로 독특한 애정과 지지를 제공하고, 때로 부모가 수행하지 못하는 보호와 양육의 관계를 제공하기도 한다. 이웃은 물리적으로 근접한 지역에 거주하면서 자주 접촉하는 성인으로서 아동에게 애정과 지지, 보호의 관계경험을 제공하기도 하지만, 때로 학대나 폭력, 착취 등의 부정적 관계경험을 제공하기도 한다. 교사는 일정한 조직 환경 내에서 아동에게 물리적·시간적인 통제를 가하며 학습 및 놀이의 내용을 제공하고 피드백을 준다. 교사는 부모나 친척, 이웃 등의 성인과는 다른 공적인 권위를 통해 아동과 관계를 형성하고 공식적인 학습과 행동에 대해서뿐만 아니라 잠재적이고 암묵적인 가치관, 태도, 행동에 있어서도 거의 절대적인 영향을 끼친다.

3) 청소년기

초등학교 고학년부터 시작되는 청소년기에는 기존의 부모, 형제와의 관계의 비중이 감소하며 상대적으로 친구관계의 비중이 커진다. 특히 부모, 교사 등 기성세대와의 갈등관계가 생성·심화되며 소위 말하는 질풍노도의 격동기를 경험한다.

(1) 부모와의 관계

이 시기의 부모-자녀 관계는 이전 단계에 비해 갈등이 많아지고 심화되는 특징을 지닌다. 특히 학업에 대한 부모의 기대와 요구, 압력에 대해 자녀의 반항과 거부 반응이 반복·지속되면서 일상적인 다양한 영역에서도 부모-자녀 간에 대립과 갈등의 모습이 일상화된다. 자녀는 이전 단계에서 부모를 의지하고 따랐던 것과 달리 이 시기에는 또래를 더 의지하고 따르며, 이는 부모의 걱정과 서운함, 비난의 대상이 된다. 그러나 이런 갈등과 어려움은 청소년 자녀의 자아정체성을 형성하는 데 필요한 경험이라고 할 수 있다. 자아정체성은 남과는 다른 나의 고유한 모습이라고 할 수 있는데, 그 다름의 경험은 1차적으로 부모와의 관계에서 나타날 수 있기 때문이다. 만약 부모나 성인과의 갈등을 경험하지 않고 청소년기를 보내면 성인과 기성세대의 가치관과 요구를 무비판적으로 수용하여 자아정체감 유예의 모습을 가질 수 있다.

(2) 형제자매와의 관계

이 시기의 형제자매 관계는 학업과 학교생활에서의 보호자와 멘토의 관계로 발전한다. 상급학년인 손위 형제자매는 동생에 대한 보호자·지지자의 역할을 하며 동생의 역할모델이 되기도 한다. 특히 동성의 형제자매는 유사한 취미와 성향, 태도를 형성하고 이성에 대한 호기심과 교제경험을 공유하는 관계를 형성한다. 부모와 갈등이나 어려움을 경험할 경우 형제자매는 부모에게 공동의 대응을 하는 파트너가 되기도 하며, 학업성취나 외모를 놓고 비교와 경쟁의 대상이 되어 지속적인 우월감이나 열등감을 경험하기도 한다.

(3) 친구와의 관계

이 시기의 친구관계는 가족관계보다 더 중요한 인간관계로 자리 잡는다. 이 시기에는 부모나 교사가 제시하는 기준보다 친구의 기준을 더 중요하게 여겨 부모나 교사와 갈등관계를 형성한다. 이 시기에는 친구를 선택하는 기준이 외모, 학업성취, 사회경제적 지위 등 외적 기준에서 성격이나 인간성, 가치관, 종교, 취미 등 심리적 특성으로 옮겨 가며, 학교친구 이외에도 취미, 종교, 관심사에 따른 동아리 활동이 증대되어 다양한 친구관계가 형성된다. 신체적 성징이 발달하는 사춘기에 들어서면서부터는 이성에 대한 관심이 증가하여 초보적인 이성관계를 시작하기도 하고, 동성친구 간에 성적 호기심과 성 관련 자료 및 경험을 공유하기도 한다. 또한 이 시기에는 특정한 또래집단에서 소외되거나 따돌림 당하는 어려움이 청소년의 주요 대인관계 스트레스가 되기도 한다.

(4) 교사와의 관계

청소년기의 많은 시간과 에너지를 투입하는 학교생활에 있어 교사는 매우 중요한 역할을 한다. 대학입시가 강조되는 우리 사회의 현실에서 초등학교 고학년부터 가해지는 학업성취에 대한 압력은 청소년 스트레스의 주요 원인인데, 여기에서 교사는 학습내용의 제공과 평가뿐만 아니라 학교생활의 전반적인 규율을 제공하고 통제하는 권위를 통해 청소년과 관계를 맺기 때문에 교사와의 관계의 질이 청소년의 학교생활과 전반적인 생활의 중요한 결정요인이 된다.

또한 많은 청소년이 학교 이외의 학원이나 과외를 통해 학습 관련 도움을 받으면서, 학원에서 맺는 대인관계도 매우 중요한 역할을 한다. 학습과 관련하여 학교보다도 학원이나 과외를 더 의지하는 경우가 많고, 여기에서 학습 및 진로지도에 관한 학원 강사의 역할과 권위는 학교에서 교사가 갖는 역할과 권위보다 더 큰 의미를 가질 수도 있다.

4) 청년기

청년기에는 대학입학, 취업, 군 입대 등을 통해 물리적 · 심리적 · 경제적으로 부모로부터 독립하며, 대학과 직장에서 새로운 대인관계를 형성 · 발전시키고, 이성교제와 결혼을 통해 독자적인 가정을 형성하여 새로운 가족경험을 시작한다.

(1) 원가족관계

이 시기의 부모-자녀 관계는 심리적인 탯줄을 끊는 과정으로서 이전과는 매우 다른 모습을 나타낸다. 부모는 일정한 심리적 · 경제적 지원을 유지하지만 자녀는 학업, 진로, 교우관계, 일상생활 등에서 상당히 독립적인 생활을 한다. 이 과정에서 부모는 자녀에 대한 서운함, 아쉬움, 분노, 좌절을 경험한다. 만약 부모가 자녀의 이런 독립적인 생활을 허용하지 않고 이전 단계에서처럼 간섭과 통제를 하면 자녀와의 갈등이 심화되고 자녀가 성인으로서 필요한 독자적인 생활능력을 발달시킬 수 없다.

이 시기의 형제자매 관계는 새로운 사회생활에 대한 지지자와 멘토의 기능을 수행하기도 하지만 대학, 취업, 결혼 등에 있어 비교와 경쟁의 관계가 되기도 한다. 다만 이전 단계에서처럼 숙식을 함께하지 못하고 서로 떨어져 생활하면 형제자매 관계의 강도나 중요성이 감소할 수도 있다.

(2) 친구와의 관계

이 시기의 친구관계는 대학에서의 학과, 동아리, 동문회, 동창회, 군대 등 다양한 장면에서 형성되며 자발적이고 자율적인 관계의 특징을 지닌다. 이 시기에는 이전 단계에서 학업에 대한 압력으로 인해 억눌렸던 대인관계 욕구가 자유스럽게 분출되면서 친구들과의 관계에 몰두하여 학업이나 가족관계 등에 소홀해질 수도 있다.

그리고 이 시기에는 낭만적 친구관계의 형성이 매우 중요한 발달과제로 제시된다. 이성관계의 시작과 발전이 자연스럽고 당연시되며, 성인으로서 진지하고 깊이 있는 낭만적 사랑을 경험한다. 만남과 이별을 통해 여러 사람과의 낭만적 친구관계를 경험하기도 하면서 특정한 개인과 평생을 반려자로 살고자 하는 결혼관계로 발전하기도 한다.

(3) 직장에서의 관계

이 시기에는 직장에 입사하여 신입사원으로서 직장에 적응하며 상사, 동료와 새로운 인간관계를 형성 · 발전시킨다. 또한 대부분의 시간을 직장에서 보내고 직장에서의 성공이 개인의 삶에서 매우 중요하게 여겨지기 때문에 직장 내 인간관계가 친구관계나 가족관계보다 더 비중을 차지하게 된다. 위계적 구조의 직장에서 직장의 분위기, 상사의 개인적 특성, 동료집단의 특성에 따라 매우 다양한 모습의 인간관계가 직장에서 형성된다. 직장에서의 성공은 개인의 업무능력뿐만 아니라 상사나 동료, 부하와 맺는 인간관계에 따라 달라지기 때문에 협력적이고 지지적인 직장 내 대인관계를 형성하고 발전시키는 것은 이 시기의 매우 중요한 과제이다.

(4) 핵가족관계

이 시기에 청년은 그동안 경험한 낭만적 친구관계를 발전시켜 결혼에 이르러 새로운 가족을 만들기도 한다. 부부가 된 두 사람은 독립된 공간에서 일상생활을 공유하고 다양한 생활과제를 함께 해결해 가면서 이전과는 전혀 다른 관계경험을 한다. 이전의 개별적인 생활에서 공동의 생활로 전환하면서 새로운 역할, 책임, 관계에 적응해야 하는데, 이 과정에서 배우자에 대한 기대와 요구가 충족되지 않으면 실망과 갈등이 반복되면서 관계의 어려움을 경험하기도 한다. 특히 자녀를 임신 · 출산 · 양육하는 과정에서 다양한 문제에 대처하면서 상호 간에 애정과 신뢰가 발전하기도 하지만, 오히려 실망과 분노, 좌절이 반복되어 부부관계가 악화되기도 한다.

부모가 되어 자녀를 양육하는 부부는 자신이 원가족에서 경험한 부모-자녀 관계를 의식적으로 또는 무의식적으로 반복한다. 부모의 양육 모습을 의도적으로 닮고자 노력하기도 하지만, 자신의 부모와는 다르게 자녀를 양육하고자 하여도 무의식적으로 부모처럼 자녀를 양육하기도 한다. 자녀양육은 부모에게 즐거움과 보람을 제공하기도 하지만 신체적·정신적·경제적 부담과 스트레스의 원인이 되기도 한다.

5) 성인기

성인기에 이르면 자녀의 성장에 따라 가족관계가 변화하고, 직장에서의 승진이나 퇴사 등을 통해 직장 내 인간관계가 변화하며, 친구의 질병, 사망 등을 통해 친구관계가 변화한다.

(1) 가족과의 관계

이 시기의 부부관계는 자녀 양육에 전념하다가 자녀가 독립하면 빈 둥지 증후군을 경험하는 것이 특징이다. 자녀가 청소년기를 지나기까지 부부의 주요 관심사는 자녀의 학업, 진로, 친구관계 등 자녀 양육에 관한 것이다. 부부간의 친밀성이나 신뢰가 다소 부족하더라도 자녀의 문제에 집중하면서 부부관계를 유지해 나간다. 그러나 자녀가 대학 진학, 취업, 군 입대, 결혼 등을 통해 독립하면 부부간의 공통적인 관심사가 갑자기 줄어들고 자녀를 떠나보낸 심리적 상실감을 경험하면서 그동안 잠재되어 있었던 부부 갈등이나 신뢰의 문제가 부각될 수 있다.

이 시기의 자녀와의 관계는 점차 자녀의 자율성을 인정해 주다가 완전히 독립하여 떠나가도록 허용하는 수준으로 발전한다. 자녀가 청소년기와 청년기를 거치면서 점차 증가하는 독립과 자율의 욕구를 보일 때 점차 간섭과 통제를 줄여 가면서도 지지와 지원을 계속하는 것이 부모의 주요한 과제이다. 또한 자녀가 결혼하여 손자녀를 출산하면 조부모로서 자녀의 손자녀 양육을 지원하고 때로 간섭과 통제하는 역할을 한다.

이 시기에 부부의 부모 세대는 노년기에 이르러 이들에 대한 봉양 및 사망에 대한 대처가 부부 및 형제자매의 주요한 관심사가 된다. 명절, 생일, 제사 등에 정기적으로 방문하고, 생활비를 제공하거나 함께 살면서 생활을 돌보는 일은 이 시기에 자녀의 중요한 과업으로서 부부 및 형제자매 관계에서 중요한 관심사가 된다. 특히 부모 사망 시 유산의 배분과 처리 문제는 노년기에 이른 부모와 자녀 간에, 그리고 자녀의 형제 간에 중요한 갈등 원인이 된다.

(2) 직장에서의 관계

이 시기에 개인은 직장에서 동료들과의 경쟁에서 승리하여 승진을 통해 권한이 확대되기도 하고, 여러 가지 이유로 직장을 그만두고 새로운 직장에 들어가거나 창업을 하기도 한다. 여기에서 개인은 직장 상사나 소유주로서 부하 직원을 지휘하고 통솔하며 책임도 지는 인간관계를 경험한다.

(3) 친구와의 관계

이 시기에 친구관계는 가족관계 및 직장관계에서 증가하는 스트레스를 해소하는 중요한 역할을 한다. 그래서 취미, 종교, 학연, 지연에 따른 친구관계가 증가하고 여기에 몰두하는 것이 부부관계 갈등의 또 다른 원인이 되기도 한다. 그리고 이 시기에는 질병, 사고 등으로 인해 친구가 사망하여 친구관계가 종료되는 경험을 겪는다.

6) 노년기

노년기에 이르면 직장에서 물러나고 신체적 노쇠와 경제적 능력이 감퇴하면서 대인관계의 폭이 좁아지며 가족관계의 비중이 높아진다.

(1) 가족과의 관계

이 시기에는 직장에서의 퇴사로 인해 부부가 함께 있을 물리적 시간이 증가하지만 공동의 관심사나 활동이 어떠한가에 따라 부부관계의 모습과 질이 매우 달라질 수 있다. 주로 직장생활을 하던 남편은 이제는 집에서 보내는 시간이 많아지고 가급적 아내와 함께하는 시간을 보내려고 하지만, 상대적으로 그동안 집에 주로 있던 아내는 이런 남편의 모습이 부담스러워 남편을 계속 밖으로 나가도록 하거나 자신이 바깥 활동을 많이 하려고 한다. 신체적 기능의 저하로 배우자를 간호하는 일, 배우자의 사망에 대한 준비와 대처 등이 이 시기 부부관계의 주요 주제가 된다.

이 시기에 자녀와는 손자녀 양육, 자신들에 대한 봉양, 유산 처리 등이 주요 관심사가 되며, 평균 수명의 증가로 인해 오래 생존해 있는 자신의 부모와의 관계에서 자신도 노년기에 들었지만 부모를 봉양해야 하는 이중의 어려움을 경험하기도 한다.

(2) 친구와의 관계

이 시기 친구관계는 친구의 사망으로 인해 축소되기도 하지만, 퇴직 후 새로운 활동을 통해 새로운 친구관계가 생성·발전되기도 한다. 이 시기에는 같은 시대를 살아왔다는 연대의식과 아직 생존해 있다는 점에 대한 긍정과 격려 그리고 노년기에 공통적으로 경험하는 어려움에 대한 공감과 지지 등이 친구관계의 주요 주제가 된다.

3. 대인관계 생애개발상담 접근

대인관계는 인간이 경험하는 모든 문제의 기초를 제공하며 문제의 핵심으로 기능한다. 학업이나 진로문제 등 표면상으로는 대인관계와 관련이 없어 보이는 문제라고 해도 그 문제와 관련된 부모, 교사, 친구 등과의 인간관계가 개입되어 있기 때문에 어떤 경우에는 그 문제 자체보다 관련된 대인관계를 다루는 것이 더 효과적이고 효율적일 수 있다. 따라서 인간의 문제를 이해하고 해결하려는 대부분의 접근은 대인관계 문제해결을 다룬다고 할 수 있다.

이 절에서는 대인관계 문제에 관한 상담이론별 접근을 살펴보고, 대인관계 영역별 주요 주제에 대한 상담접근 방법을 알아본다.

1) 상담이론별 대인관계 생애개발

대인관계는 사람 간의 관계를 의미하지만, 대인관계의 발달이나 문제해결을 위해서는 이와 관련된 개인의 인지, 정서와 같은 심리적 특성을 우선적으로 다루어야 한다. 그리고 대인관계에 실제적으로 사용할 수 있는 대화기법 등의 대인기술과 가족이나 조직 등의 체계에 대한 이해와 접근을 다루어야 한다. 따라서 여기서는 상담이론별 대인관계 생애개발 접근을 개인심리적 접근, 대인기술적 접근, 체계환경적 접근으로 나누어 살펴본다.

(1) 개인심리적 접근

대인관계와 관련된 개인심리적 특성으로는 감정, 동기, 신념 등을 들 수 있다. 대인감정은 인간관계를 통해 경험하는 감정으로서 이후 대인관계 형성과 발전에 핵심적인 요소로 작용한다. 인간은 대인관계를 통해 행복, 환희, 자긍심, 사랑, 애정, 안도감 등 긍정적인 감정을 경험하지만, 분노, 불안, 공포, 죄책감, 수치감, 슬픔, 시기, 질투, 고독 등 부정적인 감정도 경험한다. 정서적 상담접근은 개인이 경험하는 긍정적·부정적 감정을 탐색하여 알아차리고 표현하며 해소하도록 하여, 이후의 인간관계에서 긍정적인 감정을 기대하고 부정적인 감정을 적절하게 대처해 나갈 수 있도록 돕는다.

대인동기는 인간이 대인관계를 가지려고 하는 동기로서 생존을 위한 생물학적 동기, 의지와 보호를 위한 의존 동기, 어울리며 친밀한 관계를 맺고자 하는 친애 동기, 다른 사람에게 영향력을 미치고자 하는 지배 동기, 성적 행동을 추구하는 성적 동기, 타인을 해치고자 하는 공격 동기 그리고 자신을 가치있게 여기고자 하는 자기존중감과 자기정체성의 동기 등이 있다. 개인별로 유전적 요인과 후천적 성장경험에 따라 대인동기의 종류와 모습이 다를 수 있다. 대인관계에서 문제가 되는 대인동기로는 지나치게 심하거나 약한 극단적인 대인동기, 일반적인 역할과 기대에 어긋나는 부적절한 대인동기, 현실적으로 이루어지기 어려운 비현실적 대인동기, 여러 대인동기 중 특정 동기만을 강조하는 불균형적인 대인동기 등을 들 수 있다. 이런 부적응적 대인동기를 극복하기 위해서는 우선 현실의 대인관계에서 대인동기를 충분히 만족시켜야 하며, 다음으로 자신을 잘 관찰하여 대인동기를 파악하고 이를 조절하려고 노력하는 것이 필요하다.

대인신념은 대인관계와 대인행동에 영향을 미치는 개인의 신념으로서 자신과 타인, 인간관계에 대한 신념으로 구성된다. 자신에 대한 신념체계인 자기개념은 외모, 신체적 능력, 소유물 등의 물질적 자기와 성격, 지적 능력, 가치관 등의 심리적 자기, 그리고 친구관계, 가족관계, 사회적 신분 등의 사회적 자기로 나뉜다. 타인에 대한 신념은 대인관계의 대상이 되는 타인에 대한 심리적 표상, 즉 타인표상을 의미하는데 특정한 타인에 대한 신념, 특정한 집단에 대한 신념, 그리고 인간 일반에 대한 신념으로 구성된다. 인간관계에 대한 신념은 인간관계의 중요성에 대한 신념, 중요시하는 인간관계 영역에 대한 신념, 이상적인 인간관계에 대한 신념, 친밀한 인간관계를 맺는 방법에 관한 신념으로 구성된다. 대인신념 중 회의적이고 비관적인 부정적 대인신념, 잘못된 지식과 해석에 근거한 왜곡된 대인신념, 당위적이고 절대주의적인 경직된 대인신념은 부적응적 대인신념으로서 대인관계에 부정적인 영향을 미친다. 부적응적 대인신념을 극복하기 위해서는 우선 자신의 대인신념을 탐색하여 자각하고, 신념의 사실성, 현실성, 유용성의 측면에서 자문하고 논박하며, 보다 유연하고 적응적인 신념으로 대체해야 한다.

(2) 대인기술적 접근

대인기술은 인간관계를 성공적으로 이끌어 갈 수 있는 사교적 능력으로서 언어적 대인기술과 비언어적 대인기술로 구성된다. 언어적 대인기술에는 상대방이 보내는 소통 내용에 주의를 기울이고 이해를 위해 노력하는 경청하기, 상대방에게 추가적인 정보를 요청하고 상대방의 태도·감정·의견을 확인하는 질문하기, 상대방의 표현 내용에 대한 자신의 이해 정도를 전달하며 자신의 이해 내용이 정확한지를 확인하는 반영하기, 상대방의 주관적인 기분과 입장에 대한 정서적 이해를 전달하고 확인하는 공감하기, 자신이 소유하고 있는 정보를 상대방에게 제공하고 공유하는 설명하기, 타인에 대한 인정·긍정·칭찬·격려·지지 등을 전달하는 강화하기, 자신의 개인적인 정보를 상대방에게 의도적으로 노출하는 자기공개하기, 자신의 개인적인 권리를 옹호하고 향상시키기 위해서 타인의 권리를 존중하면서 동시에 자신의 사고·감정·신념을 직접적이고 솔직하게 표현하는 자기주장하기, 유쾌한 익살·해학·농담으로 인간관계의 긴장을 해소하며 타인을 편안하게 만드는 유머 등이 있다.

비언어적 대인기술은 얼굴표정, 눈 맞춤, 몸동작, 신체적 접촉, 물리적 거리 및 공간 배치 등을 통해 자신의 감정과 의사를 표현하고, 또한 타인의 이와 같은 단서를 통해 타인의 감정과 의사를 파악하는 기술을 의미한다. 서구 사회에 비해 우리 사회는 언어적 행동보다 비언어적 행동을 통해 의사소통을 하기 때문에 비언어적 행동으로 자신의 의사를 표현하고 또한 타인의 비언어적 행동이 의미하는 의도와 감정을 잘 파악하여 반응하는 것이 중요하다.

대인관계 영역에 대한 대인기술적 접근은 개인 또는 집단으로 하여금 이와 같은 언어적·비언어적 대인기술을 습득하고 부적응적인 대인관계 기술을 수정하여 원활하고 풍성한 대인관계 의사소통을 할 수 있는 능력을 향상시키고자 한다. 이를 위해 공감 훈련, 자기주장 훈련, 감정인식과 표현 훈련, 신체자세 교정 등 다양한 프로그램이 개발되어 활용되고 있다.

(3) 체계환경적 접근

체계환경적 접근은 대인관계의 문제를 체계와 환경의 문제로 파악하여 이를 수정하고자 한다. 여기에는 가족체계의 관점에서 대인관계를 다루는 가족상담 접근과 집단의 구조와 역동을 통해 대인관계를 다루는 집단관계심리 접근이 있다. 가족상담 접근에서는 개인의 문제가 개인 내의 심리적 특성에 의해서가 아니라 역기능적인 가족 구조와 역동에 의해 발생하고 유지·심화된다고 본다. 따라서 문제의 해결은 역기능적인 가족의 구조와 역동을 파악하고 이것을 기능적인 구조와 역동으로 변화시킴으로써 가능하다고 본다. 이 입장에서 볼 때 대인관계의 문제는 기본적으로 가족 내의 역기능적 관계경험을 통해 형성되어 발전하므로 대인관계 개선 및 향상을 위해서는 개인의 가족 구조와 역동을 다루어야 한다. 여기에서 가족 구조는 가족 구성원의 물리적 구성(예: 조부모 생존 여부, 부모 동거 여부, 형제자매의 수 등)뿐만이 아니라 가족 내에서 명시적 또는 암묵적으로 형성·유지되는 규칙 전체를 의미한다. 모든 가족은 대화 내용과 방법, 행동, 물리적 공간 등에 대한 일정한 규칙에 따라 움직이며, 이 규칙들이 얼마나 유연하게 적용되고 규칙에 관한 의사소통이 얼마나 원활하게 이루어지느냐에 따라 그 가족 구조의 역기능 정도를 판단할 수 있다. 가족 구조와 역동의 변화란 바로 이 가족 내의 규칙 및 규칙에 대한 의사소통 방법이 바뀌는 것으로서 이를 통해 개인의 대인관계 문제해결을 시도할 수 있다.

집단관계심리 접근은 학급이나 기업, 군 등 집단생활을 하는 조직에서 원만한 대인관계를 형성하고 문제해결을 위해서 조직의 집단문화를 파악하고 그것을 기능적인 방향으로 변화시키는 노력을 의미한다. 학교의 신입생 오리엔테이션이나 MT, 기업의 팀빌딩 프로그램, 군의 내무반 단위 집단상담 등은 이런 집단관계심리 접근으로 대인관계를 다루는 접근이다. 이는 대인관계의 문제를 생태학적 관점에서 조직의 문화와 풍토의 문제로 파악하고 이를 개선하는 접근으로서 개인의 심리 및 행동에 대한 접근만으로는 해결되기 어려운 만성적인 조직 내 대인관계 문제를 개선하는 효과적인 방법으로 활용되고 있다.

2) 대인관계 영역별 상담접근

(1) 가족관계 영역의 주제별 접근

부부관계에 대해서는 부부의 발달단계에 따라 결혼 전 예비부부관계 훈련 프로그램, 신혼기 부부관계 증진 프로그램, 중년기 부부관계 향상 프로그램 등이 실시되고 있으며, 부부관계의 주요 관심사에 따라 부부대화 증진 프로그램, 부부갈등 대처 프로그램, 이혼숙려 상담 프로그램 등이 실시된다. 또한 성 관련 문제, 외도, 성격 차이 등을 주제로 한 상담과 교육 프로그램이 실시되고 있다.

부모-자녀 관계에 대해서는 자녀와의 의사소통 방법, 자녀 학습 및 진로 지도, 비행청소년 부모상담, 10대 자녀 이해 등 부모를 대상으로 한 교육과 훈련 프로그램이 주로 이루어지며, 부모와 자녀가 함께 참여하는 상담 및 교육 프로그램도 일부 실시되고 있다. 또한 결혼한 자녀와 부모가 함께 참여하는 고부간 관계증진 프로그램 등도 실시된다.

부부 및 부모-자녀 관계에 관한 상담과 교육은 민간 영역에서 활발하게 이루어지고 있으며, 공공 영역에서도 정부 및 지방자치단체를 통해 활성화되어 있다. 여성가족부 산하 청소년상담복지센터, 건강가정지원센터, 다문화가족지원센터 등은 가족 영역의 다양한 어려움에 대해 지원하면서 가족관계에 대한 교육 및 상담 서비스를 제공하고 있다. 교육부 산하 Wee 프로젝트에서도 학생의 학교 적응을 지원하는 상담 및 교육 프로그램을 실시하면서 부모를 대상으로 상담 및 교육을 실시하고 있다. 최근 일부 대학에서는 가족생활을 다루는 교양교육 과목을 통해 가족관계 영역의 대인관계 역량 개발을 촉진하고 있다.

(2) 친구관계 영역의 주제별 접근

일반적 친구관계에 대해서는 주로 청소년 및 대학생이 학교에서 경험하는 친구관계의 형성·유지·단절·이별 등의 문제에 대한 상담 및 교육 프로그램이 실시된다. 여기에는 학교 적응 프로그램, 대인관계 증진 프로그램, 갈등해결 프로그램 등 집단적 교육 및 상담 프로그램뿐만 아니라 개인상담을 통한 접근도 포함된다.

낭만적 친구관계에 대해서는 이성친구 만들기, 커플상담 프로그램, 데이트 폭력의 이해, 성교육 등 이성교제에 관한 교육 및 상담 프로그램과 함께 이성관계 형성과 유지, 갈등과 이별 등에 관한 개인상담이 실시된다. 또한 동성애관계에 대한 사회적 논의가 활성화되면서 동성 간 낭만적 친구관계에 관한 교육, 홍보,

상담 등의 활동이 개발·실시되고 있다.

3) 사회관계 영역의 주제별 접근

직장 내 대인관계에 대해서는 근로자지원 프로그램(Employee Assistance Program: EAP)으로 사원 상담 및 교육 프로그램이 활성화되어 있으며, 이는 민간 기업뿐만 아니라 공무원, 교사, 경찰, 군, 소방관, 검찰청 직원 등 공공기관에서도 해당 기관 종사자 및 가족에 대해서 상담 서비스를 제공하고 있다. 여기에서는 직장 내 대인관계의 문제도 다루지만 개인의 승진, 진로, 가족, 심리적 문제 등 다양한 주제도 함께 다룬다.

4. 대인관계상담의 전망과 과제

앞서 살펴보았듯이, 대인관계 생애개발과 관련해서는 다양한 영역별로 전 생애단계에 걸쳐서 여러 주요 주제를 다루어야 할 필요가 있으며, 현재 민간과 공공 영역에서 많은 교육과 상담 프로그램이 실시되고 있다. 그러나 아직 많은 사람이 이런 교육과 상담 서비스를 접하지 못해 대인관계 역량을 개발할 기회를 갖지 못하고 있으며, 급변하는 사회환경의 변화에 따라 대인관계 생애개발에 관한 이해와 대처 역시 새롭게 발전해야 한다.

대인관계상담은 앞으로 더욱 그 중요성이 커지며 발전할 것으로 전망된다. 이는 4차 산업혁명의 흐름 속에 스마트기기를 비롯한 기계가 인간의 삶에 깊숙이 자리잡고 기계와 인간의 경계가 모호해지면서 인간의 소외 문제가 더욱 심각해질 것이기 때문이다. 스마트기기를 중심으로 사고하고 소비하는 '포노 사피엔스(phono sapiens)'(최재붕, 2019)가 주도하는 사회는 현재와는 매우 다른 대인관계 특성과 문제가 발생할 것이다. 하지만 사회가 변화하여도 인간의 가장 중요한 욕구 중 하나인 '소속과 애정의 욕구'는 그대로이기 때문에 새로운 사회에서 이 욕구의 충족은 매우 심각한 과제이며, 이를 위해 대인관계상담은 지금보다 더욱 중요한 위치를 차지할 것이다.

대인관계 생애개발에 있어 향후 과제는, 첫째, 개인 및 사회환경 변화에 따른 대인관계의 특성 변화를 파악하고 대처하는 것이다. 우리 사회는 전통적 사회의 가치관과 관계에서 서양적인 가치관과 관계로 급속도로 전환하면서 여러 어려움을 경험하고 있다. 이에 따라 무엇이 당연하고 바람직한 대인관계인가에 대한 사회 구성원 간의 합의가 이루어지지 않은 상태이다. 이는 세대 간 교육과 경험의 차이에 기인한 것으로, 완전한 합의가 어려울 수도 있지만 상호 간에 대한 이해와 존중의 자세를 개발하는 것은 가능하고 또한 필요한 일이다.

둘째, 인터넷과 스마트기기의 발달로 인해 온라인을 매개로 하는 대인관계가 급속도로 확대되며 상대적으로 면대면의 오프라인 대인관계의 비중이 감소하고 있다. 카카오톡, 페이스북, 인스타그램, 밴드 등 SNS를 통한 개인적 만남과 집단적 교류가 활성화되어 있으며, 개인적으로 알지 못하면서도 서로의 정보와 사생활을 공개하고 공유하는 대인관계가 일상화되고 있다. 학업, 취미, 종교 등 다양한 영역에서 온라인 커뮤니티의 중요성과 활용도가 증가하고 있어서 이를 활용하지 않으면 일반적인 정보 획득과 교류가 어려울 정도이다. 이에 따라 과도한 온라인 대인관계 몰두와 온라인상에서의 사이버폭력, 사기 등의 범죄가 사회적 문제로 나타나고 있다. 앞으로 더욱 확대되고 비중이 커질 온라인 대인관계의 특성을 파악하고 그 역량을 개발하되, 중독이나 범죄에 빠지지 않도록 하는 것이 향후 대인관계 생애개발 영역의 주요 과제가 될 것이다.

셋째, 인공지능기술의 발달에 따라 기계와의 의사소통이 확대되는 것도 주목할 필요가 있다. 아직은 기초적인 의사소통 수준에 머물러 있지만 곧 기계와의 다양한 의사소통이 가능해질 것이며, 이는 기존의 인간과의 의사소통 및 관계를 보완하거나 대치할 가능성이 있다. 영화 〈Her〉에서 보여 준 개인의 생활을 지원하는 쌍방향 대화 프로그램은 이미 'Siri'와 'Bixbi'를 통해 일상화되고 있으며, 향후 사물인터넷의 발달을 통해 우리는 영화 〈마이너리티 리포트〉나 〈터미네이터〉에 나오는 것처럼 기계와 일상적인 대화를 나누며 친밀하거나 갈등하는 관계를 경험하고 다루어야 할 수도 있다. 즉, 우리의 의사소통과 관계가 생물학적 인간만이 아니라 기계와도 일상화될 때 우리의 대인관계 개념부터 변화·확장되어야 할 것이며, 이를 위한 역량 개발과 여기에서 발생하는 문제의 이해와 대처가 새로운 과제로 등장할 것이다.

넷째, 대인관계 생애개발 서비스의 제도화가 필요하다. 부부관계, 부모-자녀 관계는 개인의 행복뿐만 아니라 사회와 국가의 안정과 행복을 위해서도 매우 중요한 관계로서, 그 형성과 발전에 대해 국가는 행정적인 관리를 넘어서 질적 측면에 대한 책임을 질 필요가 있다. 현재의 많은 청소년문제, 성인 범죄 및 정신질환의 문제는 그들의 가족경험에서 비롯된다고 볼 수 있다. 국가가 이런 문제를 예방하여 사회적·국가적 손실을 줄이고자 한다면 지금의 사후처방식의 대처가 아니라 예방을 위한 노력을 기울여야 할 것이며, 이를 위해서는 부부관계와 부모-자녀 관계에 대한 교육과 상담을 의무화하는 제도를 시행해야 한다. 결혼할 때를 비롯하여 가족발달주기별로 의무적으로 일정 시간 부부생활교육을 이수하고, 자녀 출산 시기 및 자녀 연령단계별로 부모-자녀 관계에 관한 교육 및 상담 서비스를 받도록 할 필요가 있다. 또한 마을 상담사나 가족 주 상담사 제도를 시행하여, 필요할 경우 언제든지 쉽게 상담과 지원을 받을 수 있는 상담활용체계를 구축하여 운영해야 한다.

다섯째, 공교육을 통해서도 다양한 대인관계 영역 및 대인관계 기술에 관한 교육과 훈련을 제공할 필요가 있다. 사실상 인간은 태어나면서부터 부모를 통해 부부관계와 부모-자녀 관계를 비롯한 다양한 대인관계를 보고 경험하며 자란다. 따라서 이미 어린 시절부터 부부관계 교육을 명시적으로 또는 암묵적으로 받고 자라고 있는데, 문제는 그 교육이 항상 건강하고 바람직한 대인관계만을 보여 주지는 못한다는 것이다. 이에 유치원부터 대학교까지, 더 나아가 평생교육제도 안에서 바람직한 대인관계의 모습을 배우고, 그런 관계를 형성·유지·발전시키기 위해 자신을 돌아보며, 대인관계 기술을 습득하고, 지속적인 모니터링과 개선을 해 나가는 것은 향후 대인관계 생애개발 영역에서 해결해야 할 중요한 과제라고 할 수 있다.

제8장
생애개발과 여가상담*

| 손은령 |

이 장에서는 행복한 삶을 영위하고, 자신에게 적합한 생애를 개발하기 위해 어떻게 여가를 이해하고 관리해야 할지를 살펴본다. 일만 하는 인생이 아니라 쉬기도 하는 인생이 행복하다는 인식이 점차 높아지고 있지만, 실제로 어떻게 잘 놀고 잘 쉴지에 대한 개념 정리는 명확하지 않다. 따라서 이 장에서는 개개인의 삶에서 일, 놀이, 쉼의 균형을 잡을 수 있는 지혜를 발휘할 수 있도록 다양한 각도에서 여가와 여가상담의 면면을 알아보고자 한다.

이러한 목적에 따라 먼저 여가의 개념에 대해 알아보며, 여가상담이 중요한 이유, 여가상담의 역사 및 정의를 살펴본다. 그리고 여가상담에 대한 여러 관점과 이슈들을 파악하고, 그 이슈들이 어떤 맥락에서 발생하며, 어떻게 이를 해결할 수 있을지를 검토한다. 이에 더하여 문제유형별, 대상별, 생애주기별로 여가상담의 문제를 살펴보며, 마지막으로 여가상담의 전망과 과제를 논의한다.

---

* 이 장의 내용 중 일부는 「여가 상담의 현실과 과제」(손은령, 손진희, 2019, pp. 191-206)에서 발췌하였다.

1. 여가와 여가상담

1) 여가의 개념

상식적인 의미에서 여가는 쉬는 시간, 또는 잠시의 여유로 이해되며, 사전적으로는 '겨를, 틈'이란 의미를 갖고 있다. 여가를 뜻하는 영어 'leisure'의 어원은 적극적인 의미와 소극적인 의미로 구분할 수 있다. 적극적인 의미의 어원은 그리스어의 스콜레(schole), 영어로는 학교(school)를 뜻한다. 즉, 학문, 철학, 명상과 문화창조적인 활동을 하는 것이다. '자유로움' '평화'라는 다른 의미도 있는데, 이는 자유자재로 처분할 수 있는 마음 상태로 자기 향상을 하기 위한 배움이나 도야 같은 활동, 또는 자유와 여유 속에서 자기실현을 하는 정신적 발전 상태 행위를 의미한다(강남국, 1999). 'school(학교)'과 어원이 동일하다는 사실은 배움이 쉼과 자유로움을 동반해야 가능하다는 역설적 의미를 담고 있다. 이와는 달리 여가의 라틴어 어원인 'otium'은 아무것도 하지 않음, 여분, 한가로움을 뜻하고 정신적으로나 육체적으로 안정된 평형 상태를 의미한다는 점에서 소극적인 의미의 어원으로 이해할 수 있다.

시간이나 활동의 개념만이 아니라 존재론적으로, 그리고 가치론적으로 여가를 개념화할 수도 있다(노용구, 2001). 시간 개념에서 볼 때 여가는 잉여 시간, 자유재량 시간을 뜻하며, 활동 개념에서는 휴식, 기분전환, 자기계발을 위한 활동을 뜻한다. 존재 개념에서는 영적 상태, 초월된 자유정신과 의지 상태를 말하며, 가치 개념인 심리학적 관점에서는 일상에서 정신을 해방시키고 인생의 의미와 깊은 시야를 육성하여 신체와 인격, 정신을 도야하는 시간을 뜻한다.

여가에 대한 개념이 다양한 것처럼 여가의 기능에 대한 견해도 다양하다(이수길, 오갑진, 정호권, 2003; 정광현, 2002; 최경범, 김용구, 2003). 종합하면 크게 2개의 축으로 구분할 수 있다. 개인중심과 사회중심의 관점, 그리고 순기능과 역기능 관점이 대두된다. 어떤 측면을 강조하든 간에 여가는 기본적으로 그동안 쌓여 온 여러 가지 감정적 잔재와 신체적 피로를 풀어 버리는 카타르시스의 기능이 있으며, 여가를 함께 즐기는 과정에서 일종의 소속감을 제공한다. 개인의 측면에서는 휴식을 가능하게 하고 기분을 전환시키는 환기의 기능을 갖고 있으며, 자신이 가진 여러 가지 역량을 계발할 수 있는 기회를 제공한다. 또한 여가는 새로운 에너지를 주는 동시에 여러 가지 스트레스를 해소할 수 있는 기회를 제공한다. 개인적 차원에서의 기능은 다시 사회로 확장되어 사회 구성원의 결속력을 강화하며, 그 사회가 지향해야 할 목표로의 동참을 유도하는 한편, 그동안 누적되어 온 사회문제를 해소하는 계기를 마련할 수도 있다. 또한 사회 구성원이 함께 그들만의 문화를 만들고 이를 널리 알릴 창구도 되기 때문에 일종의 사회적 책임감을 나눌 수 있다.

이러한 기능은 대부분 순기능(휴식, 심리적 이완, 자기실현 기회, 사회적 영향, 교육 및 문화 전달 등)으로 이해되지만, 이에 반하는 역기능도 만만치 않다. 대표적인 것이 여가의 획일화·위장화의 문제이다. 다양한 인간이 개성을 잃은 채 한두 가지의 여가활동에만 탐닉하는 현상은 우리가 갖고 있는 건강한 이성을 무감각하게 만들며, 문제의 해결보다는 이를 회피하거나 위장하는 데 몰두하는 2차적 효과를 야기할 수 있다. 여가를 통해 건강하고 활기찬 가정생활과 직업생활을 가능하게 하기보다는 향락적인 여가에 빠져 일과 가정을 등한시하는 부수적인 피해로 파생될 수도 있다. 따라서 여가의 여러 가지 기능에 대해 잘 인식하고 자신의 생활양식에 맞는 여가를 찾아 이를 잘 활용해야 일과 여가가 균형 잡힌 삶을 영위할 수 있으며, 이러한 과정에서 개인의 웰빙도 가능하다.

2) 여가상담의 역사와 정의

생애개발상담의 중요한 영역의 하나로 여가상담이 필요한가에 대해서는 이견의 여지가 없다. 삶의 중요한 주제로 프로이트(Freud)가 일(work), 여가 혹은 놀이(play), 사랑(love) 세 가지를 제시하였다는 사실을 굳이 언급하지 않더라도 행복은 일과 사랑과 여가가 조화를 이루는 가운데 형성되는 만족스러운 느낌 혹은 감정이다. 특히 우리나라의 경우, 2018년에 발표된 OECD의 조사 결과 (OECD, 2018)에 따르면 일과 삶의 균형이라는 항목에서 40개 회원국 중 37위를 기록하였다. 이 정도로 일 중시, 여가 무시의 사회적 분위기가 팽배하기 때문에 여가상담에 대한 수요가 더욱 늘어날 것으로 예상된다. 주 5일제 근무제도가 정착함에 따라 여가를 누리는 인구가 늘어나고 있으며, 평균 수명이 상대적으로 늘어난 반면, 은퇴 시기도 빨라져서 일종의 '시간 부자'가 넘쳐 나는 상황도 여가 상담의 필요성을 높이고 있다. 이에 더하여 스트레스가 과도한 직장 환경 속에서 자신에게 적합한 여가활동을 찾기 못하거나, 일중독으로 인하여 여가를 제대로 즐기지 못하는 인구의 증가와 좋지 못한 여가활동을 탐닉하여 자신의 사회생활에도 위협받는 여가문제도 양산되고 있다. 앞서 제시한 많은 현상은 시대적으로, 그리고 개인적으로 효과적인 여가상담을 요구하고 있음을 반증한다. 그렇다면 여가상담은 언제부터 시작되어 왔으며, 어떻게 개념화할 수 있을까? 이에 대해서 다음에서 살펴보기로 한다.

(1) 여가상담의 역사

여가학은 일종의 응용과학이며 복합학이다. 다양한 배경(사회학, 체육학, 심리학, 레크리에이션학, 관광학, 사회학, 문화인류학, 교육학 등)의 학자들이 자신의 주 전공을 토대로 여가에 대한 관점을 전개하며, 이 모두를 통칭하여 여가학이라고 부른다. 현재 여가를 가장 활발하게 연구하고 실천하는 분야는 체육학 중 여가 레크리에이션 분야이지만 여가학은 어느 한 전공이 독점적으로 연구할 수 있는 분야가 아니기 때문에 다양한 학문 공동체 간의 치열한 논의와 협력을 통해 정체성을 마련해야 한다는 목소리가 높아지고 있다(노용구, 2008). 이처럼 여가학은 상담자들에게도 여가상담에 관심을 갖고 상담모델의 개발이나 적극적인 실천을 위해 노력해야 하는 일종의 블루오션이라 할 수 있다.

미국의 경우, 1960년대부터 경제적인 호황기가 지속됨에 따라 여가에 대한 관심이 높아졌고, 그에 따라 여가 연구가 하나의 개별 학문의 형태로 발전할 토대가 마련되었다. 이로 인해 1969년에 여가와 관련된 주제만을 다루는 최초의 저널인 『Journal of Leisure Research』가 창간되기도 하였다. 또한 70년대에 들어서면서 관련 학회지가 차례로 출간되면서 여가에 대해 활발한 논의를 나눌 수 있는 학문적 장이 마련되었다.

여가에 대한 관심과 함께 여가교육에 대한 논의도 활발해졌으며, 방법적인 측면에서 여가상담이라는 이름의 프로그램도 제공되기 시작하였다. 여가상담의 시작점은 1955년 미주리주의 UA 병원에서 부상병의 사회 복귀를 도와주기 위한 프로그램이라고 보는 관점이 우세하다. 이 프로그램은 레크리에이션 전문가가 중심이 되어 제공되었으며, 비행청소년 알코올 중독, 마약 환자, 수감자 등 여러 문제를 가진 사람들에 대한 문제해결 방법으로 활용되었다. 에퍼슨 등(Epperson et al., 1975)이 일종의 여가상담모델을 처음 제시한 이후, 국가 차원에서 여가상담 태스크 포스가 만들어져 『Journal of Physical Education and Recreation』을 창간하였으며, 1977년에는 『Leisure Today』라는 잡지를 통권으로 편집한 적도 있다. 또한 같은 해 국가진로지도협회에서는 여가와 진로개발위원회를 하위조직으로 만들었다. 이렇듯 여가상담에 대한 관심이 커져 갔지만, 이론이나 실제 기법 등의 발전 속도는 더디거나 때로는 정체되기도 하였다.

초기에는 레크리에이션 전문가를 중심으로 환자 또는 장애인의 재활과 퇴원 후의 사회적응을 여가상담의 중심에 두었으나, 점차 정상적으로 기능하는 사람들에 대한 여가상담의 필요성이 증대되어 1980년대부터는 상담 및 심리학자들이 여가상담을 주제로 연구하고 실행해야 한다는 요구가 늘어나기 시작하였다. 이에 따라 1981년 『The Counseling Psychologist』는 제9권 3호 전체 지면을 여가상담에 할애하기도 하였다. 당시의 학자들은 여가상담이 정보제공이나 여가활동 선택에서 벗어나 여가상담의 목적, 심리적 절차 그리고 기법 등을 체계적으로 연구해야 한다고 주장하였다. 하지만 그 이후에도 여가상담 전반이 급속하게 발전하였다고 보기는 어렵다.

우리나라에서도 이와 비슷한 현상을 발견할 수 있다. 키워드 검색을 통해 살펴보면 여가 관련 논문이나 문헌의 수는 상당히 많지만 대부분 체육학이나 레크리에이션학 등에서 효과분석을 하거나 검사 등을 개발한 내용이며 여가상담의 실제를 다룬 논문은 거의 없다. 물론 여가상담을 발달상담 또는 진로상담의 일부로 인식하여 여가문제를 구분하려는 시도가 몇 차례 있었다. 여가 관련 행동문제, 여가 생활양식의 인식문제, 여가자원 안내와 관련된 문제, 여가기술 개발에 대한 문제 등에 관심을 갖고 1990년대 초에 몇 편의 연구(예: 정옥호, 1993)가 진행되었지만 그 이후에 본격적으로 이러한 문제를 탐색한 시도는 찾기 힘들다. 이는 여가학이 아직 정체성을 찾지 못하고 있는 상황 때문이기도 하지만, 상담자들의 관심이 아직까지 여가보다는 일, 직업 등의 영역에 놓여 있기 때문이기도 하다.

(2) 여가상담의 정의

여가상담은 어떻게 정의할 수 있는가? 맥도웰(McDowell, 1976)은 여가상담을 "웰빙의 달성을 위해 내담자의 인지적·정의적·행동적 변화를 촉진하는 조력 과정"이라고 정의하였다. 이후 여가에 대한 인식과 참여과정에 대한 조력 또는 정보제공에 초점을 둔 정의도 제시되었다. 예를 들어, 피터슨과 건(Peterson & Gunn, 1977)은 "언어적 촉진기법을 사용하여 여가에 대한 자아각성, 여가 태도, 가치관과 감정에 대해 인식하게 하며, 여가참여에 관한 의사결정 발달과 문제해결 기술의 발달을 도와주는 과정"이라고 이해하였다. 약간 다른 관점에서 에드워드(Edward, 1977)는 "내담자의 현재 생활을 위해 여가 선택과 활동을 즐길 수 있도록 정보를 제공하고 조력하는 과정"이라는 정의를 제안하였다.

현대로 오면서 전생애적 관점에서의 여가탐색, 치료의 일환, 개별화·체계화된 서비스 등의 의미를 추가하는 형태로 정의가 변화되고 있다. 예를 들어, 주니퍼(Juniper, 2005)는 "광범위한 심리치료적 목적으로 내담자의 과거, 현재 또는 미래의 취미, 활동, 흥미를 체계적으로 탐색하는 과정"이라고 제시하였다. 노용구(2005)는 "내담자의 여가흥미를 결정하고, 그들의 흥미에 맞게 지역사회에서의 여가자원을 활용할 수 있도록 돕는 과정"보다는 "내담자에게 여가활동 참여의 결과로 유능감을 느끼고 즐거움을 얻는 활동의 탐색뿐만 아니라 삶의 질까지 연결시키는 조력과정"으로 여가상담을 이해할 필요가 있다고 제안하였다.

한편, 김홍록(2006)은 "레크리에이션의 선택과 참여를 자신의 힘으로 해결할 수 없기 때문에 전문가의 도움이 필요한 사람들을 위해 보다 효과적인 참여를 위한 계획된 서비스"라고 정의하며 전문적인 도움을 강조하고 있다. 최근의 정의는 여가상담자가 내담자의 삶을 점검하여 일, 여가, 웰빙이 제대로 다루어지는지를 알아차릴 수 있도록 도와주어야 한다는 사실과 함께, 보다 체계화된 서비스를 제공함으로써 내담자가 갖고 있는 스트레스를 낮추고 더 적극적으로 여가에 참여할 수 있도록 도와야 한다는 사실을 강조한다.

기존의 정의는 대부분 활동중심의 여가개념을 강조하고 있지만, 시간, 존재, 가치를 중심으로 한 여가를 고려한다면 상담을 통해 내담자 삶의 균형잡기가 제대로 되고 있는지, 건강한 삶에 대해 내담자는 어떤 관점을 갖고 있는지 등을 탐색해야 한다. 한편, 이를 자신의 삶에서 구현해 낼 수 있도록 도와준다는 실존적인 의미탐색의 방법으로 여가상담을 정의할 필요가 있다. 최고의 기능 수준에서 일하려면 기본적으로 자신에게 최적의 여가를 선택해야 할 필요가 있으며, 일하기, 쉬기, 생각하기, 누리기 등 행복한 삶의 기본 영역에 심리 에너지와 신체 에너지를 고르게 배분하도록 도와주어야 한다. 이러한 조력과정은 내담자의 삶을 다양한 시각에서 조망하고 전생애적 관점에서 이해하는 것을 요구하며, 체계적인 실천과정을 필요로 하기 때문에 여가상담이 보다 전문적인 상담 서비스의 영역 안에 자리 잡아야 할 필요가 있다. 물론 그에 따라 여가상담에 대한 보다 포괄적인 정의도 요구된다.

3) 여가상담에 대한 관점

여가상담을 어떻게 할 것인가에 대해서도 여러 의견이 있다. 라이트너와 라이트너(Leitner & Leitner, 2004)는 대상별 접근방법을 제안하면서 3개의 모형을 제시하였다. 첫 번째 모형은 비교적 건강한 사람들을 대상으로 여가 레퍼토리를 확장시키는 데 주력하는 자원 안내 접근이며, 두 번째 모형은 여가생활과 여가욕구 사이의 괴리를 줄이는 데 목적을 둔 발달 교육적 접근이다. 세 번째 모형은 여가행동에 문제가 있는 사람을 대상으로 최종적으로 건강한 자기상의 구축을 목적으로 하는 치료적 접근이다. 하지만 첫 번째 모형과 두 번째 모형 간에 명확한 구분이 어렵다는 한계가 있다. 또한 여가교육, 여가지도, 레크리에이션 지도, 여가치료, 레크리에이션 치료 등의 용어가 혼재되고 있고, 이들 간의 경계가 명확하지 않은 점을 감안해 본다면 대상보다는 상담목적을 중심으로 한 분류가 보다 유용할 수 있다. 이러한 관점에서 여가상담을 다음의 세 가지로 구분해 볼 수 있다.

첫 번째는 여가에 대한 정보제공과 선택을 중시하는 교육적 관점이고, 두 번째는 생애발달의 측면에서 여가의 관리에 초점을 두는 발달적 관점이다. 세 번째는 상담적 혹은 치료적 관점으로 여가문제의 해결에 초점을 두는 치료중심 환경이다. 세 가지 관점은 배타적이기보다는 공통분모를 갖고 있으며 내담자 또는 수요자의 필요에 맞추어 각각의 관점을 적용할 수 있다. 경우에 따라서는 여가상담이라는 명칭보다 여가교육이라는 더 적합한 용어를 활용할 여지도 있다.

(1) 교육적 관점

자신의 여가범위를 확장해 나갈 수 있도록 여러 가지 여가 정보를 제공해 주는 한편, 적합한 여가활동을 선택하도록 도와주는 데 초점을 둔다. 이는 여가의 올바른 이용을 통하여 삶의 질적인 향상을 도와준다는 측면에서 여가교육과 맥을 같이한다. 하지만 기본적으로 상담의 과정에 따라 진행되며, 대화를 통해 자신이 원하는 삶의 모습을 지향하는 여가활동을 선택하고 실행하도록 조력한다는 측면이 강조된다. 또한 개인의 여가행동을 점차 변화시키며, 개인의 의사결정 능력 향상과 실행과정에서의 격려와 같은 촉진적 역할을 강조한다.

교육적 관점에서의 상담은 접수면접을 통해 내담자의 요구사항을 확인한 후, 여가흥미검사와 같은 자료를 활용하여 여가문제를 진단하고, 그에 따라 상담을 진행한다. 적합한 프로그램이나 상담 등을 안내한 이후 만족도 평가 등을 실시하고 종결과정으로 이어진다. 대개의 경우 비교적 건강하고 잘 기능하는 사람들을 대상으로 한다.

(2) 발달적 관점

내담자가 자신의 이상적인 여가생활 양식을 파악한 후 현재 생활과의 간극을 메우도록 조력하는 데 초점을 둔다. 이 관점에서는 내담자의 삶에서 여가가 갖는 의미와 중요성을 이해하고 여가생활에 문제가 될 수 있는 태도와 가치관을 탐색하도록 돕는다. 즉, 전체 삶의 조망 안에서 생애발달을 위해 필요한 여가기술을 확인하고 습득하도록 도우며, 자기주도적으로 여가를 관리하는 능력을 향상시키려 한다.

이 관점은 비교적 적응적이고 건강한 사람들이 보다 더 행복한 삶을 누리도록 조력하는 데 목적을 두고 있다. 접수면접 이후에 여가와 관련된 여러 가지 개념(여가, 레크리에이션, 일, 이상적인 여가 등)에 대한 내담자의 해석을 주된 상담 주제로 다룬다. 이를 토대로 개인의 여가욕구를 파악하고 개인이 갖고 있는 건강한 삶에 대한 이미지를 검토한 후 지향할 여가 목표를 파악하고, 그 목표를 달성해 가는 과정에서 경험하는 여러 장애물을 검토한다. 이후 어려움을 극복하는 방법을 논의하고, 개인이 지킬 수 있는 수행 준거 등을 파악하여 여가대안을 마련하거나, 상담 성과 및 참여도 등을 평가한다. 종결과 추후지도는 내담자와의 합의에 의해 이루어진다.

(3) 치료적 관점

신체, 정신, 기타 장애로 인해 여가활동을 수행하는 데 어려움이 있는 사람이나 잘못된 여가행동문제를 가진 사람을 대상으로 관련 문제의 해결에 초점을 둔다. 특정 여가활동에 필요한 기술과 능력 습득 및 향상, 여가활동의 경험을 통한 신체적 · 정신적 · 사회적 능력 향상과 그로 인한 삶의 질 고양이 치료적 관점의 핵심이다(Mannell & Kleiber, 1997). 피터슨과 건(1984)은 치료적 관점의 세 가지 영역을 치료 서비스, 여가상담 및 교육, 여가참여의 영역으로 구분하였다. 체력 등 신체기능의 회복, 인지 · 정서반응 · 사회적 행동기능의 회복, 이상행동 통제력, 자신감과 독립심 증진 치료 등이 치료 서비스의 영역에 해당한다. 여가활동과 관련된 지식, 기술, 능력 및 가치관을 개선하는 과정은 여가상담 및 교육의 영역이며, 여가활동의 참여의지를 고양시키는 상담과 교육을 통해 최종적으로 여가태도를 개선하는 데 초점을 둔다. 여가참여의 영역은 여가참여의 기회를 제공하거나 여가과정의 경험을 스스로 지각할 수 있도록 유도하고, 여가시설을 제공하는 것을 포함하는 동시에 여러 가지 여가 제약 요인을 해소시킴으로써 여가활동을 유지·강화하는 과정을 포함한다.

이 관점에서의 상담은 세 단계를 거치는 일련의 과정으로 구조화할 수 있다 (고동우, 2005). 우선 행동문제의 원인을 파악한 후 치료 및 재활을 통한 기능회복을 우선적으로 도모한다. 이후 상담 및 교육을 통하여 여가에 참여할 사람들의 심리적 조건을 향상시킨다. 마지막으로는 문제를 경감시키기 위한 행동과 태도의 변화를 위하여 개인별로 적합한 레크리에이션 활동을 개발한 후 이를 실천하도록 감독한다. 이 단계는 여가참여 서비스를 제공하는 여가기회 제공의 단계에 해당한다. 이 과정을 통해서 긍정적인 자기상과 태도를 갖고 건강한 사회생활을 하며, 균형 잡힌 삶을 유지하도록 조력하는 것이 치료적 관점의 목표이다.

2. 여가상담의 주요 이슈

여가상담을 실제적으로 진행할 때 고민해야 할 사안도 다양하다. 기본적으로 점검해야 할 문제를 거론하면 다음과 같다. 첫째, 여가상담을 누가 담당해야 하는가의 문제이다. 이는 여가상담자의 역할 정체성과 관련된 사안이다. 둘째, 여가상담은 어떤 내용을 포함해야 하며, 어떻게 진행해야 하는가의 문제이다. 이는 여가상담의 구성요소 및 과정과 관련된다. 셋째, 여가상담을 요구하는 내담자의 문제를 어떻게 분류하고, 상담의 성과 혹은 효과를 어떻게 측정할 것인가의 문제이다. 이는 여가문제의 진단 및 평가와 관련된다. 넷째, 어떤 상담 도구와 기법들을 활용하여 여가상담을 진행할 것인가의 문제이다. 이는 여가상담의 방법과 관련되며, 활용 가능한 도구의 확보 및 개발, 그리고 실용성에 대한 평가

를 요구한다. 여기에서는 이 질문을 다양한 측면에서 살펴보고, 관련된 이슈를
점검한다.

1) 여가상담자의 역할 정체성

여가상담자의 역할은 개인 수준과 집단 수준으로 구분하여 이해할 수 있다.
개인 수준에서는 일, 여가 그리고 웰빙의 문제에 대한 내담자의 인식 정도, 즉
각성 수준을 높이는 데 조력하는 한편, 내담자와 협력하여 스트레스를 낮추는
방법을 찾고 일하는 습관이 건강과 웰빙에 미치는 영향을 인식하도록 도와줄 수
있다. 집단 수준에서는 집단 프로그램 등을 통해서 여가의 문제가 사회구조적
문제와 연관되어 있음을 인식하도록 돕는 한편, 서로의 관심사를 나눔으로써 함
께 협력하여 보다 나은 양질의 삶을 형성하기 위해 연대하도록 조력할 수 있다.

그렇다면 여가상담에 전문성을 가지는 사람은 어떤 배경, 어떠한 교육 훈련
을 받아야 하는가? 이는 여가학 또는 여가과학의 정체성과도 관련되는 문제
이다. 현대적 의미의 여가학이 북아메리카를 중심으로 형성되면서부터 여가학
의 정체성에 대한 고민이 계속되어 왔다. 여가는 여러 요소로 구성되어 있는 복
합 현상이고 어느 특정 학문의 대상이기보다는 여러 관련 학문의 관점이 공유됨
으로써 보다 풍성한 논의와 실천이 가능한 주제이기 때문이다. 노용구(2006)는
여러 학문 영역에서 여가를 연구하였지만 체육학 내 여가 레크리에이션 분야의
연구가 가장 활발하였다는 점을 지적하면서 이로 인하여 부수적인 문제점도 드
러났다고 제시하고 있다. 이는 여가가 단순히 체육학자들의 전유물이 아님에도
불구하고, 여가학이 체육의 실기 과목 중 하나로 착각하게 만들었다는 것이다.
여기에 더하여 최근 들어 관련 학문 분야(관광학, 심리학, 경영학, 레저스포츠학)에
서의 관심이 서서히 증가하고 있음에도 여전히 여가를 집중적으로 연구하는 학
자의 수가 적고, 여가학과 관련 학문 간의 경계가 모호하며, 학문과 실천 간의
간극이 존재한다는 점은 학문의 정체성을 흐리게 만드는 중요한 원인이다. 이
와 마찬가지로 여가상담자의 역할 정체성도 모호해질 수밖에 없다.

국내에서 여가학의 발전이 대단히 더디고, 현실에서의 적용도 미미하다는 노용구(2006)의 주장 중 현장에서 여가를 중심으로 전문직화를 제대로 이루지 못하였다는 점과 구체적인 직업을 창출하지 못하고 있는 상황에 대한 문제제기를 눈여겨볼 필요가 있다. 그는 활동중심의 레크리에이션이 여가학의 중심이 되는 현상이 만들어 낸 일종의 착시 현상에서 벗어나기 위한 방법으로 순수 여가 연구, 레크리에이션 연구, 여가 행정 및 경영 연구, 치료 레크리에이션 연구를 여가학의 네 가지 연구 영역으로 제안하였다. 하지만 이 네 가지 영역 어디에서도 여가상담이 들어설 자리는 분명하지 않으므로, 여기에 여가상담 연구가 추가될 필요가 있다. 여가상담에 대한 연구가 활성화되면 그가 주장하는 직업 창출도 가능할 것이다. 여가에 대한 논의와 여가기술의 향상 및 여가행정의 강화 모두 기본적으로는 여가에 참여하는 사람(일종의 내담자)을 실제 현장에서 만나면서 심리적인 조건을 변화시키고, 그들의 신체적·정신적·사회적 능력을 향상시키기 위해 노력할 상담자의 참여와 헌신을 요구하기 때문이다. 기존의 여가학은 여가의 중요성과 필요성에 대해 자각하고, 삶을 변화시키며, 균형 잡힌 생활을 하도록 노력하게 만드는 데 상담학의 제반 지식과 기술이 필요하다는 사실을 간과하고 있다. 이 점이 우리가 여가상담에 주목하는 이유이다. 따라서 상담자를 중심으로 여가학을 활성화할 필요가 있으며, 상담전문가로서의 역량을 발휘해야 할 새로운 영역이 여가라는 사실을 잊지 말아야 한다. 여가전문가의 역할 정체성은 상담자가 만들어야 한다.

2) 여가상담의 구성요소와 상담과정

여가상담에 필수적으로 포함되어야 할 내용(구성요소)을 확인하기 위해서는 1979년에 전미 인사 및 지도협회 학술대회(American Personnel and Guidance Association Convention)에서 제시한 여가상담의 여섯 가지 필수 요인, 즉 학문적 접근, 가치명료화 체계, 시간관리, 장애요인 탐색, 의사결정 기술, 참고할 정보에 주목해야 한다(전혜전, 1997에서 재인용). 아길라(Aguilar, 1987)는 여가인식, 자아인식, 여가기술 습득, 의사결정 기술 습득, 사회적 상호작용을 여가상담의 구성요소로 제시하였다. 이는 여가교육의 하위영역을 제시한 이승민(2008)의 제안과 맥락을 같이한다. 이승민은 여가교육의 목표를 크게 여가수용 능력과 여가활용 능력의 향상으로 설정하고 하위영역을 제시하였다. 그가 제시한 네 가지 영역은 여가인식, 자기 이해, 실천적 여가기술, 연계적 여가기술로서, 앞서 제시한 구성요소와 용어상의 차이는 있지만 대동소이하다. 다시 말해, 여가교육이건 여가상담이건 간에 기본적으로 포함해야 할 내용은, 첫째, 여가에 대한 개념 정립, 둘째, 자신의 여가 태도 및 여가 환경 확인, 셋째, 여가활동을 위한 계획 및 관련 정보 탐색, 넷째, 여가 제약에 대한 해결능력 향상과 사회적 상호작용 기술 증진이다.

여가상담의 상담과정도 기존의 상담과 유사하게 진행된다. 고동우(2007)는 전문가 입장에서 여가치료를 진행할 때, 첫째, 문제 진단 및 측정, 둘째, 치료 계획, 셋째, 실행, 넷째, 평가의 단계를 거친다고 제시하였다. 피어슨(Pearson, 1992)는 여가문제를 가진 사람들을 대상으로 한 여가상담의 과정을 보다 세분화하여 9단계로 제시하였는데, 이는 다음과 같다.

① 라포 형성
② 여가욕구 가치와 흥미의 평가
③ 여가활동에 대한 무제한적인 브레인스토밍
④ 문제 있는 여가를 가능케 하는 활동 제한
⑤ 여가참여 장애물 평가
⑥ 필요한 교육과 훈련의 제공
⑦ 잠재적인 욕구를 만족시키는 여가활동 선택
⑧ 행동계약 수립
⑨ 성공과 진전의 정도 평가

이 내용은 전통적으로 상담에서 제시하는 여섯 단계—접수면접, 관계 수립 및 내담자 분류, 문제진단, 평가 및 목표 설정, 행동계획 수립 및 행동 실행을 위한 조력상담, 종결 및 추수지도—의 내용을 대부분 포함하고 있다. 다시 말해서 내담자에 대한 평가를 토대로 한 진단, 계획, 실천, 평가의 단계가 여가상담 또는 여가치료의 기본적인 절차이다. 따라서 보다 전문적으로 여가상담을 실시하기 위해서는 문제를 중심으로 한 내담자 분류체계와 진단도구, 계획과정에서 활용될 수 있는 여러 가지 면접 질문과 설문지, 목표 달성의 정도를 확인할 수 있는 평가지 등을 준비해야 할 필요가 있다.

여가상담과정에서 상담자가 기본적으로 파악해야 할 내용은 다음과 같다.

- 자신이나 여가에 대해서 어떤 가치관을 갖고 있는가?
- 활동 시간을 어떻게 관리하고 있으며, 어떠한 형태의 여가를 선호하는가?
- 희망하는 여가활동과 현실적으로 가능한 여가활동에 차이가 있는가?
- 여가를 활용하는 데 장애가 되는 요인은 무엇이고, 이를 해결하고 있는가?
- 여가증진을 위한 대처기술을 갖고 있으며, 다양한 자원을 활용하여 여가활동을 하고 있는가?
- 여가활동을 통해 타인과 환경과의 상호작용의 질이나 향상되었는가?

이러한 질문을 통해 상담자는 여가에 대한 내담자의 생각과 가치관을 확인하고 여가의 범위를 확장하는 한편 필요한 정보를 탐색하도록 독려할 수 있다.

하지만 모든 상담자가 여가상담을 효과적·전문적으로 진행할 수 있는 능력을 갖추었다고 보기는 어렵다. 실제적으로 생애개발상담의 측면에서 볼 때, 여가상담의 여러 영역 중 여가정보의 탐색이나 여가활동의 계획, 여가기술의 개발 및 실천 등의 영역에서는 그 역량이 제한적이며, 기술적인 측면에서도 미흡하다. 여가상담을 운영할 전략도 정보도 부재한 것이 현실이므로 여가상담 전략의 구성과 실행 차원에서의 준비도가 낮다는 뼈아픈 자성을 통해 여가상담에 대한 보다 적극적인 관심과 실천이 필요하다.

3) 여가문제의 진단 및 평가

여가상담이 성공적으로 진행되기 위해서는 내담자 문제에 대한 진단이 필수적이며, 그에 따른 기법의 적용과정과 상담 성과에 대한 확인 절차가 요구된다. 그러나 아직 여가문제를 중심으로 한 분류기준이나 진단체계가 구성되지는 않은 것이 현실이다. 이에 여기서는 여가문제를 네 가지 유형으로 분류한 노용구 (2005)의 안과 여가목표를 중심으로 문제를 분류한 이승민(2008)의 안을 토대로 여가문제를 진단하고 해결할 방법을 살펴보고자 한다.

노용구(2005)는 여가에 몰입해 본 경험과 삶의 의미를 두 축으로 한 2차원적 유형화(〈표 8-1〉 참조)를 제안하였다. 1유형의 경우에는 여가를 통해 삶의 안녕감 향상을 도모하도록 여가상담을 진행할 필요가 있으며, 2유형의 경우에는 실천 가능한 여가활동의 정보들을 제공하고 실제 생활에서 여가와 일의 조화가 가능하도록 조력해야 한다. 그리고 다양한 경험에 직접 몰입해 볼 기회를 제공할 필요도 있다. 3유형의 경우에는 실존적 관점에서 내담자의 삶을 점검하고, 여가에 비정상적이거나 부정적으로 몰입하는 경향을 해소하기 위하여 여가에 대한 비합리적 생각과 가치관을 점검하여 합리적으로 의사결정하고, 이를 건설적으로 실천하는 토대를 마련해야 한다. 4유형의 경우에는 삶에 대한 가치나 여가에 대한 개념의 인식 정도가 낮고 발달 수준도 제한되어 있기 때문에 여가상담보다는 심리적 건강성을 회복시키기 위한 상담이 우선되어야 한다.

여가수용 능력과 여가활용 능력을 토대로 여가교육의 목표를 구분한 이승민 (2008)의 제안도 여가문제 진단의 준거로 활용할 수 있다. 그가 제안한 네 가지 영역, 즉 여가인식, 자기 이해, 실천적 여가기술, 연계적 여가기술을 중심으로 내담자의 호소문제를 분류한 후 접근 방향을 정하여 상담을 진행해 볼 필요도 있다.

이러한 제안은 일종의 시안이라고 할 수 있기 때문에 현장에서의 경험을 토대로 한 현실적인 분류기준이 만들어져야 한다. 진로상담에서 이미 활용되고 있는 여러 가지 분류기준, 즉 문제의 원인중심 분류, 욕구를 토대로 한 분류, 의

○○○ **표 8-1** 여가경험에 따른 여가문제 유형

		새로운 여가몰입으로의 분화	
		여가활동 몰입 경험 있음	여가활동 몰입 경험 없음
삶의 의미로의 통합	삶의 의미 존재	〈1유형〉 • 자아실현형 몰입 • 통합과 분화 • 보다 높은 자기발전 추구 • 여가 웰니스(Wellness) 추구	〈2유형〉 • 분화 미발달 • 비현실적 기대 • 여가기능과 경험 제공 • 레크리에이션 치료 활동
	삶의 의미 미존재	〈3유형〉 • 파괴적 몰입/스트레스 해소형 몰입 • 부정적 몰입 • 여가중독 • 인지적 여가교육 • 여가교육	〈4유형〉 • 통합과 분화의 미발달 • 무망감 • 무개념 • 만성적인 여가문제

사결정 정도에 초점을 둔 분류, 호소문제중심 분류와 유사하게 여가상담 내담자를 분류하고, 그 특징을 연구를 통해 파악할 수 있다면 보다 효율적으로 여가상담을 실천할 수 있다. 또한 단면적인 분류에서 벗어나 여가행동의 실천과 여가에 대한 개념화 수준 또는 여가실천에 대한 효능감과 장벽에 대한 인식 수준을 토대로 한 2차원적 유형화 가능성도 탐색해 볼 필요가 있으며, 각 유형에 따른 상담 절차가 개발된다면 여가상담의 활성화에 큰 도움이 될 것이다.

　문제진단과 함께 제시되는 이슈는 여가상담의 효과 평가와 관련된다. 여가상담의 효과는 여러 측면에서 이해할 수 있다. 여가상담을 통해 현재 문제에서 잠시 벗어나 다른 시각에서 문제를 이해할 수 있도록 환기시키고(분산: distraction), 지금 여기에서 여가를 즐기거나 미래의 즐거움을 예상함으로써 향후에 일어날 수 있는 스트레스의 부정적인 영향력을 상쇄시킬 수 있다(기대: anticipation). 또한 자신이 실행하는 여가활동을 분석함으로써 그 기저에 놓인 문제행동을 직면하는 한편 이를 중화시키거나 대처할 수 있도록 도와주기도 한다(직면:

confrontation). 결과적으로 여가상담은 자동차의 범퍼처럼 삶의 여러 장면에서 만나게 되는 부정적 사건의 영향을 완화하는 효과를 가져오며, 미래에 대해 희망을 갖게 함으로써 스트레스 대처 능력이 향상되는 긍정적인 결과를 만들 수 있다(Juniper, 2005). 여가를 실행하려는 노력을 통해 복잡한 삶의 오아시스가 마련되고, 정서적인 카타르시스가 가능해짐으로써 일종의 환기 효과가 생기고 일과 삶의 균형 잡기가 가능해진다는 점이 여가상담이 지향하는 최종적인 효과라 할 수 있다. 이러한 과정에서 개인은 자신의 강점을 재확인하고, 탄성을 활용할 여지가 높아짐으로써 삶이 주는 시련에 적극적으로 대응하고, 도전에 응답해 나갈 수 있는 힘이 생기는 것이다.

여가상담이 스트레스를 줄이고, 미래에 대해 낙관적으로 예상하게 하며, 현재의 문제에 대한 대응력을 강화시켜 준다면 그 효과는 어떻게 측정할 수 있을까? 스트레스의 정도가 완화되고, 삶의 만족도가 증가하며, 여가활동의 범위가 확장되고, 그 빈도가 증가하였는지 평가하는 것으로 상담 성과를 확인할 수 있는지에 대한 연구와 해답이 요구된다.

4) 여가상담의 방법

대부분의 심리상담이론과 기법은 여가상담에서도 활용할 수 있지만, 특히 눈여겨봐야 할 이론은 실존주의 상담, 해결중심 상담, 인지치료, 현실치료 등이다. 상담자가 갖추어야 할 기본적인 태도와 자세를 익히기 위해서는 인간중심 상담 이론을 공부해야 하고, 여가문제를 가진 내담자의 내면 깊숙한 곳을 이해하기 위해서 정신분석 등을 깊게 이해해야 한다. 하지만 삶의 균형을 위한 한 축으로 여가를 이해하려면 상담과정에서 실존주의의 여러 주제, 즉 삶, 죽음, 자유, 의미 등을 논의해야 하므로 상담자는 이에 대해 성실히 탐구해야 한다. 그리고 여가에 대한 내담자의 잘못된 인식이나 사고편향성을 확인하고, 대안적인 사고를 가능하게 하며, 행동계획을 적극적으로 실천할 수 있도록 조력하기 위해서는 인지치료의 기본 원리와 현실치료의 계획 및 실천 절차에 대한 지식을 적극 활용해 볼 필요가 있다.

또한 문제가 아닌 해결에 초점을 두고 작은 변화를 격려하며 예외적인 상황을 인식함으로써, 자신이 가진 강점을 극대화할 수 있도록 지원하는 해결중심 상담 이론의 여러 기법이 현장에서 쉽게 운영할 수 있는 여가상담의 토대를 마련해 줄 것이다. 여가상담을 실행할 때 해결중심 상담이론의 내담자 분류방법은 유용하게 활용될 수 있다. 이 이론에서는 내담자의 문제에 대한 인식 수준이나 행동에 대한 책임감 여부에 따라 방문자형, 불평자형, 고객형으로 분류한다. 여가문제에 있어서도 비슷한 분류가 가능하다. 여가문제에 대한 인식의 정도가 낮으며 여가를 삶의 부수적인 활동으로 느끼는 사람은 방문자형, 자신이나 환경이 갖고 있는 문제를 거론하는 사람은 불평자형, 그리고 여가의 정보를 확인하고 적극적으로 참여하고자 하는 동기가 높은 사람은 고객형으로 분류할 수 있다. 방문자형의 경우에는 일과 여가의 균형 문제, 여가에 대한 개인의 가치 기준 등에 대해 질문함으로써 여가문제를 인식하게 하는 선에서 상담을 진행할 필요가 있다. 불평자형 중 환경에 대해 불평하는 사람은 그런 환경 속에서 자신이 할 수 있는 부분을 관찰하게 하여 변화의 동인이 자신이 될 수 있음을, 그리고 자신이 주도성을 발휘해 나갈 여지가 있음을 인식시키는 선에서 상담을 진행한다. 그리고 자신의 무능력이나 자신이 가진 문제를 제시하는 내담자의 경우에는 척도 질문이나 예외질문, 대처질문 등을 통해 적극적으로 여가를 활용했던 기억을 발굴하여 이를 만들어 낸 자신의 강점과 건강한 측면을 격려해 주는 과정이 필요하다. 또한 환경적인 지지원을 만들어 내도록 상담을 진행함으로써 작은 변화를 통해 큰 성과를 이루어 내도록 내담자를 촉진할 필요가 있다. 마지막으로, 고객형의 내담자는 실제로 실천 가능한 여가 계획을 구성하고 의사결정하는 과정을 지원하며 지속적으로 실천할 수 있도록 독려할 필요가 있다.

여가상담 현장에서 활용할 수 있는 질문지들은 내담자로 하여금 자신의 여가문제를 객관화하는 데 도움을 주며, 내담자의 변화 또는 진전의 정도를 파악하는 시금석이 될 수 있다. 따라서 체육학 등의 분야에서 활용되는 여가 관련 질문지와 상담 분야에서 개발된 여러 척도를 필요에 따라 적절하게 활용함으로써 긍정적인 상담 성과를 만들어 낼 수 있다.

모든 상담은 문제의 인식부터 시작된다. 여가상담도 여가문제의 인식에서 출발하므로, 여가만족 척도(Leisure Satisfaction Scale)를 활용하여 여가생활에 대한 만족도를 평가하고 여가문제를 깨닫게 할 수 있다. 이 척도는 비어드와 라헵(Beard & Ragheb, 1980)이 개발한 것으로 심리적·교육적·사회적 영역에서의 긴장이완, 신체적·심리적 영역에서의 만족도를 측정한다. 이 척도는 국내에서도 여러 차례 번역되었으며, 최근에는 축약형이 만들어지기도 하였다(김미랑, 이연주, 황선환, 2010에서 재인용).

여가생활의 특성을 파악하는 데는 여가 라이프스타일 척도가 유용하다. 이 척도는 우성남과 손영미(2009)가 개발하였으며, 7개의 요인―합리적 계획성, 감각추구성, 여가무기력성, 참여용이성, 관계중심성, 가족중심성, 일중심성―으로 구성된 총 62문항의 질문지이다. 이러한 도구와 여가흥미검사 등을 사용하여 여가에 대한 인식과 자기이해 정도를 파악한 후 여가를 실행하는 과정에서 환경적 자원이 어떠한지, 그리고 자신의 동기화 수준이 어떠한지를 확인할 필요가 있다. 이 과정에는 여가 지지 척도와 진지한 여가 척도를 활용할 수 있다. 여가 지지 척도는 가족의 지지와 친구 및 동료의 지지로 구분되고(김경식, 이경선, 2013), 진지한 여가 척도는 여가활동에 있어서 자신의 인내, 전문성, 노력, 내적 보상, 동일시, 고유감정 등을 평가할 수 있다(김미랑, 2009). 여가활동에의 과몰입 정도를 평가하는 검사(김영재, 2010)도 여가문제의 수준을 측정하는 데 도움을 줄 수 있다. 그 밖에 주관적으로 자신의 생애곡선을 여가를 중심으로 그려 보는 것도 전생애적인 여가관리의 방향을 설정하는 데 유용하다(Burlew, 1989).

지금까지 제시한 도구는 대체적으로 여가학, 체육학, 레크리에이션학 등의 분야에서 개발되었고, 미국에서 개발된 도구를 번안한 것이라는 한계점을 갖고 있다. 여가에 대한 개념과 여가를 영위할 수 있는 환경적 조건 등이 갖는 특수성을 고려해 볼 때 여가상담이 활성화되기 위해서는 측정 및 평가, 상담, 심리전문가들의 논의를 토대로 문화적 타당도를 확보한 한국형 여가 질문지가 개발되어야 한다.

3. 여가상담의 적용

여가와 관련된 문제는 대상, 문제 영역 그리고 생애발달 주기에 따라 다양하게 나타날 수 있다. 개인의 성장과 발달에 따라, 개인이 지닌 신체적 특징이나 문화적 배경에 따라, 그리고 개인이 처한 상황에 따라 관련 문제는 다양한 모습으로 나타나며 문제의 심각성에도 차이가 생긴다. 여기서는 문제, 대상, 생애주기별로 여가상담의 적용 영역을 구분하고 그 특징을 살펴본다.

1) 문제별 여가상담

여가는 개인을 심리적으로 이완을 시키고 새로운 활기를 북돋워 주는 한편, 자신의 숨겨진 역량을 개발함으로써 새로운 자기표현 및 자기실현의 장을 마련해 주는 긍정적인 효과를 만든다. 하지만 건강이나 사회의 건전성에 해악을 끼치는 여가활동도 많기 때문에 그 피해가 크게 나타나기도 한다.

여가문제는 거시적 수준과 미시적 수준으로 구분하여 이해할 수 있다(고동우, 2007). 거시적 수준에서의 여가문제는, 첫째, 여가의 획일화와 소외, 둘째, 과시적 소비와 여가의 자본화, 셋째, 여가의 향락화와 사행성 여가, 넷째, 기계문명의 의존과 소극적 여가로 요약할 수 있다. 개성을 표출하는 도구가 아닌 타인과의 경쟁이나 비교의 도구로 여가를 활용함에 따라 보여 주기 위한 여가활동이 늘어나고, 이로 인하여 여가활동에서 상대적 박탈감을 느낄 수 있다. 여가를 통해 일 때문에 쌓인 피로감이나 스트레스를 풀기보다는 불건전한 방식, 예를 들어 음주, 섹스, 오락이나 경마와 같은 게임 등으로 자신의 욕구를 해소하는 사람의 수가 늘어날 가능성도 있다. 또한 적극적으로 노력하거나 투자하여 여가활동하기보다는 손쉬운 여가, 예를 들어 텔레비전 시청, 인터넷 검색 등을 선택하여 소극적이고 수동적으로 시간을 보내는 경우도 여가에 문제가 있다고 볼 수 있다. 이러한 문제는 사회 전반적인 여가환경, 여가활동의 편협성 및 경향성과 관련된다. 미시적 수준에서의 여가문제는 개인의 심리와 관련된 것으로서 특정 여가에 대한 탐닉을 넘어선 중독 현상과 사회가 인정하는 수준 이상의 행위, 예를 들어 비행이나 폭력행동, 탈규범행동 등이 속한다.

거시적 수준에서의 문제는 개인 차원의 범위를 넘어선 처치를 요구한다. 사회 전반적인 가치관이나 여가에 대한 관점이 전환되어야 하며, 건전한 여가를 적극적으로 활용할 수 있는 기반시설을 늘리는 등 사회적인 분위기가 조성되어야 한다. 하지만 여기서는 논의의 범위를 좁혀 미시적 수준의 여가문제 중에서 여가중독의 특징과 종류 그리고 그 원인 등만 간단히 살펴보고자 한다.

여가중독은 '어떤 구체적인 종류의 여가활동에만 몰입하여 장기적·단기적으로 심리적·신체적 건강에 폐해를 야기하며, 이로 인해 다른 일상생활을 정상적으로 수행할 수 없는 경우'를 말한다. 중독은 자신의 의지에 의해 중단될 수 없는 상황을 만드는 행위를 반복·지속하는 현상을 의미하며, 여가중독은 여가의 긍정적 효과가 사라지고, 자신과 주변 사람들 또는 사회 전체에 부정적인 영향만을 제공하는 여가활동을 탐닉하여 정상적인 생활이 어려운 현상을 지칭한다. 삶의 활력을 제공하기 위한 여가활동이 삶을 망치는 일종의 여가경험 왜곡현상이 나타나는 것이다.

특정 여가활동만 중독현상을 야기한다고 볼 수는 없다. 거의 모든 여가활동이 중독의 가능성을 안고 있다. 왜냐하면 여가활동 그 자체가 재미와 즐거움을 동반하기 때문에 깊이 빠져들면 중독될 수 있기 때문이다. 사회적·개인적 차원에서 심각성을 보여 주는 여가중독의 예로는 도박중독, 섹스중독, 인터넷중독, 알코올/약물중독, 공격성 중독 등을 들 수 있다.

여가중독의 원인은 크게 세 가지—사회적 차원, 개인적 차원, 여가활동의 본질적 특징—로 구분할 수 있다. 특정 여가활동에 대한 사회적 허용 수준, 제도적·정책적 지원, 정치적·경제적 상황, 종교 그리고 노동 구조 등에 따라 여가중독의 문제는 다르게 나타날 수 있다. 예를 들어, 마약이나 도박, 스포츠의 확산은 그 사회의 분위기나 정책과 상당히 연관성이 크다. 그럼에도 불구하고 모든 중독의 원인은 1차적으로 개인에게서 찾아야 한다. 개인의 자유의지에 따라 중독의 가능성이 상당히 다를 수 있기 때문이다. 여가중독의 가능성이 높은 사람은 각성 역치 수준이 높기 때문에 웬만한 자극에는 재미를 느끼지 못하고 정상적인 여가경험에서는 재미를 느끼지 못할 수도 있다(Iso-Ahola & Weissinger, 1990). 또한 여가 권태성 점수가 높은 사람은 사회적 유능감, 자기 오락화 능력, 자기존중감의 수준을 낮게 평가하고, 여가에 대한 편향성이 높기 때문에 (Mannell & Kleiber, 1997), 최소의 노력으로 강한 자극을 얻을 수 있는 여가활동에 쉽게 빠진다. 또 누적된 학습의 결과로 자극 민감성 수준이 높아져서 결과적으로 중독으로 이어지기도 한다. 여가활동의 종류에 따라서도 중독 가능성이 달라질 수 있다. 예를 들어, 마약이나 운동, 게임 등은 다른 여가활동보다 자극의 강도가 비교적 크고, 참여자로 하여금 일종의 유능감이나 통제감을 느끼도록 착각하게 만들며, 즉각적으로 피드백이 오기 때문에 중독 가능성이 높다. 익명성 보장도 여가중독의 가능성을 높이는 조건의 하나이다.

2) 대상별 여가상담

어떤 기준으로 보는가에 따라 여가상담의 주제와 방법이 달라질 수는 있지만 사실상 모든 연령대, 모든 직업인이 여가상담의 대상이 된다. 여기서는 대상별로 보았을 때 특별히 살펴볼 필요가 있다고 판단되는 가족 여가와 여성 여가를 중심으로 주요 개념과 특징을 살펴보고자 한다. 그 밖의 대상에 대해서는 생애주기별 여가상담에서 간단히 살펴본다.

학자들마다 가족 여가의 개념을 다양하게 규정하지만, 일반적으로 가족 여가란 가족 구성원이 함께하는 여가를 의미한다. 이때 '가족을 어떻게 정의할 것인가' '함께의 의미가 무엇인가' '만족의 정도와 참여의 동기 수준이 동일해야 하는가'와 같은 문제는 가족 구성원의 기능과 합의과정에 따라 달리 이해될 수 있다. 여가는 건강하고 기능적인 가족이 되는 데 중요한 기능을 담당한다. 가족 구성원의 결합력을 발달시키고 통합시키며, 가족 구성원 개개인의 자기 개발과 자아실현을 위한 능력 개발의 기회를 제공한다. 또한 가족의 문화를 전달하고 창조하는 교육적 기능과 함께 안정감 있는 심리적 토대를 마련해 준다(문숙재 외, 2004). 하지만 가족 여가가 순기능만 있는 것은 아니다. 가족 안에서의 역할이 불균형 상태일 경우, 원치 않는 여가활동을 일로 경험하고 또한 다른 가족 구성원에게는 일종의 억압이나 스트레스원이 되기도 한다. 이러한 문제를 해결하기 위해 'One Up, Both Up'(문숙재 외, 2004) 원칙을 실천해야 한다는 주장도 있다. 이는 '한 사람이 일어나면 다른 사람도 일어나야 하고, 한 사람이 일을 하면 다른 가족원도 함께 일해야 한다'는 원칙이다. 이처럼 일뿐 아니라 여가에도 원칙을 동등하게 적용하자는 주장은 가족을 대상으로 한 여가상담이 지향해야 할 방향을 알려 준다.

사회의 변화에 따라 여성의 사회진출이 활발해지고, 직업세계에서의 역할이 커지고 있지만 여전히 뿌리 깊은 가부장적 유교문화로 인하여 여성의 역할은 평가절하되고 있다. 때문에 여성 대부분이 여가를 활용한 건강 증진과 자아실현에 대해 죄책감을 갖거나 부정적으로 인식하는 경향이 높다. 가족 돌봄의 기능이 여성 고유의 일로 전가되기 때문에 일과 여가의 경계가 모호해지는 한편, 여가를 즐길 권리를 적극적으로 행사하지 못하고 있다. 물론 이러한 현상은 직업을 가진 남녀 모두에 해당되는 것이기는 하지만 여성에게는 이러한 현상이 더욱 크게 부각되고 있다. 이로 인하여 세계 레저레크리에이션 협회와 국제연합 세계여성위원회에서는 '여성의 지위를 향상시키기 위한 사업'의 일환으로 여가와 레크리에이션에 관한 회의를 수차례 개최하였다(노용구 외, 2008). 이는 행복한 삶을 위한 중요한 영역인 여가에서 여성이 여전히 소외되고 있음을 반증하는 것이다. 비슷한 문제는 여가정책의 구안과정에서도 드러나고 있기 때문에 성 인지적 문화 혹은 성 인지적 여가문화(김영순 외, 2006)라는 틀로 여가를 이해해야 한다는, 다시 말해 패러다임이 변해야 한다는 요구에 귀를 기울일 필요가 있다.

여성집단도 동질적이지 않기 때문에 그 안에는 수많은 특수성이 개입된다. 직업의 유무, 수입의 고저, 가족의 유무, 생애발달 수준의 차이 등이 여성의 여가문제와 관련된다. 이러한 차이에도 불구하고 공통적으로 드러나는 문제는 여가에 대한 지식과 여가활용에 대한 준비가 부족하다는 점이며(윤익모, 김홍설,

송강영, 1997), 이로 인하여 적극적으로 여가를 활용하지 못하고 있는 현상이 생긴다. 따라서 여성을 대상으로 한 여가상담에 있어서 여가 레퍼토리를 확대하고, 여가에 대한 동기 수준을 높이려고 노력해야 하며 실천역량을 강화하도록 조력할 필요가 있다.

3) 생애주기별 여가상담

인간의 삶은 고정되어 있지 않고, 신체적 변화와 심리적 성숙 등을 통하여 지속적으로 성장 또는 노화의 과정을 거쳐 간다. 전생애적 발달과정에서 보면 시기마다 여가활동의 내용도 달라지며, 경험하는 여가문제도 상이하다. 발달이론가에 따라 전생애발달의 시기를 다르게 명명하지만, 여기서는 간단하게 아동기, 청소년기, 성인기, 노년기로 구분하여 각 시기마다 나타날 수 있는 특징적인 내용과 여가문제를 검토하고자 한다.

아동기는 다양한 놀이의 경험, 스포츠 참여 등을 통하여 여가에 대한 의미가 자리 잡는 시기이다. 놀이가 학습의 중요한 수단이 되기 때문에 가급적 여가 레퍼토리를 확장해 줄 필요가 있으며, 건강한 여가활동에 몰입할 수 있는 기회를 제공해 줄 필요가 있다. 이를 통해 삶을 영위하는 과정에서 요구되는 몰입, 인내, 모험심, 적극성이 개발되며, 성역할 개념 역시 정립될 수 있다. 하지만 이 시기에는 아동이 주도적으로 놀이를 만들기보다는 부모와 같은 건강한 성인의 여가를 모방할 가능성이 높다. 따라서 대중매체나 게임과 같은 중독성이 강한 놀이보다는 신체활동중심, 그리고 개인보다는 여럿이 상호작용할 수 있는 여가활동의 기회를 늘려야 한다. 또한 좋은 여가와 좋지 못한 여가에 대한 개념을 명료화하도록 도움을 주어야 한다.

청소년기는 급격하게 신체적·정신적으로 변화를 겪으며, 자아정체감을 형성해 가는 시기이다. 건전한 여가활동은 청소년이 갖고 있는 스트레스를 해소할 기회를 제공하며, 이를 통해 이 시기에 갖기 쉬운 극단적이고 위험 추구적인 경향성을 다소 완화할 수 있다. 하지만 여가활동이 청소년으로 하여금 적절한 욕구 충족의 기회를 제공하고 정서를 함양하며 청소년 비행을 억제하는 기능만을 갖고 있는 것은 아니다. 경우에 따라서 여가활동에 많이 참여할수록 비행 정도가 높게 나타나기도 한다. 청소년은 비행을 통해 즐거움을 얻고, 자기를 표현하거나 과시하는 한편, 동료애를 경험하고 몰입의 즐거움도 얻는 것으로 나타난다(박세혁, 1998). 때문에 이 시기에는 제대로 된 여가교육을 실시할 필요가 있으며, 여가활동의 긍정적인 효과를 최대한 경험할 수 있는 교육과정을 제공할 필요가 있다. 이를 통해서 자신의 적성과 역량도 파악할 수 있을 뿐만 아니라 일과 여가, 그리고 자기 자신에 대한 정체감 형성도 가능하다. 따라서 청소년이 쉽게 접근할 수 있는 여가공간과 다양한 여가정보를 제공하는 한편, 또래와 함께 여가활동에 참여하도록 지원함으로써 긍정적 정체감을 형성하고 적극성과 주도성을 배양하도록 도와야 한다.

성인기는 크게 성인 전기(청년기, 성년기)와 성인 중기(중년기) 그리고 성인 후기(노년기)로 구분할 수 있다. 성인 전기인 청년기와 성년기는 정체감을 형성한 개인 간의 교류를 통해 친밀감을 경험하는 시기이다. 이 시기는 중년기에 비해 사회적·경제적 어려움이 크고 가족에 대한 책임감이 증대되므로, 여가와 일의 균형 잡기를 위해 노력해야 하며 가족 여가의 의미를 함께 고민하고 가족 여가활동의 방향성을 정립하고 실천해야 한다. 또한 지나치게 일에 몰두하여 나타날 수 있는 소진 현상을 방지하는 완충지대로 여가를 활용할 필요가 있다.

성인 중기인 중년기의 여가활동은 성년기의 능동적 여가와 노년기의 수동적 여가의 중간지점에 있다(권중돈, 김동배, 2008). 이 시기에는 자신만의 방식으로 여가 스타일을 정립하고, 이를 실천함으로써 노년기의 삶을 준비한다. 김종서 등(1987)은 중년기 발달과제 중 하나로 여가활용의 문제를 제시하였다. 여가 레퍼토리의 범위라는 측면에서 볼 때 중년기는 참여 가능한 여가활동의 종류에 대해 결정하고, 그 범위를 제한할 필요가 있다([그림 8-1] 참조). 또한 여가활동을 통하여 내적 성장의 기회와 함께 사회적 관계의 형성 및 유지를 도모해야 한다. 중년기에는 점진적으로 신체적 노화와 가족 안에서의 역할 재정립이 시작된다. 여가는 이 시기에 경험하는 다양한 정서적 변화에 적응하고 무력감이

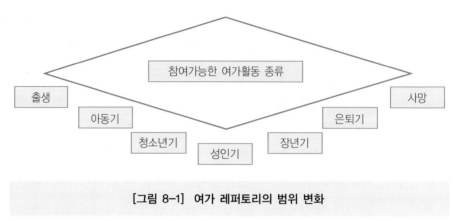

[그림 8-1] 여가 레퍼토리의 범위 변화

출처: Iso-Ahola (1980).

나 침체감에서 벗어나 삶의 활력을 찾으며 삶의 질을 높이는 데 중요한 역할을
담당한다.

　의학기술의 발전에 따라 고령 인구의 수가 증가하고 있으며, 개인의 삶에서
노년기가 차지하는 비중이 커지고 있다. 성인 후기인 노년기 삶의 질은 여가
경험의 질과 밀접하게 관련된다. 하지만 이 시기의 잘못된 여가는 즐거움보다
는 무료함과 무력감을 야기하여 또 다른 정서적 · 정신적 고통의 원인이 되기
도 한다. 중년의 시기에 은퇴와 여가에 대한 로드맵을 마련하고 계획을 세운 사
람은 적절한 여가활동을 통해 건강을 관리하고 심리적 만족감을 극대화할 수
있다. 다시 말해서 여가에 대한 예비사회화의 기회를 가져야 한다(권중돈, 김동
배, 2008). 하지만 준비되지 않은 사람은 여가를 즐긴 경험이 적고, 여가수단에
대한 훈련의 정도도 낮기 때문에 소극적이거나 수동적인 여가에 제한된 형태로
만 참여하여, 결과적으로 불만족스러운 노년기를 보낼 가능성이 높다. 따라서
중년기부터 여러 가지 사회교육 프로그램이나 여가활동 프로그램에 참여하여
자신의 여가 스타일을 확인하고, 필요한 여가 지식이나 기술을 습득하여 은퇴
이후 또는 노년기의 여가를 준비할 필요가 있다.

4. 여가상담의 전망과 과제

생애개발상담의 측면에서 볼 때 앞으로 여가상담에 대한 요구가 증대될 것이 확실하지만, 이를 제대로 실행할 수 있는 인력의 배출이나 방법적인 노력은 아직 미흡하다. 이 절에서는 앞서 제기한 여러 현황과 문제점을 토대로 미래의 방향을 짐작해 보고, 이를 현실적으로 대비하기 위한 과제를 살펴봄으로써 보다 구체적인 청사진을 마련하고자 한다.

1) 여가상담의 전망

여러 차례 언급하였듯이 사회 전반적인 관점이 일중심에서 여가중심으로 변화하고 있으며, 일과 여가의 균형 잡힌 삶을 가치 있게 받아들이는 경향이 확대되고 있다. 또한 삶과 쉼, 일과 놀이의 경계를 구분하기보다는 통합적으로 이해하고, 이를 개인과 정부 차원에서 지원하려는 노력이 늘어나고 있어 여가 또는 여가문화에 대한 관심은 계속해서 높아질 수밖에 없다. 이에 따라 보다 전문적으로 여가와 관련된 문제를 점검하고, 이를 합리적 · 현실적으로 관리하고자 하는 사람도 많아질 것이다. 이는 결과적으로 여가상담에 대한 새로운 수요를 창출하는 것이기 때문에 여가상담의 전망을 희망적이고 낙관적으로 보는 중요한 요소이다. 여기서는 여가상담의 전망을 개인, 사회 현상, 정책 그리고 상담학의 측면에서 살펴본다.

첫째, 4차 산업혁명의 시대, 즉 변화하는 21세기에 워라밸(work-life balance)은 행복한 삶의 지향점이 되고 있다. 새로운 시대는 일을 통해 성과를 만들어 내는 것이 장려되기보다는 창의적으로 기획하고 새로운 도전을 시도해 나가는 동시에 일상적인 삶에서 쉼표를 찍을 줄 아는 사람을 요구한다. 이 과정에서 여가는 일과 대척점으로 이해되는 동시에, 역설적이게도 높은 질적 수준의 업무 성과를 만들어 내기 위한 필수조건으로 인식된다. 따라서 자신의 삶을 전반적으로 들여다보고 균형 맞추기를 도와줄 수 있는 활동, 즉 여가상담과 이를 조력해 줄 수 있는 사람들, 즉 여가상담자에 대한 수요가 증가하는 것은 당연한 결과라 할 수 있다.

둘째, 기술의 발달로 인해 개인이 활용할 수 있는 시간이 늘어나고 의학의 발전으로 평균 수명도 연장되고 있다. 생애 전반을 고려했을 때 활용 가능한 시간이 증가하였으며, 그 시간을 적절하고 제대로 향유하려는 욕구도 강해졌다. 이에 따라 여가에 대한 관심과 체계화된 여가 서비스에 대한 요구도 늘어났으며, 여가의 필요성과 중요성에 대한 인식 수준도 높아지고 있다. 하지만 이러한 변화 속도에 비해 개인이 활용 가능한 여가기술이나 여가정보의 양은 상대적으로 빈약하며, 관련 학문의 질적 수준이나 발전 정도 그리고 연구자들의 관심도 부족하다. 아래(대중 및 사회현상)로부터의 요구와 위(전문가 및 제도)로부터의 공급 간의 불균형은 응용학으로서 여가학의 체계화를 요구하는 한편, 실천학문으로서 여가상담의 전망을 밝게 만드는 중요한 요소이다.

셋째, 시대의 변화가 빨라짐에 따라 새로운 직업군이 급속하게 늘어나고 기존의 직업이 다양한 형태로 변화하고 있다. 이러한 변화에 발맞춘 정책을 추진하기 위하여 정부 차원에서도 다양한 형태의 직업교육과 진로교육을 시도하고 있다. 정부의 강력한 의지와 관심은 여가교육 및 여가상담의 활성화와 연결될 수밖에 없다. 진로와 여가는 동전의 양면처럼 밀접하게 연결되어 있기 때문이다. 진로교육이나 진로상담을 통해 행복한 삶을 구현하려는 목표가 달성된다고 볼 때, 행복을 완성하는 하나의 축이 진로라면 여가는 이를 지탱하는 또 다른 축이 된다. 교육정책과는 다른 차원에서도 여가에 대한 정책과 제도가 많이 만들어지고 있다. 예를 들어, 2004년부터 문화관광부는 문화예술, 관광, 체육, 청소년 4개 부문으로 구성된 '주 40시간 근무제 대비 태스크 포스팀'을 설치하고, '건전한 여가문화 활성화 대책'(문화관광부, 2004. 7. 7.)을 발표하기도 하였다. 어떤 부서에서 어느 정책을 실시하든 결국 그 지향점은 여가생활의 질을 향상시켜 삶의 질을 높이는 데 있기 때문에 종국에는 여가상담의 활성화라는 접점에서 만날 것으로 기대된다.

넷째, 생애개발상담은 진로발달뿐만 아니라 진로에 영향을 미치는 다양한 과업을 포괄하여 관련 주제를 통합적으로 다루어 나가기 위한 전생애적 접근이다. 생애발달과정에서 개인이 주체적인 삶을 영위하며 주관적인 행복, 삶의 질, 생산성을 함께 높일 수 있도록 전문적으로 조력하는 시도라 할 수 있다. 생애개발상담에서는 그동안 상담자의 관심이 필요했으나, 상대적으로 연구와 실천이 부족했던 주제를 드러내고, 이를 탐구하여 실천함으로써 상담학의 지평을 넓혀 새로운 블루오션을 만들고자 한다. 여가상담은 상담학 영역에서 일종의 사각지대에 놓여 있던 분야이며 상담자의 관심을 통해 더욱 성장할 수 있는 분야이다. 인간의 잠재력 개발, 삶의 만족, 웰빙에 가치를 두고 조력하는 상담이 생애개발상담이라면 여가상담은 그중에서도 아주 중요한 일부가 될 것이므로 그 발전의 가능성에 주목할 필요가 있다.

2) 여가상담의 과제

여가상담에 대한 장밋빛 전망을 다르게 해석하면 앞으로 풀어야 할 여러 과제가 산적해 있다는 사실을 반증하고 있다. 여가상담과 관련된 주요 이슈를 살펴보면서 이미 여러 가지 문제점을 제시하였기 때문에 여기서는 여가상담이 발전하기 위해 풀어야 할 여러 과제를 학문적인 차원과 실제적인 차원에서 추가적으로 살펴보고자 한다.

첫째, 여가상담에 대한 정의는 대체로 활동중심의 여가를 중심에 두고 있으며, 여가상담의 출발점도 적합한 여가정보를 찾고 이를 실행하도록 조력하는 데 있다. 여가의 개념에는 활동 외에도 자유시간, 일상에서의 해방과 인격 또는 정신의 도야까지 포괄한다는 점을 고려하면, 이는 실존적 의미 추구, 존재론적 가치 추구와도 연결된다. 따라서 보다 포괄적이면서 실천적인 함의를 갖는 여가상담의 정의를 만들어야 할 필요가 있다.

둘째, 이 장에서는 여가상담에 대한 여러 관점을 교육·발달·치료라는 주제어를 중심으로 구분하였다. 이와는 달리 라이트너와 라이트너(2004)는 세 가지 여가상담모델을 제시하였다. 첫째, 비교적 건강한 사람을 대상으로 여가 레퍼토리를 확장시키는 데 주력하는 자원 안내 접근, 둘째, 여가생활과 여가욕구 사이의 괴리를 줄이는 데 목적을 둔 발달 교육적 접근, 셋째, 여가행동에 문제가 있는 사람을 대상으로 최종적으로 건강한 자기상 구축을 목적으로 하는 치료적 접근으로 구분하였다. 어떤 분류법을 활용하든지 누구에게 어떻게 해야 하는가, 대상, 문제 유형, 생애발달 주기별로 어떤 접근방법 또는 개입과정을 활용할 것인가의 문제는 여전히 고민해야 할 사안이다. 이를 위해서는 차별적 진단과 처치에 필요한 여러 가지 정보와 연구물이 축적되어야 한다.

셋째, 여가는 그 사회의 문화와 경제 그리고 직업 환경과 밀접한 관련이 있다. 국외에서 진행된 여가 프로그램과 연구 도구 및 기술 등은 국내 상황에 맞게 변환·타당화되어 적용해야 한다. 한국형 여가상담모델이나 프로그램, 그리고 각종 검사 도구가 만들어질 때 여가상담의 활성화가 더욱 촉진될 수 있으며 관련 연구도 늘어날 것이다. 이 과정에서 대상별·문제 유형별·생애주기별 여가문제가 분류되고, 실제적인 개입 방략도 모색할 수 있다.

넷째, 여가학은 복합학이면서 응용학이기 때문에 여러 학문의 정보와 관점이 교류되어야 진정한 의미의 융합이 가능하다. 따라서 상담 또는 심리학의 울타리에서 벗어나 적극적으로 타 학문의 세계에 관심을 갖고 필요한 내용을 익힘으로써 여가상담의 전문성을 확보할 수 있을 것이다. 이런 전문성을 토대로 실천적인 노력을 계속 기울여 여가상담자의 역할 정체성 문제, 여가상담자 양성 프로그램의 개발과 실행 문제, 여가상담자들이 활동할 수 있는 기관의 확보, 여가상담정책의 확대 문제 등을 해결할 수 있을 것이다. 그리고 여가와 관련된 학문 분야의 전문가나 학자를 협력자로 인식하고, 그들과 상생하는 길을 찾기 위해서 학회 차원에서의 지원과 함께 상담자 개개인이 자신의 삶에서 일과 여가의 균형을 맞추기 위해 노력해야 한다. 건강한 여가인, 적극적인 직업인의 모습이 한 인간 안에 어우러져 있는 모습으로 나타날 때 상담자가 내담자에게 신뢰를 얻을 수 있으며 이를 바탕으로 전문성의 확장을 도모할 수 있다.

제9장
생애개발과 문화적응상담

│고홍월│

이 책에서 영역별로 다루고 있는 생애개발의 중요한 주제 중 하나는 문화적응이다. 문화는 인간의 고유한 정신적 산물로 다양한 인종, 민족, 집단과 사회에 따라 차이가 있고, 각 개인은 자신이 익숙한 문화와 그렇지 않은 문화가 있다. 전통적인 사회와 달리 현대사회는 세계적인 인구이동이 빈번하고, 또한 다양한 문화권의 사람들과 자주 접촉할 수 있기 때문에 문화적응은 실생활과 거리가 먼 낯선 주제가 아니라 매우 일상적인 삶의 일부가 되고 있다. 이러한 시대적 상황을 반영하여 상담 분야에서도 문화적응과 관련된 활발한 논의를 해야 하는 시점을 맞이하고 있다. 이 장에서는 문화와 문화적응의 개념, 문화적응의 필요성을 제시하고, 문화적응을 이해하기 위한 다양한 이론을 살펴본 후, 이를 바탕으로 문화적응을 돕기 위한 상담의 주제와 방법을 논의하고 문화적응상담의 전망과 과제를 통해 생애개발에서 문화적응상담을 조망한다.

1. 문화적응의 개념과 필요성

1) 문화와 문화적응

(1) 문화

문화란, 사전적 정의에 따르면 인간이 자연 상태에서 벗어나 일정한 목적 또는 생활 이상을 실현하려는 활동의 과정 및 그 과정에서 이룩하여 낸 물질적 · 정신적 소득의 총칭이며, 의식주를 비롯하여 언어, 풍습, 종교, 학문, 예술, 제도, 도덕 등의 정신적 소득을 가리킨다(크라운 국어사전, 1999). 이러한 사전적 정의를 보면 문화는 우리 삶의 기본 바탕이며, 태어나서 또는 태어나기 전부터 부모의 문화적 배경은 우리 삶 전체에 중요한 영향을 미친다.[1] 그렇기 때문에 어떤 사회, 어떤 문화권, 어떤 가족 문화에서 성장했는지는 개인 삶의 결정적인 요인 중에 하나이다. 같은 문화권, 같은 사회의 구성원이라고 하더라도 소속된 집단, 가족의 문화 등에 따라 공유하고 경험하는 문화는 다를 수 있다.

사회 구성원은 사물과 지식, 언어와 가치관, 규범과 질서를 배우고 익히는(정하성, 유진이, 이장현, 2007) 과정에서 문화의 직간접적인 영향을 지속적으로 받을 수밖에 없다. 우리의 삶에 광범위하게 작용하는 문화는 여러 특성이 있으며, 그중에서 개인에게 직접적으로 영향을 미치는 속성도 있다. 예를 들어, '문화는 학습된다.' 또는 '문화는 사회 구성원의 생각과 감정, 언어, 행동, 인지, 지식 등의 생활양식 전체를 포괄한다.'(정하성, 유진이, 이장현, 2007)와 같은 특성을 보면 문화는 개인의 인지, 정서, 행동, 언어 등에 영향을 미칠 수밖에 없다. 또한 문화는 축적성, 공유성, 세대 간 전승 등의 특성(천정웅 외, 2015)을 지니고 있기 때문에

---

1) 문화와 행동의 관계에 대해 베리 등(Berry et al., 2002)은 절대주의, 상대주의, 보편주의의 관점을 제시하였다. 절대주의 관점은 문화가 인간의 성격에 영향을 미치지 않음을 주장하고, 상대주의 관점은 인간의 행동은 문화의 영향을 받음을 주장하며, 보편주의 관점은 인간이 문화의 영향을 받지만 보편적인 특성이 있다고 주장한다. 이 장에서는 상대주의와 보편주의의 관점에 입각하여 서술한다.

어떤 방식으로든 개인의 생활양식에 스며들어 소속된 문화의 영향을 받는다.

문화의 개념과 특성에서 볼 수 있듯이 문화는 어떤 집단·사회·시대의 정신적 과정과 그 과정의 산물이라고 할 수 있는데, 개인은 소속된 집단·사회·시대에 따라 그 문화의 여러 속성을 공유하게 된다. 그러나 개인이 다른 사회에 진입할 경우에는 공유해 왔던 집단·사회의 문화와는 다른 문화에 접촉하게 된다. 새로운 또는 이질적 문화 집단에 진입했을 때 기존의 생활양식·규범·관습·제도 등이 다르면 그 차이로 인해 혼란을 겪으면서 새로운 환경 속에서 어떻게 행동해야 할지 등과 같은 부분에 어려움을 겪는다. 그렇기 때문에 낯선 문화 속에서는 적응적인 행동을 하기 쉽지 않을 것이고, 다른 생활양식으로 인해 편안함을 느끼기 어려울 수밖에 없다.

(2) 문화적응

베리(Berry, 1997)는 문화적응(acculturation)을 문화접촉이 동반되는 문화적·심리적 변화의 과정을 포함하여 넓은 의미에서 정의하였다. 문화적 변화는 어느 집단 내의 관습, 경제적·정치적 삶의 방식의 변화 등을 의미하며, 심리적 변화는 개인이 자신의 문화적 정체성과 문화변용에 대해서 갖는 태도의 변화를 포함한다고 할 수 있다(임영언, 이화정, 2013). 따라서 문화적응은 문화적 변화와 심리적 변화가 일어나는 과정과 그 결과라고 할 수 있다. 여기에서 개념적 혼란이 생길 수 있는데, 바로 적응과 동화를 혼동하는 것이다. 적응은 어떤 낯선 문화에 익숙해지는 것이지, 그 문화를 자신의 생활양식·사고·행동에 그대로 받아들이는 것은 아니다. 반면, 그대로 받아들이고 그 문화권의 사람과 똑같이 사고하고 행동하는 것은 동화의 성격이 더 강하다. 이 부분에 대해서는 다시 설명할 것이다.

앞서 살펴보았듯이, 문화적응의 개념을 두 가지 맥락으로 이해할 수 있다. 하나는 과정적 측면에서 이질문화에 적응해 가는 과정이며, 또 다른 하나는 다른 문화에서 적응적인 모습을 갖춘 것으로 적응적인 상태를 의미한다. 문화적응의 개념 또한 적응의 과정과 적응한 상태의 결과, 이 두 가지 측면을 포함하고 있다고 볼 수 있다. 이에 여기서는 맥락에 따라 새로운 문화에 적응해 가는 과정, 그리고 새로운 문화에 적응한 상태, 또는 이 두 가지 의미를 모두 포함한 개념으로 사용할 것이다.

다른 한편, 문화적응에 대한 논의는 대부분 소수집단에 속한 개인과 주류문화나 주류사회와의 관계에서 그 출발점을 이해한다. 일반적으로 소수집단과 주류문화, 소수민족에 속하는 개인과 주류사회 구성원의 관계에서 어떻게 주류사회에 적응해 나가는지, 적응의 형태, 적응적이지 않은 모습이 어떤 것인지 등이 주요 관심 주제이다. 이는 주로 주류사회의 기준에 맞춰 설명하는 경향이 있다. 이러한 관점의 형성은 그 사회의 특성뿐만 아니라 연구자와 연구 대상자의 배경 때문이라고 할 수 있다. 대부분 연구자는 주류사회의 지식층이고, 연구 대상자는 다른 문화적 배경을 가진 이민자인 경우가 많기 때문이다. 그동안 주로 이민자, 유학생 등에 대해 연구하면서 문화적응을 논의해 왔기 때문에 소수집단과 주류사회와의 관계를 설명하는 데 있어서는 이러한 경향이 강할 수밖에 없다.

여기서는 문화적응을 이해하기 위해 각 집단이 고유한 문화를 가지고 있다는 전제를 두고 문화 간의 상호 교류, 문화 간의 상호 접촉이라는 맥락에서 문화적응을 살펴보고자 한다.

2) 문화적응의 필요성

개인이 성장해 온 환경과 다른 문화를 접촉했을 때 겪는 혼란과 부적절감은 삶의 여러 측면에 부정적인 영향을 미친다. 그 결과, 개인적 · 주관적 경험뿐만 아니라 사회적 맥락에서도 어려움을 초래한다. 그러한 어려움으로 인해 문화적응을 논의하게 되는데, 문화적응을 논의하는 가장 근본적인 이유는 문화 간의 차이가 존재하기 때문이라고 할 수 있다. 차이는 다양성, 새로움, 흥미 유발 등과 같은 긍정적인 측면이 있지만, 차이로 인한 불편이나 차별과 같은 부정적인 측면을 만들어 내는 것도 사실이다. 특히 차이로 인한 차별이 발생하는 것은 매우 바람직하지 않다고 할 수 있다. 그리고 물론 문화적응의 어려움을 경험하는 사람들은 여러 측면의 어려움을 겪지만, 비교적 빠르고 쉽게 적응하는 사람들은 상대적으로 어려움이 적을 수도 있다. 다음에서는 문화의 차이로 인해 발생하는 다양한 문제를 살펴보면서 문화적응의 필요성을 제시한다.

(1) 개인적 주관적 어려움

개인이 기존 문화권에서 새로운 문화권으로 옮겨 갈 경우, 익숙하지 않은 사회에서 여러 생활의 변화를 경험하게 된다. 익숙했던 문화권에서의 경험과 달리 다른 사회제도, 관습, 규범, 새로운 사고방식, 행동양식 등을 경험하면서 어떤 것이 적절한 것인지에 대한 판단을 다시 하고, 때로 기존 방식으로 사고하고 판단하는 것이 부적절하다는 것을 느낄 때가 있다. 이런 경우 놀라움을 느끼거나 적절히 대처하지 못한 것 때문에 어려움을 겪을 수 있다.

이와 같이 개인은 새로운 환경에서 생활하면서 몇 가지 측면에서 어려움을 경험한다. 첫째, 앞서 설명하였듯이 기본적으로 인지적 혼란, 사고방식이나 판단 준거의 흔들림 등을 경험하게 되는데, 이와 같은 인지적 영역의 어려움이 다른 영역에 영향을 미치면서 더 많은 고통을 초래하고 가중시킨다. 둘째, 이러한 인지적 혼란이나 사고 기능의 어려움은 정서적인 고통을 야기하게 되고, 경우에 따라 자책, 부적절감, 불안, 우울과 같은 심리적 고통을 호소할 수도 있다(Toffler, 1970). 심리적 고통이 보다 길어지면 또 다른 문제를 초래할 가능성도 높다. 셋째, 인지적·정서적 어려움을 경험하는 개인은 실제 수행에서 어려움을 겪을 수밖에 없는데, 삶의 여러 역할을 수행하는 데에 있어서 역할 간의 충돌, 부적절한 역할수행, 역할수행의 지연과 같은 형태의 문제가 발생하기도 한다. 결과적으로 실제 개인이 경험하는 어려움이 이보다 더 많을 수도 있다. 이에 대해 문화적응에 대한 평가에서 더 구체적으로 설명할 것이다.

살펴본 바와 같이, 여러 맥락에서 다양한 문화를 이해하고 그 문화에 적응할 필요가 있다. 특히 현대사회에서는 사회문화적 교류, 문화권 간의 이동이 더 빈번하게 일어나기 때문에 삶의 어느 단계에서든 이질문화를 경험할 가능성이 높다. 또한 다른 문화권에 이입하지 않더라도 타 문화권의 사람들과 접촉하는 경우가 점점 많아지고 있다. 그러므로 어떤 형태든 새로운 문화를 접할 때 적응은 모두에게 중요한 부분이라고 할 수 있다.

(2) 집단적·사회적 불화와 갈등

문화 차이로 인한 어려움은 개인적 차원을 넘어 집단적·사회적 문제로 확산될 수 있다. 다문화 사회에 먼저 진입한 국가를 보면 극심한 사회적 갈등과 분노가 집단적으로 표출되는 사태가 종종 발생한다. 이에 대해 집단적·사회적 문제를 제도적 측면, 문화적 측면에서 살펴볼 필요가 있다.

첫째, 타 문화에 이입하는 개인은 그 사회, 그 문화권에서 생활하게 된다. 개인의 이입 경로나 형태, 개인적 요인에 따라 그 사회의 구성원으로 제도적으로 인정받는 경우와 그렇지 않은 경우가 있다. 제도적으로 인정받지 못하는 경우 그 사회에서 공연하게 제도적 차별을 받는다(한국사회과교육연구회 편, 2011). 또한 제도적으로 인정을 받는다고 해도 다양한 종류의 체류 자격 구분이 있어 개인의 체류 신분에 따라 이를 차별로 인식할 수도 있다. 특히 그 사회에의 기여 정도, 수행하는 역할의 정도 등에 따라 제도적 차별로 인한 사회에 대한 불만, 구성원 간의 불화가 발생할 수 있다.

둘째, 문화적 차별에서 오는 불화와 갈등이 발생할 수 있다. 앞서 살펴보았듯이 타 문화권에 이입했을 때 체류 신분에 따라 제도적 차별을 받을 수 있지만 가장 많은 경우는 문화적 차별이라고 할 수 있다. 제도적으로는 평등하지만 주류집단은 고유한 문화를 고수하면서 주류문화와 다른 이질문화를 가진 사람에게는 불편한 시선과 차별적인 태도를 보인다. 특히 주류사회와 이민자의 갈등이 많을수록 정치적·경제적·문화적 측면에서 주류집단과 주변부가 명확히 구분된다. 이러한 구분은 사회적 통합을 더욱 어렵게 만들고 있다. 서유럽 국가에 거주하는 아랍계 이민자의 경우가 대표적인 예라고 할 수 있다.

(3) 세계시민으로서의 역량 요구

사회적 변화에 따라 개인의 생활환경은 급속도로 변화하고 있다. 타 문화권에 이입하거나, 자국 문화에서 타 문화권 사람과 접촉하거나 어떤 경우든 새로운 문화를 접하는 것은 현대인의 일상이다. 그렇기 때문에 개인이 문화적 역량을 갖추는 것은 더욱 중요해졌고, 자신의 문화권을 넘어 세계시민으로서의 역량이 필요한 시대에 적응해야 한다. 세계시민으로서의 역량에 대해 다문화교육에서 강조하는 역량을 중심으로 살펴보면 다음과 같다.

첫째, 현대사회는 세계시민적 정체성을 요구하는 시대이다. 전통적인 방식으로 본다면 개인은 소속된 사회와 그 사회의 문화적 가치의 영향을 받으면서 성장하기 때문에 지역적·민족적·국가적 특성을 가진다. 즉, 개인의 정체성 발달은 개인이 소속된 지역·사회·문화에 따라 영향을 받고 또한 그 요소들이 개인의 사고와 행동에 자리를 잡는다. 그러나 현대사회에서 개인의 정체성은 지역·민족·국가에 국한되지 않고 보다 열린 세상에서 세계시민으로 활동하는데, 이러한 다국적·다민족적 교류 속에서 세계시민적 정체성의 발달은 중요(Banks, 2008)할 수밖에 없다.

둘째, 현대인은 세계시민으로서의 존재적 양상을 가지므로 이와 관련된 역량을 갖추는 것은 시대적 요구이다. 사회적 존재로서의 개인은 자신의 속한 문화권에 국한되지 않고 세계 속에서 타인·집단과 관계를 맺어야 한다. 따라서 자신의 세계관에 갇혀 있지 않고 '타자의 세계관에 대한 상상적 참여'를 하는 문화적 공감(cultural empathy)능력을 길러야 한다(Gudykunst & Kim, 1984). 이러한 문화적 공감능력은 문화적 다양성을 수용·인정하는 것을 의미하며, 민족과 문화를 초월하여 인간의 존엄성과 보편적 인권을 지향하고, 세계 공동체적 책임으로 지구상의 존재하는 모든 사람을 존중하고 수용하는 것을 강조한다(Bennett, 2007).

이와 같이 세계시민으로서의 역량을 갖춘다면 어떤 문화를 접촉하든 자신의 고유한 문화와 타 집단의 문화에 대해 상호 이해와 존중이 가능하며, 타 문화권에 이입했을 때나 자신의 문화권에서 타 문화권 사람을 접촉할 때 문화적 차이로 인한 불편과 갈등을 최소화할 수 있다.

2. 문화적응에 관한 이론

문화적응의 개념을 이해하고 문화적응의 현상을 보다 구체적으로 살펴보기 위해 이 절에서는 문화적응과 그 유사 개념에 대한 구분, 문화적응을 설명하는 모형, 문화적응의 과정 등과 관련된 내용을 살펴보고자 한다. 앞서 살펴보았듯이 문화적 차이가 있기 때문에 문화에 대한 이해가 전제되고, 이를 바탕으로 문화적응을 논의해야 한다. 앞서 제시한 문화적응의 개념을 다시 한번 살펴본다면, 문화적응은 자신이 익숙해 있던 문화에서 다른 문화에 익숙해 가는 과정과 그 결과라고 할 수 있는데, 여기에서 적응이 동화와 다르다는 점을 다시 한 번 강조한다. 문화적응은 서로에게 해당하는 쌍방향적인 것이지만 그동안 문화적응을 주로 논의했던 사회는 이민자가 많이 진입한 사회이기 때문에, 주류사회와 이민자와의 관계 속에서 이민자의 적응을 중심으로 이론적 모형을 제시하였다.

문화적응의 현상을 이해하기 위해 많은 논의가 전개되었는데, 초기 이론에서는 문화충격(Oberg, 1960)을 중심으로 논의하면서 이질문화 접촉에서 생기는 스트레스 등으로 확장하여 설명하였다. 문화적응의 과정을 설명하는 이론으로 문화적응곡선(과정)모형(Furnham & Bochner, 1986; Lysgaard, 1955), 문화적응과정모형(Oberg, 1960), 인종적/문화적 정체성 발달모형(Atkinson, Norten, & Sue, 1997)과 베리(1997)의 문화적응모형 등이 있다. 이 외에도 동화론(assimilation theory), 다원론(pluralism), 분절동화론(segmented assimilation theory) 등이 있지만 여기서는 문화적응과정을 설명하는 문화적응곡선(과정)모형, 인종적/문화적 정체성 발달모형, 그리고 베리(1997)의 문화적응 모형을 소개하고자 한다.

1) 문화적응곡선(과정)모형

문화적응 현상에 대한 설명하는 가장 초기 논의는 리스가드(Lysgaard, 1955), 오베르크(Oberg, 1960)를 중심으로 이루어졌다. 문화적응과정이 U자 형태로 일어난다고 하여 리스가드의 이론을 U-curve 모형이라고도 칭한다. 리스가드 (1955)가 제시한 U자 형태의 적응과정은 네 가지 단계로 설명된다. 첫 번째 단계는 밀월기단계(honeymoon stage)인데, 이 단계는 새로운 문화에 대한 흥미와 흥분을 느끼며 차이를 인식하지만 문화적 유사성을 강조한다. 또한 문화적 차이에 대해 오히려 호기심을 느끼며 새로운 문화를 배우려고 한다. 두 번째 단계는 문화충격단계(culture shock stage)인데, 위기 및 좌절 단계로 문화충격을 겪는 단계라고 할 수 있다. 시간이 좀 길어지면 현실감이 생기고 부정적인 측면을 인식하면서 좌절과 혼란을 겪는다. 개인의 고유한 문화와 다른 가치, 관습, 언어 등의 차이가 장벽으로 인식되는 시기이다. 세 번째 단계는 회복단계(recovery stage)인데, 이 단계는 적응기로서 점차 적응하고 혼란과 무질서가 회복되는 시기이다. 새로운 문화에 대한 이해가 깊어지고, 언어나 관습 등을 익히면서 더욱 적응적이고 회복하는 경험을 한다. 마지막 네 번째 단계는 적응단계(adjustment stage)인데, 고유한 문화와 새로운 문화를 모두 익숙히 여겨 두 문화 간 상충된 것을 잘 조절하고 새로운 문화를 인식하는 인지적 변화를 경험한다.

오베르크(1960)는 새로운 문화를 만날 때 문화충격을 겪으면서 문화적응을 해 나간다고 보고, 문화적응의 과정은 네 가지 단계를 거친다고 하였다. 그는 문화충격은 문화적 환경을 체험하는 과정에서 겪는 심리적 반응이며, 기존의 익숙해 있던 습관, 언어, 행동, 표정 등과 같은 문화적 상징을 상실함으로써 느끼는 일종의 불안이라고 정의하였다. 오베르크는 문화충격(culture shock)이라는 개념을 제시하고, 문화적응의 과정을 밀월기(honeymoon), 위기(crisis, culture shock), 회복기(recovery), 적응기(adjustment)로 구분하여 마찬가지로 U자 형태의 적응과정을 제시하였다. 뿐만 아니라 오베르크의 모형을 굴라혼과 굴라혼(Gullahorn & Gullahorn, 1963)이 발전시켜 해외 거주자가 모국으로 돌아왔을 때, 이 U자 형태의 적응과정을 연속적으로 재경험한다고 보고 U자에서 W자의 재적응과정을 제시하였다.

다른 한편, U자 형태의 적응과정에 대해 블랙과 멘덴홀(Black & Mendenhall, 1991)은 이 네 가지 단계가 시간에 따라 U-Curve 형태로 변화한다고 실증적으

로 제시하였다. [그림 9-1]은 시간 흐름에 따른 적응의 양상을 구체적으로 보여
주고 있다.

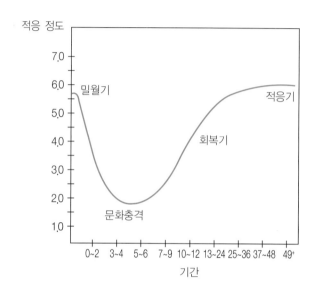

[그림 9-1] 문화적응 곡선(단계)

출처: Black & Mendenhall (1991); Oberg (1960).

2) 인종적/문화적 정체성 발달모형(R/CID)

문화적응을 하나의 과정이라고 본다면 문화적응을 해 가는 과정은 개인의 심
리적 발달과 함께 일어난다. 특히 정체감 발달과정에 있는 개인은 다양한 문
화 속에서 자신의 자아정체감, 문화적 정체감 등의 발달과정을 경험한다. 다
문화사회의 경우 소수집단에 속한 개인은 주류사회와 상호작용하면서 정체감
을 형성해 나가는데, 이에 대해 앳킨슨 등(Atkinson, Morten, & Sue, 1997)은 이
러한 현상 및 과정을 인종적/문화적 정체성 발달모형(Racial/Cultural Identity
Development Model: R/CID)으로 설명하였다. 이 모형을 보면 개인은 자신에 대
한 태도, 같은 소수민족에 대한 태도, 다른 소수민족에 대한 태도, 주류집단에

대한 태도를 각각 다르게 경험한다. 이 이론에서는 개인이 나타내는 이 같은 태도의 특성을 다섯 단계로 설명하고 있다. 1단계부터 5단계까지의 과정을 보면 순응, 불일치, 저항과 흡수, 자기성찰, 통합적 명료화와 인식의 과정으로 정체감 발달을 경험한다. 초기에는 부정적·배타적 특성을 보였다면 점차 수용하는 과정을 거쳐, 최종적으로는 통합적인 명료화와 인식의 수준에 도달하는 것을 볼 수 있다. 각 단계별 구체적인 특성은 〈표 9-1〉과 같다.

◦◦◦ **표 9-1** 인종적/문화적 정체성 발달모형(R/CID)

단계	자신에 대한 태도	같은 소수민족에 대한 태도	다른 소수민족에 대한 태도	주류집단에 대한 태도
1단계: 순응	자기비하	집단 비하	차별적	높이 평가
2단계: 불일치	자기비하	집단 내 갈등: 집단 비하와 높이 평가	주류문화의 소수문화 위계에 대한 관심과 공유된 경험의 감정 사이의 갈등	집단 비하와 높이 평가 사이의 갈등
3단계: 저항과 흡수	자기를 높이 평가	집단을 높이 평가	다른 소수집단 경험에 대한 공감과 자문화중심주의 감정의 갈등	집단 비하
4단계: 자기성찰	자기를 높이 평가하는 근거에 관한 관심	불평등한 평가의 본질에 대해 관심	다른 사람을 평가하기 위한 인종중심적인 관심	집단 비하의 근거에 대한 관심
5단계: 통합적 명료화와 인식	자기를 높이 평가	집단을 높이 평가	집단을 높이 평가	선택적인 높이 평가

출처: Atkinson, Morten, & Sue (1997).

3) 베리의 2차원 모형

베리(1997)의 2차원 모형은 개인의 고유문화와 새로운 문화의 접촉 상황, 그리고 그 상황 속에 개인의 참여라는 2개의 차원 축으로 네 가지 적응전략을 구분하여 설명하고 있다. 즉, 자신의 문화를 얼마나 유지하는지와 새로운 문화를 얼마나 수용하고 적극적으로 참여하는지에 따라 적응의 유형을 나누었다. 〈표 9-2〉과 같이 동화, 통합, 분리, 주변화라는 네 가지 적응 유형으로 구분하였다. 이 네 가지 전략에 대해 구체적으로 살펴보면 다음과 같다.

○○○ **표 9-2** 베리의 문화적응 전략

차원 2	차원 1	모국의 문화적 정체성과 특성을 유지할 것인가	
		강	약
주류사회와 관계를 유지할 것인가	강	통합	동화
	약	분리	주변화

출처: Berry (1997)에서 발췌 · 수정함

첫 번째는 통합(Integration)전략으로, 이 유형에 속하는 사람들은 모국의 문화적 정체성과 특성을 강하게 유지하는 동시에 주류사회와 긴밀한 관계를 맺고 있다. 두 가지 문화의 고유한 특성을 이해 · 존중하는 동시에 이를 적절히 수용하는 모습을 보인다. 자신의 고유한 문화적 특성과 주류사회에 대한 이해를 균형 있게 내면화하는 가장 이상적인 적응 형태라고 볼 수 있다.

두 번째는 형태는 동화(Assimilation)전략으로, 이 유형에 속한 사람들은 주류사회와의 관계를 더 강하게 맺고, 모국의 문화적 정체성과 특성은 점차 약해지며 주류사회의 구성원과 같아지는 과정을 거친다. 따라서 이 유형에 속하는 사람들은 생물학적으로는 소수집단에 속하지만 사회문화적 측면에서는 주류사회의 구성원과 문화적 측면에서 차이가 없다.

세 번째 형태는 분리(Separation/Segregation)전략으로, 이 유형은 모국의 문화적 정체성과 특성을 강하게 유지하고 주류사회와의 관계는 약하게 유지하는 형태라고 할 수 있다. 이러한 유형에 대해 주류사회의 관점으로 본다면 부적응적이라고 할 수 있지만 모국의 문화적 정체성 측면에서 본다면 매우 강한 민족적 자긍심을 가진 모습이라고 평가할 수 있다.

네 번째는 주변화(marginalization)전략으로, 이는 주류사회와의 관계가 약할 뿐만 아니라 모국의 문화적 정체성과 특성도 적극적으로 유지하려고 하지 않은 유형이다. 주류사회와의 관계 유지 정도와 모국의 문화적 정체성 및 특성의 유지 또한 약하기 때문에 어느 집단에도 전적으로 속해 있지 않아 적응적인 모습이라고 보기 어렵다.

네 가지 유형을 종합하여 소수집단에 속하는 개인이 주류사회에서 적응하는지에 따라 나누어 본다면, 주류사회 문화에 적응하는 유형은 통합과 동화 유형이라고 볼 수 있는 반면, 주류사회에 적응하지 못한 유형은 분리와 주변화 유형이라고 할 수 있다. 주류사회 문화에 적응하는 것만으로 적응적인 삶이라고 단정 지을 수는 없지만, 두 가지 문화를 경험하면서 각각의 문화적 특성에 맞게 적절히 반응하는 것은 중요한 삶의 과업이라고 할 수 있다.

앞서 살펴본 이론적 모형에서는 문화적응의 단계적 특성과 유형을 구분하여 문화적응의 현상을 설명하고 있다. 어떤 단계 또는 어떤 특성을 보인다는 것은 새로운 문화를 접촉했을 때 나타나는 특성이므로, 이에 대해 문화적 측면에서 이해해야 한다. 문화적 적응과 전반적 적응 사이에 일정 수준의 관련성은 있지만 무엇이 더 중요한지는 개인의 실존적 의미에서의 선택이며, 타인의 입장에서 무엇이 더 중요하다고 결론을 짓는 것은 바람직하지 않다.

3. 생애주기별 문화적응상담의 주요 이슈

개인의 생애개발에 있어서 문화적응은 중요한 주제이다. 개인의 발달단계, 발달특성, 삶의 경험에 따라 문화적응의 주요 과업이 변화할 수 있다. 이에 따라 생애주기별 문화적응에 관한 상담주제 또한 변화할 것이다. 문화적응이 복합적인 주제인 만큼 문화적응상담과 관련한 이슈 역시 다양한데, 여기에서 먼저 문화적응상담과 다문화상담에 대한 논의를 살펴보고, 생애주기별 문화적응상담을 이해하기 위해 각각의 문화적 배경을 가진 상담자와 내담자에 대해 살펴보고자 한다. 이에 따라 상담자가 문화적응상담에서 어떤 태도와 역량을 갖춰야 하는지, 문화적응상담에서 상담자의 전문성을 어떻게 평가하는지에 대해 살펴보고자 한다. 그리고 내담자의 생애주기별 문화적응의 주요 주제는 무엇인지를 구체적으로 살펴본다.

1) 다문화상담과 문화적응상담

다문화상담에 대해 수와 수(Sue & Sue)는 다음과 같이 정의하였다. "다문화상담/치료(Multicultural Cunseling/Therapy: MCT)는 조력하는 역할이자 과정으로 정의할 수 있다. 내담자의 생활경험 및 문화적 가치와 일관된 상담 목표와 양식을 사용한다. 내담자의 정체성을 개인과 집단 그리고 보편적 측면을 포함하는 것으로 인정하고, 조력과정에서 개인적 · 문화특수적 전략과 역할을 사용하며, 내담자와 내담자의 체계를 평가하고 진단하며, 치료할 때 개인주의와 집단주의의 균형을 맞춘다."(Sue & Sue, 2011) 여기에서 다문화상담에 대해 주목할 초점은 다음과 같다.

- 상담자의 역할과 조력의 과정
- 생활경험 및 문화적 가치와의 조화
- 존재의 개인적 · 집단적 · 보편적 차원
- 보편적 및 문화특수적 전략
- 개인주의와 집단주의
- 내담자와 내담자의 체계

이와 같은 정의는 전통적인 관점의 상담을 거시적인 관점에서 이해하고 있음을 보여 준다. 상담에서 지향하는 목표나 가치, 상담의 과정, 상담자의 역할, 상담에서 주로 다루는 주제 등 모든 측면에서 문화라는 주제를 내포하고 있다.

앞서 이 장에서 다루고 있는 문화적응상담에 대해 여러 측면에서 설명하였지만, 다문화상담과 대조하여 좀 더 추가 설명을 한다면 문화적응상담은 기본적으로, 첫째, 내담자가 문화와 관련된 경험에서 발생하는 어려움을 다루고, 둘째, 문화적 측면에서의 적응을 목표로 상담을 진행한다. 이전에는 소수집단이 주류사회에 어떻게 적응할지를 논의하였으나, 지금은 여러 문화가 어떻게 공존할지를 논의하는 시대이다. 이에 대해 다문화상담을 보다 거시적인 관점에서 본다면 전통적인 상담을 포함하여 문화적응상담까지 아우를 수 있다. 그러나 상담에서 구체적으로 다루는 주제를 중심으로 본다면 다문화상담이든, 전통적인 상담이든 문화적응은 상담의 세부적인 주제 중의 하나라고 할 수 있다. 전반적으로 다문화상담과 문화적응을 목적으로 하는 상담이 완전히 별개의 것이 아니라 다문화라는 관점 속에서 문화적 적응을 이해하고 문화적응을 조력하기 위한 상담이라고 이해하는 것이 더 적절할 것이다.

2) 문화적응상담에서 상담자의 태도와 역량

(1) 문화적응상담에서 상담자의 태도와 자세

상담장면에서는 다양한 문화적 배경을 가진 사람을 만날 수 있기 때문에 상담자는 문화의 본질, 문화의 상대적 특성이 다름을 인식하는 것이 중요하다. 문화에 대해 개방적인 태도를 갖고, 다양한 문화적 배경과 여러 인종의 사람이 가진 고유의 문화적 특성을 이해하고 수용하는 것이 상담자의 기본 역량이라고 할수 있다.

우선, 상담자는 내담자의 문화를 이해하고, 내담자의 세계관을 이해하기 위해 자신의 세계관에 영향을 미치는 사회문화적 요소, 문화에서 비롯된 정신적 역동을 이해하는 것이 선행되어야 한다. 인종적·사회문화적 영향이 상담자에게 침투되었을 때, 특히 상담자가 그것을 인식하지 못하고 있다면 상담의 목표, 내담자 평가, 상담개입 등의 방향을 잘못 설정할 가능성이 발생한다. 또한 이로 인해 상담자와 내담자의 편견과 고정관념을 강화시킬 수 있다(Sue & Sue, 2011). 상담자가 민족중심의 사고나 단일문화주의 사고방식을 취한다면 자민족을 우월시하고 타 민족을 경시하거나 편견을 가진 태도를 취할 수도 있다. 이러한 상담자는 아무리 전문적 지식이 많다고 하더라도 내담자와 진정한 작업동맹 관계를 맺기 어렵고, 상담자 자체가 내담자에게 또 하나의 문화적 장벽으로 인식될 가능성이 크다. 이와 관련된 상담자의 태도와 자세는 상담자의 인간적 자질을 넘어 상담자의 문화적 역량과 관련된 전문성이라고 할 수 있다.

(2) 상담자의 문화적 역량

문화와 관련된 상담자의 태도는 상담자가 한 개인으로 취하는 인간적 태도, 문화를 이해하는 정도라고 볼 수 있지만, 인간 행동을 이해하고 변화시키는 상담이라는 전문 분야에서는 태도 측면을 넘어 전문성의 영역이라고 볼 수 있다. 수 등(Sue et al., 1982)은 상담자의 다문화역량을 상담자의 전문성·유능성이라고 주장하였다. 이에 대해 문화적으로 유능한 상담자의 모습을 다음과 같이 세 가지를 제안하였다. "첫째, 상담자 자신의 가정·가치·편견에 대해 인식하는 적극적인 노력을 해야 하며, 둘째, 내담자의 세계관을 이해하기 위한 노력을 해야 하며, 셋째, 문화적으로 적절한 개입전략과 기법을 발달시켜야 한다."(Sue et al., 1982)

이와 같이 상담자의 문화적 역량은 상담자의 개인적 노력과 상담자를 위한 교육적 노력의 일부라고 할 수 있다. 어떤 상담자이든 자신의 고유한 문화적 배경이 있기 때문에 상담자의 문화적 유능성은 자신의 문화를 이해하는 동시에 상대의 문화, 더 나아가서 다양한 문화를 이해하는 노력이 필요하다. 상담자의 문화적 역량은 문화에 대한 민감한 감수성에서 출발한다고 할 수 있다. 따라서 상담자의 문화적 감수성을 발달시키는 것이 매우 중요하다. 문화적 감수성의 발달단계는 개인의 자민족중심적 상황에서 민족상대주의적 상황으로의 변화를 의미하며, 민족상대주의적 이해가 깊어지면 수 등(1982)이 언급한 자문화에 대한 이해를 넘어 상대의 문화와 세계관을 이해하는 단계에 이를 수 있다. 이러한 과정을 베넷(Bennett, 1993)의 문화 차이에 대한 감수성 발달단계(〈표 9-3〉 참조)를 적용해서 살펴볼 수 있다. 즉, 자민족중심적 사고방식에서 타 민족, 타 문화에 대한 수용, 적응 및 통합의 단계까지 이르는 과정은 상담자에게도 똑같이 중요하다. 문화적으로 유능한 상담자는 이러한 문화적 감수성을 통해 문화적 역량을 키워 더 유능한 상담자로서 역할을 수행한다.

ㅇㅇㅇ **표 9-3** 베넷의 문화 차이에 대한 감수성 발달단계

자민족중심적 상황
자신의 문화가 현실인식에서 가장 중심적인 것으로 생각하고 문화 차이를 피한다.

1. 부정	자신의 문화만이 진짜 문화라고 생각하고 다른 문화와의 심리적·물리적 거리를 둠으로써 다른 문화에 대해서 생각하는 것조차 피한다.
2. 방어	다른 문화 간에 구분은 할 수 있으나, 역시 자신의 문화만이 가장 세련되고 좋은 문화라고 생각하고 다른 문화는 열등한 것으로 여긴다.
3. 경시	문화 차이를 회피하는 가장 교묘한 전략을 사용한다. 드러나는 문화적 차이가 있어도 경시하면서, 근본적으로는 자신의 문화와 같다고 생각하고 자신의 문화와 세계관을 보편적인 것으로 여긴다.

민족상대주의적 상황
문화 차이를 추구하고 타 문화의 맥락에서 자신의 문화를 경험하는 것이다.

4. 수용	타 문화가 자신과는 다르지만 현실의 구성이라는 점에서 동등하게 복합적이라는 것을 인식한다.
5. 적응	관점을 자신의 문화와 타 문화의 세계관 사이에서 자유롭게 이동할 수 있는 능력을 가지게 된다.
6. 통합	문화적 정체감을 강조한다. 다문화적인 사람 중에는 자신의 문화적 정체감을 어느 한 문화에 정박하지 않고 넓어진 경험 세계를 포괄하기 위하여 자아정체감을 재정의해야 하는 경우가 있다.

출처: 정진경, 양계민(2005)에서 발췌·수정함

3) 생애주기별 문화적응상담

일반적으로 문화에 대한 이해, 문화적응에 필요한 기본 태도 등이 개인의 인지적 특성이라고 하면 인지발달단계에서부터 문화에 대한 관점을 형성하게 된다. 따라서 생애주기별 문화적응을 촉진하기 위해 인지적 측면에서의 개입이

중요하다고 할 수 있다. 여기에서는 생애주기별 문화적응상담의 주요 주제 및 이슈에 대해 알아보고자 한다.

(1) 아동기의 타 문화에 대한 이해 촉진

아동기는 개인에게 있어서 매우 초기의 발달단계이며, 사고가 비교적 단편적이고 문화에 대한 이해가 충분하지 않은 시기이다. 하지만 아동기는 인지적 발달에 있어서 중요한 시기이므로 다양한 문화를 접촉하고 문화 다양성에 대한 이해를 증진시키는 것이 매우 중요하고 꼭 필요하다.

이러한 관점에 따라 국가교육과정(국가교육과정정보센터, 2019)에서는 아동기의 문화적 이해를 촉진하고자 노력하였다. 누리과정을 살펴보면 3~5세의 아동에게 문화에 대한 이해를 교육적으로 접근하고 있다. 3~5세 아동에게 사회관계 영역에서 사회에 관심 갖기, 구체적으로는 세계와 여러 문화에 관심 가지기를 교육하도록 한다. 그중에서 4세의 경우, "여러 나라의 문화에 대해 관심을 갖는다. 여러 나라의 문화를 알아보고 존중한다."와 같은 교육 내용을 명시하고 있다. 5세의 경우, "여러 나라에 대해 관심을 갖고, 서로 협력해야 함을 안다. 다양한 인종과 문화를 알아보고 존중한다."와 같은 내용으로 조금 더 심화시켰다.

아동에게 문화적 다양성에 대해 이해시키고, 세계 속에 다양한 문화가 공존한다는 것을 자연스럽게 받아들이며, 다른 문화와 인종, 행동특성을 이해하고 존중할 수 있도록 기초 교육을 제공한다.

(2) 청소년기의 타 문화에 대한 수용 증진

아동기를 넘어 청소년기는 인지발달단계에서 봤을 때 형식적 조작기에 속하며, 다양하고 새로운 경험의 동화와 조절을 통해 사고를 재조직화하고, 보다 통합적이고 논리적인 사고를 하게 된다. 다시 말해, 청소년기의 다양한 문화적 경험은 인지발달을 촉진하고 문화의 대한 이해와 수용을 증진할 수 있는 매우 중요한 계기가 될 수 있다. 이러한 특성 때문에 오히려 다양한 문화를 이해하고 존중하는 태도를 형성하지 못하면 가벼운 수준에서는 편견과 같은 타 문화에 대한

인지적 왜곡이 발생하고 심각한 수준에서는 인종주의적 태도를 형성할 가능성
이 크다. 이러한 인지적 왜곡은 개인의 사고와 정서에 오랫동안 부정적인 영향
을 미치기 때문에 청소년기에 문화적 다양성을 존중하고 수용하는 태도를 갖추
는 것을 더욱 강조해야 한다.

따라서 청소년기에 문화적응, 다양한 문화의 수용을 위해서 문화적 감수성을
향상시키는 것이 매우 중요하다. 문화적 감수성은 문화적 적응을 향상시킬 수
있는 중요한 요소라고 할 수 있다. 문화적 적응성을 논의하는 데 있어서 홉스테
드 등(Hofstede et al., 2014)은 문화지능(Cultural Intelligence: CQ)이라는 개념을
제시하였고, 비교문화적 맥락에서 문화 차이에 관한 지식을 효과적으로 활용하
여 다른 문화에 적응하는 역량을 설명하였다. 그리고 문화지능을 일종의 '정신
소프트웨어'라고 칭하고, 사람들이 가지고 있는 세계관의 집합이 바로 문화라고
하였다(홍종열, 2015). 이에 대해 얼리 등(Earley et al., 2006)은 문화지능을 구성
하는 세 가지 요소를 제시하였는데, 첫째는 다른 문화에 대해 이해하고 문제를
해결하는 방식(문화전략적 사고)이고, 둘째는 인내력을 갖고 활기차게 행동하려
는 의지(동기)이며, 셋째는 일정한 방식으로 적절하게 행동하는 능력(행동)이다
(홍종열, 2015). 따라서 청소년기의 문화적응 능력을 향상하고 문화적 역량을 증
진시키기 위해 문화전략적 사고, 동기, 적절한 행동을 증진시키는 노력을 시도
해야 한다.

(3) 성인기의 타 문화에 대한 존중 촉진

성인기의 개인은 여러 측면에서 안정적인 특성을 나타낸다. 특히 인지적 측
면에서 개인만의 세계관을 형성하고 있으며, 문화에 대해 이해하고 해석하는 방
식 또한 일종의 안정성을 보인다. 다양한 문화를 접해 보지 못한 일부 개인은 타
문화를 이해하고 수용하기 전까지는 타 문화에 대한 인식과 태도가 매우 부정적
일 수 있다. 타 문화의 관점에서 생각하고 행동하는 양식을 부정하거나 타 문화
의 가치를 격하시키는 등과 같은 부적응 양상을 나타낼 수 있다. 뿐만 아니라 자
민족 문화중심의 사고에서 타 문화에 대해 방어하고 열등하다고 과소평가 또는

경시하며 자신만의 문화를 우월하고 보편적인 세계관이라고 생각한다. 이러한 모습은 문화적으로 적응적인 모습이라고 할 수 없으며, 이로 인해 타 문화권 사람과의 교류를 어렵게 하거나 갈등을 빚는다. 뿐만 아니라 타 문화권 사람에 대한 태도로 인해 자신의 문화권 구성원과도 갈등이 발생할 수 있다.

따라서 성인기 내담자의 문화적응 능력을 키우거나 문화적응 주제로 상담을 진행할 때 문화와 관련된 주제에 바로 접근하는 것은 상담자와 내담자에게 모두 부담이 되는 방향이다. 특히 문화적 감수성이 낮고, 성인기 인지적 특성을 나타내는 내담자의 경우, 오히려 상담 초기단계부터 전이가 일어나 내담자가 문화적 성찰을 하는 과정을 어렵게 할 수 있다. 문화와 관련된 주제를 다루더라도 조금 안전한 접근에서 점차 문화적 이해와 수용으로 이어가는 것이 더 적절하다. 즉, 문화 차이에서 오는 갈등과 유사한 타인과의 의견 차이나 정서적 영역의 차이 등과 같이 일반화할 수 있는 생활경험과 주제를 접근하는 것을 추천한다. 이와 관련된 주제를 다루면서 점차 문화적 차이, 문화에 대한 수용 태도와 문화적 감수성에 도달하는 방법을 활용하는 것이 더 용이할 것이다.

4) 문화적응상담에서의 평가

일반적인 상담에서는 내담자가 겪는 어려움에 대해 평가한다. 그러나 문화적응과 관련된 주제를 상담할 때는 전통적으로 접근했던 방식과 다른 사고의 전환이 필요하다. 상담자의 문화적 역량이 상담과정에 중요한 영향을 미치기 때문에 상담자와 내담자에 대한 평가를 모두 실시하는 것을 권장한다. 평가에 대해 다음과 같은 몇 가지 측면을 고려할 필요가 있다.

첫째, 문화적응을 다루는 상담에서는 상담자와 내담자가 모두 자신만의 고유한 문화적 특성을 가지고 있다. 그렇기 때문에 내담자를 평가하기 전에, 또는 내담자를 평가하는 동시에 상담자는 자신의 문화적 역량에 대해 어떤 형태로든 검토가 필요하다. 특히 이는 향후 상담과정에서도 전이나 역전이와 관련이 있을 수 있기 때문에 지속적으로 확인해야 하는 부분이다. 둘째, 상담에서 전통적으로 해 왔던 것처럼 내담자에 대한 평가를 진행한다. 내담자의 호소문제에 따라서, 또는 상담자의 전문적 판단에 따라 내담자가 겪고 있는 어려움을 정확히 이해하기 위해 필요한 검사를 실시한다. 이러한 평가는 사례개념화를 하기 위한 기본 작업이라고 할 수 있다. 셋째, 내담자의 호소문제를 평가하는 동시에 내담자의 문화적 역량이나 문화적 감수성 등 문화적 요소에 대한 평가를 진행할 필요가 있다. 문화적응에서 나타나는 전반적 특성, 개인의 문화적 정체성, 문화적 수용 스펙트럼 등을 확인하는 것은 내담자와 내담자가 겪고 있는 어려움을 이해하기 위한 방법이다.

(1) 정신질환의 진단 및 통계 편람(DSM-5)에 따른 평가

DSM-5에 사회환경과 관련된 기타 문제 영역에는 '문화적응의 어려움, 사회적 배척이나 거부, (지각된) 부정적 차별이나 박해의 표적, 사회환경과 관련된 명시되지 않은 문제' 등이 있다. 이 중에서 문화적응의 어려움에 대해 "새로운 문화(예: 이민 후)에 대한 적응에의 어려움이 임상적 주의의 초점이거나 치료나 예후에 영향을 줄 때 사용되어야 한다."라고 명시되어 있다. 이와 같이 문화적응문제가 정신질환 진단의 한 가지 측면이 될 수 있음을 보여 준다. 또한 사회적 배척이나 거부, (지각된) 부정적 차별이나 박해의 표적, 사회환경과 관련된 명시되지 않은 영역의 문제는 그 원인이 문화적응문제 때문에 발생할 가능성이 있다. 타 문화권 사람들에게 가하는 사회환경적 차별, 거부 등으로 인해 문화적응의 어려움뿐만 아니라 사회환경적으로 여러 측면의 어려움에 대해 진단적 항목으로 제시하고 있다.

또한 DSM-5에서는 효과적인 진단평가와 임상적 관리를 위해 문화적 맥락을 강조하였다. 이에 대해 "DSM-IV에서 소개된 문화적 개념화의 개요(outline for cultural formulation)는 개인의 정신건강 문제의 문화적 특징에 대한 정보를 평가하고, 문화적 특징이 사회문화적 맥락과 역사와 어떻게 관련되는지를 평가하는 체계를 제공한다."라고 언급하였으며, DSM-5에서는 문화적 개념화 면접(Cultural Formulation Interview: CFI)을 사용하는 접근법을 추가하였다. 즉, 개인의 문화·인종·민족성과 같은 특성이 개인의 심리적·대인관계적·세대 간 갈등이나 적응상의 어려움을 초래(DSM-5)한다고 보기 때문이다. 문화적 개념화에 대해 〈표 9-4〉의 범주에 따라 평가할 수 있다.

○○○ **표 9-4** DSM-5의 문화적 개념화 개요의 범주

범주	설명
개인의 문화적 정체성	대인관계, 자원에 대한 접근성, 발달적인 그리고 현재의 도전과제, 갈등이나 곤경에 처한 상태에 영향을 줄 수 있는 개인의 인종적·민족적·문화적 참조집단 기술
고통에 대한 문화적 개념화	개인이 어떻게 자신의 증상이나 문제를 경험하고 이해하며 다른 사람과 의사소통하는지에 영향을 미치는 문화적 구성 개념 기술
정신사회적 스트레스 요인, 취약성 및 탄력성의 문화적 특징	개인의 사회적 환경(근접 사건 및 과거 사건을 모두 포함할 수 있음) 내에서의 핵심적인 스트레스원 및 지지 자원과 종교, 가족 그리고 기타 사회적 관계망(예: 친구, 이웃, 동료)의 역할을 파악
개인과 임상의의 관계의 대한 문화적 특징	의사소통의 어려움을 야기하거나 진단 및 치료에 영향을 미칠 수 있는 개인-임상의 간의 문화적·언어적·사회적 지위에서의 차이를 파악
전반적 문화적 평가	적절한 관리 및 치료적 개입뿐만 아니라 진단 및 기타 임상적으로 관련된 쟁점과 문제에 대한 개요의 전반부에서 파악된 문화적 개념화의 구성요소가 지닌 함의점을 요약

출처: 권준수 외(2015)에서 발췌·수정함

(2) 문화적응 스펙트럼에 따른 평가

문화적응을 평가하기 위해 여러 방법이 있겠지만, 여기서는 폰테스(Fontes, 2016)의 문화적응 스펙트럼 개념을 통해 내담자의 문화적응 정도를 평가하는 방법을 살펴본다. 문화적응의 스펙트럼([그림 9-2] 참조)은 '전통을 온전히 고수하거나 문화적응이 안 됨'이라는 정도부터 '다소 문화적응을 함, 이중문화 혹은 2개의 문화가 통합됨'이라는 중간 정도, 그리고 '주류문화에 온전히 동화됨'이라는 정도까지 스펙트럼을 나누어 설정하고 있다. 문화적응의 정도는 '문화적응을 평가할 때 고려해야 할 특성'으로 '의복, 음식, 언어(들), 여가활동, 가치, 전통

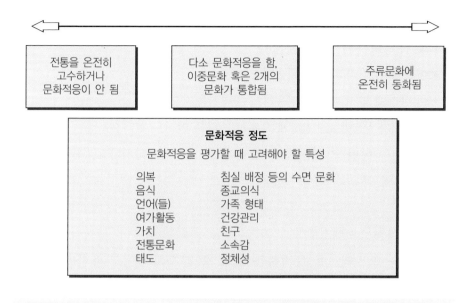

[그림 9-2] 문화적응 스펙트럼

출처: Fontes (2016)

문화, 태도, 침실 배정 등의 수면 문화, 종교의식, 가족 형태, 건강관리, 친구, 소속감, 정체성' 등을 구체적으로 평가하는 것을 의미한다. 여기에서 평가할 내용에 대한 기술은 있으나 구체적으로 척도화하지 않은 점을 고려하여 상담자가 질문 방식으로 접근하는 것이 가장 효과적일 것이다. 또한 문화 평가를 위한 면담 실시 요강(Cultural assessment Interview Protocol: Grieger, 2008)을 추천하였는데, 이러한 질문 방식을 통해 '내담자의 태도, 문화적 정체성, 문화적응 수준, 가족 구조 및 기대, 인종적/문화적 정체성 발달, 편견에 대한 경험, 이민 관련 문제, 실존적/영적 문제 등을 포함한 통합적 평가'를 할 수 있다. 구체적으로 다음과 같은 질문을 통해 내담자의 상황, 적응 정도 등을 파악할 수 있다(Fontes, 2016). 특히 척도 질문법 등의 방식을 활용한다면 더욱 구체적인 정보를 얻을 수 있다.

• 어디에서 태어나셨죠?

- 언제 이 나라로 처음 오셨어요?

- 몇 년 정도 여기에서 사셨어요?

- 어떻게 이 나라로 오게 되셨어요?

- 이 나라에 와서 어떻게 적응하고 지내셨는지요?

- 모국어가 무엇이죠? 편하게 사용하는 다른 언어도 있나요?

- 집에서는 어떤 언어(가족과 어떤 언어)를 주로 사용하시나요?(가족 구성원에 따라 다른 언어를 사용할 수 있음)

(3) 문화적응 스트레스 척도

문화적응 스트레스를 측정하는 도구 중 산두와 아스라바디(Sandhu & Asrabadi, 1994)가 개발한 유학생을 위한 문화적응 스트레스 척도(Acculturative stress scale for international students)와 로드리게즈 등(Rodriguez et al., 2002)이 개발한 다차원 문화적응 스트레스 척도(Multidimensional Acculturative Stress Inventory: MASI)가 있다. 우선, 산두와 아스라바디(1994)의 유학생을 위한 문화적응 스트레스 척도는 유학생을 대상으로 문화적응 스트레스를 지각된 차별감(8문항), 향수병(4문항), 지각된 적대감(5문항), 두려움(4문항), 문화충격(3문항), 죄책감(2문항), 기타(사회적 고립, 열등감, 불신, 의사소통 문제 등 10문항)의 일곱 가지 하위영역으로 측정하였다. 이 척도는 새로운 문화에 적응하는 과정에서 유학생이 겪는 심리적 부담, 정서적 어려움 중심으로 문화적응을 개념화하여 측정하였다. 총 36문항 5점 리커트식 척도이다. 국내에서는 이종성(1996)에 의해 번안한 척도를 사용하고 있다.

로드리게즈 등(2002)의 다차원 문화적응 스트레스 척도(MASI)는 미국 사회에서 생활하는 맥시코 이민자의 문화적응을 스페인어(모국어) 역량 압력, 언어(영어) 역량 압력, 문화적응 압력, 고유문화 유지 압력으로 하위영역을 구분하였다. 이 척도는 이민자 대상으로 고유문화와 주류사회에 대한 개인의 지각을 중심으로 문화적응과 관련된 스트레스를 측정한다. 따라서 가장 중요한 문화적 압력과 언어와 관련된 압력을 문화적응의 스트레스 요소로 보고 개인이 고유문화와 주류사회의 문화, 고유언어와 주류사회의 언어 사이에서 어떻게 적응해 나가는 지를 평가한다. 이 척도는 스페인어(모국어) 역량 압력, 언어(영어) 역량 압력, 문화적응 압력 하위척도가 각각 7문항, 고유문화 유지 압력이 4문항으로 총 25문항, 5점 리커트식 척도이다. 이 척도를 아시아계 이민자에게 적용할 수 있는지 검토하기 위해 요인구조를 분석하여(Castillo et al., 2015) 가능하다는 것을 확인하였다. 또한 국내의 화교 중·고등학생을 대상으로 진행한 연구(정금, 2016)에서도 요인구조를 재확인하였다. 이 연구에서는 연구 대상의 문화적 배경에 따라 중국어 능력 압박(6문항), 한국어 능력 압박(6문항), 한국문화적응 압박(7문항), 중국문화유지 압박(4문항)으로 번안하여 요인구조를 확인하였다.

5) 문화적응과 관련된 주요 문제

문화적응과 관련된 상담에 오는 내담자가 가진 배경은 매우 다를 수 있다. 일반적으로 주류문화에 적응해야 하는 소수집단의 개인일 가능성이 높지만, 주류문화에 속하면서도 생활 속에서 문화적 이슈와 관련된 어려움이 있어서 상담을 받으러 오는 내담자도 있다. 여기서는 문화적응과 관련된 주요 문제를 주류문화에 적응하려는 개인을 중심으로 살펴보고자 한다. 이에 대해 내담자가 겪고 있는 어려움을 다음과 같은 몇 가지 영역으로 구분하여 접근해 볼 필요가 있다. 우선, 내담자가 가장 직접적으로 느끼는 정서적·심리적 어려움이 있다. 다음으로, 그 이면에는 인지적 혼란, 정체감 혼란이 잠재해 있을 수도 있다. 그리고 이로 인한 대인관계의 어려움, 삶의 여러 역할수행의 어려움 등이 발생한다.

(1) 심리적 어려움

문화적응에서 경험하는 심리적 어려움은 주로 주류문화에 적응하는 과정에서 나타난다. 앞서 살펴본 것처럼, 일반적으로 자신의 문화권에서 다른 문화권으로 이동할 때 문화충격을 받고 정서적 혼란 등을 경험한다. 타 문화권에서 생활하면 주로 향수병 또한 막연한 두려움이나 불안을 겪고, 정서적으로 불안정한 상태에 처한다. 이와 같은 문화충격은 정서적이고 지적인 기능문제로 연결되어 정서적 혼란이나 냉담한 반응이 나타날 수 있다(Toffler, 1971). 특히 주류사회가 개방적이지 못하고, 소수집단에 대해 편견과 차별을 할 때 소수집단의 개인은 차별감, 분노, 좌절감, 부적절감과 같은 부정적 정서와 외현화된 부정적 행동을 나타낼 수 있다. 오베르크(Oberg, 1960)에 따르면, 자신이 익숙한 문화권에서 나오면서 느끼는 상실감과 박탈감, 새로운 문화권에서 거부당하는 느낌, 과도한 심리적 긴장감, 문화 차이로 인해 느끼는 놀라움, 싫음, 무능감 등이 문화충격과 관련된 부정적인 감정이다.

정서적 어려움의 경우, 특히 언어적 문제까지 가해지면 더 복합적인 어려움을 경험한다. 대표적으로 유학생이 경험하는 어려움에 대한 연구가 상당히 많은데, 예컨대 미국에서 공부하는 유학생은 언어적 어려움, 재정적 문제, 사회적 관습과 기준에 대한 적응문제, 그리고 인종적 차별을 경험한다(Church, 1982). 우리나라에서 공부하는 외국인 유학생의 경우, 재정적 어려움, 수강신청 등 교육체제의 혼란, 언어학습의 어려움, 인간관계의 문제 등을 호소하였다(송원영, 리난, 2008; 야노 미치코, 2002; 이선희, 2012). 이러한 타 문화권에서 경험하는 어려움은 개인의 심리적 불안, 불신, 두려움, 좌절, 차별로 인한 분노 등 부정적인 정서를 경험하게 한다. 어떤 부정적인 정서든 그 상태가 나타났을 때는 매우 복합적인 과정을 통해 누적되어 형성된 것이다. 불안을 예를 들어 본다면, 우리는 외국인이 말을 걸어올 때 익숙하지 않은 언어를 사용하여 소통해야 한다는 불안을 느끼면서 그 상황에서 빨리 벗어나고자 하는 마음을 경험하곤 한다. 이는 한 순간에 불과하지만 그 과정은 매우 복합적이다. 시원치 않은 외국어 실력 자체에 대한 불안, 상대와의 원활한 소통(언어, 정서, 정보 등 측면)에 대한 불안, 오류가 있는 정보나 자신이 자국 문화를 대표한다고 착각하는 데서 오는 부담이 모두 불안으로 작용한다.

(2) 인지적 혼란

문화적응과정에서 흔히 경험하는 어려움 중의 하나가 인지적 혼란이다. 기존의 사고양식, 행동패턴, 가치체계가 새로운 환경을 만나면서 기존 방식을 적용하는 것이 불가능해지거나, 그대로 적용했을 때 새로운 문제가 생긴다. 사회적 관습, 규범, 제도가 다른 사회에 이입한 경우 그 사회의 사람들은 습관적으로 당연시하는 많은 판단의 기준이 매우 낯설고 당황스러울 수 있다. 이러한 경우 기존의 판단 기준과 사고방식을 고수했을 때 타인과 다른 방식을 사용하고 있음을 인식한다. 이러한 다른 방식으로 인해 스스로 이질감을 느끼면서 불편해하거나 타인이 이상하게 여겨 불편한 시선을 주는 경우가 있다. 또한 새로운 방식으로 사고하고 판단하기에는 아직 익숙하지 않을 때, 과연 어떻게 하는 것이 적절한 것인지에 대한 이해가 부족해서 역시 사고와 판단의 어려움을 겪게 된다.

개인이 인지적인 혼란을 겪을 경우, 생활 속에서 판단의 기준과 참조체계가 흔들리게 된다. 인지적 혼란을 가장 잘 보여 주는 개인의 사고가 다음과 같은 질문이라고 할 수 있다. 예를 들어, 한 개인은 다른 문화권에서 생활하면서 늘 이런 질문을 할 수 있다. 사람들은 왜 다르게 생각할까? 내가 생각했던 방식과 비교하면 무엇이 맞는 것일까? 이런 상황에서는 어떻게 행동해야 할까? 이렇게 하는 것이 적절할까? 이와 같은 질문을 하고 답하는 과정을 거치며 개인의 인식 영역에서는 기존의 사고체계와 가치체계가 새로운 사고체계와 가치체계를 만나 충돌하고 타협해 가는 경험을 한다. 이 과정에서 여러 문화의 사고체계와 가치체계를 적절히 잘 수용하는지 또는 그렇지 않은지에 따라 매우 큰 차이를 보일 수 있다. 따라서 문화적응상담에서 인지 영역에 대한 접근은 매우 중요한 주제 중 하나이다.

(3) 대인관계의 어려움

문화적응과 관련된 상담주제를 다룰 때 개인의 내적 영역과 외적 영역을 구분해서 볼 수 있는데, 정서적 · 인지적 영역이 개인의 내면적 어려움이라면 대인관계는 이와 관련되어 외현화된 영역이라고 할 수 있다. 대인관계는 개인의 인지적 · 정서적 상태가 실제 타인과의 관계 속에서 나타난 것이며, 다른 사고방식, 부정적 감정 등으로 인해 대인관계는 어려울 수밖에 없다. 문화 차이로 인해 각 개인이 상황을 바라보는 방식이 다르고, 문제를 인식하고 해결하는 방식도 매우 다르기 때문에 갈등과 불화가 발생한다. 특히 문화 차이로 인해 편견과 차별이 생기면 개인 간의 갈등, 집단 간의 갈등으로 악화되어 매우 어려운 관계 문제로 확산될 수 있다. 또한 문화적 차이로 인해 개인이 수행하는 역할, 타인이 기대하는 역할 간의 갈등이 발생하여 대인관계 문제를 경험할 수 있다. 이와 같은 대인관계 문제를 다룰 때 개인의 내적 영역인 인지적 · 정서적 영역을 모두 종합해서 사례개념화하고 관계적 어려움에 접근해야 한다.

(4) 정체성 혼란

정체성 발달은 개인의 생애과업 중 하나로, 청소년기에 긴 시간에 걸쳐 형성해 나간다(Erikson, 1968). 정체성 발달은 개인의 심리적 과정인 동시에 지속적으로 사회문화적 영향을 받는 과정의 결과라고 할 수 있다. 특히 소수집단의 청소년은 문화적 영역과 관련된 더 부가적인 과제(문화적 정체성)를 발달시켜야 한다. 문화적 정체성은 소수민족의 구성원으로서 민족 · 가치 · 문화적 전통에 대해 내면화한 자기인식이다(Shaffer & Kipp, 2002). 부모나 자신의 문화적 배경, 민족적 특성이 개인에게 영향을 주기 때문에 정체성을 형성하는 과정에서 일반 청소년에 비해 소수집단의 청소년은 더 많은 고민과 심리적 관여를 경험한다. 이 과정에서 자아정체성 및 문화적 정체성의 혼란, 유예와 같이 정체성을 성취하지 못한 모습을 보인다. 한편, 주류문화에 너무 빨리 동화된 청소년의 경우, 문화적 정체성에 대한 고민 없이 자아정체성을 형성했다면 삶의 어느 시점에 문화와 관련된 주제가 나타났을 때 다시 (문화)정체성의 혼란을 겪을 가능성이 크다. 특히 자신의 문화적 배경 때문에 차별을 받았을 때, 이와 같은 문화적 정체성에 대한 고민을 한다(Ogbu & Matute-Bianchi, 1986). 자아정체성 혼란과 문화적 정체성 혼란은 자신이 어떤 사람이고, 어떤 문화적 배경을 가졌는지, 어떤 삶의 목표와 가치를 추구하는지와 관련된 내적 개념이기 때문에 상담에서는 개인의 태도, 가치, 신념 등에 대해 접근하게 된다. 앞서 언급한 문화적응상담의 주제가 나타났을 때 문화적 정체성에 대한 혼란이 동반될 가능성이 있다.

문화적 정체성 혼란과 관련된 주제에서 부모나 상담자는 다음과 같은 접근을 시도하는 것이 유용하다. 첫째, 소속된 집단의 문화적 전통을 인식하고 민족적 자부심을 갖도록 한다. 둘째, 소수집단으로서 느끼는 차별과 편견, 가치의 갈등을 건설적으로 다루도록 안내한다. 셋째, 따뜻하고 지지적인 역할을 제공한다. 이와 같은 정체성 문제를 적극적으로 다루고 문화적 정체성이 형성되면 개인은 자신을 소수민족으로 명명하고 높은 자존감을 가지며, 타 문화권 사람들을 포함한 타인과 좋은 관계를 맺으며, 타 문화권 사람들을 우호적으로 평가할 수 있다 (Phinney, 1996).

(5) 역할수행의 어려움

새로운 문화권에 이입하거나 자신의 문화권에서 타 문화권 사람들과 함께 생활할 때, 개인은 문화적 차이로 인해 자신의 역할을 수행하는 데 어려움을 겪을 수 있다. 즉, 자신의 역할을 적절히 잘 수행하고 있는지에 대한 판단부터 실제로 역할수행에서 겪는 어려움까지 매우 폭넓게 다양한 어려움을 경험할 수 있다. 특히 타 문화권에 진입한 개인은 낯선 환경에서 다양한 삶의 과업과 역할을 수행해야 한다. 여행과 같은 목적이 아니라면 학업이나 직업 영역에서, 또 삶의 여러 영역에서 그 역할을 수행하게 된다. 삶의 터전의 전이, 심지어 난민으로 이주한 경우에는 역할의 혼란, 생계문제, 역할수행의 어려움 등을 더 폭넓게 경험한다. 이러한 과정에서 개인의 삶의 역할은 기존의 물리적 환경, 사회문화적 환경에서 큰 전환이 생기면서 신체적·정신적·심리적 영역에서 모두 새로운 대처 및 수행 방식을 만들어 가야 한다. 이러한 과정에서의 역할수행과 동시에 그 사회에 맞는 방식을 습득하고 익숙해져야 하며, 그 사회에서의 적응적인 수행을 위한 재사회화 과정(이창호, 2009)을 경험할 수밖에 없다. 이 과정에서 자신의 역할 수행이 순조롭지 않거나 매우 느린 속도로 수행하게 되는데, 이때 마찬가지로 인지적·정서적 어려움을 경험한다.

4. 문화적응상담의 전망과 과제

1) 문화적응상담의 전망

문화적응에 대한 요구는 현대사회의 두드러진 산물이자, 개인이 갖춰야 할 필수적 역량이 되었다. 이러한 시대적 요구에 따라 문화적응상담은 상담 영역의 중요한 주제로 부각될 수밖에 없다. 상담 분야에서는 지금까지 여러 상담주제 중 하나로 문화적응상담에 대해 논의해 왔지만, 기초 연구와 현장 적용 연구, 실천적 노력 등 여러 영역에서 아직 발전 가능성이 많다. 이와 관련하여 문화적응상담의 전망에 대해 다음과 같이 살펴볼 수 있다.

미래사회는 과거와 달리 작은 범위에서의 이주가 아니라, 시공간을 초월하는 협력과 교류가 일어날 것이다. 따라서 인종, 민족, 문화의 틀을 떠나 세계인들이 함께 일하고 공존하게 된다. 이러한 과정에서 타 문화에 대한 이해, 새로운 문화에 대한 적응, 문화적응과정에서의 어려움은 우리의 일상이 되어 갈 것이다. 그렇기 때문에 상담 분야에서는 문화적응을 돕기 위해 다양하고 새로운 주제가 활발히 논의될 것이며, 다문화상담과 더불어 문화적응을 돕는 상담이 점차 더 많은 관심과 전문성을 요구할 것이다. 이에 따라 상담 분야 안에서 문화적응을 다루는 세부 분야는 계속해서 발전하고 더 많은 인력을 요구할 것이다.

그리고 세계화와 인구의 국제적 이동으로 인해 인종 간의 갈등 또한 심각해지는 것도 사실이다. 사회가 발전하고 많은 사람이 세계시민으로의 역량을 갖추어 가고 있지만, 한편 민족주의와 극단적인 문화차별주의 입장을 취하는 사람들로 인해 생기는 문제는 현대의 어려운 숙제 중의 하나이다. 그렇기 때문에 고유한 문화권을 벗어나 타 문화에 대한 이해와 다른 인종, 다른 민족과의 평화로운 공존을 모색하는 노력은 매우 중요하고 시급한 시대적 과업이다. 그러므로 인종이나 문화와 관련된 갈등을 해소하기 위해 타 문화를 이해하고 수용하며 적응을 돕는 문화적응상담 분야가 중요할 수밖에 없다. 이에 대한 조력을 더 전문적으로 제공하는 것이 문화적응상담의 역할이라고 할 수 있다.

2) 문화적응상담의 과제

문화적응을 돕기 위한 상담의 수요가 점차 증가할 것이라고 예상하지만 이에 대해 상담 분야에서 실속 있게 준비하고 발전 방향을 모색하고 있는지는 의문이다. 그래도 비교적 많이 논의되고 있는 다문화상담을 통해 문화적응, 인종적 문제 등을 논의할 수 있는 장이 마련되고 있다. 하지만 문화적응상담 분야가 직면하고 있는 과제는 매우 복합적이면서 다양하다. 문화적응상담을 발전시키기 위해 향후 다음과 같은 과제를 더 심도 있게 논의할 필요가 있다.

첫째, 학문적 차원에서 문화적응에 대한 기초연구와 적용연구를 꾸준히 발전시켜야 한다. 문화와 문화적응에 대한 연구에서 문화권에 대한 이해, 문화 간 차이, 문화 간 이동에서 발생하는 심리적 현상 등에 대한 기초연구는 있지만 이러한 지식기반으로 상담에서 무엇을 어떻게 할 것인지에 관한 기본 모형이나 이론적 접근을 논의하는 상담 고유의 기초연구는 미흡한 실정이다. 문화적응을 다루는 상담에서 상담의 과학적 접근 가이드라인을 제공하지 못하는 것은 현재 풀어야 할 숙제 중의 하나이다. 또한 이를 바탕으로 상담과정연구, 과정-성과연구, 상담성과연구, 측정도구 개발연구, 내담자 및 상담자 특성 연구 등 문화적응상담을 세부 주제로 다루어야 하는 연구를 더욱 발전시켜야 한다.

둘째, 문화적응문제를 다루기 위해, 특히 언어적인 소통이 원활하지 않은 상담장면에서 상담을 진행하기 위한 구체적이고 다양한 상담접근 방법, 매체, 도구 등을 개발할 필요가 있다. 예를 들어, 아동의 심리적 문제에 접근하는 데 놀이를 활용하거나 여러 도구를 사용하듯이 언어적 소통이나 문화적 이해가 다른 내담자를 상담할 때 역시 새로운 접근방법이나 도구, 매체 등을 사용하면 유용할 것이다.

셋째, 문화적응상담을 수행하는 상담전문가를 양성하는 것이 시급하다. 앞서 언급한 것처럼, 문화적응상담을 전통적 상담의 세부 주제로 다루든 다문화 상담의 일부로 여기는 세부 분야를 전문적으로 다룰 수 있는 전문가에 대한 훈련이 부족한 것은 사실이다. 문화적응에 대한 요구가 시대적 산물이라고 한다면, 이 요구에 부응하고 관련된 사회적 문제를 해소하기 위한 상담자의 노력 또한 중요할 수밖에 없다. 따라서 사회적 변화와 시대적 요구에 따라 상담자는 문화적응을 다룰 수 있는 전문성을 더욱 개발하여 새로운 시대에 부응하는 전문가가 되어야 한다.

제10장
생애개발과 음식문화상담

| 이상희 |

음식은 삶을 유지하는 필수적인 요소이다. 하지만 21세기인 지금 음식의 개념은 과거보다 훨씬 복잡하고 도전적으로 변화하였다. 지난 30년간 영양학의 진보를 통하여 우리가 선택하여 먹는 음식이 다양한 영역의 신체 건강에 중요한 영향을 미치고, 심신을 약화시키는 질병에도 영향을 준다는 사실을 발견하였다. 즉, 건강을 위해 어떠한 것들을 먹어야 하는가에 대한 많은 과학적 정보와 지식을 갖추었고, 음식이 신체 및 건강에 미치는 영향에 대하여 세부적으로도 많이 깨달았다. 그러나 여기서 간과하고 있는 중요한 사실은 우리가 먹는 음식이 신체뿐만 아니라 심리적 · 정신적인 건강과도 큰 연관성을 갖고 있다는 사실이다. 사실 현대사회에서 음식을 먹는 것은 더 이상 신체적 배고픔에만 기인하지 않으며, 오히려 음식의 홍수 속에서 심리적 허기짐과 정서적 해소를 위해 음식을 섭취하고 있다고 볼 수 있다. 왜냐하면 음식의 섭취는 가장 빠르고 간편하게 심리적 · 정서적 만족을 가져다주는 자기위로적(self-comforting) 해결방법이기 때문이다. 그렇기 때문에 음식을 섭취하게 만드는 심리적 · 정서적 요인을 확인하고, 생애개발에서 음식이 미치는 다양한 영향을 확인하는 것은 흥미로운 학습의

주제가 될 수 있다. 따라서 생애에서 음식이 미치는 다양한 심리적·정서적 영향을 살펴보고, 미래의 과제로서 상담이나 교육에서의 활용방안에 대해 살펴볼 필요가 있다.

이러한 목적에 따라 이 장에서는 먼저 생애개발에서 음식의 개념과 이론에 대해 살펴보고, 생애주기별로 음식과 관련된 이슈와 식습관의 변화를 살펴본다. 마지막으로 아직은 생소한 영역이지만, 상담치료에서 상담방법이나 기술로 활용될 수 있는 음식, 요리치료의 도구적 가능성을 살펴보며, 음식의 상담적 활용 가능성에 대한 전망과 과제를 논의한다.

1. 음식문화상담의 개념과 이론

1) 음식과 정체성의 관계: '음식은 곧 당신이다'

19세기 프랑스의 문화비평가인 브리야사바랭(Brillat-Savarin, 2004)은 "당신이 무엇을 어떻게 먹는지를 말해 준다면, 당신이 어떤 사람인지를 알 수 있다."라고 주장했다. 이를 확장해서 이해하면, "한 나라의 음식문화를 보면 그 나라를 알 수 있다."라고 해석할 수 있다. 많은 나라가 그 나라만의 특별한 요리를 가지고 있다. 각국은 고유하고 특별한 음식으로 자신을 확인하고 타국과 구분한다. 이를테면 프랑스의 기호학자 롤랑 바르트(Barthes, 2008)는 특정 음식의 국민주의적 속성에 주목하여, 스테이크에 곁들이는 감자튀김과 와인, 그리고 360가지의 치즈를 '프랑스만의 음식 기호'라고 주장했다. 특히 와인은 프랑스인의 '토템술'로 표현하며 자신들만의 소유물로 간주하고 있다. 이와 관련하여 영국의 저술가 길버트 아데어(Adair, 1986)도 유사하게 '피시 앤 칩스(fish and chips)'가 영국인의 국민 정체성을 상징적으로 나타낸다고 주장했다. 그는 '피시 앤 칩스'가 대중적인 음식, 평범하고 일상적인 것, 어린 시절 그리고 자신의 뿌리를 상징하며, 계급 사이의 경계를 흐리게 한다고 설명했다. 이와 관련된 내용은 북아메리카 사람들이 추수감사절 의례에서 음식과 자신을 결부시킨 예에서도 찾아볼 수 있다. 북아메리카의 이주민들은 추수감사절 의례에서 크랜베리 소스, 달콤한 감자, 호박파이를 곁들인 전통적인 칠면조 정찬에 참여함으로써 자국민에게 환영받고 그들과 동화되어 미국인으로서의 정체성을 확인했다. 이러한 예시는 음식이 개인과 국가의 정체성이 될 수 있으며, 나아가서는 '삶' 그 자체가 될 수 있음을 역설한다고 할 수 있다.

고유한 음식문화를 상실한다는 것은 문화유산과 정체성의 상실과 관련이 있다(Gabaccia, 1998). 음식은 집단의 결속력과 개인의 정체성을 나타내는 중요한 상징성이 있어서 자신의 나라를 떠나 다른 문화로 이주한 사람들에게는 조국과 자신을 잇는 다리 역할을 한다. 또한 음식은 이주자들이 자신들의 문화적 정체성을 후손들에게 전수하기 위한 저장소(reservoir)와 같은 기능을 한다(Cook, 2008; Ferrero, 2002). 특정한 음식을 먹고, 나누고, 준비하는 행위는 고향과 남겨진 가족과 친구를 떠올리게 하는 향수를 불러일으킨다. 이민자들은 물리적으로 조국과 분리되었음에도 불구하고 조국과 관련된 음식을 섭취함으로써 민족정체성을 유지할 수 있다(Cook, 2008). 그 예로, 쿠바와 미국으로 이주한 한인과 그 후손들은 본국과 연락이 끊어졌음에도 불구하고 김치, 불고기 잡채와 같은 식습관을 유지하고 있다(채인택, 2018).

음식은 개인의 성격과도 밀접하게 연결되어 있다(Burgoyne & Clark, 1983). 일종의 표현적 행위로서 어떻게, 무엇을, 얼마나 먹는가 하는 의문은 개인의 다양한 성격요소와 직접적으로 관련이 있다. 영국의 식사행동 분석전문가인 보고시앙 박사(Boghossian, 2013)에 따르면 식습관은 그 사람의 태도와 행동을 반영하는 경향이 있으며, 식습관으로 개인의 성격을 추리해 볼 수 있다고 주장했다. 예를 들어, 급하게 먹는 사람들은 야심적이며 감성보다는 이성을 더 사용하는 경향이 있다. 반면, 천천히 먹는 사람들은 타인의 시선을 신경 쓰기보다는 자신이 원하는 것을 추구하는 자기중심적인 경향이 있다. 음식끼리 섞이는 것을 싫어하는 사람은 자기관리가 철저하고 깔끔한 성격일 가능성이 크며, 늘 같은 메뉴만 주문하는 사람은 고집이 세고 변화를 반기지 않는 성격인 경우가 대부분이다(Tempesta, 2015).

음식과 개인적 정체성이 밀접하게 연계되어 있는 만큼 역으로 우리는 식사행위를 관찰함으로써 우연치 않게 타인의 성격을 파악하거나, 의도적으로 그 사람의 성격을 유추해 볼 수도 있다(Azar, 1998). 이런 시도는 상견례의 식사 자리혹은 회사의 사장이 직원을 채용하면서 초대한 식사 자리에서도 나타난다. 또한 소설이나 영화에서도 캐릭터의 성격을 설정하고자 음식을 활용해 의도적으로 특정한 의미를 전달하기도 한다. 나아가 사람들은 타인뿐만 아니라 자신이무엇을 어떻게 먹는지를 파악함으로써 스스로를 판단하기도 한다. 이를테면, 과체중인 사람은 종종 고칼로리 음식이나 달콤한 디저트를 충동적으로 섭식한후에 자신을 책망하고 자신의 박약한 의지에 낙담한다. 이처럼 음식은 우리가어떤 뿌리에서 시작하여, 어떤 사람인지 어떻게 보이고 싶은지를 나타내는 중요한 단서가 된다.

2) 음식과 사회문화적 관계

음식문화는 '어떤 사회에서 먹는 것에 관하여 공통적으로 나타내는 행동양식' 또는 '여러 민족이 제각기 발달시켜 온 음식의 종류, 조리법, 상차림 및 식사예절 등 각 민족의 역사적·문화적 소산'이라 정의할 수 있다. 음식문화에는 그 나라의 자연환경뿐만 아니라 사회문화적 조건, 경제적 조건 그리고 그 민족의 특성과 생활양식까지 내재되어 있다(김숙희, 강병남, 2013).

여러 문화권에서 음식은 일생 동안의 평범한 날과 특별한 날을 구분 짓는 역할을 맡고 있다. 일생의 특별한 통과의례인 결혼의 경우, 서양에서는 주로 케이크를 먹으며 축하하는 한편, 우리나라 전통혼례에서는 강정, 약과 등의 조과류와 함께 국수를 먹었다. 또한 계절의 변화에 따라서도 음식을 달리 먹는데, 서양의 경우 핼러윈 축제 때 커다란 호박 속을 파내 '잭 오 랜턴(jack o lantern)'을 만들고 파낸 속으로 호박파이를 만들어 먹으며, 이와 비슷하게 우리나라는 일 년중 밤이 가장 길고 낮이 가장 짧은 날인 동지에 귀신을 쫓는다는 의미로 팥죽을

쑤어 나이 수만큼 새알심을 넣어 먹는 풍습이 있다. 그 밖의 예로, 영국에서 전통적으로 크리스마스에 정찬 이후 후식으로 푸딩을 먹는 것이나 우리나라에서 추석 때 송편을 빚어 먹는 것을 들 수 있다. 이처럼 음식은 중요한 의식이나 계절의 절기, 중요 의례를 일상생활과 구별해 주는 역할을 해 왔다.

일생의 중요하거나 특별한 날에 무엇을 먹는지도 중요하지만, 누구와 먹는지도 그에 못지않게 중요하다. 모든 사회에서 누군가와 음식을 공유한다는 것은 곧 그 사람과 얼마나 가까운 관계인지를 나타내는 지표의 역할을 한다. 이에 살린스(Sahlins, 1972)는 "음식 교제는 하나의 민감한 바로미터, 말하자면 사회적 관계의 의례적 진술이며, 따라서 사교적 행사의 시작, 유지, 끝내기 메커니즘의 도구로 이용된다."라고 주장했다. 즉, 그저 안면이 있는 사람에게는 차만 마시자고 제안하겠지만, 더 가까운 사람과는 정찬을 함께하며 식사를 공유하는 것이다.

우리나라에서는 가족을 식구(食口)라고 부른다. 밥을 같이 먹는 사람들이라는 의미이다. 같은 밥상에서 식사한다는 것은 단순히 음식을 먹는 공간 개념뿐만 아니라, 그 자리에서 나누는 모든 대화와 식사 예절 등을 전부 공유하는 것을 의미한다. 같은 맥락에서 우리는 '밥상머리'라는 표현도 자주 쓰는데, 이는 사람이 밥상에 마주 앉은 자리를 말한다. 가족과 함께하는 밥상머리에서의 시간은 단순한 모임 이상의 의미를 담고 있다. 즉, 밥을 먹으며 이루어지는 일련의 소통과 교감의 과정은 가족 간의 사랑을 실천하고 유대감을 강화하며, 인간관계의 틀과 기본 원리를 이해하는 대인관계 기술을 간접적으로 학습하는 기반이 될 수 있다. 이런 맥락에서 누군가와 교류하며 밥을 먹는 행위는 사람들과의 관계나 예절, 감정을 공유한다는 측면에서 중요하다.

대부분의 사회에서 식탁 예절은 도덕적 가치 판단의 근거가 된다. 예를 들어, '게걸스럽게 먹는 것'은 존경받지 못하고, 무지하거나 탐욕스럽고 부도덕하다고 판단된다. 사회적 지위를 판단할 때에도 식사 예절이 나쁘면 사회계급이 낮다는 논리에 따라 평가가 이루어질 수 있다. 손윗사람과 겸상을 할 때는 어른이 수저를 들어 식사하기 전까지 수저를 들지 말아야 하는데, 만약 이를 어긴다면

'버릇없는 놈'이라는 호통을 들을 수 있다. 식사 예절과 더불어 음식 선호는 '음식은 곧 당신이다.'라는 원리를 따르면서 도덕적 의미 또한 담고 있다. 문화 규범이나 종교 전통에 따라 식습관은 타인을 판단하는 기준이 될 뿐 아니라, 자아 속에 내재한 도덕적 가치의 필수적 요소라고 할 수 있다. 이처럼 음식을 어떻게 먹는가에 대한 관점도 사회문화적으로 밀접한 관련이 있다고 할 수 있다(Rappoport, 2006).

결국 음식은 크게는 나라와 사회 그리고 작게는 한 가족의 생활과 문화를 보여 주는 창이며, 한 가정의 식탁에 오르내리는 음식의 가짓수와 종류는 그 사람의 사회적 지위는 물론, 의식구조와 삶의 방식을 이해하는 필수요소라 할 수 있다.

3) 발달단계에 따른 식습관 변화

지금까지 먹는 음식, 먹는 방식 그리고 사회적·감정적 요구에 부응하는 방식이 모두 개개인의 성격이나 사회적 정체성과 관련된다는 것을 살펴보았다. 이처럼 우리가 느끼는 심리적 상태나 개인적 야망 그리고 타인과 관계를 맺는 방식이 개개인의 식습관에서 나타날 수 있다. 그렇다면 식습관은 어디서부터, 또 어떻게 우리의 성격 깊숙이 자리 잡게 되었을까?

음식을 선택하고 먹는 행동과정은 청소년기를 거쳐 중년기, 노년기로 이어지며 인생의 발달단계에 따라 그 양상이 변화한다. 우리는 영아기와 유아기까지는 단순히 양육자가 제공하는 음식을 먹으면서 생존하고 성장한다. 이후 소년기를 거치며 점차 부모와 멀어지면서 '좋다' 또는 '싫다'는 자각을 갖고 세상을 접하기 시작한다. 자각은 자의식의 기초가 되며, 일련의 음식을 선택하고 먹는 행위는 우리가 자의식을 구현하고 경험하는 가장 근본적인 과정이 된다. 발달심리학의 관점에서 볼 때, 식습관이 독립적인 성인의 자의식 확립에 상당한 영향을 미친다는 사실은 유아기와 소년기에 겪는 음식경험의 중요성을 다시 한번 부각시킨다.

개인의 미각은 태어나기 전부터 특유하게 분화된다는 연구결과도 있다(Schaal & Marlier, 1998). 태아는 12주부터 간헐적으로 양수를 마시기 시작한다. 양수는 산모의 식단에 따라 냄새가 달라지는데, 양수에 단 용액과 쓴 용액을 따로 주사하면 태아는 쓴 용액보다는 단 용액을 더 마시는 경향을 보인다. 이처럼 특정 음식을 선호하는 경향성은 출산 후에도 지속적으로 발달하는데, 예를 들어 유아는 알코올 냄새가 나는 젖보다 바닐라 향이 나는 젖을 더 선호한다. 또한 유아에게 표준 이유식만을 먹인다면, 그 시기에 발달된 예민한 미각을 십분 활용해서 다양한 음식을 경험할 기회를 놓칠 수도 있다. 그 결과, 유아는 다양한 향내에 익숙해지지 못하여 나중에 특정한 음식에 대한 거부감을 가진다.

이처럼 여러 유전적 요인과 태아기·유아기의 음식경험은 개인의 기본적 식습관에 기반이 된다. 하지만 소년기부터 사춘기까지 일어나는 경험 또한 그에 못지않게 중요하다. 이 시기의 경험은 초기에 형성된 음식의 선호 성향을 뒤바꿀 만큼 큰 영향력을 가질 수 있다. 발달과정에서 우리가 습득한 음식 선호 혹은 거부 경향성은 특정 음식이 특정한 사회적 배경이나 심리적·생체적 상태와 결합된 결과이다. 이러한 결합의 법칙은 개인, 가족, 집단 그리고 사회에 따라 나타나는 음식 선호의 차이를 설명하는 일반적인 원리이다.

이런 결합의 법칙은 유아기에도 일어나는데, 이 시기의 결합 법칙은 소위 조건반사의 형태를 갖는다. 유아는 수유하려는 어머니의 행동과 소리를 듣고 젖을 기대한다. 어머니의 따뜻한 분위기와 허기를 채우는 일과의 결합관계는 긍정적인 느낌으로 유아에게 남지만, 반대로 젖을 먹는 상황이 불안정하다면 불안감을 유발할 것이다. 한편, 음식에 대한 혐오감은 흔히 소년기에 형성되며, 특정 음식과 부정적으로 결합된 다양한 경험에서 비롯된다. 부모는 특정 음식을 어린 자녀에게 먹이기 위해 보상을 약속하거나 벌을 주는 방법을 선택하지만 대부분의 경우 실패로 끝난다. 심지어 이와 같은 부모의 노력이 아동을 긴장시키는 역효과를 일으키기 때문에 특정 음식에 대한 자녀의 혐오감을 더 강화시킬 수도 있다. 이런 혐오감은 성인이 될 때까지 이어지거나 심지어 일생 동안 지속될 수 있다. 그러나 이와 반대로 즐거운 경험을 통한 특정 음식과의 긍정적인 결합은 '컴포트 푸드(comfort food)'와 같이 위안을 주는 음식경험을 이끌어 내기도 한다.

사춘기와 성년기로 접어들면 개인적 차원에서 일어나는 음식과 경험의 결합이 복잡해지기 시작한다. 생체적으로 가장 급변화가 일어나는 사춘기의 식습관은 내적인 생체 변화와 외적인 사회환경에 따라 민감하게 반응한다. 사춘기에는 반성적 사고의 성숙한 심리과정 발달과 함께, 또래집단의 사회적 규범에 순응하거나 또래와 경쟁하는 경향이 나타난다. 이러한 내적 · 외적 요인이 청소년의 식습관에 미치는 효과는 다양하다. 청소년의 경우 대체로 정크푸드를 먹거나 되는 대로 이것저것 조금씩 먹는 형태로 식습관이 나타난다. 여성 청소년의 경우 외모에 대한 관심이 커지면서 급격히 식단을 바꾸는 경향이 나타나기도 한다. 젊은 여성 사이에서는 다양한 다이어트 식단이 공유되고 있으며, 이런 다이어트 식단은 심지어 사춘기 이전에 선택되기도 한다. 다이어트 식단은 극단적인 경우에 여러 섭식장애로 연결되어 건강에 큰 문제를 일으킬 수도 있다.

노년기와 청소년기에 비해 중년기의 식습관은 대체로 안정적인 편이라고 할 수 있다. 그렇지만 중년기의 식습관에도 성별이나 생애의 급격한 변화로 인해 예외가 나타날 수 있다. 성별에 따라 나타나는 차이를 살펴보면, 여성이 남성보다 음식의 건강 측면에 더 민감한 경향을 보이는 것으로 나타난다. 신혼의 젊은 여성은 남편의 건강에 책임감을 느끼고 보양식이나 건강식품을 권하고, 임신하거나 출산한 경우 그 경향이 더욱 뚜렷하게 나타난다. 또한 생애의 급격한 변화 역시 어떤 방식으로든 식습관에 영향을 준다. 생애의 급격한 변화에 해당하는 사건으로는 결혼, 이혼, 출산, 재산의 상실, 질병, 상해 등을 들 수 있다. 흥미롭게도 이런 사건 이후에 개인의 삶에서 식습관 변화가 뒤따른다.

노년기의 식습관은 매우 가변적이고 불안정할 뿐만 아니라 잠재적으로 건강을 해칠 가능성이 가장 높다. 전 세계적으로 인간의 기대수명이 늘어나고 노인인구가 급격히 증가하면서 많은 국가가 고령화 사회에 접어들고 있다. 노인은 영양적인 취약 상태와 함께 퇴행성 질병을 동반하고 있으며, 신체기능의 약화와 더불어 장기간에 걸쳐 누적된 나쁜 식습관과 생활습관으로 인해 만성질병에 시달리는 경우가 많다. 노인계층의 영양문제는 복합적인 영양부족의 문제로 나타나며 그럼에도 불구하고 체계적인 영양관리가 미비한 실정이다. 여러 선행연구에서 노인의 영양 상태는 매우 취약하다고 보고되고 있으며, 이는 신체 기능의 변화요인과 경제적 자립의 부족, 삶의 의욕 상실로 인한 식욕감소 등의 여러 요인에 의해 초래된다. 이런 노인의 사회적 고립은 낙담과 무기력 그리고 극단적으로 부실한 식사로 연결될 수 있으며, 결국에는 만성질병이나 신체적 불구로 인해 장을 보거나 음식을 만들 능력마저 상실하는 비극적 결과를 가져온다.

2. 음식문화상담의 이슈

1) 급식 및 섭식장애

(1) 거식증과 폭식증

심리학 분야에서 음식과 관련된 내용 중, 손쉽게 찾아볼 수 있는 것이 『정신장애의 진단 및 통계 편람(DSM-5)』의 하위요인 중 하나인 '급식 및 섭식장애'이다. 급식 및 섭식장애는 음식 섭취와 관련된 행동에서 부적응적 증상이 나타나 개인의 신체적 건강과 심리사회적 기능을 심각하게 손상시키는 경우를 말한다.

급식(feeding)은 '음식을 먹이다'는 의미이며, 급식장애란 주로 어린 아동에게 음식을 먹이는 과정이나 아동이 음식을 먹는 상황에 심리적 장애가 있는 경우를 말한다. 급식장애는 또다시 이식증, 반추장애, 회피적/제한적 음식섭취 등으로 나뉜다. 한편, 섭식(eating)은 '음식을 먹는다, 식사하다'의 의미이다. 때문에 섭식장애는 아동기보다는 주로 청소년기나 성인기에 나타난다. 일상생활 속에서 종종 접하게 되는 거식증(신경성 식욕 부진증), 폭식증(폭식장애) 그리고 신경성 폭식증 등이 섭식장애에 속한다.

거식증이나 폭식증으로 나타나는 증상에 대한 언급은 19세기 이전부터 존재했으나, 오늘날 우리가 사용하는 '거식증'이라는 용어는 1873년에 처음으로 발표되었다(Lasègue, 1873). 하지만 실질적으로 관심을 끌고 연구가 본격적으로 이루어지기 시작한 것은 비교적 최근의 일이며, 1980년 공식적으로 DSM-III에 포함되면서 정신의학 분야의 한 부분으로 자리매김하였다.

지금까지 알려지기로 거식증은 남성에 비해 여성에게 매우 높은 비율(90% 이상)로 나타나며, 약 1~2% 정도의 여성에게서 발생한다. 간과하기 쉽지만 10년 내 사망률이 5~10%에 이를 정도의 중증 질환이며 치료가 어려울뿐더러 만성화되는 경향이 강하다. 신경성 폭식증의 경우에는 10대나 20대 여성에서 10% 가까이 발생한다. 정신과적 진단은 사회적 환경의 변화에 밀접하게 연결된다. 1940년대 이후 서구사회의 '날씬함에 대한 추구'가 폭식증과 거식증의 주요 원인으로 지적되었다. 하지만 오늘날에는 거식증과 폭식증과 관련된 병리현상이 점점 많아지고 있을 뿐만 아니라 그 내용 또한 다양하다. 실제로 섭식장애는 많은 사람에게 나타나며 근본적으로는 왜곡된 식습관에서 비롯되지만, 그 안에는 매우 복잡한 사회문화적 요인과 심리적 요인이 존재할 수 있기 때문에 이를 꼼꼼히 살펴볼 필요가 있다.

(2) 섭식장애와 심리적 요인과의 연관성

거식증의 주된 특징은 자기 몸에 대한 걱정에 휩싸여, 자신의 몸이 뚱뚱하다고 지나치게 걱정하는 것이다. 이와 더불어 우울한 기분, 초조함, 사회적 위축, 강박적 사고로 이어지기도 한다. 거식증 환자의 정서적인 문제는 분리불안과 정체감의 어려움에서 생기는 것으로 보인다. 때로는 신체적·성적 학대경험을 감추고 있는 경우도 있다.

폭식증 환자는 심리적으로 우울하고 불안과 긴장감, 무기력감을 많이 느끼며 자기비하적 생각을 많이 하는 것으로 알려져 있다. 과거에 성적 혹은 신체적 학대를 받았다고 보고하는 경우도 있는데, 이런 경험으로 인해 자존감이 떨어지고 자기비하적 사고를 많이 할 수 있다. 또한 폭식증 환자는 성격상에 문제를 보이고, 대인관계가 어려우며, 자신의 충동을 통제하기 어렵고, 약물을 남용하는 등의 문제가 비교적 많다.

(3) 생애발달에서 섭식장애가 미치는 영향

섭식장애를 다룰 때 간과하기 쉬운 부분이 가족의 영향력이다. 섭식장애 환자는 대체로 부모의 관심과 보살핌이 부족한 것으로 알려져 있다. 일반적으로 거식증 환자는 자신의 가족을 안정적이고 갈등이 없으며, 비교적 잘 양육되었다고 지각하는 경향이 있다. 반면, 폭식증 환자는 자신의 가족을 갈등적이고, 제대로 조직이 되어 있지 않으며, 양육과 보살핌이 결여되었다고 지각하는 경향이 있다(Power & Schulkin, 2014).

섭식장애는 잘못된 식습관에서 발전하기도 한다. 그렇기 때문에 아동에게 올바른 식습관을 심어 주는 일은 섭식장애 예방에 있어 매우 중요하다. 가족의 식습관, 식사 시간의 규칙성 유무 등은 아동의 섭식 습관에 영향을 미친다. 한편, 아동기에 과체중이 된 아동은 소년기 혹은 청년기를 거치며 외모에 과도한 신경을 쓰기 쉽다. 또한 비만이 되면서 주위 사람과 친구들의 지적을 듣고 다른 사람들이 자신을 따돌린다는 느낌이나 자기비하의 감정, 부정적인 자기상을 갖는 등 신체적인 문제뿐만 아니라 정신적인 장애와 고통까지 겪는다. 이런 경험이 있는 아동이 사춘기에 들어서면 정신적 문제들이 터져 나오고, 과체중인 청소년은 무리한 다이어트를 무릅쓰게 되는데, 이것이 바로 거식증의 출발점이 될 수 있다. 한편 무절제한 음식 섭취, 특히 시도 때도 없이 텔레비전 앞에서 끊임없이 뭔가를 먹는 행위 등은 음식 섭취 방식에 관한 지표를 상실하게 만들어 폭식증을 낳을 수 있다.

사람들이 음식에 부여하는 '감정적인' 가치 또한 섭식장애에 영향을 줄 수 있다(Goossens, Braet, Van Vlierberghs, & Mels, 2009). 어린아이가 울 때 부모가 사탕이나 과자를 주면서 달래면, 아이는 그것을 통해 음식이 감정적 결핍이나 슬픔을 메워 준다고 생각하게 된다. 이러한 경험으로 인해 성장하면서 괴로운 일이나 힘든 일이 생기면 음식으로 보상받으려 하는데, 이런 행동은 폭식증 환자에게서 흔히 보고되는 모습이다. 심리치료사들은 음식물 소비가 애정이나 위안의 대체물로 기능하는 감정적 원리가 어머니의 사랑과 음식물 섭취를 동일시하던 어린 시절에서 유래하였음을 밝혔다. 먹는 행위, 특히 과식은 우울하거나 실연을 당했을 때 즉각적으로 보상을 주는 방법으로서 성인이 되어서도 남아 있는 감정적 원리에서 비롯된 것이라고 볼 수 있다.

2) 비만과 다이어트

(1) 비만을 바라보는 시선의 변화

비만은 언제부터 문제가 되었는가? 과거에는 비만인 사람이 없었을까? 비만 (obesity)은 이전에는 없었던 것이 현대에 갑자기 생긴 것이 아니다. 단지 오늘날에 비만이 발생하는 비율이 더 높아졌을 뿐이다. 과거에는 과체중인 사람도 좋은 평가를 받던 때가 있었다. 먹거리가 풍족하지 않았던 과거에는 덩치가 큰 사람이나 통통한 체형의 사람에게 쓰는 '풍채가 좋다.'라는 표현이 칭찬으로 받아들여졌다. 이는 동서양을 막론하고 공통적으로 나타났던 모습인데, 비만인 사람을 걱정 어린 시선으로 바라보는 오늘날과는 분명히 다른 모습이다. 이제 '날씬함'은 '미덕이자 추구해야 할 가치'가 된 반면, 비만은 '추한 것' '자기관리에 실패한 것'이라는 이미지가 덧씌워진 것을 인정할 수밖에 없다. 비만을 부정적으로 바라보게 된 이유 중 하나로 비만이 각종 성인병의 원인이 된다는 건강상의 이유도 있다. 사회적인 시선과 건강상의 문제로 초점이 맞춰지며 오늘날에는 '비만'과 비만을 해결하기 위한 '다이어트'가 많은 영역에서 중요한 화두로 떠오르기 시작했다.

(2) 다이어트에 대한 정의

많은 학자는 다이어트에 대해 서로 다른 정의를 내리고 있는데, 이를 행동적 측면(Turner, 1996)과 인지적 측면(Polivy & Herman, 1985), 심리적 측면(Neumark-Sztainer & Story, 1998)으로 나누어 볼 수 있다. 먼저 다이어트의 행동적 측면을 살펴보면, 체중감소를 위하여 자신의 식습관을 변화시키는 것, 음식의 양이나 종류를 제한하여 섭취하는 방법으로 체중을 조절하고 유지하는 행동 등의 식이조절에 대한 요소가 포함된다. 다음으로 인지적 관점을 살펴보면, 음식을 먹고 싶어 하는 욕구를 제지하려는 인지적 노력, 체중감소를 위해 섭식을 제한하는 의도(의료대백과사전, 1992) 등을 다이어트라고 보기도 한다. 그리고 음식 섭취 억제 외에도 체중문제에 대한 몰두와 역기능적인 신념 등의 인지적 측면, 체중 감소를 이루려는 동기와 노력이 모두 다이어트에 포함된다고 제안하여 행동뿐만 아니라 다이어트에 대한 생각 또한 중요함을 강조한다. 마지막으로 심리적 관점을 살펴보면, 다이어트란 실제 행동뿐만이 아닌 체중감소를 원하는 욕망까지 포함하는 것이라고 주장하여 심리적 측면 또한 다이어트에 포함된다고 제안한다. 한편 『의료대백과사전』에 따르면, 다이어트는 미용이나 건강을 이유로 체중을 조절하기 위해 식이요법을 수행하는 것이며, 체중을 줄이는 것뿐만 아니라 유지하거나 늘이려는 시도도 포함된다. 즉, 체중감량은 다이어트 자체가 아니라 다이어트의 일부분으로 볼 수 있다. 이러한 정의를 종합해 보면, 다이어트란 규율에 따라 개인의 육체를 관리하는 것으로서, 체중을 조절하기 위해 수행하는 식이요법이나 운동, 약물사용 등의 모든 행동을 일컫는다. 또한 신체에 대한 몰두와 체중을 조절하려는 동기나 태도 등의 인식적 측면과 체중감소를 원하는 욕망까지 다이어트에 포함된다(Lowe, 1993).

다이어트에 대한 여러 정의를 살펴보면 공통적으로 나타나는 초점이 있는데, 그것은 '조절'과 '노력'이다. 이는 다이어트에 있어서 장기적이고 정신적인 자원이 중요하다는 점을 시사한다. 실제로 경기도여성능력개발센터에서 발표한 통계자료에서는 다이어트 실패를 경험한 여성 중 57.4%가 식욕조절과 동기부여의 부족을 실패의 원인이라고 보고하여 정신적 조절의 실패가 곧 다이어트의 실패로 이어짐을 보여 주었다(경기도여성능력개발센터, 2015). 이러한 결과는 다이어트에서 행동적 측면 이외에도 인지적 측면과 심리적 측면 역시 중요함을 보여 주고 있다.

(3) 비만, 다이어트와 생애개발의 연관성

현대사회에서는 날씬함을 개인의 주요한 매력으로 평가하기 때문에 성공하기 위해서는 자기관리를 잘하여 날씬하고 매력적인 외모를 가져야 한다는 인식을 강박적으로 갖게 된다. 날씬한 외모를 부러워하며 단식, 절식, 원푸드 다이어트 같은 무리한 방법으로 체중감량을 시도했다가 요요 현상을 겪으면서 폭식증이 생기기도 한다. 일정 기간 동안 강박적·감정적으로 음식을 제한한 경험이 있는 사람은 건강한 식습관을 갖기 어렵다. 음식을 강박적으로 먹는 사람은 의식하지 못한 채 음식을 먹고, 감정적으로 음식을 먹는 사람은 부정적 기분을 해결하기 위해 먹는다. 이들은 음식의 칼로리와 지방 함량에 대해 영양사보다 더 많이 알며, 음식 앞에서 수치심과 죄의식을 느끼고 체중이 느는 것을 두려워하여 음식을 먹어도 되는 때와 양에 엄격한 규칙을 정해 시행하지만 과도한 과식과 소식 사이를 오가기 때문에 균형 있는 식사를 하지 못하는 경우가 많다. 한동안 음식을 엄격하게 제한하다가 혹독한 다이어트 뒤에 강박적이고 감정적으로 먹는 것을 되풀이하기 때문에 건강한 식습관을 형성하지 못하기 때문이다.

사실 현대사회처럼 음식이 풍부한 환경에서는 어느 정도의 다이어트는 모든 사람에게 평생의 과제가 될 수밖에 없다. 지금 당장 다이어트가 필요 없는 사람이더라도 평균 수명이 늘어남에 따라 어느 시기에는 다이어트가 반드시 실천해야 할 과제가 될 수도 있다. 따라서 다이어트에 대해서 올바르고 건강한 개념 정립과 실천방법을 갖추는 것은 우리 모두에게 중요한 과제가 될 수 있다.

다이어트가 항상 부정적인 결과만을 보여 주는 것은 아니다. 다이어트에 성공하는 것이 개인의 신체적·정신적 건강에 긍정적임을 보여 주는 여러 연구가 있다. 학자들은 연구를 통해서 성공적인 다이어트는 자신의 신체를 가꿈으로써 자신감을 회복하고 유능감을 표출할 수 있다고 보고하였다(강상현, 2000). 넓은 의미에서 현대인에게 다이어트란 단지 몸매 만들기에 국한된 것이 아니라 건강과 자기관리를 위한 필수요소라고 제안하기도 한다(곽선혜, 정의철, 2015). 이처럼 시대의 요구를 따라 건강한 다이어트에 대한 소개와 실천방법이 여러 분야에서 통합적으로 제시되고 있다.

종합해 보면, 다이어트에 실패했을 경우에는 다이어트가 만성화되고 전반적으로 삶의 질이 저하되는 결과를 얻지만, 건강한 방법으로 다이어트를 시도하여 목표달성에 성공했을 경우에는 신체적·심리적으로 긍정적인 효과를 경험하는 것을 알 수 있다. 잘못된 방법의 다이어트와 이로 인한 실패 및 부작용의 경험은 건강관리라는 본래의 다이어트 목적과는 동떨어진 것이며, 다이어트에 대한 개념 자체를 부정적으로 왜곡시킴을 확인할 수 있다. 인간의 수명이 늘어나면서 다이어트는 모든 사람에게 실천할 필요가 있는 행동과제로 자리 잡고 있다. 따라서 생애개발에서 건강한 다이어트 개념의 정립과 자신에게 맞는 실천방법에 대한 교육은 향후 중요한 과제가 될 수 있다.

3) 기타 이슈

(1) 혼밥 문화

통계청에 따르면, 2016년의 1인 가구의 비중은 27.6%이며, 이러한 추세라면 2020년에는 29.6%, 2035년에는 34.3%로 증가하여 세 가구당 한 가구는 1인 가구일 것으로 예상된다(통계청, 2016). 이미 우리 사회 속에서 1인 가구는 가장 흔한 가구 형태 중 하나가 되었고 그 증가 추세는 더욱 가속화될 전망이다. 이렇게 1인 가구가 증가하는 현상의 이면에는 사회경제적 요인이 복합적으로 작용한 영향도 있다. 빠른 속도로 진행되는 고령화, 개인주의 확산, 여성의 사회활동 진출 증가, 초혼 연령 상승, 취업난, 이혼 증가 등을 그 원인으로 꼽을 수 있다. 이처럼 급격하게 변한 우리 사회의 많은 모습이 1인 가구의 증가를 초래했다고 볼 수 있다.

이런 시대적 흐름과 함께, 최근 나타난 모습 중 하나는 혼자 밥을 먹는 사람들이 눈에 띄게 늘어난 것이다. 한국 문화에서는 누군가와 같이 밥을 먹는 것이 좀 더 보편적이고, 남들 가운데 혼자 밥을 먹는 것은 익숙한 모습이 아니었기에 이런 현상을 가리키기 위해 나타난 신조어가 '혼밥'이다. 이미 1980년, 일본의 아다치 미유키(足立, 1980)가 초등학생 2,000명을 대상으로 한 '아이들의 식생태 조사'에서 혼자 밥을 먹는 현상에 대해 언급했다. 그는 '가족과 함께 식사하기'의 결여, 그리고 '혼자 밥을 먹는 것'이 영양문제를 초래하는 심각한 식생활임을 지

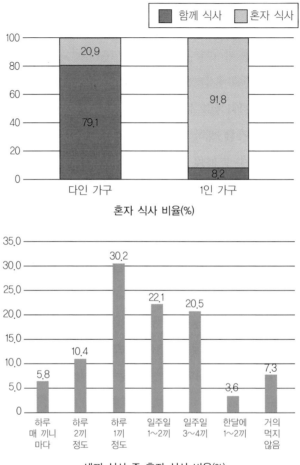

[그림 10-10] 혼자 식사 비율

출처: 오유진(2017).

적하였다.

　이제 우리 사회에서 흔하게 볼 수 있는 '혼밥' 문화에 대해 좀 더 깊은 관심을 갖고 관찰해야 할 필요가 있다. '가족이 함께하는 식사'는 생활을 함께하는 공동체인 가족이 모여서 식사를 하는 것으로, 가족이라는 개념과 생활 공동체임을 인식하기 위한 행동이다. 또한 가족의 사랑과 유대감을 표현할 수 있는 시간이며, 함께하는 식사를 통해서 자녀는 가족의 전통을 배우고, 여러 가지 다양한 식품을 접하며 좋은 식습관을 익힐 수 있다. 실제로 가족과 함께 식사하는 아동과 그렇지 않은 아동을 비교했을 때, 혼자서 식사하는 아동은 식사에서 즐거움을 찾지 못하고 편식을 하는 경향을 보였다. 또한 가족과 함께 식사하는 빈도가 높은 학생이 혼자 식사하는 빈도가 높은 학생보다 신체적 건강상태가 좋았으며 식생활 태도에서도 결식비율이 낮았다. 혼자 식사하는 아동은 편식이 유의미하게 높게 나타났으며, 식습관에 있어서도 영양을 고려하지 않고 자신의 선호도와 기호도에 따라 식사하는 경향이 많았다(박윤아, 2011).

이처럼 '혼밥' 문화는 여러 가지 부작용을 가져올 수 있는데, 문제는 단지 건강이나 영양 면에 국한되는 것이 아니라 심리적·정서적 영역까지로도 확대될 수 있다. 가족 구성원이 만나 함께 음식을 나누며 사랑과 정서를 표현하는 식사 시간의 부재는 우리의 생각보다 더 많은 영향을 미칠 수 있다. 특히 나이 어린 아동에게 혼밥의 시간이 많아지는 것에 대해 성인과 사회의 걱정 어린 관심과 통찰이 필요하다.

1988년에 하버드대학교 연구진은 취학 전 아동이 가정과 유치원 등에서 습득하는 기술 중 읽는 법을 배우는 데 가장 큰 영향을 미치는 변인을 규명하고자 하였다(Ninio & Snow, 1988). 2년간의 데이터 수집과 분석 결과, 아동의 학습능력 차이는 부모의 경제 수준이나 교육환경적 차이에서 나오는 것이 아니었다. 아동의 학습능력에 영향을 미치는 것은 가족식사의 횟수와 식탁에서의 의견 교류가 활발했는가 아닌가에 따른 차이였다.

아동은 가족과의 식사 자리에서 대화를 주고받으며 새로운 어휘와 표현을 습득하게 된다. 부모의 대화를 들으며 부모의 대화방식을 모델링하기도 하며, 자신의 이야기를 나누고, 가족에게 의견을 전달하기도 하며, 때로는 서로 다른 의견에 대해 논쟁하는 시간도 가진다. 이런 언어적 발달 외에도 가족이 함께하는 화기애애한 식사 시간은 긍정적 효과를 주는 호르몬 중 하나인 옥시토신의 분비를 유발하기도 한다. 정서적인 지지를 받는다고 느낄 때, 친밀감을 느낄 때, 사랑을 느낄 때 분비되는 옥시토신은 항스트레스성 효과를 지니고 있으며 긍정적인 사회적 상호작용을 자극한다. 또한 옥시토신에 반복적으로 노출되면 다른 신경전달물질의 활동에도 긍정적인 영향을 미쳐 장기적인 효과를 누릴 수도 있다. 온 가족이 한 자리에 모여 식사를 하는, 조금만 신경을 쓰면 누릴 수 있는 이 평범한 일상 속에서 아동은 많은 것을 보고 배우고 느끼며 성장할 수 있다.

앞서 언급한 일본에서의 연구(足立, 1980)는 혼자 식사하는 것이 장기화되면 이후에는 가족이 함께 있다 하더라도 자발적으로 고립을 선택하게 된다는 점을 지적했다. 또한 이로 인해 부모-자녀 관계는 와해로 이어지고, 혼자 식사를 하는 아동에게는 극심한 스트레스 증상이 나타나며, 사회적으로도 원만한 관계를 맺지 못해 사회성이 결여될 수 있다는 점도 지적했다. 이처럼 음식이 가지는 사회적ㆍ정서적 영향력을 살펴보면 가족 간의 식사 시간이 얼마나 중요하고 의미 있는 시간인지를 명백히 확인할 수 있다.

자녀 양육에 있어서 자기표현이 자유롭고, 사회성이나 정서를 잘 발달시키는 방법으로 밥상머리 교육의 중요성을 인식할 필요가 있다. 또한 일부러 자녀와 지내는 시간을 따로 만들 필요 없이, 하루 한 번이라도 식사를 같이하는 것으로 얻을 수 있는 부모양육의 효과에 대해서도 생각해 보아야 한다. 맞벌이와 바쁜 일정으로 혼자 밥을 먹거나 따로 밥을 먹는 아동이 증가하고 있는 현대사회에서, 밥상머리 교육이라는 다소 오래되고 진부해 보이는 개념이 좋은 부모-자녀 관계를 형성하고 건강한 자녀를 양육하기 위한 가장 손쉬운 실천방법이 될 수 있다.

(2) 먹방

1인 미디어, 이른바 인터넷 개인 방송 문화가 젊은 층의 일상 생활의 한 부분으로 자리 잡으면서 여러 가지 콘텐츠가 나타나고 있다. 그 가운데 먹는 방송, 줄임말로 '먹방'이라는 미디어 콘텐츠가 코미디, 드라마, 예능과 같은 기존 분류로는 설명할 수 없는 하나의 독자적 장르로 자리 잡았고, 해외에서도 어느덧 '먹방(MeokBang)'이라는 고유명사로 사용되기에 이르렀다.

먹방은 다양한 관점에서 접근할 수 있다. 문화비평가들에게는 '밥을 함께 먹어 주는 친구로서 외로움을 달래 주는' 일로, 경제학적 시선에서는 '불황의 반증'으로 해석될 수 있다. 미디어 학계에서는 먹방을 1인 가구 증가와 그로 인한 외로움의 발생, 전통적 식문화에 대한 저항, 정서적 연대감의 공동체, 혹은 정신적 허기를 달래기 위한 주체의 자기통치의 맥락으로 설명하기도 한다.

사회문화적·심리학 관점에서도 먹방에 대한 논의가 있었다(장윤재, 김미라, 2016). 1인 가구가 급증하면서 혼자 밥을 먹을 수밖에 없는 사람들은 먹방이나 쿡방 프로그램을 보며 소위 정서적 허기를 달래고 함께 먹는 듯한 유대감을 느낀다고 한다. 학업이나 직장 등의 이유로, 또는 가족 해체의 가속화로 인해 혼자 밥을 먹는 사람들이 급속하게 증가하고 있으며, 이들이 텔레비전 화면 속의 음식과 출연자들을 통해 대리충족을 하며 외로움을 해소한다는 것이 먹방을 시청하는 이유로 제시되었다. 정서적 허기가 경제적 또는 관계적(문화적) 결핍에서 생겨날 수 있기 때문에 먹방을 커뮤니케이션 또는 연결의 배제나 과잉으로 맥락화한 설명을 제시하기도 한다. 먹방이라는 공동체가 갖는 것은 단순히 맛을 공유하는 것만이 아니라 그것이 만들어 내는 감정적 유대이며, '먹기(eating)' 행위의 공유가 사람들을 하나의 공동체로 만들어 낸다는 주장(Lupton, 2015)도 이와 유사한 맥락이다.

또한 2000년대 들어 외모지상주의의 성행에 따라 다이어트를 시도하는 사람들이 먹방을 보며 '대리 폭식'을 통해 스트레스를 해소하고 사회적 억압으로부터 벗어나고자 한다는 설명(김혜진, 2015; Pope, Latimer, & Wansink, 2015)도 제시되었다. 엄청난 먹성을 과시하는 방송인의 행위를 보면서 식욕의 대리만족뿐 아니라 무의식 중에 일상을 억압하는 권력과 금욕주의적 삶에 대한 반발과 폭력성을 표출한다고 해석하기도 하였다.

긍정적인 관점에서는 먹방이 실질적 허기와 정서적 허기를 함께 충족시켜 주는 '힐링 요법'의 하나(홍석경, 박소정, 2016)라고 설명하기도 한다. 장기 불황과 무한경쟁, 불행과 좌절감의 확산 속에서 청년 세대가 먹방을 보며 잠시 현실을 잊고 소소한 사치를 누릴 수 있기 때문이다. 위로와 위안을 받는다는 점에서 먹방이 일종의 문화적 실천이자 '셀프 힐링'이라는 설명도 가능하다.

이처럼 '먹방' 문화도 '혼밥' 문화처럼 단지 음식의 양이나 맛에 국한되는 것이 아니라 심리적·정서적 영역까지를 포괄하는 광범위한 영역으로 이해할 필요가 있다. 아직 새롭게 등장된 이러한 음식문화에 대해 많은 부분을 파악하지 못하고 있는 상황이다. 그러나 음식이 가지는 광범위한 영역에 대한 관찰과 관심이 주어질 때, 새로운 음식문화가 우리에게 전달하고자 하는 메시지와 영향력을 보다 정확하게 이해할 수 있을 것이다. 특히 음식이 풍요로운 현대사회에서 음식문화는 전례 없이 커다란 문화 사업과 관심 주제로 등장하고 있으며 먹방이나 혼밥 이외의 새로운 음식문화가 등장할 가능성도 예측할 수 있다. 이러한 시대적 흐름에서 음식의 영향력과 여러 가지 심리적·사회적 역할에 대하여 어느 때보다 높은 관심과 통찰이 필요할 것이다.

3. 음식문화상담의 정서적 근거

1) 음식과 심리적 측면: 음식과 정서의 연합과정

독일 철학자 포이어바흐(Ludwig Andreas Feuerbach)는 "먹는 음식을 보면 그 사람을 안다(Man eats what he is)."라고 말했다. 사람이 살아가는 데 필요한 의식주에서, 특히 음식은 매 순간 고려되어야 하는 필수 조건이다. 그러나 과거에는 음식에 대한 연구와 인식이 주로 영양학적·생물학적 분야에 집중되어 있어 사람들의 다양한 식생활을 설명하기에는 다소 부족하였다. 그러나 최근에는 음식과 정신적 건강의 관련성이 제기되기 시작하였고, 음식이 가지는 정서적 의미와 심리적 요소에 대한 연구가 활발하게 이루어지고 있다.

인간은 생존을 위한 섭식의 욕구를 가지고 세상에 태어난다. 하지만 섭식행동은 태어나는 순간부터 다른 사람들과의 상호작용을 통해 형성되기 때문에 본능적 욕구만으로는 설명할 수 없다. 정신분석학의 접근방식으로 살펴보면, 인간은 무력한 상태로 태어나기 때문에 음식과 관련된 감정과 욕망이 양육자의 관계와 뗄 수 없게 뒤얽혀 있다. 갓 태어난 유아는 스스로 자신을 돌볼 수 없기 때문에 양육자에게 의존하는 것만이 욕구충족을 위한 유일한 방법이다. 따라서 양육자는 유아를 민감하게 살피면서 젖을 물리고 안아 주며 돌봄으로써 유아에게 심리적·신체적 만족감을 제공한다. 충분한 돌봄 속에서 유아는 엄마의 젖가슴을 긍정적인 대상으로 경험하며 따뜻함과 충만감을 느낀다. 이때 유아의 섭식경험은 양육자와의 긴밀한 인간적 접촉과 연합된다. 즉, 엄마의 온기와 냄새, 소리 등의 감각과 그것이 주는 충만한 감정이 연합되는 것이다. 젖의 단맛은 젖이 가지는 맛 자체가 아니라 그것이 주는 즐거운 경험에 대한 연상으로 인해 안정적인 느낌과 긍정적인 정서로 부호화되는 것이다. 그러므로 충분히 돌봄을 받은 유아에게 허기를 채우는 경험은 신체적 감각 이상의 것을 의미하게 된다. 이러한 측면에서 엄마의 젖은 최초의 '컴포트 푸드'로 작용하는 것이다.

2) 컴포트 푸드

컴포트 푸드(comfort food)의 사전적 정의는 '편안하거나 위로, 위안이 되는 음식' '어릴 적 추억이나 집에서 만든 음식'이다. 컴포트 푸드는 미국에서 신체뿐만 아니라 정서적 욕구도 충족해 주는 음식이라는 개념으로 처음 등장하였다(Trosi & Gabriel, 2011). 그리고 최근 국내에서 진행된 연구를 통해 컴포트 푸드가 맛과 건강을 고려한 음식으로 확대해석되고 있음을 확인할 수 있다. 컴포트 푸드의 단어가 생소하게 느껴질 수 있지만, 이 개념은 이미 우리에게 친숙하고 익숙한 것이다. 예를 들면, 어릴 적 우리가 아플 때 어머니가 정성스럽게 음식을 만들어 준 경험, 돌아가신 할머니가 담가 주었던 김치가 그리워지는 것 등을 들 수 있다. 어떤 음식이 컴포트 푸드가 되는 것은 그것이 사람들의 관계와 함께 반복적으로 노출되기 때문이며, 이러한 이유로 우리는 어린 시절부터 먹어 온 익숙한 음식을 컴포트 푸드로 인식한다. 즉, 컴포트 푸드는 기존 관계와의 인지적 연결을 통해 특별한 감정적 힘을 가지게 된 사회적 대리물이라고 할 수 있다.

때로 컴포트 푸드는 관련된 대상 그 자체로 작용하기도 한다. 한 연구 참가자는 어머니가 돌아가시고 난 후, 자신의 자취방 냉장고에서 발견한 어머니의 마지막 김치 한 통을 붙잡고 한참을 울었다는 사연을 전했다. 그에게는 어머니의 김치가 단순히 음식이 아니라 어머니라는 대상 자체로 인식되었던 것이다. 먼 외국에서 타지 생활을 하는 사람들에게 부모님이 만든 음식을 전달해 주었던 한 TV 프로그램에서도 음식이 가지는 사회적 대리의 역할을 잘 보여 준다. 어머니의 만둣국을 먹고 그리움에 눈물짓던 출연자의 감정에 쉽게 공감할 수 있는 이유는 누구에게나 음식과 관련되어 그러한 경험이 존재하기 때문이다.

컴포트 푸드는 특정한 음식의 종류를 뜻하는 것이 아니라 시대에 따라 그 의미가 변화할 수 있으며, 같은 시공간이라 하더라도 성별이나 연령 혹은 사회문화적인 지각에 따라 구성요인과 의미가 다르게 나타날 수 있다. 실제로 국내에서 진행된 연구 조사결과, 여성은 스낵과 같은 간식을 컴포트 푸드로 선호하고, 남성은 식사와 관련된 요리를 선호하는 것으로 나타났다(김지예, 이상희, 2013). 또 다른 연구에서는 나이가 어릴수록 간식을 선호하는 반면, 나이가 많을수록 식사와 관련된 요리를 선호하는 것으로 밝혀졌다(Wansink, Cheney, & Chan, 2003). 이처럼 컴포트 푸드는 음식의 맛이나 쾌락적인 부분을 강조하는 개념이 아닌 다양한 심리적 · 사회적 요인에 의해 설명되는 복합적인 개념임을 이해할 수 있다.

○○○ **표 10-1** 대학생들의 정서에 따른 컴포트 푸드의 차이

구분		행복		슬픔		분노	
남성	1위	고기	19.2%	술	32.5%	술	23.7%
	2위	술	18.1%	초콜릿	11.4%	매운 음식	18.2%
	3위	치킨	15.4%	음료	6.8%	음료	8.1%
여성	1위	치킨	13.0%	초콜릿	21.3%	매운 음식	33.8%
	2위	피자 · 스파게티	12.7%	술	14.6%	초콜릿	13.1%
	3위	고기	10.3%	매운 음식	9.9%	술	8.9%

3) 정서와 음식의 관계

앞서 살펴보았듯이, 식욕은 정서적인 배고픔의 하나로 볼 수 있기 때문에 먹는 음식은 정서와 깊은 관련이 있다(Lupton, 2015). 그러나 분노, 슬픔, 기쁨, 즐거움과 같은 다양한 정서가 섭식행동에 영향을 미칠 수 있음에도 불구하고 과거에는 섭식에서 부정적 정서와 관련된 연구가 주로 다루어져 왔다. 이와 관련해 먼저 음식에 대한 부정적 섭식에 대해 살펴보고, 최근 들어 활발히 연구되고 있는 다양한 정서에서의 섭식에 대해 살펴보고자 한다.

현대사회를 살아가는 사람들은 스트레스와 더불어 살아간다고 할 수 있다. 타인과 상호작용하며 살아가는 삶의 모든 영역에서 스트레스는 언제나 발생할 수 있다. 또한 사람들은 시대의 요구에 맞춰 빠르게 변화하고 적응하기 위해 엄청난 신체적·정신적 에너지를 소비하고 이 과정에서 그만큼 큰 스트레스를 받는다. 그 결과, 이러한 스트레스에 적절하게 대처하지 못하고 부정적 감정을 해소하기 위해 음식을 선택하는 정서적 허기에 시달리고 있다.

정신분석가 칼 에이브러햄(Abraham, 1927)은 '신경성 허기(neurotic hunger)'라는 개념을 사용하여 무의식 속의 불안과 내적 갈등의 공허함이 해결되지 못하면 '배고픔'으로 전환되어 먹는 행동으로 이어진다고 보았다. 이후 정신분석학자 로저 굴드(Gould, 2007)는 이를 '정서적 허기(emotional hunger)'로 개념화했다. 정서적 허기는 외롭거나 화가 나는 등의 부정적 정서일 때는 배가 고프고, 그와 반대로 누군가와 친밀한 감정을 느끼거나 기쁨 등의 긍정적 정서일 때는 공복감이 사라지는 것을 의미한다.

정서적 허기에 따른 섭식행동은 뇌의 호르몬과 상호작용을 하는데, 신경전달물질인 세로토닌은 식욕중추에 영향을 준다(Kroeze & Roth, 1998). 기분이 좋을 때는 세로토닌 분비량이 늘어나 포만감을 느끼게 하여 식욕을 억제하는 반면, 불안하거나 스트레스를 받으면 세로토닌 분비량이 줄어들면서 식욕을 자극한다(Dayan & Huys, 2009). 달거나 짜고 기름진 음식은 쾌감중추를 자극하여 세로토닌을 분비시키기 때문에 부정적인 감정을 느끼면 우리는 그런 기분을 벗어나기 위해 고지방, 고열량의 음식을 찾는다. 이러한 생리적이고 생화학적 반응 외에도 스트레스 상황이나 정서적 허기를 느낄 때 먹는 것으로 위안을 얻고자 하는 이유는 수없이 많다(Freeman & Gil, 2004; Macht, 2008; Spoor, Bekker, van Strien, & van Heck, 2007).

이처럼 현대사회에서 음식을 먹는 것은 더 이상 신체적 배고픔에만 기인하지 않는다. 오히려 음식의 홍수 속에서 우리는 정서적 해소와 심리적 허기짐을 채우기 위해 음식을 섭취(Trosi & Gabriel, 2011)한다고도 볼 수 있다. 왜냐하면 음식의 섭취는 가장 빠르고 간편하게 심리적 · 정서적 만족을 가져다주는 자기위로적인 해결방법이기 때문이다. 하지만 정서적 허기는 자기조절의 실패로 이어져 폭식이나 비만 등의 부정적인 결과로 연결될 수 있다. 몸에 좋지 않은 음식을 섭취함으로써 스트레스를 완화시키거나 정서적 허기를 달래는 행동 역시 건강적 측면에 있어 위협적인 요인이 된다.

ooo **표 10-2** 신체적 허기와 정서적 허기의 비교

신체적 허기	정서적 허기
배가 고픈 느낌이 서서히 든다	배가 고픈 느낌이 갑자기 심해진다
식사 후 몇 시간이 지나서 나타난다	시간에 관계없이 나타난다
어떤 음식을 먹어도 상관없다	초콜릿, 자극적인 음식 등 특정 음식이 당긴다
먹고 있는 음식을 분명하게 의식한다	무의식적으로 먹는다
배가 부르면 그만 먹는다	배가 불러도 멈추지 못한다
먹고 나면 만족감을 얻고 배고픔이 사라진다	먹고 나면 후회와 자책감을 느낀다

음식은 일시적으로 스트레스와 슬픔을 덜어 주고, 기쁨을 더해 주며, 위로가 절실히 필요할 때 위안을 주는 힘을 지니고 있다(Christensen, 2001). 정서적 섭식을 적절하게 사용하면 긍정적이고 효과적인 대처방법이 될 수 있으나, 그렇지 못할 경우에는 폭식증과 거식증과 같은 다양한 식이행동장애와 비만 등의 질병

으로 이어질 수 있다. 이러한 점에서 긍정적 정서와 부정적 정서에서 음식을 섭취하는 심리적·정서적 요인에는 어떤 것들이 있고, 이것이 건강에 어떠한 영향을 미치는지를 확인하는 것은 매우 중요한 과제가 될 것이다.

정서의 상태에 따라서 음식을 먹는 행동과 먹는 음식의 종류가 달라진다. 슬픔, 분노와 같은 부정적 정서를 경험하는 스트레스 상황에서 사람들은 주로 술과 초콜릿, 매운 음식을 선호한다. 그리고 우울이나 피로와 같은 정신적 고통을 경험할 때는 달콤한 탄수화물이나 고지방 음식에 대한 욕구를 불러일으킨다 (Wansink, Cheney, & Chan, 2003). 지루하거나 심심할 때는 많은 양의 음식을 먹으려고 하는 경향이 있고, 좌절감을 느낄 때는 고열량 디저트를 선호한다. 반면, 기쁨이나 즐거움과 같은 긍정적 정서를 경험하는 상황에서는 비교적 다양한 음식을 선호하는 경향이 있다. 국내 대학생을 대상으로 진행된 연구(김지예, 2014)에서도 기쁨이나 즐거움 같은 긍정적인 정서일 때 사람들은 고기류나 치킨을 선호하며, 부정적인 정서일 때보다 건강한 식품의 선택 비율이 높아지는 것을 보고하였다.

앞서 언급한 것처럼 우리는 정서적 허기나 스트레스 등의 부정적인 정서를 조절하기 위해 음식을 선택한다. 하지만 이와 반대로 긍정적인 정서를 느낄 때에도 음식을 섭취한다. 이런 예는 주변에서 쉽게 찾아볼 수 있다. 누군가의 생일이나 결혼 등 축하할 일이 있을 때 음식을 나눠 먹으면서 같이 축하해 주며 긍정적 정서를 나눈다. 그리고 긍정적인 정서를 만끽하기 위해 음식을 먹는 경우도 흔하다. 기념일에 특별한 음식을 먹으며 그날을 보다 특별한 날로 기억한다.

최근의 쿡방 열풍에서 나타나는 행동을 통해 음식이 긍정적 정서에 더 깊이 작용하는 것을 볼 수 있다. 많은 사람이 맛집 소개 방송을 즐겨 보고 친구들과 함께 직접 찾아가 음식을 먹는다. 그리고 자신의 소셜미디어를 통해 인증 사진을 올리고 다른 사람들과 공유한다. 맛있는 음식을 찾아가서 먹는 것은 삶이 팍팍하고 힘든 현대인에게 기쁨과 위안을 주는 정서적 안식처로 작용한다. 이처럼 긍정적 정서 역시 음식을 먹는 행동으로 연결되기 때문에 최근 들어 긍정적 정서에서의 섭식이 주목받고 있다.

슬플 때보다 즐거운 상황일 때 음식을 더 즐기고, 긍정적 정서를 느낄 때 음식 섭취가 증가하며 더 높은 수준의 배고픔을 경험한다는 연구도 제시되었다 (Macht, 1999). 실제로 이별이나 상실 등의 슬픈 정서에서는 식욕을 잃고 음식에 대한 섭식 동기와 호감이 감소되는 반면, 좋아하는 사람들과 함께하는 모임에서의 식사는 긍정적 정서와 연합되어 식욕을 왕성하게 한다. 우리는 친밀한 사람과 식사하는 자리에서 느껴지는 편안하고 즐거운 감정 때문에 평균 식사 시간이 더 늘어나고 평소보다 더 많은 음식을 먹는다. 긍정적 정서와 음식의 연합은 학습 기제로도 설명된다. 아동이 칭찬받을 만한 일을 하면 교사가 사탕이나 초콜릿과 같은 달콤한 음식을 보상으로 제공하는 것을 예로 들 수 있다. 이러한 긍정적 정서와 음식이 연합된 아동은 성인이 된 후에도 자기 스스로에게 긍정적인 보상으로 음식을 선택할 수 있다.

매일 먹는 음식도 슬픔에서 행복에 이르기까지 개인의 감정상태를 나타내는 도구가 될 수 있다. 예를 들어, 자녀의 식사태도나 음식을 섭취하는 행동, 즉 어떻게, 무엇을, 얼마나 먹는지를 관찰함으로써 부모는 자녀의 감정상태를 유추할 수 있다. 이것은 자녀가 의식적이든 무의식적이든 음식 소비를 통해 자신의 감정을 표현하고 관리하는 수단으로 활용하기 때문이다. 많은 가정에서 자녀는 부모에게서 자신이 원하는 것을 얻기 위해 혹은 부모에 대한 불평이나 불만을 표현하기 위해 음식을 먹지 않는 방법을 사용한다. 실제로, 식욕은 감정상태에 따라 왕성해지거나 떨어질 수 있기 때문에 우울하거나 행복한 감정상태에서 더 왕성한 식욕을 불러일으킨다. 반대로, 식욕의 상실은 심각한 정서적 혹은 신체적 문제를 반영하기 때문에 자녀 양육에 있어서 자녀의 섭식 관찰은 매우 중요한 단서를 제공해 줄 수 있다.

4. 음식문화상담의 전망과 과제

음식을 먹는 행위는 인간에게 어떤 목적이나 의미를 지닐까? 매슬로(Maslow)

의 위계적 욕구이론에 따르면, 음식에 대한 욕구는 수면, 배설, 호흡 등과 함께 인간이 살기 위해서 가장 원초적으로 필요한 생리적 욕구에 속한다. 즉, 최소한의 음식을 먹지 않는다면 생존할 수 없고 그 상위의 욕구로 동기화되지 않는다. 이렇듯 인간은 음식을 통해 활동에 필요한 에너지를 공급받고, 그 에너지를 통해 성장과 재생을 포함한 생체적 과정을 뒷받침한다. 이런 측면에서 음식은 일생에서 필수불가결하다고 할 수 있다.

음식을 섭취하는 행위는 인류 출현 이래로 아주 서서히 변화·발전해 오다가 농경문화가 정착되면서 그 속도가 점차 빨라지기 시작하였다. 18세기 후반부터 유럽을 중심으로 일어난 산업혁명의 결과로 문명의 발전 속도가 가속화되었고 식생활의 변화도 급격히 이루어졌다. 20세기를 지나오면서 다양한 정보 매체의 비약적인 발전으로 식생활문화는 급속도로 국제화·세계화되어 가고 있다. 오늘날 현대의 식생활 양식은 1960년대까지의 궁핍한 식량 상황에서 완전히 벗어났고, 다양한 종류와 훌륭한 질의 먹거리로 역사 이래 가장 풍요롭다고 할 수 있다. 이제 우리가 음식을 대하는 태도를 살펴보면 단순히 살기 위해서 먹는다고 보기는 어렵다. 음식을 먹는 행위는 그 자체가 삶의 일부분으로 자리매김했을 뿐만 아니라 행복과 건강의 지름길이라고 볼 수 있으며, 생애개발에 있어서 생존 그 이상으로 중요한 역할을 하고 있다. 다시 말해, 주변 문화의 다양한 변화와 발전 속에서 음식은 더 이상 신체적·생리적 충족을 위한 목적으로만 설명될 수 없으며, 생활에서 사회문화적·심리적 충족을 위한 중요한 역할을 담당한다고 볼 수 있다.

이러한 점을 통해 단순히 음식을 먹는다는 관점에서 벗어나 생각하면 음식이 인간의 생애개발단계에서 매우 밀접하고 중요한 역할을 하고 있음을 확인할 수 있다. 어떤 음식을 먹을 것인지, 어떻게 먹을 것인지, 누구와 먹을 것인지의 선택을 보면 개인의 가치관과 성격을 파악할 수 있다. 또한 개인에서 가족, 사회로 관점을 확장하여 보면 음식문화에는 인간문화의 원형이 담겨 있다. 음식을 통해 개인을, 나아가 타국의 고유한 문화와 생활양식을 이해할 수 있다. 따라서 한 개인이 무엇을, 어떻게, 왜 먹는지에 대해 이해한다는 것은 개인을 이해하는 것을 넘어 다른 문화를 이해할 수 있는 통로를 제공받는 것이라 할 수 있다.

앞서 언급하였듯이, 음식이 신체적 건강에 미치는 영향에 대한 연구는 다양한 분야에서 지속되어 왔지만, 음식이 기분이나 정서와 같은 정신적 건강에 영향을 미친다는 것은 아직 충분히 연구되지 않았다. 그러나 몇 연구를 살펴보면 오늘날 일상에서 음식은 생존과 삶의 영위라는 1차원적인 욕구에만 한정되는 것이 아니며 심리적·정서적 영역과 밀접하게 관련되어 있음을 확인할 수 있다. 음식이 신체적 욕구만의 대상이 아니라 심리적·정서적으로 중요한 요인이라면 이러한 결과를 통해 궁극적으로 상담치료와의 연결 가능성도 생각해 볼 수 있다.

사실 상담치료에서 음식을 도구나 매체로 사용하는 방법은 흔하게 사용되는 것은 아니다. 하지만 음식이 가진 정서적·심리적 특성을 생각해 보면 음식은 효과적인 상담치료의 방법으로 유용하게 활용될 수 있다. 실제 최근에 소개되고 있는 요리치료는 요리활동을 통하여 이루어지는 치료방법으로 요리가 가지고 있는 장점에 다양한 재료와 조리방법을 연결하여 이루어진다. 요리치료는 노인성 질환, 성격장애, 신체장애, 발달장애, 행동장애, 정신질환 등의 다양한 심리적 문제를 표출함으로써 개인이 스스로 긴장이나 불안을 해소할 수 있으며, 심리적 안정을 통하여 정신적·신체적인 문제를 해결하고 적극적으로 극복하는 데 도움을 주는 심리치료의 한 분야로 볼 수 있다(전도근, 권명숙, 2008).

무엇보다도 요리치료는 음식을 만들고 나누면서 사람 사이에 마음의 소통과 활기찬 분위기를 만들어 낸다는 장점을 갖고 있다. 또한 내적 통제력, 안정감, 성취동기, 또래의 상호작용과 함께 사회정서적인 면에 효과적인 중재역할을 하며(김선옥, 2005; 신기진, 2006; 원경미, 2005), 나누기와 기다리기, 협동하기 등과 같은 사회적 상호능력의 연습을 통해 사회정서적인 면의 성장과 개발이 가능하다(김형숙, 2000). 따라서 함께 음식을 만들고 나누는 행위는 개인의 여러 측면에서 효과적인 발전과 성장을 가져올 수 있다. 자녀와의 심리적 거리감을 호소하는 부모에게도 간단한 메뉴를 정하여 협동 작업을 통해 요리를 완성해 가는 과정을 함께하도록 하는 것은 정서적·관계적 측면에서의 친밀감을 증가시키는 효과적인 방법이 될 수 있다. 요리를 활용하는 방법은 자기이해나 탐색 등에 걸리는 시간을 단축하고 바로 행동적인 접근을 실천한다는 장점이 있다.

또한 요리 활동은 다른 상담접근보다 대상자의 호기심을 자극하고 적극적으로 활동에 참여하게 해 준다. 게다가 참가자의 특성에 따라 방법과 수준을 조절할 수 있다는 장점도 있다. 이러한 장점을 이용하여 다양한 활동과 연계되어 사회성 훈련이나 재활 그리고 직업으로 이어지는 지역사회와의 연계활동이 통합적으로 이루어질 수도 있다(권명숙, 2012). 재소자 직업훈련에서 실시되는 제과·제빵 과정이 하나의 예시가 될 수 있는데, 직업교육과정을 통해 수감자들은 빵을 만드는 방법을 배우고 직접 빵을 만들며 다른 사람들과 함께 빵을 나누어 먹고 성취감과 만족감을 경험함으로써 사람들과의 관계 회복을 느낄 수 있다. 이처럼 음식을 활용한 도구적 상담접근 방법은 여러 가지 측면에서 좀 더 쉽고 부담감이 없으면서 유용한 치료방법으로 활용될 수 있다. 결과적으로, 음식이나 요리를 활용하는 방법은 상담에서 효과적인 치료 도구가 될 수 있다.

다만, 음식이 생애개발상담에서 전문성을 확보하기 위해서는 그동안 신체적·건강적인 측면에만 관심이 집중되었던 음식의 심리적·정서적 영향에 대한 주제가 좀 더 탐구되고 확장되어야 할 것이다. 음식이나 요리를 이용하는 상담은 상담학 영역에서는 아직 시작되지 않은 분야이며, 이후 음식의 심리적·정서적 효과에 주목하는 연구자들의 관심을 통해서만 성장할 수 있는 분야이다. 무엇보다 음식은 개인의 생애에 중요한 영향을 미치는 요인이며, 또한 모든 사람이 친숙하며 편하게 접근할 수 있는 매개체이기도 하다. 따라서 아직 시작단계에 불과하지만 상담 활용방안으로서 음식이 가지는 치료적·방법론적 가능성에 주목하고 노력할 필요가 있다.

제11장
생애개발과 건강상담

| 김희수 |

이 장에서는 건강 · 노화의 개념, 생애주기별 건강상담의 접근방식 그리고 건강상담의 전망과 과제를 알아보고자 한다. 먼저, 건강이란 '단지 질병이 없거나 허약하지 않을 뿐만 아니라 신체적 · 정신적 · 사회적으로 안녕한 상태'를 말하며, 건강에는 신체적 건강, 정신적 건강, 정서적 건강, 사회적 건강, 영적 건강의 영역이 있다. 한편, 노화(老化)란 시간의 흐름에 따라 생물의 신체기능이 퇴화하는 현상을 말한다.

건강에 대하여 신체적 측면에서 건강의 개념이 확장 · 향상되는 경향이 나타나고 있으며, 정신건강의 개념도 마찬가지로 확장되고 있다. 그리고 사회와 인구구조의 변화, 다문화 사회로의 진입 등의 이유로 인해 신체 및 정신건강에서 유의해야 할 영역 역시 변화하고 있다.

이 장에서는 생애주기별 건강의 특징과 주요 건강문제를 확인하고, 이에 따른 올바른 생애주기별 건강상담의 접근법을 살펴보며, 마지막으로는 생애개발을 위한 건강상담의 전망과 과제를 제시한다.

1. 건강의 개념과 이론

1) 건강의 개념

(1) 건강의 정의

고대 및 중세 시대에는 질병이 없는 건강한 육체인 생물학적 기능의 정상이 건강을 의미했고(일원론적 정의), 르네상스와 산업혁명 시기에 들어서 심리, 교육, 사회의 종합적 이해를 중요하게 여기기 시작하면서 생물학적 기능에 정신적 기능을 추가한 이원론적 정의가 내려졌다. 근대 및 현대 초기에 이르러서는 생활의 다양화와 건강 저해요소의 증가로 사회적 측면을 포함한 다원론적 정의가 내려졌다. 따라서 현대사회에서 건강이란, '단지 질병이 없거나 허약하지 않을 뿐만 아니라 신체적 · 정신적 · 사회적으로 안녕한 상태'라고 정의할 수 있다(WHO, 1948).

또한 20세기 후반에는 세계보건기구(WHO, 1998)의 건강에 대한 정의에 '영적 안녕(spiritual well-being)'과 '역동적 개념(dynamic concept)'이 추가되었다([그

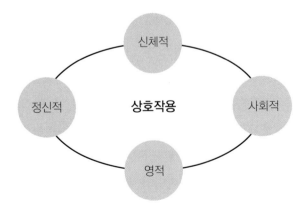

[그림 11-1] 세계보건기구(WHO)가 제시한 건강의 영역

출처: WHO(1998).

림 11-1] 참조). 헌장 전문에 '영적' 건강의 개념이 새로 추가됨에 따라 종교 생활을 통한 영혼의 안식은 물론 대체의학이나 굿거리, 기 철학, 요가 등 민간요법이 새롭게 조명을 받게 되었다. 또한 역동성 개념 추가로 건강 여부를 가릴 때 자연과 환경 변화에 능동적으로 적응하는 인간의 능력이 중시될 것으로 보이는데, 이는 급속도로 변화하는 지구 환경에 적응할 줄 아는 인간을 건강한 사람으로 규정한 것이다. 환경문제는 앞으로 건강을 위해서도 매우 중요한 주제가 될 것이고, 이에 따라 영적 안녕과 역동적 개념을 우리나라의 실정에 맞게 구체화시키는 것이 중요하다.

(2) 건강의 영역

① 신체적 건강

신체적 건강이란, 첫째로는 신체 각 기관이 정상적으로 기능하며 질병이나 장애가 없고, 둘째로는 신체적성이 평균 이상인 상태, 셋째로는 약물, 스트레스, 환경적인 위험요소에 최소한으로 노출되어 있는 상태를 의미한다. 이러한 신체적 건강에서는 영양 섭취, 체중관리, 운동기능이 주요 요소가 될 수 있다. 세계보건기구(WHO, 1998)에서는 영양(nutrition)을 '생명을 유지시키고 장기나 조직의 정상적인 기능을 유지하기 위한 에너지 생산을 위하여 음식물을 이용하는 과정'이라고 정의하였다. 그런데 사회가 급속히 변화됨에 따라 생활양식도 많이 변하여 잦은 결식과 불규칙한 식사 시간, 식품산업의 발달로 여러 가지 가공식품이 범람하고 있으며 섭취하는 음식도 다양해졌다. 현대사회는 영양결핍과 영양과잉이 공존하고 있는 실정이다. 그러므로 이러한 영양소를 현명하게 선택하여 올바른 방법으로 섭취하는 것은 건강한 생활을 영위해 나가는 데 중요한 요소이다(박충선, 정미영, 2013).

우리나라의 국민건강 영양조사(질병관리본부, 2017) 결과를 보면, 지난 10여 년간 신체활동 수준을 나타내는 걷기 실천율은 2008년 대비 남자 9.8%(2008년 50.0%→2017년 40.2%), 여자 6%(2008년 43.0%→2017년 40.2%) 감소하였다. 비만 유병률은 2008년 대비 남자의 비만 유병률은 크게 증가하였고,(2005년 35.3% → 2017년 41.6%), 여자의 비만 유병률은 비슷한 수준이다(2008년 25.2% → 2017년 25.6%)([그림 11-3] 참조).

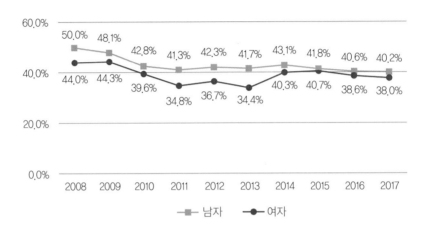

[그림 11-2] 걷기 실천율

출처: 질병관리본부(2017).

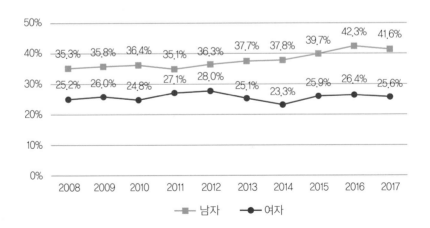

[그림 11-3] 비만 유병률

※ 비만 유병률: 체질량지수 25kg/m2 이상인 백분율
출처: 질병관리본부(2017).

② 정신적(지적) 건강

감정과 반대되는 것으로, 사고 또는 인지력의 안녕한 상태를 말한다. 인지력은 분석하고 판단하며 말하고 쓰는 것과 같은 활동을 포함하여 학습능력과 지적인 도전에 성공적으로 대응하는 능력을 의미한다.

③ 정서적 건강

사고와 반대되는 것으로, 감정의 안녕한 상태를 말한다. 자부심, 사랑, 감정이입 등 인생의 여러 측면이 포함되고, 자신의 감정을 인식하고 통제하며 적절히 표현하는 능력을 의미한다. 우리나라의 국민건강 영양조사(질병관리본부, 2017) 결과를 보면, 지난 10년간 남자의 우울감 경험률은 다소 감소하였고(2008년 10.1% → 2017년 9.1%), 여자도 감소하였다(2008년 18.3% → 2017년 13.4%). 여자의 우울감 경험률은 10년 전과 마찬가지로 남자보다 높은 것으로 나타났다([그림 11-4] 참조).

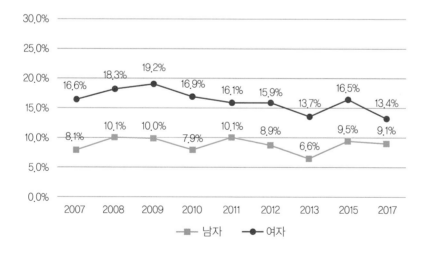

[그림 11-4] 우울감 경험률

※ 우울감 경험률: 최근 1년 동안 연속적으로 2주 이상 일상생활에 지장이 있을 정도로 슬프거나 절망감 등을 느낀 백분율, 만 19세 이상
출처: 질병관리본부(2017).

④ 사회적 건강

다른 사람과 상호작용을 함에 있어서의 안녕한 상태를 말한다. 사회적 건강에는 타인과 있을 때 편안함을 느끼는 정도, 사교술, 타인에 대한 관심, 차이를 받아들이는 능력이 포함된다. 또한 가족, 지역사회, 세계에 의미 있는 기여를 하는 것도 포함된다.

⑤ 영적 건강

우리가 사랑하고 사랑받는 능력이라고 정의할 수 있다. 영적인 건강에는 '신뢰, 성실성, 원칙과 윤리, 삶의 목적 또는 추진력, 기본적인 생존본능과 이기심이 없는 감정이 포함된다. 또한 보다 높은 섭리나 존재에 대한 인정과 통상적으로는 설명할 수 없는 어떤 개념에 대한 믿음도 포함된다.

(3) 노화

우리나라는 1970년부터 평균 수명이 꾸준히 증가하고 있으며, 따라서 노화에 대한 관심도 증가하고 있다. 노화에 따른 신체적 변화는 노년 후기의 보편적이고 불가피한 특징이다. 여기서 노화(老化)란 시간의 흐름에 따라 생물의 신체기능이 퇴화하는 현상을 말한다. 세포의 노화는 세포가 분열할 수 있는 능력을 잃어버리는 것으로 나타난다. 노화의 특징은 일반적으로 스트레스에 대처하는 능력이 감소하고, 항상성을 유지하지 못하게 되며, 질병에 걸리는 위험이 증가하는 것이다. 노화에 따른 신체적 변화 중 가장 눈에 띄게 나타나는 외적 변화로는 신장 및 체중, 피부 및 모발, 치아, 행동 둔화와 관련된 변화를 들 수 있다. 내적 변화로는 심혈관 계통, 뇌 및 신경 계통, 호흡기 및 위장 계통, 근골격 및 비뇨기 계통, 면역체계 계통, 감각기능 계통, 수면 계통과 관련된 변화가 있다.

한편, 노화에 따른 인지적 변화에는 지능·기억·창의력의 저하와 치매 발병 등의 사회적 변화를 동반한다. 직업이나 생활양식을 통해 인지능력을 활발히 사용할 기회가 자주 있는 경우에는 지적 감퇴를 예방할 수 있지만, 고립되어 있거나 생활양식이 지나치게 단순한 경우는 지적 감퇴가 나타난다. 건강이 나빠지면 뇌에 혈액순환이나 산소 공급이 원활하게 이루어지지 않을 가능성이 높아지고, 병을 치료하기 위해 복용하는 약물도 지적 감퇴를 촉진시킬 수 있다(김태련 외, 2004).

특히 지적 능력이 급감하는 노인을 대상으로 12년 동안 4회에 걸쳐 지적 능력을 검사해 본 결과, 검사 후 얼마 있다 사망한 노인이 생존해 있는 노인보다 급격한 지적 능력의 감퇴를 보였다(Kleemeier, 1961). 이 현상을 통해 지금 이 순간부터 사망까지 몇 년 더 남았는가 하는 지표를 얻을 수 있어, 나이 든 노인들에게 중요한 의미가 있을 것으로 보인다.

성공적인 노화에 관한 연구는 크게 두 가지 측면으로 구분할 수 있는데, 첫째는 생물학적 기준에 의해 성공적인 노화를 연구하는 것과, 둘째는 심리사회적 분야에서 성공적인 노화의 적응을 탐색하는 연구로 분류한다. 또한 최근 성공적인 노화에 관한 연구에서는 이러한 두 가지 측면을 결합시킨 통합적인 관점이 나타나고 있다(안정신, 강인, 김윤정, 2009).

먼저, 생물학적인 측면에서의 성공적인 노화란 주로 신체적 활동 및 정신적 건강과 관련하여 독립적으로 기능할 수 있는 일상생활 활동능력에 관한 주제를 다룬다. 다음으로, 심리사회적 측면에서 성공적 노화는 대부분 활동이론과 분리이론에 입각하여 설명하고 있는데, 분리이론에서는 노인이 노년기 이전의 역할을 철회하는 것이 적응적이라고 강조하였으며, 활동이론에서는 사회활동에 적극적으로 참여하는 노인이 생활만족도가 높다고 설명하였다. 또한 성공적인 노화에 관한 통합적인 관점에서 리프(Ryff, 1989)는 개인과 환경의 상호작용을 강조하며, '타인과 긍정적인 교류' '목적의식' '자율성' '자아수용' '개인적 성장' '환경적응'이라는 성공적인 노화에 관한 6개의 새로운 차원을 제시하고 있다.

한편, 발테스 등(Baltes et al., 1999)는 성공적 노화가 생애에 걸쳐 적응해 가는 과정임을 강조하며 '보상을 수반한 선택적 적정화 모델(Selective Optimization with Compensation: SOC model)'을 설명하고 있다. 즉, 성공적 노화란 획득을 최대화하고 상실을 최소화하는 개인-환경 간 상호작용의 지속적 과정이다. 또한 로우와 칸(Rowe & Kahn, 1998)은 활동이론에 입각하여 질병과 장애가 없고, 높은 정신적·신체적 기능을 유지하며, 적극적으로 삶에 관여하는 것이 성공적 노화를 가능하게 한다고 보았다.

2) 건강에 대한 이론

(1) 신체적 측면

① 스미스(Smith, 1981)

건강에 대한 정의를 네 가지 형태의 개념으로 설명하고 있다.

- 임상개념(clinical conception): 질병, 질환, 증상 그리고 불구 등이 없는 것으로 보는 개념이다. 의학모델을 통하여 개발된 것으로 신체적 건강이다.
- 역할수행개념(role performance health conception): 인간 자신에게 주어진 역할을 수행하는 데 어려움이 없는 상태로 보는 개념이다. 의료사회학 연구를 통하여 개발된 것으로, 불구라 할지라도 직장과 가정생활의 역할을 잘 수행한다면 건강하다는 것이다.
- 적응건강개념(adaptive health conception): 물리적·사회적으로 효과적인 상호작용을 통해 적응을 잘해 나가는 상태, 즉 환경의 스트레스에 유동적으로 잘 적응하면 건강하다는 것이다.
- 행복론적 건강개념(eudaimonistic health conception): 일반적인 안녕한 상태(well-being)과 자아실현을 말하며, 보다 높은 수준의 안녕을 성취하는 능력을 의미한다.

이와 같이 현대사회로 갈수록 건강의 개념이 변화하여, 임상개념→역할수행개념→적응건강개념→행복론적 건강개념으로 향상되어 가는 경향을 볼 수 있다. 앞에서 건강에 대한 정의를 살펴본 결과, 신체적·정신적·사회적으로 양호한 건강상태를 유지하기 위하여 자신의 복지적 측면을 최고의 수준으로 유지하려면 생활양식(life style)의 건강관리와 사회의 건강을 위한 복지정책, 의료시설, 경제 여건을 복합적으로 잘 관리해야만 한다.

② 파스(Parse et al., 1985)
건강에 대한 정의를 세 가지 형태로 설명하고 있다.

- 힘개념(energy conception): 심신의 활력이 되는 힘, 뛰어난 체력, 원기, 생기를 말한다.
- 조화개념(harmony conception): 조화로운 통합성(intergrity), 평화로운 통일성(unity)을 말한다.
- 풍요로움개념(plentitude conception): 삶의 과정에서 이루어지는 성취감, 기쁨을 말한다.

파스는 건강을 안녕의 상태 혹은 질병의 부재가 아니라 하나의 과정으로 보았다. 즉, 건강은 환경과 더불어 보다 큰 복잡성을 향해 변화하는 에너지를 통해 인간이 계속적으로 성장하면서 삶의 주기별로 인지되는 경험을 말한다. 그리고 삶과 건강은 인간의 선택에 대한 실현화라고 말할 수 있다. 다시 말해, 건강은 인간과 환경의 상호관계에 대해 리듬으로 함께 구성하는 과정이기 때문에 건강이 좋다/나쁘다/보통이다와 같은 용어로 평가되는 선상의 실체(liner entity)가 아니라 가치, 즉 살아가며 변화하는 것이다. 이러한 명제 속에서 일상생활에서 경험하는 건강의 구조를 힘, 조화, 풍요로움으로 보았다.

③ 양순옥(1990)
건강에 대한 정의를 세 가지 형태로 설명하고 있다.

- 힘과 원활함 개념: 몸과 마음의 평안, 심신의 활력을 의미한다.
- 조화성개념: 심신의 조화, 가족 간의 화목, 환경과의 조화를 의미한다.

- 신명성개념: 믿음을 말하며, 신이 주시는 것, 믿음으로 뭉쳐 있는 것, 신앙적인 믿음으로 마음의 평안을 찾는 것, 조상에게 물려받는 것 등을 의미한다.

양순옥은 인간을 전인적 존재로서 환경과의 상호작용 속에서 끊임없이 변화하는 존재라고 인식하였다. 따라서 건강의 개념은 인간의 일부분에서 도출하여 유도될 수 없으며, 삶의 질에 대한 기본 요소로서 삶에서 만족을 얻고 선택할 수 있는 기회로 정의할 수 있다. 즉, 건강은 그 대상자에게 그들의 환경을 관리하고 변화시키는 능력을 제공하는 자원이므로 개인, 가족, 지역사회의 입장에서 어떤 의미를 가지는가를 정의할 필요가 있다. 이 이론은 실무에 적용 가능한 지식으로서 신체건강의 개념을 발견한 공헌이 있다.

(2) 정신적 측면

원래 정신건강이라는 용어는 단순히 정신질환이 없는 일반적이고 정상적인 상태를 의미하는 의학적인 개념이었다(이동훈 외, 2013). 정신질환과 정신장애는 비슷하거나 동의어로 많이 쓰이며, 보통 정서적·인지적·행동적으로 장애를 가져오는 정신병이나 신경증을 의미한다. 전통적인 정신건강에 대한 개념은 매우 소극적인 것으로서, 정신건강을 단순히 정신장애나 질환이 없는 상태라고 규정하였다(Antonovsky, 1979).

미국 보건복지부(U.S. Public Health Service, 1999)는 정신건강이란 정신기능을 성공적으로 수행하는 것으로, 그 결과로 생산적 활동, 대인관계의 충족, 그리고 변화와 고난에 적응하고 대처하는 능력이 생기는 것이라고 정의했다. 즉, 정신건강의 개념이 보다 넓은 범위의 다양하면서도 긍정적인 심리적·행동적 특성을 포괄하게 된 것이다. 적극적 의미의 정신건강은 개인이 정신적·신체적으로 행복하고 최대한 번창하고 보람 있는 삶을 누리는 것을 의미한다.

세계보건기구(WHO, 1948)에서도 건강이 단순히 질병이나 취약성이 결여된 상태가 아닌 신체적·정신적·사회적으로 온전한 '안녕한 상태'(well-being)라고 정의하였으나, 2008년에는 정신건강을 단순히 정신질환이 없는 것이 아닌 개인이 자기 자신의 능력을 실현하고 생산적·효과적으로 일할 수 있고, 자신이 속한 지역사회에 기여할 수 있는 안녕감이 높은 상태라고 재정의하면서 정신건강의 개념을 보다 포괄적이고 광범위하게 정의하였다.

결론적으로, 정신적으로 건강하다는 것은 단순히 정신장애나 질환이 없는 상태가 아니라, 심리적·주관적 차원에서 안녕한 상태(well-being)임을 느끼면서 최적의 심리적 기능과 효율성을 발휘할 수 있는 상태라고 할 수 있다(권석만, 2008). 그리고 정신건강은 단순히 정신질환이나 증상이 없는 상태에서 긍정적 정신건강, 안녕이나 번영의 상태로 확장되었다. 또한 정신건강은 주관적 안녕감, 지각된 자기효능감, 자율성, 유능감, 세대 간 의존성, 그리고 자신의 지적·정서적 가능성을 지각하는 능력으로 발전되었다. 즉, 정신건강이 긍정적 정서나 감정(주관적 안녕감, 삶의 만족도, 행복), 긍정적 기능(관여, 충족, 의미감, 사회적 안녕)을 의미하는 것으로 개념화되었다(이동훈 외, 2013).

3) 사회변화와 건강

(1) 산업구조의 재편과 건강

농업중심의 1차 산업은 전 공업화 단계라고도 하며, 주요 생산요소는 토지와 노동력이다. 이에 비해 공업화 단계인 2차 산업은 소품종 대량생산체제를 이루며 급속한 도시화와 산업화를 특징으로 하며, 주요 생산요소는 자본이다. 그리고 탈공업화 단계인 3차 산업은 서비스업의 다변화와 전문화를 특징으로 하며, 주요 생산요소는 지식과 정보이다. 그리고 4차 산업은 인공지능(AI)과 기계학습(ML), 로봇공학, 나노기술, 3D 프린팅과 유전학과 생명공학기술과 같이 이전에는 서로 단절되어 있던 분야가 경계를 넘어 분야 간 융복합을 통해 발전해 나가는 '기술혁신'의 패러다임을 갖는다. 즉, 클라우드 컴퓨팅이나 3D 프린팅, 빅데이터 등 정보통신기술(Information and Communications Technology: ICT)을 통해 생산공정과 제품 간 상호 소통 시스템을 지능적으로 구축함으로써 작업 경쟁력을 향상시키는 특징을 보인다. 구체적으로 우리나라의 주요 산업의 발전 추이

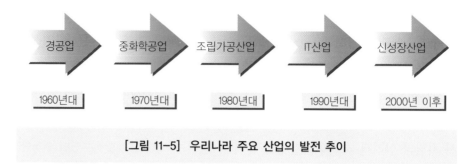

[그림 11-5] 우리나라 주요 산업의 발전 추이

를 보면 [그림 11-5]와 같다.

우리나라는 1970년대를 기점으로 경공업중심에서 중화학공업중심으로 전환되었고, 1980년대에는 기계, 전자와 같은 조립가공 산업의 비중이 크게 증가하였으며, 1990년대 중반부터는 정보통신기술의 발달로 IT 관련 산업이 발전해왔다. 그리고 2000년 이후에도 성장을 이루기 위하여 신성장산업을 중심으로 산업구조의 개편이 추진되고 있다(한국직업능력개발원, 2017). 국내 산업구조의 변화과정을 도표화하면 [그림 11-6]과 같다.

우리나라의 산업구조는 현재 후발 개발도상국의 부상, 제조업의 공동화 및

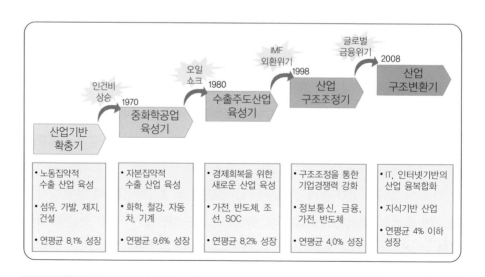

[그림 11-6] 국내 산업구조의 변화과정

탈공업화, 산업 간의 격차 심화, 신성장산업의 출현으로 변화가 불가피해졌다. 신성장산업은 국내 산업에 성장 동력을 제공하고 후발 개발도상국의 추격을 뿌리치기 위하여 반드시 발굴되어야 할 산업으로, 이 발굴은 기존의 전통산업을 바탕으로 하는 국내 산업구조에 혁신을 요구하고 있다(한국직업능력개발원, 2017).

OECD(1997)에서는 지식중심에서 역량중심으로 교육 패러다임의 변화를 예고하였다. 패러다임 변화의 이유로는 지식의 폭발적 증가와 네트워크 컴퓨터의 발달로 실시간으로 지식이 변화하는 것을 들 수 있다. 그리고 평생교육과 평생학습 개념의 도입되고 있다. 따라서 향후 사회구조에 적응하기 위한 핵심역량은 도구의 상호작용적 활용(use tools interactively), 이질적 집단과 상호작용(interact in heterogeneous goups), 자율적 행동(act autonomously)이다.

1983년에는 감정도 시장에서 거래되는 노동의 요소 중 하나로 파악하면서 감정노동이라는 개념이 제시되었다. 혹실드(Hochschild, 2003)는 감정경험의 공간을 사적 영역에서의 사용가치와 관련된 감정 작업과 공적 영역에서의 교환가치로 구분하였다. 사적 영역에서의 감정 관리와는 다른 공적 영역에서의 감정노동은 개인의 감정 관리가 사적 영역을 벗어나 공적 영역에서 임금, 수입 등의 교환가치의 성격을 띠게 되었다.

서비스업이 전체 산업에서 차지하는 비중이 증가하고 상품뿐 아니라 서비스의 질에 대한 시민의 요구가 증가하면서, 넓은 의미의 서비스업에 속해 있는 업체들은 타 업체와 경쟁하기 위해 종업원을 통한 고객 서비스의 개선을 도모하게 되었다. 이로써 근로자는 '단순히 고객에게 친절하고 도움이 되는 행동'을 하는 차원이 아니라 '기업이 요구하는 목표에 따라 자신의 감정을 만들어 내기 위해 관리하는 목적의식적인 감정 활동', 즉 감정노동을 수행하게 되었다. 고객응대 근로자의 감정노동은 소진, 감정고갈과 이직 의사, 직무 불만족, 우울증 등의 부정적인 결과와 관련있다는 점에서 사회적 이슈로 떠올랐다. 유럽의 산업안전보건청에서는 서비스업의 증가와 급격한 성장에 따른 감정적 요구도(emotional demand) 및 폭력과 괴롭힘을 새롭게 등장하는 주목할 만한 사회심리적 위험요인으로 제시하였다(Milczarek et al., 2007).

(2) 인구구조의 변화와 건강

인구 고령화는 생산뿐만 아니라 고용 등 다양한 측면에서 산업별로 다른 영향을 줄 가능성이 높으며, 이는 고령화에 대해 산업별로 차별적인 대응방안을 마련할 필요가 있음을 시사한다. 한국은행(2017)의 분석에 따르면, 향후 우리나라 인구구조의 변화는 총 부가가치(GDP) 및 고용 측면에서 제조업이 차지하는 비중을 줄이고 서비스업의 비중을 늘리는 방향으로 작용할 전망이다.

세부 업종별로 보면 제조업 내에서 섬유·가죽업과 저기술 제조업 부문의 비중이 유의미하게 줄어들고, 서비스업 중 보건·복지업과 사업서비스업이 대폭 상승할 것으로 전망되었다. 전 산업 평균 생산성 대비 각 업종의 상대적인 생산성 변동을 산출해 보면, 인구구조 변화와 더불어 제조업의 상대적 생산성은 하락하지만 서비스업의 상대적 생산성은 상승한다. 그리고 저기술 제조업을 중심으로 한 제조업 부문의 상대적인 생산성 하락은 제품에 대한 수요 및 부가가치가 먼저 감소하고 난 뒤에 고용이 점차 줄어듦에 따라 발생하였을 가능성이 높다. 한편, 공공 행정업, 금융·보험업 등 다수 서비스업종의 상대적인 생산성 상승은 수요 및 부가가치 증가가 있은 후에 고용이 시차를 두고 증가한 데 기인하였을 가능성이 있다. 각 산업의 부가가치에서 순수출이 차지하는 비중의 변화를 보면, 인구 고령화와 더불어 고기술 업종을 중심으로 제조업 전체의 순수출 비중이 상승할 것이다. 이는 제조업 부가가치 창출에서 국내 수요의 기여도가 하락하고 해외 수요의 기여도가 높아짐을 나타낸다. 인구 고령화 등 인구구조 변화에 대응하여 산업구조가 효율적으로 개편되도록 유도할 필요가 있다. 특히 저기술 제조업 부문은 수요가 감소하므로 원활한 구조조정을 지속적으로 추진하며, 보건·복지업, 사업서비스업 등의 경우 수요 증대에 맞추어 공급능력과 경쟁력을 제고해 나가는 것이 바람직하다.

인구 고령화와 더불어 업종별로 노동력이 부족한 부문과 그렇지 않은 부문이 있을 가능성이 크므로, 이를 반영하여 장기 노동수급 계획을 수립할 필요가 있다. 고기술 제조업 부문과 공공행정업, 금융·보험업, 운수·보관업, 사업서비스업 등 상당수 서비스업의 경우 인구구조가 변화하는 과정에서 상품 수요에 비해 고용이 더디게 증가할 가능성이 있으므로 노동공급이 적시에 이루어져야 한다.

반면, 저기술 제조업 등의 경우 고령화로 인한 상품 수요 감소 이후 고용조정이 완만히 이루어질 가능성이 높으므로, 사전에 노동 공급이 적절하게 이루어지도록 유도하는 것이 바람직하다. 고령화가 급속히 진전되면 제조업 부문에서 국내 수요가 크게 감소할 가능성이 크므로 해외시장 개척과 경쟁력 강화 등을 통해 국내 수요의 부진을 보완할 필요가 있다. 다만 향후 인공지능이나 핀테크 등의 발달에 따라 산업별 부가가치 비중 및 고용비중이 크게 변화할 가능성이 있는 만큼 이를 추가로 감안하여 산업구조의 변화를 전망해야 한다(한국은행, 2017).

인구 고령화에 맞물려 인구요인이 의료비 증가에 미치는 영향력을 우려할 수 있다. 그러나 인구 고령화에 대한 맹목적인 우려는 경계해야 할 것이다. 의료비 증가를 야기하는 실질적인 요인을 중점적으로 접근함과 동시에, 지출의 가치를 높이기 위한 전략적인 접근이 요구된다. 그리고 건강한 고령화가 보다 강도 높게 나타날 수 있도록 국민의 건강 향상을 위한 적극적인 제도 개선 역시 필요하다. 동시에 치료 위주에서 예방중심으로 보건의료서비스 제공의 패러다임 전환이 시급하다. 인구 고령화는 미래의 의료체계에 위험 요인으로 인식되고 있다. 그러나 현재 건강한 고령화가 이루어지고 있다는 점은 희망적인 신호로 볼 수 있다. 고령화에 대한 우려를 개선의 기회로 활용한다면, 의료보장제도의 지속 가능성을 도모할 수 있을 것이다(조재영, 2017).

(3) 다문화 사회와 건강

세계화에 따른 국제교류 활성화 및 국제결혼 증가 추세는 현재 우리나라에 크고 작은 변화를 일으키고 있으며, 다양한 외국인이 우리 사회의 주요한 구성원으로 계속 편입되고 있다. 이러한 추세에 따라 급속한 다문화 가정 형성에 의한 다문화 자녀의 확대와 이들의 취학 후 학습 이해력 부족 문제, 다문화 부모의 교육지원문제가 대두되기 시작했다(한국교육개발원, 2013). 일반 가정에 비하여 상대적으로 경제적 상황이 취약하고, 문화적 적응에 있어서도 어려움을 겪고 있는 다문화 학생은 현재 6만여 명으로 추산된다(매일종교신문, 2014).

이들은 발달단계상의 발달과업을 달성해야 하는 동시에, 다문화적 배경에 따른 문화적 정체성의 혼란, 언어소통의 어려움, 부모의 양육결핍, 학습결손, 편견과 차별에 의한 학교 부적응 등의 문제를 해결해야 하는 상황에 놓여 있다(조영달, 2007). 또한 일반 아동에 비해 떨어지는 언어적·문화적 취약성을 고려한다면, 이들 다문화 아동이 미래에 자신에게 맞는 일과 직업을 선택하고 행복한 삶을 영위해 나가는 것은 결코 쉽지 않다. 김민정(2014)은 다문화 아동이 일반 학생에 비해 진로준비 및 선택에 있어서 더 큰 어려움을 겪고 있다고 보고하였다.

현재의 교육체계는 급증하는 다문화 아동을 지원하기에 크게 미흡하고, 이로인해 학업을 중도에 포기하는 학생도 속출하고 있는 실정이다(신영채, 2012). 다문화 아동을 대상으로 하는 진로상담 프로그램을 통해 다문화 아동의 상황, 진로발달 인식 정도, 진로자기결정효능감이 미래 직업에 대한 관심과 욕구 등에 맞추어 전문화되고 차별화된 주제와 내용을 중심으로 체계적인 준비과정이 요구된다는 김영순(2012)의 주장도 주목해 볼 만하다. 특히 류성창(2015)은 다문화 청소년에게 자신의 미래에 대한 고민이 많은 반면, 결정을 어려워하는 무기력 상태의 경향이 높게 나타났다고 하였는데, 이는 앞으로 우리 사회가 해결해야할 과제이다.

2. 생애주기별 건강상담의 주요 이슈

1) 영유아기 건강상담

(1) 영유아 건강의 특징

발달 초기 태아는 거의 일정한 움직임을 보인다. 그러나 태내 발달 후반에 행동이 점차 피질 통제하에 놓이면서 분명한 수면/가성 주기가 형성된다. 태아가 관여하는 많은 움직임은 운동체계 발달에 중요하다. 예를 들어, 출산예정일 혹은 임신의 끝이 가까워지면서 태아 호흡은 점점 더 빈번해지는데, 이는 출생을 준비하기 위한 폐 발달에 중요하다.

감각은 배아기와 기관발생의 끝인 8주와 임신의 마지막 3분기의 시작인 26주 사이에 기능적이 된다. 촉각과 미각, 후각, 전정감각, 청각이 차례로 발달하고, 마지막에 시각이 발달한다.

출생 후 영아기의 지각발달 속도도 놀라운데, 4개월 무렵부터 영아는 대상 영속성과 같은 대상의 움직임을 지배하는 규칙을 인식한다. 그리고 영유아는 애착관계를 형성하고 사회적 상호작용과 의사소통이 시작된다. 한편, 영유아의 자기인식이 점진적으로 발달하여 물질적 세계로부터의 분리감과 타인으로부터의 분리감을 경험하게 된다. 자신이 타인과 다른 생각과 감정이 있다는 것을 인식하고, 자신이 다른 누군가가 되면 어떨지를 상상할 수 있다.

(2) 영유아의 건강문제

태아기에 시각과 청각체계는 임신 동안 병행해서 발달하는데, 자궁에는 패턴화된 빛이 거의 없기 때문이다. 두 체계 간의 중요한 차이는 청각체계에 대한 외부 신호가 태내 학습과 재인 기억을 가능하게 한다는 것이다. 태아가 실제로 출생 전에 어머니의 목소리와 주위 언어를 학습한다는 증거도 있다(Slater & Bremner, 2011). 따라서 시각과 청각체계의 병행발달을 지원하는 것은 중요한 과제라고 하겠다.

영유아기에는 태아의 심리발달에 대한 위험요인에 대해 주의를 기울일 필요가 있다. 염색체 결함과 같은 발생적 요인과 어머니의 알코올 섭취와 같은 환경적 범주가 태아에게 미치는 영향을 파악해야 한다.

한편, 애착은 1차 양육자와의 근접성을 유지하려는 1차적 추동으로서, 애착 안전성과 정서의 발달은 모두 부모 민감성이나 정서적 특성과 밀접하게 관련되어 나타나므로 부모의 양육태도는 영유아기 자녀의 정신건강에 막대한 영향력을 행사한다.

마지막으로, 영유아가 타인과 자신을 비교하는 능력은 자신의 가치에 대한
전반적인 평가인 자존감, 자기효능감과 연결된다. 따라서 이 시기에 양육자인
부모의 양육태도는 자녀의 성격 형성에 중요한 변인으로 작용한다.

2) 아동기 건강상담

(1) 아동기 건강의 특징

아동기의 인지발달은 피아제(Piaget, 1954)에 의해 정리되었다. 이 시기의 특
징은 자아중심적 사고, 유목포함, 보존개념의 이해이다. 아동기의 기억에 대한
개념으로 피암시성, 즉 심문에 대한 반응으로 자신의 기억과 신념을 변화시키는
아동의 경향성을 이 시기의 독특한 특징이라고 할 수 있다.

아동기에는 자기 자신과 타인의 마음에 대한 일상적인 이해가 이루어진다.
즉, 인간의 가장 놀라운 자질 중 하나인 타인과 연결하는 능력을 갖추는 시기
이다. 분명 영아에게도 타인의 마음을 이해하는 초보적인 능력이 있지만, 4세
이후 아동은 보다 급격한 개념적 변화를 경험하게 된다. 신념을 이해하는 아동
의 능력 발달은 아동과 상호작용하는 부모의 유형특성과 같은 사회적 환경과 관
련된 요인의 영향을 받는다. 그러나 아동의 고유한 특성으로 자폐증과 같은 극
단적인 경우에는 발달이 정상에서 벗어난다(Slater & Bremner, 2011).

(2) 아동의 건강문제

아동기는 놀이와 또래관계의 시작이 이루어지는 시기이다. 이 시기의 아동은
대부분 어린이집이나 놀이집단에서 시간을 보낸다. 이 기간 동안 아동은 부모
로부터 독립심을 발달시키며 따라서 또래와 상호작용적으로, 그리고 협동적으
로 놀이하는 사회적 참여에 상당한 진전을 나타낸다. 놀이는 종종 그 자체가 목
적이며 다른 분명한 목적이 없는 행동으로 정의되지만, 놀이는 또래와의 우정을
발달시키고 유지하기, 사회적 · 언어적 · 인지적 기술을 향상시키기, 그리고 운

동발달에 크게 공헌한다.

따라서 이 시기에 또래에 의해 거부된 아동은 종종 공격적이고 비협조적이 며, 일반적으로 사회적 기술이 결여되어 있다. 사회성 형성이 되지 않는 기질적 원인인 자폐증의 경우도 이 시기에 분명한 기능적 손상을 보이며, 부모의 양육 태도 등에서 기인하는 후천적 원인도 아동의 사회성에 영향을 미친다.

또한 아동기의 도덕성 발달도 중요한 사회적 기능을 한다. 콜버그(Kohlberg, 1981)가 제시한 도덕성 발달단계에 따르면, 아동은 1단계인 '선'과 '악'이 강력한 성인에 의해 결정된다고 믿는 타율적 도덕성의 단계나, 2단계인 개인적인 이득 을 위해서 규칙을 따라야 한다고 믿는 도구적 도덕성의 단계에 머문다. 건강한 아동은 1단계를 거쳐 2단계로 발전해 간다.

3) 청소년기 건강상담

(1) 청소년기 건강의 특징

청소년기에는 사고 측면에서 중요하고 기본적인 변화가 일어나며, 이전보다 세련된 사고를 할 수 있다. 상위 수준의 지적 기능인 추론 기술이 발달하고 형식 적 조작이 가능하다. 그러나 청소년은 여전히 사고에서 미숙할 수 있다. 이들은 과학적 조사를 하거나 추상적인 논리적 추론을 하는 것과 같은 세련된 사고방식 을 학습해야 한다. 청소년기 동안 습득된 사고 기술은 보다 복잡하고 다양한 성 인기의 문제를 해결하기 위한 기초가 될 수 있다(Slater & Bremner, 2011).

홀(Hall)은 청소년기를 질풍노도의 시기라고 표현하고 있다. 그는 청소년기 는 조잡한 것과 세련된 것 사이의 거친 전환기로서 상극의 행동 패턴 간의 대 결이 일어난다고 했다. 따라서 청소년기는 '비활성과 흥분 즐거움과 고통, 자신 감과 겸손, 이기심과 이타심, 그리고 사회와 고독 간 충돌의 시기'라고 보았다 (Grinder, 1969에서 재인용).

(2) 청소년의 건강문제

청소년이 성인기로 들어서려면, 자율적이고 정서적으로 조절할 수 있으며, 자아정체감을 갖고, 동성이나 이성 또래와 친밀한 관계를 형성할 수 있어야 한다. 안나 프로이트(A. Freud)는 청소년기를 심각한 심리적 대변동이 일어나는 시기로 묘사하며, 사춘기 시작의 특징을 리비도적 '침입'의 시기라고 했다. 리비도적 힘이 급등하면서, 청소년기에는 본능적 끌어당김이 더 강해지고 자아보존이 위협받을 수 있다. 이런 특징은 전적으로 해결되지 않은 오이디푸스적 갈등을 둘러싼 이슈의 표현이다. 청소년기는 자아가 성숙해야 하고, 더 세련되게 자신을 방어하는 시기이다. 이 시기의 가장 공통적인 방어기제는 금욕주의(원초아에 대한 심각한 부정), 이지화 및 동일시이다(Henrik Peters, 1985에서 재인용). 이러한 사춘기 성격과 행동을 부모와 사회가 알아차려 주는 것이 필요하다.

블로스(Blos, 1972)에 따르면, 부적응은 각 단계의 특징적 발달과제가 완수되지 않을 때 혹은 모두 회피되었을 때 일어난다. 따라서 어떤 발달단계에 핵심적인 심리적 과제를 완수하는 것은 뒤따르는 단계와 연합된 과제를 성공적으로 처리하는 데 결정적이다. 따라서 정상적인 발달단계를 재촉하지 않는 것이 중요하다. 그는 아동기 및 청소년기와 연합된 발달단계에 연장되는 환경적 변화를 추천하면서, 이것이 심리적 건강뿐만 아니라 복잡한 인지적 기능을 위한 능력을 향상시킨다고 주장했다.

4) 초기 성인기 건강상담

(1) 초기 성인기 건강의 특징

초기 성인기는 신체발달이 완성되는 시기이다. 신체적 수행능력은 대체로 19~26세에 정점에 도달한다. 이 시기에는 신체적으로는 가장 건강한 시기이고, 아동기나 중년에 비해 만성적 질병이 가장 적게 보고된다. 그러나 청소년 후기부터 20대 중반까지 흡연, 음주, 약물 사용 경향이 급격히 증가한다. 흔히 청년은 운동, 흡연, 식습관이 자신의 건강과는 관계가 없는 것으로 지각하는 경향이 있다(Weinstein, 1984).

한편, 이 시기에는 이성과의 성관계가 확립된다. 그리고 비율이 높은 것은 아니지만, 동성애가 개인의 성적 지향 중 한 양상으로 확립될 수 있다. 또한 인지 발달 측면에서는 비판적 사고가 발달되는 시기이다(Keating, 1980). 한편, 라부비-비에(Labouvie-Vief, 1986)는 성인기를 자신이 속해 있는 직장이나 사회, 크게는 생태적 맥락 내에서 발생하는 여러 복잡한 문제를 해결하고 적응해 나가야 하는 시기라고 보았다. 따라서 실용적인 필요성과 압박감이 강한 시기라고 할 수 있다. 초기 성인기는 한 사람의 성인으로서 사회적 역할을 시작하는 시기이다. 따라서 직업을 선택하고 결정하는 일은 초기 성인기 발달의 주요 과정이라고 할 수 있다.

(2) 초기 성인기의 건강문제

이 시기 동안의 생활방식이 중년기나 노년기의 건강상태를 결정한다는 사실을 인식하는 사람은 많지 않다. 그러나 실제로 초기 성인기에 흡연과 음주를 통제하는 등의 좋은 생활습관을 형성하는 일은 중년 이후의 건강 유지에 필수적이다. 20세에서 70세 사이의 성인을 대상으로 한 연구에서 초기 성인기 생활방식은 노년기 건강을 결정하는 가장 중요한 요인으로 나타났다(Belloc & Breslow, 1972).

한편, 이 시기 사고의 특징은 다면적 사고가 가능해진다는 것이다(Perry, 1970). 즉, 성인기에 들어서면서 이분법적 사고에서 타인의 관점과 견해의 다양성을 수용할 수 있는 다면적 사고로 대치된다(송명자, 1995). 이러한 다면적 사고를 형성하지 못하면 사회적 역할을 수행하는 올바른 성인으로 성장하지 못할 수 있다.

5) 중년기 건강상담

(1) 중년기 건강의 특징

중년기에는 최초로 쇠퇴의 징후가 나타나며, 개인적인 삶이 위축되고, 다음 세대로의 전수를 생각해야 하는 시기이다. 흔히 일컫는 중년의 위기를 이 시기의 특징이라고 할 수 있다. 그러나 관점에 따라서는 이 시기에는 지금까지 삶의 결실을 거두고 활기와 행복감으로 찬 생의 절정기를 누릴 수도 있다(송명자, 1995).

이 시기에는 신체적 변화로 감각기능이 쇠퇴하고, 건강이 약화되는 경향이 있다. 신체구조 및 기능이 변화한다. 즉, 신장이 줄고, 피부의 탄력이 줄어들면서 주름이 생기며, 흰머리가 생기고, 체중이 늘며, 배가 나온다. 성적 변화도 나타나는데, 여성은 폐경이 되면서 갱년기 증상이 나타난다.

인지기능으로는 기억의 감퇴를 호소한다. 기억정보를 활성화시키는 데 필요한 시간이 이전보다 증가하면서 정보처리 속도가 늦어지는 것을 볼 수 있다. 그러나 전문성을 획득하게 되고, 지혜가 발달하는 시기이기도 하다.

(2) 중년기의 건강문제

중년의 대표적 질환인 심장병, 고혈압과 같은 순환계 질환과 암의 발병률에 대한 관심을 갖게 되는데, 개인의 성격 및 적응 유형이 중년의 질환과 깊은 관련이 있음이 밝혀지고 있다. 테모쇼크와 드레어(Temoshok & Dreher, 1992)는 경쟁적이고 성취지향적이며 적개심이 많은 A유형 성격의 사람과 느긋하고 여유로운 B유형 성격의 사람은 질환 발병률에서 차이가 난다고 하였다. 예를 들어, A유형 성격에서는 각종 스트레스에 대해 심장박동, 호흡, 근육긴장 등의 강한 생리적 반응을 나타내 심장병 발병률이 현저하게 높다.

중년기에 자신의 과업이나 인간관계에 적극적으로 관여하고, 스스로 통제하고 있다고 느끼며, 삶의 과정에서 발생하는 여러 가지 문제와 위기를 위협이 아닌 적극적인 도전으로 받아들이는 사람은 건강을 잘 유지할 수 있다(Irwin & Simons, 1994).

6) 노년기 건강상담

(1) 노년기 건강의 특징

노년기에 들어서면 극히 일부를 제외하고 대부분의 노인은 필연적으로 신체적 · 정신적 기능의 감퇴를 경험하게 된다. 한마디로 노화는 이 시기의 발달을 특징짓는 현상이다. 먼저, 신체적 노화현상으로 신장이 약 2.5cm 줄어들며 등뼈가 굽기도 한다. 팔, 다리, 얼굴 상부의 지방이 감소하고 턱과 몸통의 살은 늘어나 체형이 바뀌게 된다. 피부는 건조해지고 주름이 생기며 자줏빛의 나이반점이 나타난다. 또한 감각기능의 손상이 현저하게 나타난다(송명자, 1995).

인지발달의 양상으로 유동적 지능이 큰 폭으로 감퇴하고, 반응 속도가 둔화한다(Baltes & Willis, 1982). 기억력이 감퇴하기도 한다. 노인성 치매가 나타나는데, 보통 가벼운 망각에서 혼돈, 기억 파괴의 단계를 거친다. 알츠하이머 증후가 전체 치매의 2/3를 차지하기도 한다. 알츠하이머 증후는 단순한 기억 손상이 아니라 정상적인 인지능력의 손상이 오는 특징이 있다.

에릭슨(Erikson, 1964)에 따르면, 노년기는 자아통합의 시기에 해당하며 노쇠와 죽음을 앞두고 자신의 삶을 통합하고 점검해야 하는 시기이다. 노년기 삶의 통정성은 자신의 과거의 모든 과오, 실패, 결점, 절망 등을 인정하고 이를 수용하는 어려운 과업을 통해서 획득할 수 있는 성격특성이다. 노년기의 지혜가 이러한 통합과정에 필요하다.

(2) 노년기 건강문제

노년기에 관심을 가져야 할 현상은 종말적 저하 현상이다. 종말적 저하(terminal drop)는 클리마이어(Kleemeier, 1961)가 제시한 개념으로, 노인의 지능을 일정한 간격을 두고 네 번 반복하여 진단하는 과정에서 네 번째 검사결과가 큰 폭으로 지적 감퇴를 보인 노인들이 검사 후 곧 사망하는 현상을 목격하고 제시한 개념이다. 종말적 저하 현상은 지능뿐 아니라 지각능력, 정신운동 기능, 성격 영역에서도 동일하게 나타난다.

노년기 건강에서 대표적 질환인 치매의 경우, 가족이 해결하도록 방치하는 것이 아니라, 사회적인 지원이 필요하고, 노년기 활동을 줄여 나가거나 개인에게 맞추어 적절히 유지하는 것도 필요하다. 이러한 과정을 거쳐 죽음을 적절히 대비하는 것이 노년기의 중요한 과제라고 할 수 있다.

3. 생애주기별 건강상담의 접근

1) 영유아기 건강상담의 접근

영유아기는 부모-자녀 간의 애착 형성이 주 과제가 되는 시기이다. 영아기 동안의 부모-자녀 상호작용은 아기의 요구에 반응하는 부모의 민감성 정도와 먹이고 재우는 등 아기의 기본 욕구를 충족시키고 돌보는 양육행동이 주가 된다.

영유아기 부모-자녀 상호작용의 적합성 여부를 결정하는 중요한 요인으로서 애정과 통제의 두 차원에 주목할 필요가 있다(Erikson, 1963). 먼저, 영유아기의 건강을 촉진하기 위해서는 부모가 자녀의 존재를 기쁨으로 받아들이는 데서 출발하여, 자녀의 여러 가지 요구를 민감하게 받아들이고, 들어줄 것과 거절할 것을 가려서 신속하게 반응해야 한다.

부모가 자녀에게 애정을 갖는 것과 적절한 통제를 하는 것은 영유아기 건강한 성장에 필수적이다. 따라서 이 시기의 건강상담에서는 부모의 훈육방식을 코칭하고, 올바른 양육태도를 형성하기 위한 부모교육을 실시해야 한다. 여기에 영유아 발달적 특징에 대한 이해도를 높이는 교육도 병행해야 한다.

2) 아동기 건강상담의 접근

영유아기와 마찬가지로 애정과 통제는 아동기의 부모-자녀 상호작용에 있어서도 주축이 되는 자원이다. 부모-자녀 간 상호작용은 애정과 통제의 정도에 따라 그 양상이 달라질 수 있다. 한편, 바움린드(Baumrind, 1967)는 부모양육 유형을 허용적-익애적 부모, 권위주의적 부모, 권위 있는 부모로 나누고, 부모양육 유형별로 각각 충동적이며 공격적인 아동, 갈등이 있으며 초조한 아동, 활기 있고 다정한 아동으로 설명하였다. 아동의 건강한 성장을 위해서는 여전히 부모의 양육태도가 중요하며, 마찬가지로 부모교육도 중요한 영역이다.

어머니의 취업과 아버지 역할의 부재가 아동에 미치는 영향을 파악해야 한다. 어머니의 취업 유무보다 어머니의 취업에 대한 만족도와 자녀에 대한 죄의식 유무가 중요하다. 즉, 취업한 어머니가 자신의 일에 대해 긍지를 가질수록 자녀에게 좋은 역할모델이 된다. 반면, 자신의 일과 가정적 역할 사이에 심리적 갈등을 겪고 있으며, 이로 인해 자녀에 대한 죄의식을 가진 경우 어머니의 취업이 자녀에게 부정적인 영향을 미칠 가능성이 높다(Schultz, 1991). 따라서 아동기 자녀를 둔 어머니의 취업 설계와 일-가정 병행에 대한 바람직한 태도 함양을 돕는 것도 필요하다. 마찬가지로 부친의 양육 참여를 유도하기 위한 사회적 관심과 지원도 필요하다. 아울러 아동기에는 부모뿐 아니라 학교에서의 교사나 또래 관계도 중요한 영역이 되므로, 학교에서의 적응을 위한 다양한 상담이 병행되어야 한다.

3) 청소년기 건강상담의 접근

청소년기는 아동기까지 지속되던 부모에 대한 의존과 동일시로부터 벗어나 자율성과 책임감을 획득해야 하는 시기이다. 흔히 청소년기를 심리적 이유기라고 말하는 것도 이러한 새로운 기능을 획득하는 시기적 특성을 강조한 표현이라고 할 수 있다. 그리고 이 시기에는 부모와의 갈등을 수반하는데, 심한 갈등은 청소년기의 건강한 성장을 저해할 수도 있다. 따라서 이 시기에는 청소년의 자율성을 인정하고 자녀를 존중하는 양육태도가 더욱 중요하며, 새로운 부모 역할에 대한 부모교육이 필요하다.

청소년기에는 교우관계가 큰 의미를 갖게 된다. 이 시기의 교우관계에서는 단순히 놀이친구가 아닌 서로의 내면을 깊이 교류하는 관계를 갖고자 하므로, 올바른 또래관계를 형성할 수 있도록 부모의 세심한 주의가 필요하다. 또 이성관계를 시작하는 시기이므로, 성인기 이성관계를 준비하는 관점에서도 중요한 영역이다. 적절한 이성친구의 선택과 교제 방식에 대한 가이드라인을 형성할 수 있도록 부모교육을 시행하고 청소년 상담의 주제로 삼아야 한다.

또한 청소년기의 문제행동인 학교 중퇴, 음주와 흡연, 약물남용, 성적 남용, 자살, 비만과 거식증, 인터넷 및 스마트폰 중독, 게임 중독 등에 대한 이해와 적절한 상담적 개입이 필요하다.

4) 초기 성인기 건강상담의 접근

초기 성인기에서는 친밀성이 중심문제이다. 특히 애정관계를 안정되게 형성하는 것이 중요하다. 이 시기의 친밀성은 이성관계뿐만 아니라 일반적인 인간관계에 있어서도 중요한 부분이 된다. 화이트 등(White et al., 1987)은 인간관계가 자기 위주 수준에서 역할 위주 수준, 개인적 배려 수준으로 성숙한다고 하였는데, 개인적 배려 수준까지 성숙할 수 있도록 대인관계에 대한 교육과 상담이 필요하다.

이 시기의 중요한 과업은 전 생애 동안 지속할 직업을 선택하고 주어진 과업에 충실히 종사하는 것이다. 애매하고 불확실한 상황에서 스트레스를 받으며 생애과업을 탐색하고 있기 때문에, 특히 청년실업의 시대에서 초기 성인기 건강상담은 진로상담에 집중할 필요가 있다.

5) 중년기 건강상담의 접근

중년기의 신체적 변화를 받아들이는 것은 이 시기를 상실의 위기 국면으로 보내게 될지, 생의 결실을 맺는 시기로 보내게 될지를 결정짓는 중요한 변수가 된다. 이러한 사고, 태도, 삶의 양식 등은 개인의 내재적 특성이 영향을 미치는데, 개인이 몸담고 살아가는 시대의 사회적 풍토가 영향을 미치기도 한다. 따라서 안정되고 건강한 사회적 풍토를 조성하는 것 역시 이 시기를 건강하게 영위하는 데 결정적 단서가 된다.

개인 생활 사건으로는 결혼, 배우자의 죽음, 이직, 사고, 자녀 출산 등을 들 수 있고, 매개변인으로는 신체건강, 지능, 성격, 가족 지지, 경제 수입 등이 있다. 개인 생활 사건이나 매개변인은 임의로 조작할 수 없기 때문에 예방이 최우선이며, 위협변인이 진단되면 대처방략을 활용할 수 있는 것이 중요하다(Santrok, 1995). 이러한 위기관리 능력을 향상시킬 수 있도록 지원하는 것도 필요하다. 특히 신체건강을 유지하기 위한 꾸준한 운동습관을 형성하도록 지원해야 한다.

6) 노년기 건강상담의 접근

노년기의 중요한 과업은 노화를 긍정적으로 받아들이고, 죽음에 대한 관점을 절망의 과정이 아닌 삶의 지혜와 통정성을 향한 영원한 성장의 과정으로 인식하는 것이다. 이러한 노화와 죽음에 대한 긍정적 수용을 지원하는 노년기 상담이 필요하다.

1세기 전까지만 해도 노인은 한 마을의 현인으로 존경받는 존재였다. 그러나 근래에 와서 노인은 신체적으로 쇠약하고, 병들어 추하며, 인지적 기능이 감퇴하고, 사고는 고착되었으며, 지적 학습이 불가능하고, 직업을 감당할 수 없는 존재로 간주되는 측면이 있다(Chinn, 1991). 이러한 노인에 대한 부정적인 시각은 노인 스스로 자신을 무능한 존재로 생각하고 의존적인 삶을 사는 계기가 되고 있다. 반면, 노년기 사회적 복구증후군 관점에서는 사회가 노인을 유능하고 중요한 대상으로 보고, 사회가 노인에게 긍정적 인식을 개발시켜서 적절한 지지체계 안에서 노인의 적응기술을 개선시키면 노인의 건강이 향상될 것이라고 주장하고 있다(Santrock, 1995). 따라서 노인에 대한 부정적 편견을 수정하기 위한 사회적 관심과 노인 스스로의 인식 전환이 필요하다.

4. 건강상담의 전망과 과제

1) 건강상담의 전망

오늘날 현대 산업사회는 급속한 인구의 고령화, 생활양식 및 환경변화 등으로 인해 건강을 저해하는 주요 보건문제가 급성 감염성 질환에서 만성 퇴행성 질환으로 변화하고 있다. 또한 보건의료 환경에서는 노령인구 및 만성질환 유병율 증가에 따른 의료비 부담으로 새로운 보건의료체계의 필요성이 대두되면서, 이에 대한 대책으로 최근 국가보건사업의 방향도 질병치료 위주에서 건강증진 위주로 전환되고 있다(한국건강관리협회, 2006).

최근 건강과 수명에 대한 개인의 관심 및 기대가 증가함에 따라 오랫동안 건강하게 살고 싶은 대다수의 사람이 생활양식을 변화시키고자 노력하였고, 이로인하여 건강상담의 필요성과 역할이 점차 강조되고 있다. 때문에 생애개발 차원에서도 건강상담의 전망은 밝다고 할 수 있다.

2) 건강상담의 과제

건강상담이란 개인의 건강 및 신체기능 향상을 도모하는 것뿐만 아니라 질병발생을 예방하고 진행을 약화시키는 다양한 접근법과 구체적 방법을 의미한다(Donnelly, 2003). 건강상담의 목적은 증상을 호전시키고, 건강상태를 향상시키며, 생활양식과 긍정적 건강행동을 증진시키고, 건강처방에 대한 순응도를 향상시키는 것이다. 바람직한 변화를 유도하기 위해서는 내담자가 상담과정에 충분히 참여하고 협력해야 하며 변화를 방해하는 요인을 파악하여 제거해야 한다.

건강상담에서 처방된 변화의 노력을 시작하기 전에 내원자의 충분한 동기 유발이 필수적이다. 따라서 건강상담에서는 맞춤형 중재와 재발 방지가 강조되고 있다. 건강은 사회적 환경의 영향을 받기 때문에 상담은 개인 차원을 넘어 사회적 측면까지 포함되며, 내담자가 사회적 지지를 받을 수 있도록 돕고, 가능하면 환경적인 스트레스를 감소시키도록 도와야 한다. 결국 건강상담은 개인의 자기관리 능력을 향상시키는 것이다. 따라서 자기관리를 위해서는 건강기술, 생활의 문제를 스스로 해결할 수 있는 능력에 대한 믿음, 그리고 긍정적인 발달을 촉진하는 환경구성이 필요하다(한국건강관리협회, 2006).

제12장
생애개발과 재무상담

| 박성욱 |

세계화, 융합화 등으로 인한 복잡성의 증가 및 4차 산업혁명으로까지 불리는 기술의 발달로 금융시장 환경은 급격히 변화해 가고 있다. 특히 요즘 시대는 그 어느 때보다도 개인의 소득을 증가시키기 위한 재테크에 뜨거운 관심을 가지고 있고, 이에 발맞추어 복잡하고 다양한 금융상품의 출시가 증가하고 있으며, 금융시장 자유화 및 새로운 핀테크, 가상 금융화폐의 등장 등으로 인한 금융 및 세제 관련 제도 역시 빠르게 변화하고 있는 실정이다. 아울러, 개인의 수명 연장으로 100세 시대라는 말이 더 이상 새롭지 않게 되었고, 이에 보다 장기적이고 전생애적인 관점에서 자신의 현재 생활을 잘 영위하고 다가올 미래를 준비하기 위한 재무적 관심과 필요성이 높아진 만큼, 개인이 금융소비자로서 재무 관련 대응력을 키우는 것이 그 어느 때보다 중요해지고 있다고 할 수 있다. 사람들은 한정된 자원을 기반으로 각자가 가지고 있는 다양한 생애상의 재무적 수요(자신의 결혼자금, 주택자금, 부채상환자금, 결혼 후 자녀의 교육자금, 자녀의 결혼자금, 자신의 은퇴 및 노후 생활자금 등)에 대비하려 하며, 동시에 단순히 돈뿐 아니라 행복한 삶의 영위라는 관점에서 대응하려 한다(Bailey & Gustafson, 1991;

Csikszentmihalyi, 1999). 이때 재무 관련 대응능력은 사람들의 생애별 복지 향상 차원에서 중요하지만, 개인이 급변하는 금융환경에 필요한 능력과 경험을 가지고 상황에 적절하게 대처하는 것은 쉬운 일이 아니다. 합리적으로 재무목표를 세우고 상황에 따라 적절하게 대응해 가며 이를 효과적으로 달성해 나갈 수 있는 사람들은 극소수라고 할 수 있을 것이다.

재무상담이란 경제적 의사결정을 현명하게 하도록 도와주는 상담의 한 영역으로 볼 수 있다. 재무상담은 개념적으로 명확한 구분 없이 재무설계, 재무상담, 금융상담, 재무컨설팅 등의 여러 용어가 혼용되어 사용되기도 한다. 일선에서 재무상담이라고 하면 금융상품전문가로부터 목돈마련, 투자, 은퇴 관련 상담을 포함하는 재정적 서비스, 금융상품에 대한 안내 및 부채관리 등 금융 프로그램을 통한 재무계획 수립이나 재무 관련 문제해결 차원으로 이해되기도 한다(윤정혜 외, 2001). 이 중에서 협의의 관점에서 볼 경우, 재무상담이란 재무문제를 갖고 있는 개인이나 가계를 대상으로 현재의 재무문제 해결에 초점을 두는 것이라고도 할 수 있다. 재무상담은 재무상담전문조직이나 기업에서 전문재무상담사에 의해 제공되는 것이 가장 바람직하겠지만, 아직 재무상담에 대한 명확한 개념 및 전문재무상담사에 대한 규정이 미흡한 상황이며 재무상담을 전문적으로 수행하는 조직이나 기업도 찾기 힘들다. 재무상담이 우리나라에 보급된 것은 그리 오래되지 않았고, 재무상담에 관한 실증연구 또한 그리 많지 않은 상황이다. 재무상담과 관련된 기존의 연구는 재무상담의 필요성과 요구분석에 관한 연구, 재무상담의 구체적인 프로그램이나 내용에 관한 연구, 재무상담이나 재무교육이 재무구조나 복지의 하부 요인에 미치는 영향을 살펴본 연구 등이 있으며, 이 또한 비교적 최근에서야 이루어지고 있다(윤정혜 외, 2001). 상담의 관점에서 보면, 돈과 재무적인 사항은 개인의 삶과 생애에서 매우 중요한 이슈임에도 불구하고, 돈과 관련된 이슈를 중심으로 이루어지는 재무상담의 영역은 지금까지 많이 다루어지지 않았다.

이 장에서는 재무상담의 이론 및 영역, 비재무적 재무상담의 접근에 대해 살펴보고, 생애개발상담에서 재무상담의 전망과 과제를 제시하고자 한다.

1. 재무상담이론 및 영역

재무상담이론은 다양한 학문적·이론적 배경을 기반으로 발전되어 왔으며, 경제학, 경영학, 가정경제학, 소비자학, 교육학, 심리학, 상담학, 사회학 등을 포함한 다개념적 체계 및 복합적 특성을 갖는다. 이러한 이론적 배경과 영역은 재무상담이라는 틀에서 기존의 상담이론 및 기법과 통합적으로 활용될 수 있을 것이다.

재무관리란, 재무목표 및 목표 달성을 위한 수행, 수행과정에서의 조정과 통제, 그리고 수행결과 및 목표달성에 대한 평가로 이루어지는 일련의 체계적이고 재귀적인 단계라고 할 수 있다. 재무목표 및 달성계획 수립이란 개인이나 가계의 경제적 안정 및 성장을 위해 필요한 재무자원을 추산하여 현실적이고 성공적인 재무계획을 수립하는 것을 말한다. 이는 개인 및 가계의 재무적 요구를 파악하는 것을 기반으로 이루어져야 한다. 재무목표의 달성은 재무목표의 달성을 위한 실행 및 노력에 의해 이루어진다. 자신에게 맞는 재무목표는 수행에 도움이 되며, 모든 사람이 체계적인 접근방법으로 접근한다면 목표의 달성 정도가 높아진다(김효정, 2000). 이러한 재무목표는 주기적으로 검토되어야 하고, 필요한 경우 조정과 통제를 통해 수정되거나 변경될 수 있어야 한다. 조정과 통제는 재무목표를 달성하기 위한 기법과 전략을 사용함으로써 이루어진다. 예를 들어, 적절한 수준과 범위의 신용대출을 통해 재무적 독립 및 투자 기회의 확대를 도모할 수 있으나, 신용대출이 오히려 재무적 목표달성을 방해하거나 불가능하게 만들 수도 있다(Williams, 1983). 개인은 각자 자신의 재무목표에 도달하기 위하여 책임감을 가지고 노력하되, 스스로의 조정 및 통제 행위가 어려울 경우에는 재무상담전문가나 기관에 이를 위임하는 것도 한 방법이다. 특히 변화나 위기 시에는 경제적 안정과 재무목표 달성을 위해 재무자원의 우선순위와 그 사용이 재평가되어야 하며, 새로운 정보, 자원의 변화, 경제환경의 변화 측면에서 조정이 필요할 수 있다. 만일 기존 재무목표가 더 이상 달성될 수 없거나 부적절한

것이라 평가된다면, 재무목표의 변경, 효율적 · 효과적인 자원 사용, 더 많은 재
정자원이나 다른 자원의 조합을 획득하는 방법 등을 사용하여 개인과 가계의 경
제적 안정과 재무적 독립을 이룰 수 있어야 한다(Fitzsimmons & Williams, 1973).
이러한 평가 및 조정의 재귀적 과정은 최초의 재무목표를 약화시킬 수도 있지
만, 변화에 대응하여 보다 큰 목표를 이루게 할 수도 있다. 이렇듯 재무상담은
변화나 위기를 경험하는 개인 및 가계를 보호하고 그들이 재무적 대안을 만들어
대응할 수 있도록 도와주어야 한다.

선행연구를 살펴보면, 넓은 의미에서의 재무상담은 주로 재무설계, 재무상
담, 재무교육이라는 3개의 관련 영역으로 나누어 접근하고 있다. 먼저, 재무설
계란 중장기 재무목표의 설정 및 달성, 재무상태의 향상, 생애재무설계 서비스
제공 등과 관련된 재무관리 계획을 수립하는 것을 말한다. 다음으로, 재무상담
이란 주로 단기적 재무'문제'를 경험하는 개인에 대한 재무문제 해결 혹은 완화
를 위한 지원을 말하며, 이는 협의의 재무상담이라고 볼 수 있다. 끝으로, 재무
교육이란 재무관리 능력을 향상시키고 재무문제를 예방하는 등의 통합적 재무
관리에 관련된 다양한 교육과정과 연관 지어 생각해 볼 수 있다. 따라서 재무설
계, 재무상담, 재무교육을 모두 포함하는 의미의 재무상담을 '광의'의 재무상담
으로, 재무상담을 '협의'의 재무상담으로 구분하여 생각할 수 있다. 재무상담 영
역을 재무설계, 재무상담, 재무교육을 구분하여 보다 자세히 살펴보면 다음과
같다.

1) 재무설계

재무설계(financial planning)란, 현재 또는 미래의 소득이나 자산 등의 재무자
원을 보존하고 증대시켜 개인 및 가계가 기대하는 생활양식에 적합한 재무목표
를 달성해 가는 전 생애에 걸친 과정이다(이기춘 외, 1998). 일반적으로 재무설계
는 주로 앞으로 다가올 미래에 대한 계획을 말하며, 주로 재무적인 목표를 설정
하는 작업으로부터 시작한다. 재무설계는 비록 당면한 재무문제가 없다고 할지

라도 필요한 작업으로, 재무목표 달성을 통한 재무상태 향상으로 재무적 복지를 실현해 가는 과정이라고 할 수 있다.

2) 재무상담

재무상담(financial counseling)은 재무설계, 재무교육과 구분되는 개념이다. 재무상담이란, 주로 재무 관련 '문제'가 있을 경우 이러한 문제를 다루고 해결하는 데 도움을 주는 작업이라고 할 수 있으며, 이를 협의의 재무상담이라고 생각해볼 수 있다. 이 경우, 재무상담은 주로 재무적 위기해결, 신용 및 부채관리 등의 주제와 관련된다. 재무상담은 주로 내담자의 문제상황이나 문제에 대한 인식으로부터 시작되어 주로 1대1 상담의 형태로 이루어지는 경우가 많다. 이러한 재무상담은 기본적으로 재무문제를 가지고 있는 개인이나 가계를 대상으로 재무문제의 해결에 초점을 두며, 이 경우 재무상담 전문조직이나 기업에서 전문재무상담사에 의해 제공되는 것이 가장 바람직할 것이다. 재무상담이 우리나라에 보급된 것은 그리 오래되지 않았기 때문에 재무상담 영역에 관한 실증연구 역시 그리 많지 않은 상황이다. 기존 재무상담과 관련된 연구들은 재무상담의 필요성과 요구분석, 재무상담의 구체적인 프로그램이나 내용에 관한 연구, 재무상담이나 재무교육이 재무구조나 복지의 하부 요인에 미치는 영향을 살펴본 연구 등이 이루어지고 있다(윤정혜 외, 2001).

3) 재무교육

재무교육(financial education)이란, 교육을 통해 개인의 재무관리 능력을 향상시키는 접근방법으로, 재무문제를 예방하고 통합적인 재무관리가 가능하도록 재무관리역량을 강화시키는 것에 주안점을 둔다. 효과적인 재무교육은 개인의 재무역량을 강화시키고, 개인이 합리적으로 재무자원을 관리할 수 있는 능력을 강화시켜 줌으로써 주어진 상황에서 재무 관련 문제를 해결하고 예방하는 능력을 발달시키는 것이라고 할 수 있다. 재무교육을 통해 재무역량이 강화되면 스스로 자신의 재무문제를 예상하고 해결하거나 필요한 도움이나 지원을 적절하게 구하고 받을 수 있는 역량이 강화됨으로써 재무적 복지를 증진시킬 수 있다. 재무교육의 목표는 재무설계와 재무상담의 목표, 즉 중장기적인 재무목표의 달성과 단기적 재무문제의 해결능력 향상 모두를 포괄한다고 할 수 있다(성영애, 2006).

재무 관련으로 운영되고 있는 미국의 주요 자격으로는, 국제공인재무설계사(Certified Financial Planner: CFP), 국제공인재무분석사(Chartered Financial Analyst: CFA), 국제재무위험관리사(Financial Risk Manager: FRM), 공인은퇴관리사(Certified Retirement Administrator: CRA) 등이 있으며, 재무상담 관련 자격으로는 공인재무상담사(Accredited Financial Counselor: AFC), 부채상담사(Dept Counselor of America: DCA), 공인은퇴상담사(Certified Retirement Counselor: CRC) 등이 있다. 미국에서는 일부 대학의 교과과정에서 재무설계와 상담, 위험관리와 보험설계, 투자설계, 은퇴 및 노후설계 등을 가르치며, 이러한 교과과정과 일부 관련 자격증을 연계하여 과정을 운영하기도 한다. 우리나라에서도 관련 협회를 중심으로 주요 자격제도를 운영하고 있다. 한국증권업협회에서 운영하는 자격으로는 금융자산관리사, 증권투자상담사, 선물거래상담사, 위험관리사, 증권분석사 등이 있고, 그 외에도 손해보험협회에서 운영하는 종합자산관리사, 한국금융연수원의 자산관리사, 신용분석사, 신용위험분석사 등이 있다.

성영애(2006)는 재무교육에 필요한 교과과정이 무엇인지에 대한 연구에서 국제공인재무설계사인 CFP의 교육요건으로 국제기구인 FPSB(Financial Planning Standard Board)가 규정한 교육 영역이 이상적인 재무교육의 주제 영역이라고 하였다. 이 제도에서 CFP의 자격을 갖추기 위해서는 재무설계과정 및 윤리규정, 보험설계, 투자설계, 부동산설계, 세금설계, 은퇴설계와 종업원 복지, 상속설계 등 7개 영역의 교육을 받아야 한다.

4) 재무상담이론 정리

현명한 경제적 의사결정을 도와준다는 측면에서 재무상담의 3개 영역인 재무설계, 재무상담, 재무교육의 역할은 유사하다고도 볼 수 있다. 하지만 일반적으로 재무설계는 재무목표에서 시작하는 반면, 재무상담은 재무문제의 인식 및 평가로부터 시작하며, 재무설계의 목표가 중장기적 재무목표의 달성이라면 재무상담의 목표는 단기적 재무문제의 완화, 해결, 통제라 볼 수 있다. 한편, 재무교육의 목표는 재무설계와 재무상담의 목표, 즉 장기적 재무목표의 달성과 단기적 재무문제의 해결 능력 향상을 모두 포괄한다. 재무설계, 재무상담, 재무교육을 비교 · 정리해 보면 〈표 12-1〉과 같다.

∘∘∘ **표 12-1** 재무설계, 재무상담, 재무교육의 비교

구분	재무설계	재무상담	재무교육
공동목표	개인의 재무적 복지증진		
영역목표	중장기 재무목표의 달성	단기 재무문제의 해결	재무능력 향상, 재무문제 예방
서비스 효과	재무상태 향상	재무문제 완화, 해결, 통제	재무관리 능력 향상
서비스 내용	재무설계 서비스 재무상태 평가 재무목표 설정 행동계획 수립 · 평가 · 조정	재무문제상담, 대안제시 예산상담 채무조정상담 소비태도상담 신용문제해결방안상담	재무관리 교육 서비스 재무설계 및 재무상담 내용이 모두 재무교육 내용이 될 수 있음

출처: 성영애, 양세정, 이희숙, 차경욱, 최현자(2006).

2. 비재무적 재무상담 접근

일반적으로 재무상담의 접근은 주로 개인의 돈, 재정관리 또는 금융상품에

대한 투자라는 관점에서의 접근으로, 재무적 관점에서 재무관리에 대한 지식이나 금융상품에 대한 이해를 필요로 하고 이를 돕는 형식이라고 할 수 있다. 그러나 재무상담 영역에서 발생하는 상황은 행복한 삶의 추구, 혹은 황금만능주의나 무분별한 소비행동 등과 같이 돈에 대한 사람들의 생각, 돈에 대해 가지고 있는 개인의 가치관이나 태도 등 비재무적이고 심리적인 요인의 결과로 인해 나타나는 문제도 적지 않다(Ahuvia, 2008; Bailey & Gustafson, 1991). 사람들이 가지고 있는 돈에 대한 가치관 및 태도는 재무문제상담의 경우뿐 아니라, 미래에 대한 재무목표를 설정하고 계획을 짜는 재무설계상담의 과정에도 영향을 미칠 수 있다. 따라서 돈에 대한 개인의 태도 등에 대한 비재무적이고 심리적인 이해 역시 재무설계 및 재무상담, 재무교육에 있어서 중요하다고 할 수 있다.

돈에 대한 사람들의 가치관 및 태도와 같은 비재무적 심리요인에 관한 연구는 사람들이 왜 돈을 추구하고 돈을 가지고 어떻게 행동하는지, 그리고 인간관계에 어떠한 영향을 미치는지에 대해서 관심을 갖기 시작하면서 진행되었다(Furnham, 1999). 이는 이후에 소비자행동과 재무의 관점으로 확장되었으며, 소비자행동에 관한 연구를 통해 돈에 대한 태도가 개인의 심리변화뿐만 아니라 의사결정, 그에 따른 재무행동에도 중요한 영향을 미친다는 결과가 나오면서 돈에 대한 태도를 연구해야 한다는 중요성이 부각되고 있다(Kahneman et al., 2006; Srivastava & Bartol, 2001). 돈에 대한 국내 연구로는 돈 자체의 개념과 성격, 그리고 돈에 대한 가치관을 이해하는 연구(김정훈, 정혜정, 1996), 집단 간의 돈에 대한 특성 차이를 파악하는 연구(홍은실, 황덕순, 2001)와 돈에 대한 태도가 행동변화에 미치는 영향에 따른 소비자행동 관점 유형의 연구(박정숙, 차경욱, 2003; 홍은실, 2005)와 재무관점 유형의 연구(백은영, 정순희, 1998; 주소현, 김정현, 2011) 등이 있다. 이 중에서 소비자행동 연구는 소비자의 가치관에 따라 달라지는 돈에 대한 태도에 집중했는데, '돈을 감정적 또는 사회적인 표현으로 인식하는 물질 중심적인 사람들이 비합리적인 태도와 물질주의적인 소비태도를 갖고 있다.'와 같은 부정적인 측면에 대해 주로 연구가 진행되었다(김정훈, 이은희, 2002).

돈에 대한 태도 연구에 관한 대표적인 척도로는 돈 태도 척도(Yamauchi &

Templer, 1982), 돈에 대한 신념과 행동 척도(Furnham, 1984), 돈 중요도 척도 (Mitchell & Mickel, 1999), 머니스크립트(Klontz & Kahler, 2008) 등이 있다. 각 척 도 및 척도가 제시하는 하위요인을 살펴보면 다음과 같다.

1) 돈 태도 척도

척도개발의 초기 단계에서는 돈에 대한 심리적 측면에 대해 연구가 진행이 되었으며, 이를 야마구치와 템플러(Yamauchi & Templer, 1982)가 돈 태도 척도 (Money Attitude Scale: MAS)로 정리하였다. MAS는 가장 많이 인용이 되고 있 는 척도로서, 돈에 대한 심리적인 측면으로 힘이나 지휘를 상징하는 권력/지위 (power/prestige) 요인, 미래의 준비 상태를 상징하는 유지/시간(retention/time) 요인, 돈에 대해 불신하는 상태를 나타내는 불신(distrust) 요인, 그리고 돈에 대 해 걱정을 나타내는 걱정(anxiety) 요인과 같이 4개 요인으로 구분하였으며, 총 29개 문항으로 구성되었다.

2) 돈에 대한 신념과 행동 척도

펀햄(Furnham, 1984)은 심리적인 측면만을 강조한 MAS 척도에서 행동적 측 면을 보완한 광범위한 다차원 척도인 돈에 대한 신념과 행동 척도(Money Beliefs and Behaviors Scale: MBBS)를 개발하였다. MBBS는 강박관념(obsession), 권력/ 지출(power/spending), 보유(retention), 안전추구/보수적(security/conservative), 부적절함(inadequate), 노력/능력(effort/ability)의 6개 요인으로 보완하였으며, 총 60개 문항으로 구성하였다. MBBS는 기존의 심리적 측면에서 행동적 측면까지 확장하여, 심리적 차원 외에 돈의 사용과 관련된 행동 특성까지 포함하였다는 점에서 MAS보다 광범위한 측정도구라고 할 수 있다.

3) 돈 중요도 척도

돈 중요도 척도(Money Importance Scale: MIS)는 돈의 가치 중요(value importance of money), 돈에 대한 개인적 관여(personal involvement with money), 재정적 문제에 대해 생각하며 보내는 시간(time spent thinking about financial affairs), 재정적 문제에 대한 지식(knowledge of financial affairs), 재정적 위험에 대한 감수 정도(comfort in taking financial risks), 돈을 다루는 기술(skill at handling money), 돈을 권력과 지위의 원천으로 생각하는 정도(money as a source of power and status) 등의 7개 하위요인을 제시하고 있다. 그러나 이러한 척도는 재무문제 상담 시 비정상적인 재무의사결정이나 재무행동의 원인에 대해 설명하기에는 제한적이었다.

4) 머니스크립트

클론츠(Klontz & Kahler, 2008)는 클론츠-머니스크립트(Klontz-Money Script Inventory: Klontz-MSI) 척도를 통해서 돈 관련 장애를 가졌을 수 있는 고객을 선별하기 위한 척도를 개발하였다. Klontz-MSI 척도는 사람들은 돈에 대한 자신의 대본(머니스크립트)을 미리 설정하고 행동하기 때문에 가지고 있는 신념과 가치관을 검증함으로써 돈에 대한 태도를 파악할 수 있다는 관점에서 개발된 것으로, 돈 문제를 회피하려고 하는 '돈 회피(money avoidance)', 돈을 모으고 싶어 하는 '돈 숭배(money worship)', 다른 사회계층으로부터 자신을 구별하고 싶어 하는 '지위로서의 돈(money status)' 그리고 자신의 돈 관련 일을 사적으로만 다루고 싶어 하며 한편으론 불안해하는 '경계거리로서의 돈(money vigiliance)'의 4개 요인으로 구성되었다. 사람들은 어린 시절에 신념과 가치관이 형성되는데, 이는 인생경험을 통해 강화되고, 가족체계를 통해 세대를 초월해서 무의식적인 행동으로 전해진다. 따라서 돈에 대한 태도는 청소년기에 형성된다고 할 수 있다. 이에 Klontz-MSI 척도를 활용하면 개인이 가지고 있는 가치관을 파악하고 가치관에 따라서 어떠한 특징을 가지고 있는지 파악하는 것이 가능하다.

머니스크립트(Money Script Inventory: MSI)를 통해서는 돈에 집착하거나 타인과의 관계형성을 제한하는 등 재무적 의사결정이나 행동에 특히 부정적인 영향을 미칠 수 있는 돈에 대한 태도를 파악할 수 있으므로, 돈으로 인한 스트레스를 가지고 살아가는 현대인을 대상으로 하여 돈에 대한 태도를 측정하는 데 유효하다고 할 수 있다. 또한 돈에 대한 다양한 부정적인 신념과 태도에 대해 적절한 재무설계, 재무상담, 재무교육으로 대응함으로써 무의식적으로 수용·형성되었던 돈에 대한 부정적인 신념체계를 긍정적인 신념체계로 변화·재형성하는 데도 효과적으로 활용될 수 있다. 부모로 대표되는 가족에게서 배운 돈에 대한 무의식적인 믿음과 가치관은 세대를 넘어 자녀의 내면 깊은 곳에 돈에 대한 신념체계로 나타난다(Klontz et al., 2011)는 점에서 볼 때, MSI는 비재무적이고 심리적인 관점에서의 재무상담에 유용한 도구일 수 있다.

3. 재무상담의 전망과 과제

급변하는 경제환경 속에서 생애단계별 재무상담의 필요성은 매우 높아질 것으로 예측된다. 하지만 현재 재무상담에 관한 연구는 제한적으로 이루어지고 있으며, 재무상담이 제도적으로 정착되지도 않은 상황이다. 상담의 관점에서 재무상담의 전망과 몇 가지 과제를 짚어 보면 다음과 같다.

첫째, 재무상담에 대한 보다 명확한 개념 및 용어의 설정이 필요하다. 현재 재무설계, 재무상담, 금융상담, 재무컨설팅 등의 여러 용어가 혼용되고 있다. 재무상담이라 하면 재무전문가에게 가계의 목적에 맞는 재무설계를 받는 것으로 이해하여 목돈마련, 투자, 은퇴 관련 재정적 서비스, 금융상품에 대한 안내를 받는 상담을 말하기도 하고, 부채관리 등 재무 관련 전문적 관리 및 문제해결을 위한 상담 차원으로 이해하기도 하는 등 일선에서 사용하는 재무상담의 개념에서 재무상담의 3개 영역에 대한 구분이 명확하지 않고, 상황에 따라 일정 부분

3개 영역 모두를 포함하여 쓰이는 경우도 있다. 재무상담에 대한 용어의 개념을 보다 명확히 설정하기 위해 재무상담의 영역목표를 기반으로, 재무설계(재무목표 설정 및 달성)를 재무설계상담으로, 재무상담(재무문제 해결)을 재무문제상담으로 보다 명확히 구분하여 명명하는 것을 고려할 수 있다. 즉, 재무상담의 한 축인 가계나 개인의 예산을 적절하게 수립하고 조정하는 재무설계를 재무설계상담으로, 또 다른 한 축인 부채상담이나 개인파산과 더불어 파산자를 대상으로 한 파산상담 등 당면한 재무문제해결을 위한 재무상담을 재무문제상담으로 구분할 수 있다. 특히 현장에서는 상담이라는 용어를 많이 사용하면서 재무설계상담도 재무상담이라고 하는 경우가 많다. 향후로는 재무상담을 재무설계 서비스를 제공하는 재무설계상담과 재무문제의 해결을 도와주는 재무문제상담으로 명확히 구분하여 개념화하는 것을 고려해 볼 수 있다.

둘째, 제공되는 서비스의 특성에 기반하여 보면, 재무상담의 특성상 금융상품 서비스나 정보제공 등이 필요한 정보제공적 재무상담이 필요한 경우도 있지만, 돈에 대한 개인의 가치관, 태도, 유형 등을 포괄하는 정보제공 이외의 비재무적이고 심리상담적인 재무상담의 필요성도 증가할 것으로 생각된다. 현장에서는 정보제공적 재무상담과 심리상담적 비재무적 재무상담이 명확한 구분없이 통상적으로 재무상담이라고 불리고 있다. 재무상담의 영역과 서비스 특성에 따라 비재무적 재무상담의 영역이 구분되면 기존의 재무설계, 재무상담, 재무교육과 연계되어 더욱 다양하고 의미 있는 서비스를 제공할 수 있는 계기가 될 수 있다. 또한 이미 연구에 활용되고 있는 다양한 척도도 심리상담적인 특성을 가진 비재무적 재무상담에 활용될 수 있을 것이다.

셋째, 재무상담 대상의 생애주기별 특성과 필요에 맞춘 재무상담이 필요하다. 재무상담의 핵심은 결국 내담자가 적절한 해결방안을 모색할 수 있도록 도와주는 것이다. 이를 위해서는 상담의 내용이 내담자의 특성과 필요에 맞게 충실하게 이루어져야 하며, 내담자의 재무 관련 문제 및 필요는 개인의 생애주기별로 다를 것이다. 따라서 개인의 특성에 따라 재무상담의 내용도 달라질 수 있어야 한다. 단순한 정보제공과 금융상품에 대한 소개가 더 효과적인 경우도 있을 수도 있고, 심리적 상담 및 조언이 더 적합한 경우도 있다. 상담방식도 내담자의 성향이나 특성에 따라 달라져야 한다. 이를 위한 이론적 모형과 생애주기별 내담자 특성과 필요에 따른 차별화된 재무상담의 절차와 다양한 운영방법, 이의 효과에 대한 연구와 검증작업이 필요하다. 이를 위해서는 기본적으로 재무 관련 행태에 대한 다양한 자료가 축적되고 모형화되어야 한다. 소비, 소득, 자산, 부채에 관련된 행동에 대한 연구는 재무상담의 가장 기본이 되는 연구이다(허경옥 외, 1997).

넷째, 재무상담의 운영면에서 보면, 재무상담은 독립적인 재무상담기관, 상담소, 심리상담전문가, 재무/금융상품 전문가 혹은 기업과 연계하여 운영될 수도 있다. 미국의 경우, 부채상담 시 기업과 부채상담자 간의 연계가 제도화되어 있어 실제로 효과를 보고 있다. 기업은 부실부채를 예방할 수 있고, 개인의 경우 효과적으로 부채를 갚아 나갈 수 있다는 장점을 갖기 때문이다. 또한 미국에서는 보다 많은 대상이 저렴한 비용으로 재무상담의 혜택을 받으면서 비용을 충당할 수 있도록 정부에서 이를 보조하기도 한다. 그 외에도 재무상담을 통해 구성원의 재무문제를 해결함으로써 업무현장에서의 생산성과 몰입도를 높일 수 있다면, 사원복지정책의 일환으로 재무상담을 실시할 수도 있을 것이다(장재윤, 2002).

다섯째, 전문재무상담자의 양성과 관련한 부분이다. 재무상담자는 인내심이나 공감능력 같은 인간적인 능력과 더불어 재무적 이해와 경험을 갖춘 전문적인 능력이 요구된다. 성공적으로 재무상담을 이끌기 위해서는 심리상담과 더불어 금융상품에 대한 이해 및 이러한 정보제공, 조언 등의 비중이 문제 상황 및 내담자의 특성과 필요에 맞추어 제공되어야 한다. 따라서 재무상담 관련한 전문지식을 갖춘 담당자의 양성 혹은 재무전문가들에 대한 심리적 상담교육이 필요하다. 미국의 경우, 재무설계사와 달리 재무상담사(accredited financial counselor)나 부채상담사(credit counselor) 등이 제도화되어 재무문제상담의 역할을 맡고 있으나, 우리나라의 경우 전문적인 재무상담자격 인증제도가 아직 없다. 따라서 전문적인 능력을 갖춘 재무상담자가 갖추어야 할 상담지식과 상담역량을 키울 수 있는 재무상담자 육성 프로그램의 개발이 필요하다.

제13장
생애개발과 영성상담

| 박승민 |

> 만약 누군가가 아우슈비츠에서 바이에른 수용소로 향하던 길목에서 우리를
> 보았다면 우리의 표정이 삶의 자유와 희망을 포기한 사람의 그것이라곤 믿지 못
> 했을 것이다. 그 당시 우리는 수송차량의 창문 빗살 틈으로 잘츠부르크산맥 꼭
> 대기에서 반짝이는 저녁노을을 바라보고 있었다. 처참한 상황에도 불구하고 어
> 쩌면 그 상황 덕분에 더욱 우리는 그날 자연의 아름다움에 완전히 도취되었고
> 한동안 그 광경을 그리워했다.
>
> $\qquad\qquad\qquad$ -『죽음의 수용소에서』(Frankl, 1984) 중에서

이 인용문은 의미치료(Logotherapy)의 창시자 프랭클(Frankl)이 죽음의 수용
소인 아우슈비츠에서 언제 죽을지 모르는 절망과 고통 가운데 경험하였던 것을
고백한 에피소드 중 하나이다. 그 절체절명의 상황에서도 프랭클은 어떻게 일
순간 저녁노을의 아름다움에 도취될 수 있었을까? 아마도 그 순간 프랭클이 경
험한 저녁노을은 수용소에 갇혀 죽음을 기다리는 사람이 본 객체로서의 자연현
상이 아니라 자신과 혼연일체가 된 존재로서 만끽한 자연이었기 때문일지도 모

른다. 혹은 프랭클이 철학자 니체(Nietzsche)의 말을 인용하여 "살아야 할 이유를 가진 사람은 어떻게든 살아낸다."라고 언급한 것처럼, 아마 그 순간만큼은 죽음의 공포로부터 초월하여 자연의 아름다움을 계속 누리며 살고자 하는 자신을 경험하였을 수도 있다. 인간이 의미추구의 의지(the will to meaning)를 가졌다는 그의 핵심적 인간관은 인간이 현재 현실에서 겪고 있는 바를 초월하여 보다 높은 존재론적 목적을 가지고 그 목적을 추구하는 존재라는 점을 보여 주고 있다.

삶 속에서 현실적으로 생각하고 느끼고 행동하는 것을 넘어서서 보다 객관적인 관점 그리고 한 차원 더 높은 관점에서 바라보고 그 이유와 의미를 찾는 것은 상담에서도 매우 중요하게 여기는 점이며, 궁극적 목표로 삼는 부분이기도 하다. 특히 자기를 초월하여 절대자 또는 우주적 존재로서의 자신과 만나는 경험은 현실에서의 삶의 역경과 고통에 얽매이는 것에서 나아가, 그 의미를 보다 넓고 깊은 의미로 새롭게 해석하게 해 주고, 인식의 확장을 가져올 뿐만 아니라, 정서적 위안과 평안감을 갖도록 변화하게 하는 데 큰 역할을 한다.

그간 정신분석이론을 비롯한 상당수의 상담 및 심리치료 이론은 내담자들이 호소하는 현실의 어려움 또는 증상의 원인을 분석하고 그 원인을 집중적으로 공략하는 데 초점을 두어 온 것이 사실이다. 이러한 관점으로부터 서서히 변화가 일어난 것은 1998년 이후 2000년대에 들어서면서 미하이 칙센트미하이(Mihaly Csikszentmihalyi)와 크리스토퍼 피터슨(Christopher Peterson) 그리고 마틴 셀리그먼(Martin Seligman) 등이 주축이 되어 태동시킨 긍정심리학의 발전과 더불어 시작되었다. 이들은 인간의 행복이란 한 개인의 삶이 갖는 의미를 찾고, 삶 속에서의 문제와 어려움에도 불구하고 잘 기능하고 있는 부분이 무엇인지를 발견함으로써 보다 긍정적인 문제해결에의 관점으로 인식의 변환을 꾀하는 것임을 강조한다. 그리고 그렇게 가도록 하는 데 매우 중요한 덕목 중 하나로 영성을 들고 있다.

긍정심리학에서는 영성은 문제와 역경을 극복하고 행복한 삶을 영위하기 위한 중요한 덕목 중 하나로 간주하며, 현재 겪고 있는 삶의 경험이 갖는 의미가 무엇인지를 한 차원 더 높고 넓은 관점에서 바라보고 극복할 수 있도록 인식의 범주를 확장하는 작업과도 통한다. 뿐만 아니라 영성은 매슬로(Maslow)가 말한 바와 같이, 인간이 궁극적으로 성장하고 자아실현을 이루어 가는 데 필수적이다. 사실 종교의 영역에서는 인간이 갖고 있는 보편적이고도 궁극적인 속성이자 관심사로서 영성을 다루어 왔다. 특히 기독교에서는 초대교회 시대부터 교부들에 의해 형성되기 시작한 신학의 주요 주제 중 하나로서 영성에 대한 논의가 이루어져 왔다. 인간은 창조주의 형상대로 영·혼·육이 전인적으로 통합된 존재로서 초월성을 지니고 있기 때문에, 현재의 삶을 영위해 나가는 데 있어서 영성은 필수적이고도 중요한 부분으로 인식되어 왔다. 실제로 종교생활에서 영적 돌봄은 건강한 영성을 지닌 인간으로서 살아가도록 하는 데 핵심적인 부분이기도 하다.

이처럼 주로 종교의 영역 안에서 다루어져 오던 영성은 이제 상담학 분야에서도 중요한 주제로 인식되고 있다. 실제로 그동안의 심리학 연구에서는 주로 관찰가능한 대상만을 주된 연구의 관심사로 두어 왔기 때문에, 영성은 과학적 방법에 의해 연구될 수 없는 주제로 인식되기도 하였다. 그러나 긍정심리학의 발전 및 종교심리학 분야에서도 영성에 대한 관심이 증대되면서 최근에는 영성에 대한 심리학적 연구에 대한 논의 또한 활발하게 이루어지고 있다. 미국심리학회(APA)에서도 36분과인 '종교와 영성 심리학회(Society for the Psychology of Religion and Spirituality)'가 영성을 주제로 한 심리학적 연구에 관심을 가지고 전문학술지인 『Psychology of Religion and Spirituality』를 발간하는 등 활발하게 활동하고 있다.

상담 영역에서도 영성과 관련된 여러 요소, 즉 삶의 의미, 안녕감, 행복 등과 더불어 영성을 증진시킬 수 있는 활동과 상담적 개입 방안에 대한 연구가 점차 증대되고 있다. 생애개발상담의 주요 초점이 전 생애에 걸쳐 행복을 추구하고 보다 나은 삶을 영위할 수 있도록 조력하는 데 있음을 전제로 할 때, 영성은 생애개발상담에 있어서 매우 중요한 주제라 할 수 있을 것이다. 이에 이 장에서는 영성에 대한 개념과 더불어, 영성연구의 주요 주제, 그리고 사례를 통하여 생애

개발상담에서 영적 돌봄 또는 건강한 영성발달을 돕는 방안에 대해 살펴보고자
한다.

1. 영성 개념에 대한 이해

1) 종교적 관점에서 본 영성

영성에 대한 정의는 시대적 배경과 종교적 관점에 따라 다양하다. 종교가 가
진 공통점이라면 신이나 절대자를 통해 삶의 궁극적인 의미를 추구하는 데 목
적이 있고, 이를 위한 원리와 가치를 강조한다는 점일 것이다(싱크, 서미, 김동현,
2014, p. 175). 영성에 대해 관심을 가지고 연구하는 심리학자들은 영성이 꼭 종
교와 동의어로만 이해되는 것이 아닌, 한 사람의 삶의 의미와 가치, 신념을 포괄
적으로 반영하는 개념이라고 이해한다. 하지만 어떤 사회든지 그 사회의 구성
원들은 오랫동안 영향을 끼쳐 온 전통적 도덕관념과 사회적 가치를 가지고 있으
며, 그것은 종교와 밀접한 관련을 갖는다. 특히 다문화상담에서 영성이나 종교
는 내담자의 자아정체성, 사회적 정체성과 같은 다양한 정체성과 중복되거나 상
호작용할 수 있기 때문에 그 특징을 반드시 고려해야 한다(Robinson & Howard-
Hamilton, 2000: 싱크 외, 2014, p. 175에서 재인용). 우리나라 역시 이미 다문화 사
회로 진입하였기 때문에 다양한 문화적 배경을 가진 내담자들을 상담할 때 내
담자가 속한 문화나 종교, 영적 신념에 대한 기본적인 지식을 가지는 것이 중요
하다(Sue & Sue, 2012). 이에 이 절에서는 세계 3대 종교로 일컬어지는 기독교와
불교, 이슬람교를 중심으로 각 종교의 관점에서 본 영성에 대해 간략히 살펴보
기로 한다. 기독교 관점에서의 영성은 관련 저서 및 논문을 주요 자료원으로 활
용하였으며, 불교 및 이슬람교 관점에서의 영성은 싱크 등(2014)의 저서 등에서
정리된 내용을 요약하였음을 밝힌다.

(1) 영성에 대한 기독교적 관점

신승환(2008)이 기존의 문헌과 해석을 토대로 정리한 영성의 정의를 보면, 영성(spiritualitas)이라는 말은 일차적으로 기독교적 전통에서 형성된 것으로 알려져 있다. 어원적으로는 '영(spiritus)'이나 '정신(pneuma)'의 신령스러운 품성이나 성질에서 유래한다. 여기서 영성은 1차적으로 종교적 관점에서 기독교인의 다양한 측면을 지칭하거나 철학적으로 물질적·육체적인 것과 대비되는 비물질적 본질, 그 존재 양식이나 인식 양식을 가리킨다.

천주교 전승에서의 영성은 기도, 묵상, 고백, 금욕적 실천 등을 말하는 영적 훈련을 의미하는 데 비해, 개신교 전승에서는 의롭게 됨과 화해를 통하여 얻어지는 내적 경험에 기초하여 나타나는 윤리나 일상적인 새로운 삶의 모습을 의미한다(Barton, 1992). 다시 말해, 천주교에서의 영성이 주로 구체적인 영적 훈련과정을 강조한다면, 개신교에서는 창조주의 새로운 피조물이 되어서 사는 새 삶에 초점을 맞추고 있다. 그러나 이러한 일반적인 정의에도 불구하고 영성의 실제적인 뜻은 다분히 이원론적으로 이해되어 왔다. 영성이란 말 자체가 초월적 개념이며 삶이나 사회, 더 나아가 이 세상과는 무관한 또 다른 세계에 대한 것으로 인식되어야 한다는 것이다.

김미경(2008)은 영성이 다양한 영역에서 사용되는 용어라는 점에 동의하면서, 개신교 입장에서 보는 영성에 대한 그간의 정의를 요약·정리하였다. 영성은 하나님과의 진실된 관계의 경험을 전제로 하는 개념으로, 몸(body) 또는 물질(material)과 구분되는 그 밖의 모든 것을 총칭하는 용어로 사용되기도 하였고, 또는 경건(piety), 금욕주의, 신비적 체험 등이 영성과 동의어로 사용되기도 한다고 보았다. 또한 롱(Long, 2000)의 정의를 예시로 들면서, 영성을 '초월과 연관된 이해나 경험의 형태'로 정의하였다. 즉, 영성은 인간 세계의 한계를 넘는 현상을 총칭하는 용어로 그 의미를 정의할 수 있다는 것이다.

정신과 의사이자 기독교 세계관에 기반한 심리치료를 강조하는 최영민(2001)도 기독교 상담에서 보는 영성을 하나님과 인간의 관계에 입각하여 설명하고 있다. 그에 따르면, 인간은 영적인 존재이며 하나님과의 관계 안에서 살아갈 수 있을 때 진정 건강한 삶을 영위할 수 있다. 따라서 하나님을 믿는 신앙은 인간 심성의 본질적인 본성이며, 신앙이 내담자의 문제와 고통에 본질적으로 중요한 역할을 한다고 생각한다. 때문에 내담자의 문제를 다룰 때 신앙을 심리의 2차적인 파생물로 생각하는 것은 인간의 존재론적 본질에 대해 간과한 채로 접근하는 것이 될 수 있기 때문에, 내담자를 상담하기 전 평가를 하는 데 있어서도 신앙에 대한 탐색을 중요하게 생각하고 세밀하게 평가해야 한다는 점을 강조한다.

이처럼 기독교적 관점에서의 영성의 정의를 종합하면, 바턴(Barton, 1992)이 내린 정의대로, '신에 대한 현존을 인식하고, 그 신의 현존의 빛 가운데에서 살아가는 상태'라고 볼 수 있다. 다시 말해, 영성에 대한 가톨릭의 초점, 즉 기도, 금욕, 수도원적 훈련 및 신비체험과 개신교에서의 초점, 즉 신과의 관계 가운데에서 새롭고 바른 가치기준에 의한 삶을 사는 것, 이 두 가지가 조화를 이룬 개념으로 이해할 수 있다. 윌리엄(William, 1950)이 정리한 기독교 영성은 그 의미가 보다 압축적으로 요약되어 있다. 기독교 영성이란 하나님을 자신의 주님으로 받아들임으로써 가능해지는 하나님과의 깊은 관계를 말한다. 기독교인은 하나님과의 깊고 밀접한 관계를 통해 하나님의 뜻과 성품을 따르게 되면서 온전히 영적으로 성장할 수 있다고 믿는다. 기독교에서는 변화된 행동보다 변화된 마음을 중시하지만, 변화된 마음은 변화된 행동을 이끌어 낼 수 있어야 하기 때문에, 진정한 기독교적 영성을 체험하는 데 있어서는 인간성품의 변화와 행동의 윤리적 변화가 수반되어야 한다(William, 1950: 싱크 외, 2014, p. 176에서 재인용).

(2) 영성에 대한 불교적 관점

불교는 고타마 싯다르타(Gautama Siddhartha)에 의해 2,500년 전에 정립된 것으로 추정되며, 부처(산스크리트어로는 'Buddha'이며, '깨우친 사람'이라는 뜻)의 가르침을 핵심으로 하는 종교이다. 부처의 가르침에 따르면, 누구나 부처가 될 수 있고 어디나 밝고 깨끗하고 평등하며 자유롭고 평화로운 세상이 되게 할 수 있다는 진리를 가르쳐서 모든 중생이 부처가 되도록 하는 데 있다(한재희, 2010). 불교에서는 누구나 부처가 될 수 있는 마음밭을 가지고 있으며, 이 마음은 자아의 집착을 없애는 것과 관련이 깊다고 본다. 따라서 명상훈련을 통해 자기발견이나 자기이해를 촉진하는 것을 강조한다. 이렇게 명상 등의 훈련을 통해 깊은 깨우침에 이르는 것이 불교 영성의 본질이며, 이는 불교에서 말하는 사성제로 설명된다. 사성제의 가르침은 불교의 궁극적 목적인 고통에서의 해탈과 열반(Nirvana), 즉 고통을 끝내고 평온함과 자유로움을 얻는 상태로 가는 것과 관련된 교리이다. 구체적으로는 인생의 고통의 실상(고제)과 그 원인에 대한 규명(집제), 그리고 고통이 소멸된 열반의 상태(멸제)와 열반에 이르는 길(도제)을 제시해 준다.

불교에서는 해탈에 이르는 길로 가는 데 있어서 갖가지 번뇌를 멸하기 위한 여덟 가지 수행 방법인 팔정도(the Eightfold Path)를 강조한다. 이 중에는 마음챙김(mindfulness)과 깊은 명상, 그리고 신념이나 믿음을 바꾸는 것이 포함된다. 불교 수행의 종착역인 열반은 불안도, 긴장도, 심리적 고통도 없는 평화롭고 평온한 상태이다. 즉, 자아중심적인 자아를 벗어나 심리적·영적으로 완벽한 상태로서 자신의 진정한 영성을 깨닫는 상태를 말한다. 진정한 나를 찾고 걱정이 없는 상태인 열반과 부처의 정신상태는 깊은 자기통찰을 포함한다(Nanamoli, 1975: 싱크 외, 2014, p. 182에서 재인용). 이러한 불교의 수행방법은 현대의 상담전문가들이 사용하는 상담기술과 유사한 바가 많다는 점에서 서구 심리학에서 흥미로운 주제로 여겨졌다. 예를 들면, 체계적 둔감법, 홍수법, 비합리적 신념 수정, 생각 멈추기, 자기점검, 상상기법은 불교에서 승려들이 수행하는 방법과 유사한 점이 많다(Hanna & Green, 2004: 싱크 외, 2014, p. 182에서 재인용).

(3) 영성에 대한 이슬람교의 관점

이슬람교는 아라비아반도(현 사우디아라비아) 중부에서 예언자 마호메트(Mahomet)에 의해 서기 610년에서 632년에 만들어진 종교이다. 이슬람이라는 말의 의미는 '굴복(surrender)'을 의미하지만(Armstrong, 2000), 종교적 의미에서는 '알라('신'이라는 뜻의 아랍어)의 의지에 대한 복종'이라는 뜻으로 해석할 수 있다. 알라의 의지에 복종한다는 것은 오로지 알라의 뜻으로 세상 모든 일이 일

어나고 있다는 사실을 인정하고 받아들이는 것을 의미한다. 따라서 이슬람교도
는 이러한 알라의 의지와 뜻에 복종하고 받아들이는 사람들이라고 할 수 있다.
이슬람교도들은 알라가 세계의 중심에 있으며, 평화는 알라의 의지에 복종함
으로써 이루어진다고 믿는다(싱크 외, 2014, p. 183). 마호메트의 가르침은 코란
(Koran 또는 Qu'ran)이라는 이슬람교 경전에 기록되어 있다. 이슬람 문화를 이해
하는 데 있어 가장 중요한 것은 코란을 어떻게 이해하고 받아들이며 행동하는지
에 대해 아는 것이다(Mattson, 2003: 싱크 외, 2014, p. 183에서 재인용). 코란에 따
르면, 자기 자신과 자부심을 버리고 신에게 복종하며 가난한 사람과 나눔으로써
깊은 영성에 도달할 수 있으며, 코란의 가르침에 따라 사회를 이슬람교 영성을
지향하는 곳으로 발달시키는 것이 가치 있는 일이라고 여긴다.

오늘날 전 세계적으로 파괴와 전쟁을 일으키고 있는 탈레반 등과 같은 극단
주의 집단을 제외하고, 온건한 이슬람교 신자들은 이슬람교에서 강조하는 본
연의 영적 가치를 따르는 것을 추구한다. 예컨대, 자만심, 자랑, 중상모략, 비
방, 살인, 도둑질, 간통, 탐욕, 약자나 가난한 사람에 대한 억압, 가족 학대, 부모
에 대한 불효와 같은 행동을 금하고, 자비로운 행동을 하며 이슬람교의 법을 따
르고, 코란의 가르침을 따르는 행동을 함으로써 행복한 삶을 보상받을 수 있다
고 믿는다. 특히 이슬람교 종파 중 수피교(Sufi)는 깊은 영성의 세계를 추구하며
신과의 직접적인 교감을 강조한다는 면에서 기독교와도 상당 부분 유사한 점이
있다(Happold, 1967). 이러한 점은 이슬람교도를 상담하는 데 있어 유용한 지식
이 될 수 있다.

2) 철학적 관점에서의 영성의 개념

(1) 키르케고르의 실존주의 철학 관점에서 보는 영성

이 장의 도입부에 소개한 실존주의 심리치료의 선구자인 빅터 프랭클은 현
재 경험하는 불안과 고통보다 인생의 의미와 목적이 지니는 궁극적 중요성을 깨
닫는 것이 치료의 근본이 된다는 신념을 가지고 심리치료 이론을 구성하였다.

그의 이러한 접근에는 실존주의 철학이 큰 영향을 끼친 것으로 알려져 있다(권석만, 2012). 프랭클과 더불어 실존주의 심리치료의 거장 중 한 사람인 롤로 메이(Rollo May) 역시 자신의 심리치료 이론을 구성하는 데 실존주의 철학의 영향을 많이 받았으며, 특히 키르케고르(Kierkegaard)의 영향을 많이 받았다. 메이는 1950년에 발간한 첫 저서 『불안의 의미(The meaning of anxiety)』(May, 1950)에서 '불안은 자유의 어지러움'이라는 키르케고르의 유명한 말을 인용할 정도로 불안, 특히 실존적 불안을 인간이 가지고 있는 중요한 문제로 보았다. 이 불안은 개인이 자기 존재에 핵심적으로 중요하다고 여기는 가치가 위협받을 때 촉발되는 두려움이다. 이러한 존재론적인 불안에 대해 키르케고르는 인간이라고 하는 존재 자체가 자신을 초월하여 신과의 관계성을 지닌 본질적 속성을 지니고 있기 때문에 필연적으로 경험하는 불안이라고 보았다(Loder & Neidhardt, 1992). 즉, 인간이 절망과 불안을 느끼고 있다는 것 자체가 신과의 관계에 왜곡이 일어나고 있음을 보여 주는 증거라는 것이다. 이에 유신론적 실존주의의 관점에 한정한다는 것을 전제로 하여, 먼저 키르케고르의 견해를 중심으로 영성의 의미를 고찰하기로 한다. 그리고 나서 최근 철학 분야에서 논의되고 있는 영성 개념에 대해 살펴본다.

키르케고르에 따르면, 사람은 영이고 이 영은 곧 자기(the self)이다. 그리고 자기는 관계(relation), 즉 자기 자신에 자기를 연결시키는 관계성의 존재라고 보았다(Kierkegaard, 2009). 또 인간의 자아는 '영'으로서 영의 근원 되신 하나님의 속성을 지니고 있는 동시에, 물질세계의 속성을 지니고 있는 존재라고 보았다. 이처럼 키르케고르가 정의하는 인간의 존재론적 속성은 유한과 무한, 필연성과 가능성, 육체와 영혼을 함께 소유하고 있다. 동시에 이 두 축 사이에 역동적 균형을 유지해 나가도록 창조되었으며, 이러한 양극적 관계성을 가지고 있기 때문에 인간은 끊임없이 진정한 자기 자신이 되기 위한 노력을 경주할 수 있는 것이다.

여기에서 인간이 자기와 자기와의 관계, 또 자기를 초월하여 신과의 관계를 연결시키고자 하는 속성을 지녔다는 부분은 이 장에서 논의하는 영성의 정의와 연결된다. 즉, 키르케고르가 말하는 영성의 의미는 인간의 자아가 이루어가는 가능성(무한)과 필연성(유한), 양극의 관계적 연합을 말하며, 유한한 존재인 인간이 무한한 존재인 신과 관계적 연합을 추구해 가려는 노력이기도 하다. 그러나 이러한 관계에서 왜곡이 일어날 때 거기에서 다양한 두려움과 절망이 생겨난다고 키르케고르는 역설한다. 여기에서 말하는 왜곡은 양극의 관계적 연합이 깨어져서 한 극이 다른 극을 일방적으로 압도하는 것을 의미한다. 즉, 인간의 관계의 양극성과 상호성의 전체적인 상호작용에 왜곡이 생길 때 인간은 두려움과 절망을 느끼게 된다는 것이다.

그렇다면 인간은 어떻게 절망에서 벗어날 수 있는가? 키르케고르는 인간 자신이 자기 외부에 존재하는 존재의 근거, 즉 절대자와의 관계 속에 있다는 점을 발견하고, 인간의 자기 관계성이 그러한 근거 위에 다시 서게 될 때 비로소 절망에서 벗어날 수 있다고 보았다. 이것은 곧 자신을 세워 주는 힘, 즉 성령의 능력 안에 자신이 '투명하게(transparently)' 기초될 때 비로소 절망에서 벗어나 진정한 자기가 될 수 있다는 것이다. 여기에서 투명하게 기초한다는 것은 존재의 근거 되신 하나님과의 온전한 사랑과 신뢰, 참된 신앙의 관계를 맺는 것을 말한다. 그때야 비로소 인간은 진정한 자기 자신이 될 수 있다(Kierkegaard, 2009).

(2) 영성에 대한 최근의 철학적 논의들

지금까지 실존주의 철학에서 이야기하는 영성의 개념을 키르케고르의 사상을 중심으로 살펴보았다. 여기서는 최근의 철학사조의 흐름 속에서 영성이 어떻게 이해되고 있는지를 고찰한다. '영성'의 개념을 철학적 관점에서 살펴보면, 인간의 보편적인 내적 본성의 차원 그리고 인간의 고유한 생명현상으로 이해할 수 있으며, 의식이 고양된 상태에서 나타나는 이러한 본성의 조화를 이룬 상태를 영성이라 설명할 수 있다(이향만, 2012). 특히 최근의 시대사조라 할 수 있는 포스트모더니즘은 어떤 하나의 현상을 설명할 때에도 매우 다의적인 설명을 시도하고, 모호한 개념 영역과 논점의 명확한 목표지점이 존재하지 않는다는 특징을 지니고 있다(신승환, 2008). 포스트모더니즘의 여러 문제점이 지적되고 있음에도 불구하고, 이들이 서구의 이성중심 철학과 그에 의해 파생된 문화를 근대성이라는 이름으로 규정하고 그에 대한 비판과 극복을 시도하면서 새로운 연구주제가 주목받는 결과를 가져온 것도 사실이다. 그중 하나가 바로 그간 사회과학 분야에서 도외시되었던 인간의 삶과 관련된 여러 현상, 특히 과학적으로 설명될 수 없는 현상으로 규정되어 온 현상을 새롭게 조명하려는 노력이다. 이 장의 주요 주제인 영성에 대한 관심과 연구의 증진 역시 이러한 철학적 흐름에 따른 현상으로 이해할 수 있을 것이다.

신승환(2008, p. 6)은 최근 영성에 대한 활발한 논의가 이루어지고 있는 데에는 모더니즘, 특히 계몽주의 이래의 문화와 사회체계가 갖는 한계가 배경으로 작용하고 있다고 지적한다. 즉, 인간의 근본적 의미와 초월에 대한 감수성에 무감각해지고 결국에는 이러한 논의 가능성을 상실하였기 때문이라는 것이다. 또한 현대 문화의 피상적 모습, 경제와 실증만이 전부인 의미 상실의 현대에 인간의 존재성 자체가 요구하는 초월성, 자신의 한계와 모순과 실존적 고통, 그리고 형이상학적 고뇌를 진지하게 사유하고 이를 극복하기 위한 철학적 지평에 대한 성찰이 요구된다고 보았다.

종교철학적 측면에서 영성은 '한 사람의 행동이 유래된 태도나 정신의 바탕이 되는 어떤 종교적 또는 윤리적 가치'로 정의할 수 있다. 이때 영성이라는 말은 어떤 특정한 종교에 국한되어 쓸 필요가 없다. 종교철학에서는 이 개념을 종교적 영역과 관련되어 초월적 실재에 대한 일종의 감수성으로 정의하였다(신승환, 2008). 또한 영성을 사회와의 관계에서 신앙을 가진 이들의 마음상태로 이해하기도 한다. 즉, "고립과 자아도취에 의해서가 아니라, 자신이 파악하고 있는 궁극적 가치를 향하여 자신을 초월하고, 역으로 다시 현실로 돌아와 자신의 삶을 의식적으로 통합해 가는 경험이다. 그래서 영성은 궁극적인 지평을 발견하고, 그 안에서 자신을 변화시키는 길을 발견함으로써 전인적인 삶에 고결함과 의미를 가져다주는 가능성"(Schneiders, 1990, p. 23: 신승환, 2008에서 재인용)인 것이다.

이처럼 인간의 영성적 삶은 궁극 의미와 궁극 목적을 지향하는 삶과 매우 밀접한 관련이 있다. '영성'의 어원 자체를 살펴볼 때, 영성의 가장 기본적이며 포괄적 의미는 '생명' 그 자체 혹은 '생명의 원리'이다. 『성경』으로부터 시작되어 일찍이 어원적으로도 인간이 '영성적'이라는 것은 단지 인간이 생명을 가진 존재라는 사실 외에도 삶의 주체로서 스스로 자기 자신의 삶을 주도해 가는 자유로운 존재라는 사실을 함축하고 있다(박병준, 윤유석, 2015). 홍경자(2017) 역시 영성의 개념에 대한 최근의 추세에 대해 설명하면서, 영성을 종교성에 한정 짓지 않고 이해하는 경향이 증가하고, 다양한 학문 분야에서 포괄적인 의미를 가진 새로운 정신성으로서의 영성을 규정하고자 시도하고 있다고 보았다. 새로운 차원의 영성은 신비로운 초월적 영역이 존재하지 않는다고 파악했던 근대적 이성이 지닌 한계를 인정하면서, 과학적·이론적 합리성만 강조하는 이성이 아닌, 철학적으로 반성하는 이성을 통해 영성을 이해해야 할 필요가 있다는 것이다.

3) 심리학적 관점에서 본 영성

싱크 등(2014)은 오랜 기간에 걸쳐 발표된 심리학 및 상담학 분야의 연구결과를 종합해 볼 때 영성과 종교의 관계는 크게 세 가지 중 하나로 구분된다고 보았다. 즉, 영성은 모든 사람에게 내재된 것으로, 첫째, 종교와 불가분의 관련성이 있거나, 둘째, 자연적이고 비종교적인 현상이거나, 셋째, 개인과 사회의 믿음과 가치체계가 반영되어 구축된 것이라는 것이다. 앞서 고찰하였듯이, 영성을 종교성(religiosity) 또는 종교(religion)와 동의어로 보거나 종교성과 개념상 중첩되는 것으로 보는 입장도 있지만, 종교성 또는 종교와는 구별되는 개념으로서 영성을 보는 입장 또한 있다. 예컨대, 웨스트게이트(Westgate, 1996)는 종교와 영성의 개념을 구별하고 있다. 그의 관점에 따르면, 종교성이 특정 종교라는 맥락 안에서 공적이고 제도화된 개념이라면 영성은 좀 더 넓은 의미에서 신념, 가치관 등을 대표하는 개념이다. 또한 영성은 매우 사적이며 공적으로 표현될 수도 있고 아닐 수도 있으며 종교적 맥락에서 표현될 수 있지만 개인의 종교성이 반드시 영성의 결과라고만 볼 수는 없다는 입장을 취한다(최해림, 2001). 하지만 심리학자들 역시 어떤 측면에서는 절대자 또는 신과의 관계의 차원에서 영성을 언급하고 있는 것 또한 사실이다. 따라서 여기서는 일찍이 심리치료에 있어 영성에 대해 관심을 두고 연구한 학자들의 다양한 견해와 흐름을 중심으로 고찰해 보고자 한다.

(1) 칼 구스타프 융(Jung)

프로이트(Freud)는 인간의 종교성과 영성이 인간 내면의 갈등이 빚어낸 환상이며 그 환상 안에는 인간이 의지하고자 하는 무의식 속의 대상이 포함되어 있다고 주장하였다. 때문에 프로이트는 영성에 관심을 기울이는 것이 현실직면과 자신의 내면을 분석하는 데 방해가 된다고 믿었다. 반면, 융은 인간의 종교성이 인간 마음의 가장 심연에 있는 핵심으로 보았다. 융은 내적 초월경험(inner transcendent experience)이 없이 세상의 감언(blandishments of the world)을 견디어 낼 자원이 없다고 할 정도로 인간의 영성에 많은 관심을 두었다. 또한 융은 35세가 넘는 내담자들의 진짜 문제는 영성적 조망을 추구하는 것과 관련이 있다고 보았다(Westgate, 1996: 최해림, 2001에서 재인용).

융은 기독교신학자는 아니지만 신학에서 말하는 영성과 유사한 맥락에서 영성을 이야기하였다. 융은 인간발달의 궁극적 지점은 사람들이 자아를 벗어나서 자기초월을 하거나 자기실현, 즉 개성화를 이루는 것이라고 보았다. 그리고 거기에 도달하기 위해서 그림자(shadow)는 물론 아니마(anima)와 아니무스(animus)를 인식하고 통합해 가는 것이 중요하다고 보았다(김성민, 2016). 융은 대부분의 사람이 중년기에 겪는 신경증의 원인은 무의미함과 깊은 연관이 있고, 신경증을 해소할 수 있는 근거는 결국 종교와 불가분의 관계에 있을 수밖에 없다고 보았다. 그러나 여기서 말하는 종교란 전통적인 교리의 가르침을 지칭하는 것이 아니라, 영적 중심과 의미를 부여하는 초월적 절대자와의 관계를 말한다(Moore & Meckel, 1990).

(2) 고든 올포트(Allport)

올포트는 성격특질에 관해 연구한 심리학자로 많이 알려져 있지만, 영성과 관련하여 건강한 종교성의 관점에서 영향력 있는 연구를 한 중요 학자이기도 하다. 올포트는 인간이 지향하는 종교적 성향에 두 가지 유형이 있다고 보았다. 내재적 종교 지향성(intrinsic religious orientation)과 외재적 종교 지향성(extrinsic religious orientation)이 그것이다. 내재적 종교 지향성을 갖고 있는 사람은 삶과 자신의 존재를 종교 안에서 찾아가고, 외재적 종교 지향성을 갖고 있는 사람은 종교를 현재 삶에서의 수단으로 사용하여, 사람들과의 만남, 심적 안정 등 자신의 필요를 충족하기 위하여 종교를 찾는다고 보았다(Allport & Ross, 1967).

이후에 갤 등(Gall et al., 2005)은 종교적 지향성과 실제 삶 속에서의 문제해결이 어떻게 관련되는지를 연구하여 다음과 같은 네 가지 유형을 제시하였다.

- 자기지향 유형(self-directing style): 이들은 자기 스스로 예측하고 지휘하는 사람들이다. 어떠한 상황에서도 스스로의 힘으로 문제를 해결하려고 애쓴다.
- 미루는 유형(deferring style): 이들은 아주 수동적이다. 문제가 있을 때 신이 상황을 다루어 주시기만을 기다린다.
- 협력하는 유형(collaborative style): 이들은 문제가 있을 때 자신을 신과 함께 협력하여 해결해 나가는 사람으로 여긴다.
- 승복하는 유형(surrendering style): 이들은 의식적으로 주어진 상황이 정말로 자신의 통제 밖의 것이라 생각하여 포기하는 쪽으로 결정한다.

(3) 빅터 프랭클(Frankl)

프랭클이 개발한 의미치료(Logotherapy)는 인간으로 하여금 책임 있는 존재임을 인식시키고, 어떠한 한계 상황에서도 자기 삶의 궁극적 의미를 발견하고 지향할 때 치유의 힘이 나타날 수 있음을 전제로 한다. 실제로 프랭클은 임상장면에서 내담자의 치료문제에 종교를 포함시키지는 않지만, 기본적으로 인간이 행위의 주체일 뿐만 아니라 영적 행동의 중심이기도 하다고 보았다(Frankl, 2004, p. 34). 또한 내담자가 신앙을 가지고 있을 때에 그 종교적 확신을 이용해서 내담자의 변화를 이끌어 내는 것이 효과적이라고 이야기하였다(Frankl, 1980). 앞서 언급하였듯이 종교성과 영성이 개념적으로 차이가 있을 수는 있겠으나, 내담자가 일상생활 속에서 겪는 다양한 실패와 좌절경험, 실망스러운 일의 목도, 또불안과 두려움 등에 압도되었을 때, 자기를 초월하여 궁극적 절대자와의 관계에서 자신을 바라보는 것, 또 우주와의 연결된 존재로서 의미를 추구하는 존재로서 자신을 성찰하도록 하는 영성적 접근은 내담자에게 위안을 주고 희망과 용기를 다시금 갖도록 하는 데 도움이 될 수 있다. 더 나아가 신앙과 종교는 합리적사고방식과 과학으로 해결될 수 없는 인간의 궁극적인 존재론적 문제인 죽음과고통에 의미를 부여하기도 한다. 프랭클은 이러한 삶 속에서의 궁극적 주제가인간실재의 가장 현저한 전형이며, 인간이 의미를 추구할 때 해결점을 찾을 수있으며, 신앙 또한 인간의 궁극적 의미를 부여하는 데 중요한 역할을 한다고 이해하였다(Frankl, 1980).

(4) 에이브러햄 매슬로(Maslow)

매슬로는 인간의 동기를 설명하는 데 있어 중요한 이론인 욕구위계설을 주장하였다. 각각의 욕구위계는 상위의 욕구단계로 이동하기 전에 어느 정도 성취되어야 할 것을 전제로 한다. 이 욕구위계론에서 가장 상위욕구의 수준은 '자아실현의 욕구'이다. 매슬로(1954)는 이것을 '절정경험(peak experience)'이라고 명명하면서, 이 경험은 주관적이고 어떤 것은 다소 신비적인 경험들로서 신앙체험에 있어서도 핵심적 경험이라고 설명하였다. 그러나 이러한 경험이 꼭 종교가 있는 사람들만이 경험하는 현상은 아니라는 설명 또한 덧붙였다. 이 절정경험은 삶의 전 영역에 걸쳐 나타나며, 이런 경험을 함으로써 삶이 보다 가치가있다고 느끼게 된다. 자유와 자발성, 헌신적인 감정, 사랑 등을 느끼면서 자신이세속적인 인간성을 초월한 더 가치 있고 귀한 존재라는 느낌을 받는다. 최해림(2001)은 이러한 초월적 자아실현의 경험이 영성적 의미를 지니며, 진선미와 통합에 대한 감상, 생명의 신성함에 대한 인식이 여기에 포함될 수 있다는 점에서인간의 초월성 및 성장과 연결되는 경험으로 볼 수 있다고 설명하였다.

(5) 칼 로저스(Rogers)

인간중심치료의 창시자이자 현대 심리학사에 가장 많은 영향을 끼친 인물 중 한 사람인 로저스는 독실하고 보수적인 개신교 가정에서 성장하면서 청년기까지 신앙인으로서 영적인 체험을 경험하기도 하였지만, 한동안 기독교 신앙을 멀리하는 삶을 살았다. 어떤 면에서 볼 때 로저스의 삶은 변화와 경험의 연속이었다고 볼 수 있다. 그는 부모에게서 물려받은 형식화된 종교를 인간애가 초점이 된 인간중심적 관점으로 조형시켰고, 과학적으로 설명이 미흡하다 여겼던 상담의 실제 과정을 녹화를 통해 보여 줌으로써 체계를 갖춘 상담사례교육의 초석을 다졌다. 사실 그의 이론에서는 종교성이나 영성이라는 단어가 주요 개념명으로 언급되지 않는다. 하지만 그 이론의 저변에는 기독교 영성과 자기초월을 엿볼 수 있는 부분이 많다. 상담자가 지금-여기에서 일어나는 경험을 내담자와 함께 공유하고, 내담자가 어떤 장애나 억압이 없이 현존하는 경험을 함으로써 '충분히 성장하는 인간'으로서 자아실현으로 나아가도록 촉진해야 한다고 강조하는 것도 그러한 맥락에서 이해할 수 있다. 다음은 로저스가 치료자로서 또는 집단 촉진자로서 자신의 최고가 발휘될 때의 모습을 묘사한 말이다(Rogers, 1980, p. 129: 최해림, 2001에서 재인용).

…… 나는 나의 내적 · 통찰적 자아와 가장 가까이 있을 때, 내 안의 그 알려지지 않은 어떤 부분을 접촉하고 있을 때 치유의 경지에 있는 듯 싶다. 그럴 때 나의 현존 자체가 도움이 되는 것 같다. …… 나는 편안하고 나의 초월적 핵심과 만나고 있을 때 …… 나는 깊은 영성적 경험을 하는 것이다. …… 공동체의 영성과 하나가 되고 …….

또한 말년에 로저스는 아내의 병환과 사망의 과정에서 종교 안에서 경험할 수 있는 영적이고 신비적인 것에 관심을 가지게 되었다고 한다. 손과 샌더스(Thorne & Sanders, 2017)는 로저스(1986, p. 200)가 치료적 만남에 관해 피력한 마지막 저서에 언급한 내용을 다음과 같이 인용하고 있다.

나는 이러한 설명이 신비한 축에 낀다는 것을 안다. 하지만 분명한 것은 우리의 경험 속에 초월적이고 설명할 수 없는 영적인 것들이 포함되어 있다는 것이다. 나 역시 다른 많은 사람처럼 이 신비하고 영적인 차원의 중요성을 과소평가해 왔다고 생각하지 않을 수 없다.

(6) 긍정심리학

2000년대 경부터 셀리그먼과 칙센트미하이에 의해서 본격적으로 주도된 긍정심리학은 그간의 주류정신의학과 임상심리학에서 강조하는 정신병리학적 경향을 대체하는 가능한 대안으로 떠올랐다(Compton & Hoffman, 2012: 싱크 외, 2014에서 재인용). 병리적 관점에서의 의학적 모델이 인간의 결핍과 병리의 치료에 초점을 두고 접근하는 것과는 대조적으로 긍정심리학자들은 잘 기능하는 개인과 집단, 그리고 그들이 가진 강점에 관해 과학적으로 연구하는 데 집중한다(Joseph & Linley, 2006, p. 333). 긍정심리학의 기본 가정은 다음과 같다(싱크 외, 2014).

- 인간 본성은 대체로 긍정적 성향을 나타내며, 따라서 통제될 필요가 없다.
- 인간은 자신에게 무엇이 중요하며 만족스러운 삶을 위해서는 무엇이 필수적인지 알 수 있는 타고난 능력이 있다.
- 인간은 만족스럽고 행복하며 의미 있는 삶을 살아가기 위해 노력한다.
- 인간은 긍정적 감정을 가치 있게 여기며, 이러한 긍정적 감정은 개인적·사회적 역경을 극복하는 데 사용될 수 있다. 긍정적 감정에는 변화를 촉발하는 힘이 있다.
- 인간은 그들이 어떻게 기능할지에 영향을 주는 긍정적 또는 부정적 성격특징을 가지고 있다.
- 모든 아동, 청소년, 가족 및 지역사회는 강점을 가지고 있다.
- 긍정적 감정은 개인적 성장과 사회적 친밀감 형성을 촉진할 뿐만 아니라 인식의 범위를 확장시킨다.

- 긍정적 감정은 상승하는 성장곡선에 활력을 불어넣는다.
- 긍정적 감정은 부정적인 감정을 뒤바꾸고 회복탄력성을 촉진한다.
- 긍정적 감정은 개인의 심리적 자원을 증가시킨다.
- 학생, 가족, 지역사회는 종종 문제에 대해 새로운 방법으로 사고하고 혁신하도록 하는 자원이 되기도 한다.

이처럼 긍정심리학자들은 인간을 희망적이고 낙관적인 시각으로 바라보며, 인간의 건강하지 않은 측면을 부정하지 않으면서도 삶의 의미와 성장을 추구하는 측면으로 인해 역경과 어려움을 극복해 나갈 수 있는 존재로 본다. 긍정심리학자들은 내담자가 스스로 자신의 성격적 강점을 알아보고 이해하는 과정이 좋은 치료의 과정이 될 수 있다고 보았다. 그 노력의 일환으로, 피터슨과 셀리그먼(2004)은 긍정적 성품의 분류체계를 구축하기 위해서 다양한 시대와 문화에서 소중하게 여겨졌던 보편적인 성격적 덕목을 찾아내고자 하였다. 전 세계의 주요한 종교와 철학자들의 덕목 중에서 200여 개를 찾아냈으며, 이를 열 가지 기준, 즉 보편성, 행복 공헌도, 도덕성, 타인에의 영향, 반대말의 부정성, 측정 가능성, 특수성, 모범적 인물의 존재, 결핍자(그 강점이 현저하게 부족한 사람)의 존재, 풍습과 제도에 따라 평가하였다. 이러한 과정을 거쳐 최종적으로 6개 덕목의 24개 성격 강점을 추출했다. 이 프로젝트의 결과물이 2004년에 발간된 『성격 강점과 덕목(Character Strengths and Virtues): VIA 분류체계』이다(〈표 13-1〉 참조).

〈표 13-1〉에서 보면, 영성은 '초월' 덕목에 속해 있는 성격 강점으로 분류되어 있어, 앞서 살펴본 영성의 포괄적이고 넓은 개념보다는 감사와 낙관성 등과 동급의 작은 개념인 것처럼 보인다. 여기서 '초월'은 현재 자신의 삶의 영역보다 더 큰 우주와의 연결을 구성하고 의미를 부여하는 측면을 의미한다. 또한 여기서의 '영성'의 의미 안에는 인생의 초월적 측면에 대한 관심과 믿음 그리고 수행하려는 노력이 포함된다. 이 분류체계에서도 영성은 종교성과 유사한 속성을 가지고 있지만, 종교성과 꼭 같은 개념만은 아니라고 본다.

영성을 인간의 '긍정적 감정'으로 이해하는 베일런트(Vaillant, 2011)에 따르면,

ooo **표 13-1** 성격 강점과 덕목

덕목	성격 강점	
지혜 및 지식 (wisdom & knowledge)	• 창의성(creativity) • 개방성(open-mindedness) • 지혜(wisdom)	• 호기심(curiosity) • 학구열(love of learning)
인간애(humanity)	• 사랑(love) • 사회지능(social intelligence)	• 친절성(kindness)
용기(courage)	• 용감성(brave) • 끈기(persistence)	• 진실성(authenticity) • 활력(vitality)
절제(temperance)	• 용서(forgiveness) • 신중성(prudence)	• 겸손(humility) • 자기조절(self-regulation)
정의(justice)	• 공정성(fairness) • 시민정신(citizenship)	• 리더십(leadership)
초월(transcendence)	• 감사(gratitiude) • 유머감각(humor) • 심미안(appreciation of beauty and excellence) • 영성(spirituality)	• 낙관성(optism)

출처: Peterson & Seligman (2004).

"영성은 우리를 다른 사람들과 이어 주고, 우리가 '신'을 어떻게 이해하든 우리를 신에 대한 경험과 결부시키는 긍정적 감정의 혼합체이다. 즉 사랑, 희망, 기쁨, 용서, 연민, 믿음, 경외, 감사 등의 긍정적 감정은 곧 영성에서 비롯된 감정이다. 이 감정은 모두 사람들 사이의 관계를 필요로 하며, 이 중 어느 감정도 '나혼자만의 것'으로서 비롯되는 것이 아니라, 관계 속에서 비롯되는 감정이다."라고 하였다. 이처럼 베일런트는 긍정적 감정의 기원이 되는 영성이 인간을 하나로 묶어 줄 뿐만 아니라 스스로를 치유할 수 있는 매우 유용한 내적 계기로 작용한다는 점에서 중요하다고 보았다.

한편, 긍정심리학자들은 잠재적 강점과 인간 기능의 본질적인 측면으로서 영성을 폭넓게 수용해 왔다는 점에서 기여한 바가 크지만, 영성의 정의에 있어서는 학문 분야별로, 또 같은 학문 내에서도 여러 이견이 있어 합의된 정의를 도출하기는 쉽지 않아 보인다(싱크 외, 2014, p. 31). 아동 · 청소년상담에서 영성의 중요성에 대해 오랫동안 연구해 온 크리스토퍼 싱크(Christopher Sink)는 긍정심리학의 관점에서 영성을 이해하는 것이 매우 유용하다는 점에 대해 동의하지만, 영성은 다양한 형태로 나타나는 의미 도출이나 의미부여 활동과 밀접하게 관련되어 있는 요인으로서 보다 광범위한 개념으로 이해될 수 있다고 본다. 즉, 영성의 심리학적 구조와 개념을 보면 실존적인 고민(삶의 목적과 의미)을 해결하고, 삶과 죽음, 고통 등을 이해하려는 사람들의 욕구를 반영한 개념이라 정의될 수 있다는 것이다.

4) 영성에 대한 학문적 관점 비교

앞에서 살펴보았듯이, 영성은 학문적 관점에 따라 여러 가지 개념으로 설명되어 왔다. 유장춘(2003)은 사회과학 분야의 학자들(Derezotes & Evans, 1995; Joseph, 1988; Netting, Thibault, & Ellor, 1990)의 정의를 종합하여 영성의 정의를 '자신보다 더 차원이 높은 존재와의 관계로서, 개인이 자신의 한계를 초월하여 궁극적인 존재와 관계를 맺으려는 노력'으로 정의하였다. 또한 영성의 개념에 대한 관점의 차이를 캔다와 퍼먼(Canda & Purman, 1999)이 비교한 것을 정리하여 제시하고 있다(〈표 13-2〉 참조).

지금까지의 고찰을 정리하면, 영성의 개념 속에는 종교적 지향점에 따라, 철학적 배경에 따라, 그리고 접근의 초점에 따라 상이한 정의가 포함되어 있다고

○○○ **표 13-2** 영성의 개념에 대한 관점의 차이

학문별 관점	영성 개념에 대한 초점
신학	초월자 또는 내재자에 대한 확신, 그리고 인격적 관계에 초점을 둠
철학	우주의 질서와 인간 존재에 대한 궁극적이고 최종적인 해석에 초점을 둠
심리학	자신이 정의한 자신보다 강한 종교적 힘과 관계된 행동이나 진술 그리고 초월적 정신적 과정에 초점을 둠

출처: Canda & Purman(1999)의 내용을 유장춘(2003)이 정리한 것의 일부

할 수 있다. 그러나 한편으로 이 모든 관점이 나타내는 공통점을 찾아보면, 인간의 내면에 내포된 타고난 선한 속성, 고차원적인 영적 본성(신성)의 발현, 후천적으로 자아의식이 성장하면서 발현된 덕성, 자신을 이성적으로 자각하는 측면, 자신을 초월하여 각성하고 깨달음을 얻어 가는 과정 등이 인간의 영성을 설명하는 데 사용되는 개념임을 알 수 있다.

2. 영성연구의 주요 이슈

1) 영성발달

영성에 관하여 연구자들이 공통적으로 합의하는 관점은 영성발달에 단계가 있다는 점이다. 특히 지금까지 발표된 긍정심리학 연구들은 지속적으로 아동과 청소년의 삶에서 영성이 중요한 보호요인이라는 점을 보여 주고 있다. 또한 영성이 어느 한 시기에 갑자기 형성되는 것이 아니라, 인지발달과 도덕성 발달 등 사회 속에서 살아가는 생애 동안 점진적으로 형성이 되어 간다는 점에도 의견을 같이 한다(싱크 외, 2014). 여기서는 영성발달 분야에서 가장 폭넓게 인용되는 제임스 파울러(James Fowler)의 7단계 모델을 먼저 고찰한 후, 파울러의 모델을 3단계로 압축하여 설명한 싱크의 영성발달 모델을 함께 살펴보기로 한다. 다음으로, 파울러의 신앙발달이론을 대학생 시기인 후기 청소년기 이후의 영적 발달 단계에 집중하여 발전시킨 팍스의 영성성장단계(Parks, 1986, 2000)를 중심으로 살펴본다.

(1) 파울러의 신앙발달 모델과 싱크의 수정된 영성발달 모델

파울러의 신앙발달이론은 영성이 전생애적으로 어떻게 발달하는지를 이해하는 데 유용한 구조적 틀이라 할 수 있다. 파울러가 표현하고 있는 신앙(faith)은 이 장의 주요 키워드인 '영성(spirituality)'과 상당히 유사한 의미로 사용되고 있다. 그의 주요 저서 중 하나인 『신앙의 발달단계(Stages of Faith: The psychology of human development and the quest for meaning)』(Fowler, 1987)에서는 신앙을 다음과 같이 설명하고 있다.

> 신앙이 반드시 종교적인 의미로만 접근될 필요는 없다. 또한 교리적 신념이나 믿음처럼 간주될 필요도 없다. 오히려 신앙은 삶을 배우는 방법을 의미하는 말이다. 이것은 인간의 실존을 이해하는 방법이다. 이것은 삶의 현장에 순서와 일관성을 부여한다. 이것은 삶의 기초가 되는 신뢰와 삶의 지향점에 대한 몰두라고 할 수 있다. ······ 신앙은 우리의 삶에 방향성, 용기, 의미, 희망을 줄 뿐만 아니라 충성, 신뢰, 공감적 이해로 이루어진 공동체를 형성시킨다(pp. 7-9: 싱크 외, 2014에서 재인용).

파울러의 신앙발달 모델의 각 단계에는 에릭슨(Erikson)의 심리사회적 발달단계, 피아제(Piaget)의 인지발달단계, 콜버그(Kohlberg)의 도덕성 발달단계의 요소가 모두 고려되어 있다. 파울러는 그의 동료들과 함께 1972년에서 1981년까지 10년간 수백 명을 대상으로 수행한 심층면담을 통해 신앙발달을 연구하였다. 이 조사는 케네디 2세(Joseph P. Kennedy, JR.) 재단으로부터 받은 도덕과 신앙발달연구 프로젝트를 위한 연구기금으로 이루어졌다. 이 면담에 사용된 질문들은 4부로 구성되어 있다. 1부는 '삶에 대한 개관'으로서, 그 사람 자신의 인생 경험과 도전에 대한 반응과 의미의 구성 및 해석 방법을 살펴보고자 하였다. 2부는 '삶을 형성해 주는 경험과 관계들'로서, 1부보다 더 심층적인 삶에 대한 관찰을 시도하였다. 이를 통해 응답자들이 삶에서 1차적으로 형성하는 가치에 대한 확인 및 의미해석 그리고 그 해석방식에 가장 결정적인 영향을 미치는 경험을 확인하고자 노력하였다. 3부는 '현재의 가치와 헌신들'로서, 보다 직접적인 응답자의 가치관을 확인하는 질문으로 구성되어 있다. 3부가 종교라는 이름을 사용하지 않은 신앙에 대한 질문이라면, 4부는 보다 단도직입적으로 종교와 관련된 신앙에 대한 질문으로 구성되어 있다. 심층면담한 결과를 분석할 때에는 신앙의 구조를 이루고 있는 일곱 가지 요소를 기준으로 하였다. 그 일곱 가지 요소란, 논리의 형태(Form of Logic), 관점 채택(Perspective Taking), 도덕적 판단의 형태(Form of Moral Judgement), 사회의식의 테두리(Bounds of Social Awareness), 권위의 장소(Locus of Authority), 세계관의 형태(Form of World Coherence), 상징적 기능(Symbolic Function)이다.

이 같은 오랜 기간에 걸친 대규모 연구의 결과로, 파울러는 최종적으로 7단계의 신앙발달단계를 도출하였다. 각 단계별 특징을 살펴보면 다음과 같다.

0단계는 미분화된 신앙(Undifferentiated Faith)의 단계이다. 파울러는 이 시기를 단계에 포함하지 않으면서 단계 이전의 시기, 즉 '0단계'라고 명명하였다. 그것은 이 단계가 무의식의 세계를 형성하는 시기인 동시에, 이후의 신앙발달을 위한 기초를 형성하는 시기이기 때문이다. 이 시기에서 발전된 상호성의 질, 신뢰, 자율성, 희망과 용기(또는 이와 상반되는 것들)는 후에 신앙발달에서 오는 모든 것의 기초가 된다.

1단계는 직관적-투사적 신앙(Intuitive-Projective Faith)의 단계이다. 이 시기는 3세에서 7세의 유아에게 가장 전형적인 단계이다. 이 시기의 주요한 특징은 논리적 사고는 불가능하지만, 무한한 상상력을 사용한다는 것이다. 따라서 이 시기의 유아는 모호하고 미분화된 영성에서 창의적이고 놀이중심적인 영성으로 건너간다. 피아제의 인지발달단계 중 구체적 조작기로의 진입에 다가가기 전까지는 상상의 세계에서 보이는 것과 실제의 모습을 구분할 수 있는 기초를 세워 주어야 한다. 이때 유아는 부모와 형제자매의 모델링, 행동, 기분, 언어, 신앙 등에 강한 영향을 받는다.

2단계는 신화적-문자적 신앙(Mythic-Literal Faith)의 단계이다. 초등학교 시기, 즉 만 7세 경에서 만 12세경의 아동에게 해당한다. 이 시기의 아동은 피아제의 발달단계 중 구체적 조작기에 접어들면서 구체적 사고가 가능해진다. 때문에 아동은 자신의 삶을 인과적으로 이해할 수 있다. 따라서 신앙적인 이야기 역시 논리구조를 따라 서술할 수 있다. 반면,『성경』속 주인공들의 이야기에서 성찰적인 개념을 도출하지 못하고, 설화가 표면적으로 주는 의미를 그대로 받아들이는 경향이 있다. 이 단계에서의 아동의 영성은 여전히 매우 순진하고, 규칙에 좌우되며, 이야기 형태로 표출되고, 가족과 지역사회의 영향을 받는다. 아직 이 단계에서 자신의 신념체계와 행동의 기반이 무엇인지 또는 어디서 왔는지를 구별하거나 평가하는 것은 어려운 일이다(싱크 외, 2014).

3단계는 종합적-인습적 신앙(Synthetic-Conventional Faith)의 단계이다. 초기 청소년기부터 시작되는 단계로, 이 단계에서 개인의 경험은 가족의 범위를 초월한 다양한 사회집단으로 확대되며 이와 관련하여 신앙은 다양한 범위 속에서 일관된 방향을 제시해 준다. 피아제의 이론에 따르면, 형식적 조작기에 해당하는 청소년은 추상적 사고뿐만 아니라 삶의 깊은 의미와 목적에 대한 이해가 가능하다. 또한 자신만의 신념을 추상적 용어로 표현하고, 자신의 생각에 의미를 부여하여 표현할 수 있다. 한편, 또래집단에 의해 자기 삶의 의미형성과 가치관 내면화에 영향을 받기도 한다. 따라서 이 단계는 장기적으로 건강한 영성을 형성하는 데 매우 중요한 시기이다. 이 시기의 청소년은 다양한 입장의 견해를 받아들이긴 하지만, 단지 개인에 따라 나타나는 차이라고 이해하며 결국 자신이 속해 있는 이념 혹은 신앙의 범위에 대해 객관적이고 성찰적인 입장을 가지지 못하고 순응할 수도 있다. 이 단계에서 다른 사람들의 기대가 지나치게 내면화되었을 경우, 자율성으로 발전 가능성이 상실될 수도 있으므로, 스스로 자신의 견해와 자신이 속해 있는 맥락 사이에 어떤 관계가 있는가에 대해 비평적인 성찰 경험을 할 수 있도록 격려하는 것이 필요하다.

4단계는 개별적-성찰적 신앙(Individual-Reflective Faith)의 단계이다. 파울러는 이 시기가 주로 10대 후반부터 30대 연령대까지의 영성발달과 관련된다고 보았다. 이 단계에서는 이전까지 중요한 타인들의 상호 인격적 범위에 근거하여 그 정체성과 신앙 구성을 유지했던 자아가 이제는 더 이상 다른 사람들에 대한 자신의 역할이나 의미의 구성에 의하여 정의되지 않는다. 오히려 새로운 자신의 정체성과 세계관을 가지고 자기 의미의 틀을 구성한다. 이 단계에서 영성은 개인의 영적 관점에 대한 매우 진지한 성찰을 통해서 이루어진다. 즉, 자신의 믿음과 행동 사이에 존재하는 불일치와 모순에 대해서도 성찰한다.

5단계는 결합적 신앙(Conjunctive Faith)의 단계이다. 주로 성인 중장년기 연령 시기에 해당한다. 이전의 단계가 보편적인 것을 자신의 것으로 개별화하였다면, 이 단계는 비평적 성찰을 통해 구분되고 무시되었던 입장을 자신의 것과 통합하는 시기이다. 이전의 신앙이 자주적인 신앙이라고 한다면, 이 시기의 신앙은 내적으로 성숙한 신앙이라고 할 수 있다. 자신이 속한 집단에만 국한되지 않는 인정과 포용의 신앙이다. 자기 신앙의 신조를 갖고 확신 또한 하고 있으나, 다른 사람의 관점에 대해서도 열린 태도를 갖고 해석하는 접근을 할 수 있다.

6단계는 보편적 신앙(Universalizing Faith)의 단계이다. 파울러는 이 단계에 속한 사람들은 궁극적 환경에 대한 느낌과 인식을 갖고 있으며, 공동체의 포괄성, 정의와 사랑에 대한 근본적인 책무에 대한 정열을 가지고 있다고 하였다. 이들의 영성 역시 모든 존재를 포괄하여 궁극적 성장을 향하는 특성을 지닌다. 파울러는 이 단계에 도달한 사람이 아주 드물다고 하면서, 대표적인 예로 간디(Gandi), 말년의 마틴 루터 킹 2세(Martin Luther King, Jr.), 캘커타의 테레사 수녀 등을 소개하고 있다.

한편, 싱크는 파울러가 제시한 영성발달의 경로를 압축적인 형태로 수정하여 제시하였다([그림 13-1] 참조). 이 모델에서는 파울러의 7개의 발달단계보다 포괄적인 3개의 발달단계로 제시되고 있다. 파울러와 마찬가지로 싱크 또한 개인의 신념과 가치 그리고 행동의 본질을 구성하고 조직하며 결합하고 다듬는 구체적인 방법(단순-전환-변형)에 따라서 각 단계가 특징지어진다고 설명하였다.

[그림 13-1]에서 보듯이, 싱크는 파울러가 제시한 0단계와 1, 2단계를 1단계: '가족 내/모방중심의 영성' 단계로 통합하였다. 그리고 파울러 모델의 3단계를 2단계: '우리 또는 관계기반중심의 영성' 단계로 보고, 파울러 모델의 4~6단계를 3단계: '나의 영성' 단계로 통합하였다. 3단계에 접어들면서 보다 성숙해진 성인의 영성은 개인의 신념과 이를 실천에 옮기는 과정에서 나타나며, 자신의 실천과 행동에 대해 다른 사람의 승인 또는 인정에 의존하는 경향이 이전 단계에 비해 현격하게 낮아진다. 따라서 오히려 이전에 소중했던 영적 집단과는 소원한 관계에 접어들 수도 있다(싱크 외, 2014).

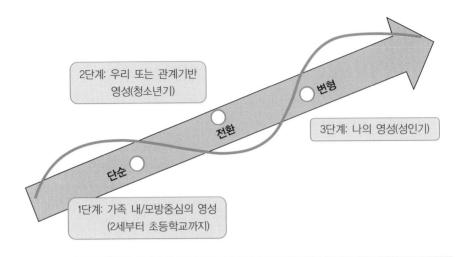

[그림 13-1] 영성발달의 단계

출처: 싱크 외(2014).

(2) 팍스(Parks)의 영성성장단계와 특징

팍스(Parks, 1986, 2000)는 대학생 연령대에 접어든 청년들의 의미 발견(meaning making)과 영성의 중요성을 강조·설명하면서, 영성을 '인간경험의 가장 포괄적인 차원에서 의미를 찾고 발견하는 활동'으로 정의하고 있다(이은실, 2015). 팍스 역시 파울러의 영향을 받았으나, 파울러의 모델과는 달리 후기 청소년기와 청년기를 구별하고 있다. 성인 초기에 해당하는 청년기는 신앙을 포함한 자신의 결정과 선택에 대해 책임지기 시작하는 시기라는 점, 특히 자신의 존재 목적, 직업, 소속, 사회의 변화 그리고 이에 기여하고자 하는 자신의 능력에 대해 탐구하게 되는 시기임을 고려하여, 특히 대학생 연령대인 20대 청년기의 영성을 강조하였다는 점을 주목할 만하다(이은실, 2015). 팍스가 구분한 각 단계별 특징을 인식의 형태, 타인 의존의 형태, 관계하는 집단의 형태 별로 살펴보면 〈표 13-3〉과 같다.

○○○ **표 13-3** 팍스의 영적 성장단계별 특징

단계	시기	인식 형태	의존 형태	커뮤니티 형태
청소년기의 인습적 신앙	후기 청소년기	• 교사, 부모, 미디어 등 권위자의 인식 중시 • 지식의 불확실성 인정 안 함	• 권위자 의견에 의존 • 혹 의존하지 않아도 여전히 영향을 받음	• 관습적 공동체 • 의미 있는 타자의 가치와 문화를 수용
성인 초기/ 청년기의 신앙	청년기	• 보장되지 않은 상대주의 • 모든 지식을 상대적인 것으로 인식	• 자신과 타인의 시각의 균형을 잡으려 하나, 불안정함 • 멘토 필요	• 분산된 공동체 • 아이디어나 관계에 따라 공동체의 성격이 임시적임
성인기의 신앙	청년기 후반	• 임시적으로 자신의 인식에 전념하면서 동시에 진리 탐색을 진행	• 안정된 내면 의존 • 자신과 신앙, 삶의 방향에 대한 확신	• 멘토링 공동체 • 능력을 인정하고 자신의 관점을 나눌 수 있는 공동체 선택
성숙한 성인기의 신앙	성인기 (중년 이후)	• 자신의 진리와 인식을 확신하며, 동시에 타인의 진리 인식 존중	• 자신, 타인, 절대자와의 상호관계 인식 및 상호의존 • 타인과의 갈등 없이 자신의 신앙에 대한 이해를 가짐	• 열린 공동체 • 다양성에 대한 인식이 깊어짐

출처: 이은실(2015).

한편, 종교성과 영성을 속성상 구별하여 발달의 원리를 이해해야 한다고 보는 입장도 있다. 러브와 탤벗(Love & Talbot, 1999)은 영성발달이 단계적으로 진행되는 특성이 아니며, 또한 순차적으로 진행되지도 않는다고 보았다. 영성발달은 다양한 양상을 가지고 나타날 수 있으며, 연속 혹은 급진적 발전이 일어나거나, 일시적이거나 영구적일 수도 있는 다양한 측면을 가지고 있기 때문에 영성의 발달을 연속적 순서에 의해 일어나는 과정으로 이해하기에는 한계가 있다는 것이다. 이들이 제시한 영성발달의 다섯 가지 원리를 살펴보면 다음과 같다(Love & Talbot, 1999: 이은실, 2015에서 재인용).

- 원리 1: 영성발달은 정체성 발달의 한 측면이며, 인간의 본질적 특성, 통합성, 독특성을 추구하는 내적 과정이다.
- 원리 2: 영성발달은 자신의 인식과 경험의 한계를 넘어선, 즉 자기중심성을 벗어난 초월적 과정을 포함한다.
- 원리 3: 영성발달은 공동체 안에서 관계와 연합을 통해 자신과 타인, 공동체와 더욱 밀접하게 연결된다.
- 원리 4: 영성발달은 자기 삶의 의미, 목적, 방향을 명료화하는 과정이다.
- 원리 5: 영성발달은 인간의 존재와 인식의 범위를 초월하는 존재나 능력에 대해 탐구하고 열려 있는 것이다.

2) 영성의 측정 및 평가

영성을 측정 또는 평가하는 데 있어 종교성과 중첩되지 않는 순수한 심리적 구인으로서 측정 또는 평가할 수 있는지는 여전히 논쟁적인 주제이다. 최영민(2001)은 정신의학적 관점과 심리학적 관점 그리고 종교성을 어떻게 통합적으로 이해할 수 있을지에 대해 연구하면서, 특히 내담자의 종교성과 영성이 이론적 이해뿐만 아니라 심리평가적 측면의 연구가 필요한 주제라고 제안하였다. 그는 내담자의 종교성과 영성을 평가해야 하는 이유로 다음의 다섯 가지를 들었다.

첫째, 내담자의 종교성과 영성을 평가함으로써 상담자는 내담자의 종교적 배경과 가치관을 보다 잘 이해할 수 있다고 보았다. 이러한 이해는 상담자로 하여금 내담자에 대해 더욱 공감하고 더욱 섬세하게 도울 수 있게 해 준다는 것이다. 예컨대, 신앙을 갖지 않은 상담자는 때로 종교를 가진 내담자와 갈등을 느낄 수 있다. 이처럼 상담자는 자신의 종교성의 유무, 그리고 자신의 종교에 기반한 가치관을 성찰함과 더불어, 내담자의 영적인 세계관이나 가치관에 대한 공감적인 이해가 반드시 필요할 것이다.

둘째, 내담자의 종교성과 영성을 평가함으로써 상담자는 내담자의 종교성이나 영성이 건강한지 혹은 건강하지 않은지를 판단할 수 있을 뿐만 아니라, 내담자의 종교성이나 영성이 현재의 문제나 갈등에 어떤 영향을 미치고 있는지를 이해할 수 있다고 보았다.

셋째, 내담자의 종교성과 영성을 평가함으로써 상담자는 내담자의 신앙과 신앙공동체를 치료적으로 활용할 수 있는지 여부를 판단할 수 있다고 보았다. 내담자가 가지고 있는 심리적인 자원이나 강점을 치료적으로 이용하는 것은 상담에서 매우 중요한 일이다. 예를 들어, 심한 우울증 상태에 있는 내담자를 만날 때, 내담자에게 살고자 하는 욕구를 강화시키는 가치관이나 믿음이 있는지, 혹은 위기 상황이 왔을 때 내담자를 지지해 줄 수 있는 가족이나 친구들, 신앙공동체가 매우 훌륭한 지지적인 자원이 될 수 있기 때문이다.

넷째, 내담자의 종교성과 영성을 평가함으로써 상담자는 보다 효과적인 영적 개입의 방법을 찾을 수 있다고 보았다. 내담자에 따라 문제의 성질, 상담의 목표, 가지고 있는 자원이 다르기 때문이다. 예컨대, 심한 강박증 내담자나 심한 망상 등 정신병적 상태에 있는 내담자에게는 영적 개입이 증상의 악화를 초래할 수 있기 때문에, 이런 상태에 있는 내담자에게는 보다 신중한 접근이 필요하다.

다섯째, 내담자의 종교성과 영성을 평가함으로써 상담자는 내담자의 해결되지 못한 종교적 측면의 영적 문제가 무엇인지를 평가해야 할 수 있다고 보았다. 이와 같이 상담자는 내담자의 심리적인 문제와 대인관계의 문제에 대한 평가뿐만 아니라, 세밀한 종교적-영적 평가를 항상 동시에 수행해 나가야 한다.

한편, 긍정심리학, 영성발달이론, 종교심리학, 영성심리학 등 많은 분야의 영성 관련 연구자들은 영성, 영성과 신앙 발달, 영성과 관련된 다차원적인 잠재구인을 측정하기 위한 도구를 개발해 오고 있다. 이 측정도구들은 희망, 낙관성, 인생의 의미, 감사, 용서, 삶의 만족도, 현재중심성, 초월적 존재와의 연결, 자각, 영적 안녕감, 영성발달단계 등 다양하다(싱크 외, 2014). 특히 긍정심리학을 이론적 기반으로 하는 연구자들은 다양한 삶의 만족도를 측정하는 도구를 개발하여 사용하고 있다. 싱크 등(2014)이 정리한 바를 요약하여 살펴보면, 먼저 피셔(Fisher, 2009a, b)는 다차원적으로 영성과 안녕감을 측정하는 172개 도구를 정리하여 발표하였다. 여기에는 1문항 또는 2문항 등 소수 문항으로 이루어진 것도 있으며, 어떤 측정도구들은 리커트 척도로 측정하는 양적 측정뿐만 아니라 인터뷰와 자기보고 등의 형식으로 진행되는 질적 평가방식을 따르고 있다. 양적 연구도구는 대부분 영적 안녕감의 세부 요인인 개인적 영적 안녕감, 공동체적 영적 안녕감, 환경적 영적 안녕감, 초월적 존재에 대한 영적 안녕감 등을 조사하는 데 초점을 맞추고 있다. 그러나 이 도구의 대부분이 아직 종교성과 뚜렷이 구별되는 영성 요인을 측정하지 못하였다는 한계가 있다는 견해(Sessanna, Finnell, Underhill, Chang, & Peng, 2011)도 있다. 이러한 한계를 보완하고자 최근에는 종교적인 의미를 내포하는 단어나 문장을 배제함으로써 공립학교에 종사하는 학교상담자나 교사도 사용할 수 있는 청소년 대상 영성 척도가 발표되기도 하였다. 그중 하나로 서와 싱크, 그리고 조(Seo, Sink, & Cho, 2011)가 연구한 인생 관점 척도-단축형(Life Perspectives Inventory-Short Form)이 있다. 이 척도는 절대자와의 관계성, 인생의 의미, 현재중심성을 하위요인으로 두고 있다. 또 하나는 크럼보우와 마홀릭(Crumbaugh & Maholick, 1981)이 개발한 인생 목적 척도의 타당화 연구가 우리나라 청소년 2,677명의 자료를 바탕으로 수행되기도 했다(Kim, Lee, Yu, Lee, & Puig, 2005).

질적 평가도구는 양적 척도가 전부 다루지 못하는 개인의 영성의 발달 또는 그를 둘러싼 삶의 맥락을 통합적으로 고려하여 한 개인의 영성을 이해하는 데 도움을 준다. 뿐만 아니라 영성을 주제로 한 집단상담 및 교육 프로그램의 활동으로도 활용될 수 있다. 몇 가지를 예로 들면, 문장이나 구술 같은 언어 형식이 아니라 그림으로 학생들의 영성을 측정하는 대표적인 질적 도구인 영성 인생지도(spiritual lifemap), 3세대 이상의 실제적인 영성을 상담자와 내담자가 함께 이해하고 성찰하는 데 유용한 영적 가계도(spiritual genogram), 그리고 내담자들이 자신의 영적 자원과 자신을 둘러싼 생태체계와의 관계성을 이해하는 데 도움이 되는 영적 생태도(spiritual ecomap)가 있다(싱크 외, 2014).

3. 생애개발상담 실제와 영성

전 생애에 걸친 삶의 다양한 국면에서 전인적 발달과 성장을 추구하는 것이
생애개발상담의 목적이라 할 때, 영성은 생애개발상담에 있어 특별히 중요한 주
제가 될 수 있다. 왜냐하면 프랭클의 말처럼 인간은 의미를 추구하는 존재이고,
삶의 어느 국면에서 어떤 문제를 만나건 간에 그 문제가 갖는 의미를 이해하는
것이 보다 나은 삶으로의 성장을 이끌어 가는 동력이 되기 때문이다. 영성이 종
교성과 개념상 중첩이 되는지의 여부를 떠나, '삶의 의미추구' 및 '초월성'과 맞
닿아 있는 개념임을 생각할 때, 영성은 상담의 구체적인 목표를 아우르는 최종
목적과 연결되는 중요한 측면이다. 사실 그동안 많은 상담학자와 정신의학자
는 심리학과 영성의 통합을 제안하여 왔으며, 예컨대 융, 파울러, 로저스, 프롬
(Fromm) 등의 학자 역시 우리의 마음과 영성의 접점에 대해 관심을 기울이고 탐
구하였다. 안석(2013)은 어떤 상담이론을 토대로 하든지 간에 영성적 차원을 통
합하는 것이 가능하다고 보았다. 왜냐하면 제도적인 종교에 참여하든 그렇지
않든 간에 영성적 측면은 내담자의 삶에 중요한 영역으로 남아 있기 때문이다.

하지만 영성과 관련된 주제는 다른 가시적이고 구체적인 문제보다도 더 추상
적이기 때문에 상담장면에서 실제적인 접근이 쉽지 않을 수 있다. 이에 미국 심
리학회의 36분과인 '종교와 영성 분과'에서는 내담자의 심리치료와 관련된 중요
한 주제로서 영성을 다룰 때, 상담자가 평가 및 개입 측면에서 고려할 사항을 제
시하였다. 여기에는 전문가로서의 윤리 원칙과 다문화적 고려 사항에 대한 실
제적인 적용까지 포함되어 있다(〈표 13-4〉 참조).

∘∘∘ **표 13-4** APA 36분과의 종교적 · 영적 문제에 대한 평가 관련 지침

A-1	상담자는 내담자의 삶에서 많은 경우, 종교 · 영성이 핵심적인 중요한 의미를 갖는다는 점을 고려해야 한다.
A-2	상담자는 내담자가 종교적 · 영적 문제를 보이는 단서에 민감할 필요가 있으며, 만나고 있는 내담자가 그러한 관심사를 갖는다면 그에 대한 내용을 표현하는 것이 편안하도록 배려해야 한다.
A-3	임상적으로 현저해 보이는 종교적 · 영적 내담자의 문제를 평가하기 위해서 관련된 짧은 평가질문을 통합적으로 적용해서 내담자 평가가 이루어지도록 해야 한다.
A-4	내담자 주 호소문제에 종교적 · 영적 문제가 개인적으로나 임상적으로 분명하게 관련되어 있을 경우에는 추가로 영성 관련 심층평가가 이루어져야 한다.
A-5	영성평가는 내담자의 종교적 · 영적 삶에서 임상적으로 관련된 요인들에 대한 이해를 얻기 위한 목적으로 실시될 때 가장 도움이 된다. 구체적인 영성평가 목적은 다음과 같다. 　a) 내담자의 평상시 종교적 · 영적 삶이 내담자가 속한 종교적 집단에 얼마나 조화를 이루는지 탐색하기 　b) 현재 호소하는 임상적 문제가 내담자의 종교적 · 영적 삶의 기능에 어떤 해로운 영향을 미치고 있는지 확인하기 　c) 치료적 개입에서 내담자의 종교 · 영성과 관련해서 제약이 되거나 또는 생산적인 자원으로 활용될 수 있는 요인에 대하여 확인하기
A-6	상담자는 내담자가 심리평가를 완성해 가는 방식에서 영적 · 종교적 요인으로부터 발생하는 편견에 대해 주의 깊게 관찰할 필요가 있다.
A-7	상담자는 내담자의 태도나 행동에 관한 평가를 할 때 충분히 내담자가 속해 있는 종교적 · 영적 전통과 다양성을 고려해야 하며, 평가자의 편견이나 고정관념이 미칠 수 있는 영향에 대하여 민감할 필요가 있다.
A-8	상담자들은 내담자에 따른 종교 · 영성에서의 개인적 차이에 주의를 기울이고, 내담자의 종교적 전통과 관련한 고정관념적 추론을 피하도록 한다.

출처: Hathaway & Ripley (2009).

다음에서는 영성과 관련하여 상담에서 활용할 수 있는 몇 가지 개입 방안을 명상, 기도, 경건 서적 읽기를 중심으로 살펴보고자 한다. 이 방법은 사실 신앙 여부를 떠나 개인 수준에서 자신을 돌보고 위로하기 위해 누구나 할 수 있는 일이다. 하지만 상담 실제에서는 어디까지나 내담자의 복지 증진과 상담의 효율성 증진에 도움이 되는 방안으로서 활용되어야 하기 때문에, 상담자는 이 방법

이 윤리적 실천의 일환으로 적절한지에 대해 고민하고 시행해야 한다. 더불어 아동·청소년을 대상으로 한 집단상담에서 활용할 수 있는 영성 증진 활동 몇 가지를 소개하고자 한다.

1) 명상

명상(冥想, meditation)은 수천 년의 역사를 통해 계발되어 온 내적 성찰의 방법이다. 명상은 개인의 마음을 돌보고 수행하는 방법으로, 질병의 치유를 위한 방안으로, 또 최근 기업 및 조직에서 '일터 영성'이 중요한 키워드로 부각되면서 경영자들의 과중한 스트레스를 이겨 내기 위한 대안이나 직원들의 정신건강 돌봄을 위한 방안으로도 많이 활용되고 있다. 명상의 어원은 눈을 감고 조용히 생각한다는 한자의 의미와 라틴어 'meditatio'에서 유래된 '깊이 생각한다' '계획한다' '묵묵히 생각한다'는 뜻을 지니고 있다. 한편, 'medicine'의 어원인 'mederi(measure라는 뜻으로 '측정하다' '알아차리다'는 의미)'에서 오는 '마음과 몸의 이상이 생긴 것을 알고 온전한 상태로 되돌려 놓는 것'이라는 뜻도 가지고 있다(장현갑, 2009). 국내 심리학 분야에서 명상은 "마음의 고통에서 인간을 해방시켜 '왜곡 없는 순수한 마음 상태'로 되돌아가는 것이 초월(transcendence)이며, 이를 실천화하려는 것이 명상이다."(장현갑, 1996)라고 개념화되면서 최근 서구 심리학에서 각광을 받고 있는 마음챙김 심리치료(Mindfulness psychotherapy)와 더불어 그 활용과 보급 정도가 크게 확대되고 있다. 마음챙김 심리치료를 체계화한 카밧진(Kabat-zinn, 2017)은 명상의 치료적 효과에 대해 명상을 통해 자신이 전체에서 분리된 개별적 존재라는 생각에서 전체와 연결된 존재라는 관점으로 바뀌며, 근원적인 존재와 연결되는 체험을 통해 자신이 갖고 있는 문제나 고통을 바라보는 시각이 바뀌는 경험을 하게 된다고 보았다. 서양 종교보다 힌두교나 불교, 도교 등 동양 종교의 전통을 갖고 있는 명상은 과거에는 깨달음을 얻기 위한 종교적 행위라는 인식이 지배적이었지만, 최근에는 종교에 관계없이 명상이 가진 본질적 기능과 과정을 적용하려는 움직임과 더불어 많은 사람에게 보급되고 있다.

2) 기도

기도는 그 자체가 상담자의 중립성 유지 및 치료과정에 방해가 되거나, 전이 및 역전이를 부추기거나, 내담자에게 해가 될 수 있다는 이유로 일반상담에서는 권장되지 않았다. 하지만 내담자가 처해 있는 맥락이나 생태적 특성을 고려할 때에는 오히려 치료에 도움이 된다는 연구결과가 속속 발표되고 있다. 즉, '신성함으로 인식된 존재와 나누는 모든 종류의 내적 의사소통이나 대화'라는 기도의 정의가 상담 맥락에서도 폭넓게 활용될 수 있다는 것이다(Walker & Moon, 2011). 따라서 기도는 종교인 · 비종교인에 관계없이 할 수 있는 활동이고, 내담자의 영성과 관련된 부분에 있어 치료효과에 도움이 되는 방향으로 활용될 수 있다. 다만 기도를 상담 장면에서 시행할 때에는 다음의 사항을 숙지하는 것이 필요하다(Walker & Hathaway, 2017).

첫째, 숙련된 자질에 대한 고려를 해야 한다. 상담자가 자신의 개인적 삶의 영역 이외에 실제 상담장면에서 기도의 개입을 활용할 수 있는 교육이나 훈련을 받은 적이 있는지를 점검해야 한다. 자칫 상담자가 상담에서 자신의 개인적 경험에 기반하여 기도를 활용할 가능성이 많기 때문이다(Walker, Gorsuch, Tan, & Otis, 2008). 따라서 기도와 같은 영적 개입과 관련된 훈련을 받거나 그러한 경험이 있는 상담자로부터 미리 자문을 받아 시행하는 것이 좋다.

둘째, 내담자의 사전 동의를 얻는 것이 필요하다. 특히 아동 · 청소년상담은 부모의 의뢰를 통해 상담을 하게 되는 경우가 많은데, 아동 · 청소년의 의사와 관계없이 부모가 기도를 요청하거나, 부모 또는 보호자가 승인하지 않았는데 아동 · 청소년 내담자가 기도를 요청하는 상황에서 딜레마에 빠질 수 있다. 이 순간이 아마도 상담자로서는 윤리적 실천과 지혜를 동시에 발휘해야 할 때일 것이다. 원칙적으로 아동 · 청소년은 미성년이므로 부모나 법적 보호자의 승인 또는 동의가 우선이지만, 되도록 상담 회기 안에서 부모 또는 보호자와 아동 · 청소년과 함께 기도와 관련한 갈등을 다룰 수 있도록 상담자가 안내하고 중재하는 과정이 필요하다.

셋째, 경계를 잘 유지하는 것이 중요하다. 기도를 활용할 때, 내담자의 현실 검증 능력이 어느 정도 되는지, 또 내담자의 자아 경계가 얼마나 건강한 상태인지를 꼭 확인할 필요가 있다. 기도를 하였을 때 내담자 입장에서 오히려 혼란감, 인지적 왜곡, 잘못된 해석의 결과를 초래할 수 있기 때문이다.

넷째, 다문화적 요인과 같은 차이를 존중해야 한다. 내담자에게 있어서 기도의 활용이 갖는 다문화적인 의미가 무엇인지, 또한 아동 · 청소년상담의 경우 상담자의 기도와 관련된 가치가 외현적으로 또는 묵시적으로 내담자에게 압력으로 작용하지는 않는지 점검할 필요가 있다.

다섯째, 무해성의 원칙을 고려한다. 상담에서 기도를 활용하는 것이 내담자에게 해가 되는지, 또 기도를 활용하지 않음으로 인해 내담자의 상담효과가 제한되지는 않는지에 대해 상담자는 계속 점검하고 성찰할 필요가 있다.

실제 상담 장면에서 기도를 하는 데 있어, 워커와 해서웨이(Walker & Hathaway, 2017)는 다음 사항을 고려할 것을 제안한다. 먼저, 기도의 형태로는 상담자 혼자 기도하거나, 내담자가 따로 기도하거나, 상담자와 내담자가 같이 기도하는 것 등이 해당된다. 더 나아가, 기도는 상담의 회기 중 혹은 회기 밖의 장면에서 이루어질 수 있다. 성인 또는 아동을 대상으로 기도를 활용한 개입은 상담자의 이론적 지향성, 상담자의 준비도, 상담자와 내담자의 종교적 배경, 내담자의 주 호소문제 등을 포함하는 여러 요소를 고려하면서 이루어져야 할 것이다. 각 종교별로 고유한 영성의 속성을 담고 있는 기도에 대한 사항을 이해하는 것도 실제 상담에서 도움이 될 것이다. 예컨대, 기독교의 관상기도(contemplation prayer)는 명상과 외견상 비슷해 보이지만 큰 차이점이 있다(Keating, 2006: 권명수, 2008에서 재인용). 키팅(Keating)은 관상기도가 긴장해소를 위한 훈련이 아니라는 점을 지적한다. 명상은 마음의 휴식이나 긴장을 완화하는 것을 주요 목표로 하지만, 관상기도는 내 존재의 근원에 계신 하나님을 사랑하는 마음으로 바라보며 하나님과의 관계 안에서 쉼을 의미한다. 그래서 개인이 스스로의 욕망에 부양하기보다는 이를 비우고, 그분의 뜻에게로 지향(intention)하여 수렴과 일치가 되도록 추구하는 기도라고 할 수 있다. 때문에 기독교인 내담자의 경우에는 자신의 내면을 바라보며 성찰하는 과정의 일환으로 관상기도의 방법을 활용할 수 있다.

3) 경건 서적의 활용

각 종교의 경건 서적(종교의 경전이나 종교적 영성 관련 서적)은 개인이 일상의 삶을 잘 영위하기 위해, 그리고 힘들거나 어려운 일이 있을 때 신과의 관계 안에서 위로와 위안을 받고 어떻게 대처할 것인지에 대한 지침을 제공해 준다. 상담학 분야에서 이루어진 그간의 임상적 증거기반 연구(Clinical evidence-based researches)에 따르면, 종교적으로 헌신적인 아동·청소년 내담자를 대상으로 한 불안과 우울증 상담에 있어, 경건 서적을 상담과정에 통합적으로 활용할 때 효과적인 것으로 나타났다(Walker, Ahmed, Milevsky, Quagliana, & Bagasra, 2017).

경건 서적의 활용은 여러 방법으로 가능한데, 먼저 상담에 참여하는 내담자에게 상담에 보다 잘 참여할 수 있도록 종교적·영적 전통의 서적을 활용하여 핵심적 가르침이 상담의 목적과 어떻게 부합되는지를 설명할 수 있다. 이는 성인 내담자에게 그가 속해 있는 종교적·영적 울타리 안에서 자신의 문제를 바라봄과 동시에 그 핵심적 가르침이 현재 상담에서의 상담적 개입과 연결되어 있다는 인식을 가지도록 도울 수 있다. 아동·청소년상담의 경우, 부모가 자녀와 동일한 신앙 전통을 갖고 있을 경우에 부모 역시 자녀의 상담에 보다 참여적으로 함께할 수 있도록 돕고 상담의 효과에 대한 신뢰를 갖게 하는 데 도움이 된다. 탠과 존슨(Tan & Johnson, 2005)의 연구에 따르면, 특히 경건 구절을 활용하는 것이 비합리적 신념을 바꾸거나 내담자의 비합리적 신념에 연관된 부정적 자기대화를 바꾸는 데 효과적이다. 워커 등(walker et al., 2017)은 상담자가 간접적으로 구체적인 장이나 구절을 인용하지 않으면서도 내담자가 속한 종교의 경건 서적에서 이야기하는 진리에 대해 언급할 수 있다고 제안한다. 예컨대, 외로움을 호소하는 우울증을 지닌 기독교인 청소년 내담자에게 예수님의 언급 가운데 어느 구절인지를 상담자가 밝히려고 시도하지 않으면서도, 예수님이 우리를 결코 떠나지 않으리라고 언급한 부분을 내담자 스스로가 상기시킬 수 있도록 도울 수 있다. 또 하나의 예로, 인지행동치료(CBT)를 할 때 이미지 작업의 과정에서 종교적 이미지 작업으로 경건 구절을 그려 보도록 하는 방법이 있다. 불안 증세로 힘들어하는 기독교인 내담자에게는 이완 훈련의 일환으로 이루어지는 이미지 작업에서 예수님이 자신을 안고 있는 모습을 상상해 보도록 요청할 수 있다.

4) 아동 · 청소년 집단상담 활동 예시

싱크 등(2014)은 특히 아동 · 청소년의 교육과 상담에 있어 영성이 매우 중요하다고 보았다. 건강한 영성은 유익하며, 청소년들이 발달적 과제를 성취하는데 유용한 자산이 될 수 있다는 것이다. 특히 관계적 측면에서 자신과 타인의 관계가 갖는 중요한 의미, 서로를 배려하는 마음을 가질 때 느끼는 더 큰 대의적보람 등을 아동기 · 청소년기부터 교육과 집단상담 프로그램 등을 통해 경험하는 것이 아동 · 청소년으로 하여금 원만한 대인관계의 초석을 다지는 데 좋은 영향을 끼친다고 보았다. 싱크는 오랜 기간 동안 아동 · 청소년을 위한 다양한 영성교육 및 상담 프로그램을 개발하고 시행하는 일에 동료 연구자들과 함께 헌신하였다. 이 영성교육의 모토는 소위 '관계를 살리는 아동 · 청소년상담과 영성교육'으로서, 세상에서 함께 어울려 조화를 이루어 살아가는 것이 얼마나 중요하고 의미가 있는 것인지를 아동 · 청소년의 발달단계와 양상에 맞는 내용과 활동으로 안내하는 데 초점을 두고 있다. 여기서는 싱크 등(2014)이 소개한 아동 · 청소년의 영적 민감성을 길러 주는 데 도움이 되는 집단상담의 활동 두 가지를 소개하고자 한다. 상세한 활동 내용은 싱크 등(2014)를 참고하기 바란다.

(1) 영성 인생지도 그리기

- **목적**: 자신의 인생을 되돌아보고, 의미 있었던 순간들에 대한 이해와 더불어, 삶의 목적에 대해 연결하여 생각해 보도록 돕는다.
- **활동목표**: ① 학생들이 자신의 인생에서 의미 있었던 순간을 되돌아볼 수 있다.
  ② 연대기 순으로 중요한 사건들을 정리할 수 있다.
  ③ 인생의 중요한 사건을 적당한 그림과 도형을 사용하여 묘사할 수 있다.
- **활동 대상**: 청소년
- **준비물**: 인생지도 체크리스트, 도화지(8절지), 색연필, 연필, 자
- **활동순서**

① 인생지도 체크리스트를 사용하여 인생의 중요 사건들을 기록한다.

② 체크리스트에서 결정한 사건들을 그림을 통해 표현한다. 예를 들어, 태어난 사건을 표시하려고 할 때에는 생일 케이크나 임신한 여성을, 학교에서 일어난 중요한 사건을 묘사하려면 학교 건물이나 칠판으로 나타낼 수 있다.

③ 인생지도의 예시를 보여 주며, 상징들을 선으로 연결하는 것과 좋은 일은 위쪽으로, 나쁜 일은 아래쪽으로 향하게 됨을 설명한다.

④ 도화지를 사용하여 인생에서 있었던 큰 사건들을 표시한다. 사건들을 시간의 순서대로 배열한다.

⑤ 색연필이나 크레파스를 사용하여 중요한 사건을 그림으로 표시하고 색을 칠한다.

⑥ 완성된 인생지도를 사용하여, 다른 학생들과 함께 이야기하도록 격려한다. 인생지도에 나타난 자신만의 중요한 사건을 설명하고, 그 사건을 통해 느낀 점과 생각한 점 그리고 의미에 대해 이야기를 나누도록 격려한다.

출처: 싱크 외(2014).

(2) 자연과의 만남: 사진과 영상을 이용한 활동

- **목적**: 자연의 아름다움을 감상하고, 자신이 자연으로부터 온 존재라는 점을 아동 나름의 상상력과 창의성을 발휘하여 표현함으로써, 학생들이 스스로에 대해 생각하고 앞으로의 인생의 소망과 바람에 대해 생각해 보는 기회를 제공한다.
- **활동목표**: ① 학생들이 자연의 아름다움을 감상할 수 있다.
  ② 자신이 관찰한 자연의 아름다움을 표현할 수 있다.
- **활동 대상**: 초등학교 4~6학년 학생
- **준비물**: 풍경 사진 또는 동영상, 메모를 위한 노트
- **활동 순서**

  ① 자연을 나타내는 명언을 함께 알아본다.
  - 일출 전 숲의 아름다움보다 더 아름다운 것은 없다(조지 워싱턴 카버).
  - 자연은 신의 묵시이고, 예술은 인간의 묵시이다(H. W. 롱펠로우).
  - 자연을 연구하라. 자연을 사랑하라. 자연과 함께하라. 절대 실망하지 않을 것이다(프랭크 라이트).
  - 나의 인생의 풍요로움은 자연으로부터 오고, 나의 영감의 원천 역시 자연에서 온다(클로드 모네).

  ② 제주도 10대 절경 중 하나인 윗세오름의 풍경 사진을 제시한다.

  ③ 각자 아름다운 자연을 바라보았던 경험에 대해 이야기를 나눈다.

  ④ (가능하면) 수업 장소를 조용하면서 작은 숲 또는 나무가 있는 곳으로 이동한다. 학생들에게 10분 정도를 주고, 아무것도 적거나 그리지 말고 오직 자신들의 오감을 이용해 자연을 관찰하게 한다. 다음 10분 동안 자신들이 관찰한 것(보고, 듣고, 냄새 맡고, 느낀 것 등)을 간단하게 그리거나 메모하게 한다.

  ⑤ 활동 후 느낌과 소감을 나누고 학생들이 작성한 메모나 그림을 전시한다.

출처: 싱크 외(2014).

4. 영성상담의 전망과 과제

지금까지 논의한 바에 기초해 볼 때, 영성은 인간의 고유한 특성으로 자기 내면을 보다 깊이 있게 성찰하고 자기를 초월하여 자연, 신, 타인과의 관계 속에서 조화로운 삶을 이루어 가고자 하는 경향과 관련된 매우 중요한 주제라고 이해할 수 있다. 때문에 영성은 상담학 분야에서도 중요한 주제로 인식되고 있다. 갈수록 복잡다단한 첨단과학의 산물이 인간 삶의 편리성을 괄목할 만큼 보장해 줌에도 불구하고, 선진국일수록 높게 나타나는 자살률이나, 행복지수가 물질적 번영과 반비례하는 현상은 물질적 풍요만으로 충족할 수 없는 인간 존재의 고유한 특성에 대한 관심과 돌봄이 필요하다는 것을 의미한다. 즉, 인간 본연의 존재론적 의미와 가치를 보다 깊이 있게 이해하고, 이 의미를 인간 스스로 깊고 초월적인 내면적 성찰과 자신의 상태에 대한 알아차림, 그리고 그를 바탕으로 한 실천으로 이어 가는 것이 필요하다. 이러한 과정이 바로 상담학의 주 관심사라고 볼 때, 인간의 전 생애를 보다 풍요롭게 누리고 행복한 삶을 영위하는 데 있어 영성은 더할 나위 없이 중요한 주제라 할 것이다.

앞서 살펴보았듯이, 실제로 최근의 심리학 분야에서는 과거 종교인들이 행하여 왔던 영적 수행의 원리를 심리학적으로 연구하고, 상담 실제에 적용하는 방안을 활발하게 연구하고 있다. 이 장의 서두에서 언급하였듯이, 미국심리학회의 36분과인 '종교와 영성 심리학회'에서는 영성을 주제로 한 심리학적 연구에 관심을 가지고 전문학술지를 발간하고 있으며, 국내에서도 상담분야 전문학술지(『상담학연구』『한국심리학회지: 상담 및 심리치료』 등)에서 영성을 주제로 한 연구논문이 발표되고 있다.

보다 구체적으로 종교적 영성수행의 아이디어를 치료방법 개발로 연결한 사례를 몇가지 살펴보면, 1979년 매사추세츠 의과대학 교수 존 카밧진(Jon Kabat-Zinn)은 불교의 참선과 명상 등의 기본 아이디어를 인지행동치료(CBT)에 적용하여 새로운 치료법을 개발하였다. 이 치료법은 자신의 내면을 알아차리고, 그를 바탕으로 자신의 삶에 대한 관점과 사고의 흐름을 변화시키는 데 초점을 두는 마음챙김 명상 치료법으로 발전되었다. 마음챙김 명상 치료법은 MBSR(Mindfulness-Based Stress Reduction) 프로그램이라는 이름으로 전세계 의료기관에서 우울증, 심혈관계 질환 등 만성질병치료에 활용되고 있다. 그리고 임상적 효과에 대한 연구도 정신의학 분야와 상담 및 임상심리 분야에서 지금까지 활발하게 이루어지고 있는 것으로 알려져 있다. 또한 인지행동치료 접근 내에서 '제3의 동향'이라고 불리는 수용전념치료(Acceptance-Commitment Therapy: ACT) 역시 심리적 · 정서적 고통을 어떻게 바라보고 어떤 자세로 대하는지에 대한 성찰과 수용과정을 강조한다. ACT는 문제해결에만 초점을 두었던 전통적 심리치료 관점에서 한 발 더 진일보한 치료방법으로 각광을 받고 있으며, 이 역시 불교적 수행의 흐름에 대한 아이디어와 유사한 측면을 포함하고 있다.

젠들린(Gendlin, 1982)은 인간중심접근의 주요 아이디어와 가톨릭의 영성지도에서의 의식성찰의 과정을 심층적으로 연구하여, 포커싱 심리치료 요법(Focusing Therapy)을 개발하였다. 이 방법 역시 미국과 유럽에서 많은 임상가가 관심을 가지고 상담에 적용하고 있으며, 힌터코프(Hinterkopf, 2014)는 『영성상담의 실제(Integrating spirituality in counseling)』라는 책을 통해 이를 기독교적 영성지도 및 상담에 어떻게 적용할 수 있는지를 소개하였다.

이처럼 현대사회가 복잡해질수록 인간의 본질과 관련된 영성, 그리고 영성과 관련된 여러 요소, 즉 삶의 의미, 안녕감, 행복 등과 더불어 영성을 증진시킬 수 있는 활동과 상담적 개입 방안에 대한 관심은 점차 증대될 것으로 전망된다. 생애개발상담의 주요 초점이 전 생애에 걸쳐 행복을 추구하고 보다 나은 삶을 영위할 수 있도록 조력하는 것임을 전제로 할 때, 앞으로 영성상담이 생애개발을 위한 매우 중요한 영역으로서 더욱 심화 · 발전할 것이라 기대한다.

[참고문헌]

강남국(1999). 여가사회의 이해. 서울: 형설출판사.

강상현(2000). 다이어트 심리에 관한 연구. 고려대학교 대학원 석사학위논문.

강지현(2013). 영유아기 발달의 현안과 상담. 임은미 외. 인간발달과 상담. 서울: 학지사.

고동우(2005). 여가치료의 관점으로 본 관광 체험의 심리적 효과. 호텔관광연구, 10(1), 1-20.

공윤정(2005). Holland이론의 문화적 적합성에 관한 이론적 고찰. 상담학연구, 6(4), 1225-1244.

공윤정(2014). 진로의사결정 과정에서 정서의 역할에 대한 탐색적 논의. 아시아교육연구, 15(1), 27-43.

곽금주(2016). 발달심리학. 서울: 학지사.

곽선혜, 정의철(2015). 다이어트 행동의 이해. 언론과학연구, 15(4), 5-56.

교육부(2015). 2015교육과정. 교육부.

교육부, 세종특별자치시교육청(2017). 유·초등 교육과정 연계강화를 위한 연령별 누리과 정 지도 중점. 세종패키지.

구자경(1999). 시어머니와 며느리가 지각하는 고부간의 갈등. 이화여자대학교 대학원 석사학위논문.

권명수(2008). 관상기도의 의식의 스름과 치유. 신학과 실천, 16, 217-250.

권명숙(2012). 현장 적용을 위한 요리치료의 실제. 경기: 교육과학사.

권석만(2004). 젊은이를 위한 인간관계의 심리학. 서울: 학지사.

권석만(2008). 긍정심리학. 서울: 학지사.

권석만(2013). 현대이상심리학. 서울: 학지사.

권석만(2017). 인간 이해를 위한 성경심리학. 서울: 학지사.

권중돈, 김동배(2008). 인간행동과 사회환경. 서울: 학지사.

김경식, 이경선(2003). 중요타자의 여가지지 척도 개발. 한국여가레크리에이션학회지, 37(3), 65-80.

김광수(2013). 아동기 발달의 현안과 상담. 임은미 외. 인간발달과 상담. 서울: 학지사.

김남순, 박은자, 전진아, 최지희, 김명희, 김소운, 김영애, 김유미, 박정희, 장숙량, 정진주, 정최경, 천희란(2014). 한국여성의 건강통계. 한국보건사회연구원 정책보고서.

김동익, 이영화(2013). 여성공학도의 전공관련 심리적 특성에 미치는 공과대학 교육환경의 영향. 공학교육연구, 16(2), 69-77.

김미경(2008). 기독상담자와 영성. 복음과 상담, 11, 165-185.

김미랑(2009). 진지한 여가 척도 개발. 한국체육학회지, 48(4), 397-408.

김미랑, 이연주, 황선환(2010). 여가만족척도의 타당도 검증과 적용. 한국콘텐츠학회논문지, 10(11), 435-445.

김미혜, 김정원, 백명희, 송혜미(2007). 남편이 은퇴한 여성 노인의 적응과정에 관한 연구. 노인복지연구, 38, 383-416.

김민정(2014). 다문화가정과 일반가정 초등학생의 진로 인식 비교 연구-경기와 경북지역을 중심으로. 대구교육대학교 교육대학원 석사학위논문.

김봉환(2014). 은퇴상담의 현황과 전망. 상담학연구, 15(1), 301-320.

김봉환, 이제경, 유현실, 황매향, 공윤정, 손진희, 강혜영, 김지현, 유정이, 임은미, 손은령(2010). 진로상담이론: 한국 내담자에 대한 적용. 서울: 학지사.

김선숙(2000). 주요국의 노인교육 비교분석. 홍익대학교 대학원 석사학위논문.

김선옥(2005). 요리활동 프로그램이 지원고용대상자의 자아존중감 발달에 미치는 효과. 대구대학교 재활과학대학원 석사학위논문.

김성민(2016). 기독교영성과 개성화 과정: 버나드 로너간의 신학사상과 C. G. Jung의 분석심리학 사상을 중심으로. 신학과 실천, 51, 275-302.

김숙희, 강병남(2013). 세계의 식생활과 음식문화. 경기: 대왕사.

김양희, 유성경(2009). 학업 우수 여자청소년들의 진로장벽과 진로포부의 종단분석. 한국심리학회지: 여성, 14(3), 447-465.

김영순(2012). 다문화사회와 다문화 감수성, 결혼이민여성을 위한 다문화 감수성과 다문화 지원센터의 역할. 2012 다문화 가족지원센터 신규교육, 56-76.

김영순, 이철원, 최석호, 노용구, 류정아(2006). 여가와 문화: 여가 연구의 문화코드. 서울: 역락.

김영재(2010). 한국형 여가몰입 척도의 개발과 타당화 검증. 한국체육학회지, 49(2), 343-355.

김용신(2011). 글로벌 다문화교육의 이해. 경기: 한국학술정보.

김은경, 김종남(2016). 다문화가정 청소년의 문화적응 스트레스와 심리사회적 적응의 관계: 자아정체감의 매개효과와 지각된 사회적 지지의 조절효과. 다문화교육연구, 9(4), 21-43.

김은석, 유성경(2013). 여대생의 자아정체감과 진로결정수준 간의 관계에서 진로정체감과 다중역할계획태도의 매개효과. 한국심리학회지: 상담 및 심리치료, 25(4), 897-912.

김정운(2005). 노는 만큼 성공한다. 서울: 21세기북스.

김정훈, 동환숙(2002). IMF 경제 위기 전후 대학생의 돈에 대한 태도와 행동 차이. 한국생활과학회지, 11(3), 237-247.

김정훈, 이은희(2002). 돈에 대한 태도와 가치관 유형에 따른 전라북도 대학생들의 소비가치, 물질주의 태도, 구매충동. 한국가정관리학회지, 20(6), 121-128.

김정훈, 정혜정(1996). 돈에 대한 태도에 대한 시험적 연구: MBBS 적용 및 비교 문화적 관점. 원광대학교 원대논문집, 32-2.

김종서, 김승한, 황종건, 정지웅, 김신일(1987). 평생교육원론. 서울: 교육과학사.

김중술(2005). 다면적 인성검사 II 매뉴얼. 서울: 마음사랑.

김지예(2014). 스트레스 대처방식과 정서적 섭취의 관계 및 컴포트 푸드. 광운대학교 대학원 석사학위논문.

김지예, 이상희(2013). 컴포트 푸드 구성요인에 대한 대학생의 개념도 분석. 한국심리학회지, 32(3), 609-630.

김진하(2016). 제4차 산업혁명시대, 미래사회변화에 대한 전략적 대응방안 모색. *KISTEP InI, 15,* 45-58.

김진화, 전은선, 박선경(2014). 직장인의 평생학습역량에 대한 탐색적 실증 연구. 농업교육과 인적자원개발, 46(1), 181-205.

김태련, 조혜자, 이선자, 방희정, 조숙자, 조성원, 김현정, 홍주연, 이계원, 설인자, 손원숙, 홍순정, 박영신, 손영숙, 김명소, 성은현(2004). 발달심리학. 서울: 학지사.

김하예, 우한준, 임상호, 전우영(2011). 고정관념 위협이 여성의 수학과제 수행에 미치는 영향. 한국심리학회 연차 학술발표논문집, 260.

김형숙(2000). 요리활동이 유아의 친사회적 행동에 미치는 영향. 순천향대학교 대학원 석사학위논문.

김혜온(2012). 다문화교육의 심리학적 이해. 서울: 학지사.

김혜진(2015). 하위문화로서의 푸드 포르노(Food Porn) 연구: 아프리카TV의 인터넷 먹방을 중심으로. 인문학연구, 50, 433-455

김홍록(2006). 청소년 비행 선도를 위한 여가상담적 접근. 한국여가레크리에이션학회지, 30(4), 261-271.

김효정(2000). 체계론에 의한 가계의 재무관리행동과 재정만족도에 관한 연구. 한국가정관리학회지, 18(1), 53-66.

김희수(2013). 노년후기 발달의 현안과 상담. 임은미 외. 인간발달과 상담. 서울: 학지사.

나금희(2017). 여성노인 학습자의 자기주도성이 학습몰입, 기관몰입 및 삶의 질에 미치는 영향. 경성대학교 대학원 박사학위논문.

남순현(2017). 노인의 은퇴 후 삶의 적응에 대한 Glaser의 근거이론적 접근. 한국사회복지질적연구, 11(1), 5-29.

노안영, 강영신(2003). 성격심리학. 서울: 학지사.

노용구(2005). 몰입(Flow)이론을 적용한 여가상담에 관한 연구. 한국여가레크리에이션학회지, 29, 109-120.

노용구(2006). 여가학의 정체성 구축을 위한 탐색. 김영순 외 공저, 여가와 문화: 여가연구의 문화코드(pp. 73-102). 서울: 역락.

노용구(2008). 여가학의 개념. 노용구 외 공저, 여가학 총론(pp. 5-13). 서울: 레인보우북스.

대한기초간호자연과학학회(2002). 의학간호학대사전. 서울: 현문사.

대한민국정부(2016). 2016-2020: 제3차 저출산·고령사회 기본계획. 대한민국정부.

류성창(2015). 다문화·탈북 학생들의 진로교육 및 취업지원 강화 방안에 대한연구. 교육부.

류종훈, 임창덕, 윤인호, 김동석, 오지혜(2002). 노인교육의 이론과 실제. 서울: 학문사.

린쉬에, 조향숙, 김시월(2013). 화폐태도 척도 개발 및 한국과 중국 소비자의 화폐태도 비교. *Financial Planning Review, 6*(4), 71-97.

문숙재, 윤소영, 차경욱, 천혜정(2004). 여가문화와 가족. 서울: 신정.

문화관광부(2004). 여성문화 TF 결과보고서: 양성평등문화 실현을 위한 문화 관광부 조직문화와 정책과제 제안.

민경환(2002). 성격심리학. 경기: 법문사.

민병배, 오현숙, 이주영(2007). 기질 및 성격검사-성인용(TCI-RS). 서울: 마음사랑.

박병준, 윤유석(2015). 영성과 치유: '치유의 철학'을 위한 영성 개념의 정초 작업. 가톨릭철학, 25, 63-96.

박세혁(1998). 청소년 비행 예방과 치료를 위한 여가스포츠의 예방. 체육연구논문집, 5(1), 33-46.

박영서(2017). 4차 산업혁명시대, 교육의 변화. 한국과학기술정보연구원.

박영신, 김의철(2009). 심리적, 관계적, 경제적 자원. 한국심리학회지: 문화 및 사회문제, 15(1), 95-132.

박윤아(2011). 서울시에 거주하는 고등학생의 식행동과 영양섭취실태조사: 혼자 식사하는 학생을 중심으로. 한양대학교 교육대학원 석사학위논문.

박정숙, 차경욱(2003). 대학생 소비자의 돈에 대한 태도 유형별 의복구매행동. *Family and Environment Research, 41*(6), 13-28.

박천응(2009). 다문화 교육의 탄생. 경기: 국경없는마을.

박충선, 정미영(2013). 인간ㆍ건강과 성. 서울: 학지사메디컬.

백은영, 정순희(1998). 도시가계의 화폐태도유형과 지출행동분석. 대한가정학회지, 36(3), 47-61.

서정범 감수(1999). 크라운 국어사전. 삼성서관.

성영애(2012). 재무교육 및 재무상담에 대한 소비자요구와 선호분석. 소비자학연구, 23(2), 85-105.

성영애, 양세정, 이희숙, 차경욱, 최현자(2006). 소비자재무설계 및 상담 교과과정의 발전적 운영을 위한 小考. 소비자정책교육연구, 2(1), 21-39.

성영애, 양세정, 최현자(2006). 개인재무설계 분야의 국내 교육 및 연구동향과 실천적 과제. *Financial Planning Review, 1*(1), 1-17.

손은령(2002). 여자대학생이 지각한 진로장벽 요인에 관한 연구. 한국심리학회지: 상담 및 심리치료, 14(1), 219-231.

손은령, 손진희(2019). 여가상담의 현실과 과제. 상담학연구, 20(2), 191-206.

송명자(1995). 발달심리학. 서울: 학지사.

송원영, 리난(2008). 재한 중국인 유학생의 문화적응 유형에 따른 유학초기 심리적 적응의 차이. 한국심리학회지, 5(2), 159-173.

송재홍(2016). 평생학습사회에서 학습 조력자로서 상담자의 역할과 과제. 평생학습사회, 12(2), 25-47.

신기진(2006). 협력학습으로써 요리활동 프로그램이 정서장애아의 또래관계변화에 미치는 영향. 공주대학교 특수교육대학원 석사학위논문.

신명희(2018). 영유아발달. 서울: 학지사.

신승환(2008). '영성'개념의 철학적 사유 지평. 가톨릭철학, 10, 5-33.

신영채(2012). 다문화 가정의 지원정책 개선방안에 대한 연구. 경희대학교 대학원 석사학원논문.

신화용(1996). 남편이 은퇴한 부부관계의 변화에 대한 탐색적 고찰—부인과 남편의 지각 비교. 덕성 사회과학연구지, 4, 117-131.

신화용, 조병은(1999). 남편이 은퇴한 부인의 역할수행과 결혼만족도. 대한가정학회지, 5(4), 283-293.

싱크, C., 서미, 김동현(2014). 아동, 청소년을 위한 긍정상담: 영성을 중심으로. 서울: 학지사.

아하령(2007). 인종에 대한 사회적 편견 연구-고정관념, 감정과 사회적 거리감의 관계를 중심으로-. 한양대학교 대학원 석사학위논문.

안석(2013). 상담심리치료의 영성적 차원에 관한 고찰: D. Benner를 중심으로. 신학과 실천, 34, 167-190.

안유숙(2013). 목회자 아내의 은퇴 적응 경험 연구. 한국기독교상담학회지, 24(2), 105-133.

안정신, 강인, 김윤정(2009). 한국 중노년 성인들의 성공적 노화 척도 개발에 관한 연구. 한국가족관계학회지, 13(4), 225-245

야노 미치코(2002). 재한 일본 유학생의 스트레스 사건에 관한 연구. 서울대학교 대학원 석사학위논문.

양순옥(1990). 한국인의 건강에 대한 실체 개념에 관한 연구. 이화여자대학교 대학원 박사학위논문.

어윤경, 김동일, 정여주, 이주영(2011). 대학생용 취업준비행동 검사 개발 및 타당화. 한국교육학연구, 17(3), 267-291.

여성가족부(2018). 2018년 폭력 예방교육 운영안내. 여성가족부 권익기반과.

여성심리학회(2015). 여성심리학. 서울: 학지사.

오유진(2017). 1인 가구, 신 건강취약계층으로의 고찰 및 대응. 한국건강증진개발원 Weekly issue, 4, 1-8.

오해영, 공윤정, 김영화(2012). 초등학생과 부모를 위한 진로집단상담 프로그램 개발. 초등교육연구, 25(4), 211-237.

오현숙, 민병배(2004). 기질 및 성격검사. 서울: 마음사랑.

우성남, 손영미(2009). 여가라이프스타일 척도개발 연구. 여가학연구, 7(1), 1-26.

원경미(2005). 요리활동을 통한 유아의 언어 양상에 관한 연구. 단국대학교 교육대학원 석사학위논문.

유네스코 아시아태평양 국제이해교육원(2008). 다문화 사회의 이해. 경기: 동녘.

유장춘(2003). 사회복지실천을 위한 영성적 접근 가능성에 대한 탐색. 통합연구, 16(2), 9-44.

윤익모, 김홍설, 송강영(1997). 대도시 주부의 여가활동 유형이 여가만족에 미치는 영향. 한국스포츠사회학회지, 8, 1-18.

윤인진(2000). 소수차별의 메카니즘. 사회비평, 여름 특별호.

윤정혜, 김경자, 성영애, 손상희, 양세정, 이희숙, 최현자(2001). 소비자재무설계 · 상담 · 교육 프로그램 개발을 위한 연구 방향. 소비자학연구, 12(3), 89-108.

이기춘, 박명희, 윤정혜, 손상희, 성영애(1998). 소비자재무설계론. 서울: 학현사.

이동훈, 고영건, 권해수, 김동일, 김명권, 김명식, 김진영, 박상규, 서영석, 송미경, 양난미, 양명숙, 유영달(2013). 정신건강과 상담. 서울: 학지사.

이려화, 허성호, 박지영, 이희수(2017). 평생학습동기가 평생학습에 미치는 영향 분석:임파워먼트의 매개효과를 중심으로. *Journal of the Korean Data Analysis Society, 19*(2), 931-943.

이미혜, 김영자, 문채수연, 배인숙, 이문자, 이화영, 황경숙(2012). 여성주의상담과 사례 수퍼비전. 서울: 학지사.

이선미(2018). 부부의 원가족 분화와 가족레질리언스가 고부 · 장서 갈등에 미치는 영향. 한국생활과학회지, 27(5), 385-396.

이선희(2012). 재한 외국인 유학생의 적응과정에서의 상태 학습목표지향성의 역할. 한국심리학회지 사회 및 성격, 26(2). 101-116.

이수길, 오갑진, 정호권(2003). 현대인의 Leisure Life. 서울: 한올.

이수연, 권해수, 김현아, 김형수, 문은식(2013). 성격의 이해와 상담. 서울: 학지사.

이승규, 지선미(2017). 4차 산업혁명 시대의 일자리 변화와 한국사회의 대응방향. *KISTEP InI, 19*, 39-55.

이승민(2008). 여가와 교육. 노용구 외 공저, 여가학 총론(pp. 151-165). 서울: 레인보우 북스.

이승종(1996). 문화이입과정 스트레스와 유학생의 신념체계 및 사회적 지지와의 관계. 연세대학교 대학원 석사학위논문

이요행(2002). 개인과 환경의 상응이 직무만족, 수행 및 이직가능성에 미치는 영향. 중앙대학교 대학원 박사학위논문.

이은실(2015). 영성발달: 대학 교육에서의 개념과 평가방법 탐색. 기독교교육논총, 42, 201-239.

이은철(2017). 고령학습자의 특성이 온라인 학습 참여 수준에 미치는 영향-방송통신 고등학교 학생을 중심으로-. 열린교육연구, 25(2), 131-148.

이자명(2013). 워킹맘의 일-가족 다중역할갈등 상황에서 심리적 거리 조절에 따른 대안적 사고 차이. 서울대학교 대학원 박사학위논문.

이자명, 두경희(2015). 성별에 따른 예비교사의 성역할 인식 및 역할기대차이 분석. 한국심리학회지: 여성, 20(4), 591-614.

이장호(2005). 상담심리학(4판). 서울: 박영사.

이재분, 현주, 김미숙, 류덕엽(2002). 초등학생의 지적, 정의적 발달수준 분석 연구. 서울: 한국교육개발원.

이재준(2017). 성인학습자의 대학원 생활에서 나타나는 일-학문 교차경험에 관한 연구. 서울대학교 대학원 박사학위논문.

이창호(2009). 다문화청소년의 사회적응 실태와 재사회화 방안. 한국청소년학회 학술대회, 2, 119-131.

이향만(2012). 동양영성의 기원. 인격주의 생명윤리, 2(1), 1-25.

이화용, 홍아정(2012). 기혼 근로자의 배우자 및 상사의 지원이 경력몰입에 미치는 영향: 일-가정갈등의 매개효과 기혼 근로자의 배우자 및 상사의 지원이 경력몰입에 미치는 영향: 일-가정갈등의 매개효과. 직업교육연구, 31(2), 45-66.

이희정(2017). 노인대학의 교육 프로그램에 대한 만족도 조사 연구. 인문사회 21, 8(1), 583-602.

임승권, 김정희, 김병석(1996). 청소년 성격상담. 서울: 청소년대화의광장.

임영언, 이화정(2013). 한국거주 일본인의 문화적응 모형과 다문화 수용태도 연구. 평화학연구, 14(4), 178-205.

장윤재, 김미라(2016). 정서적 허기인가 정보와 오락의 추구인가? 한국방송학보, 30(4), 152-185.

장재윤(2002). 직무특성의 직무관여 및 조직몰입간의 관계: 돈에 대한 태도 및 내외동기 지향성의 조절효과. 한국심리학회지: 산업 및 조직, 15(3), 1-22.

장현갑(1996). 명상의 심리학적 개관: 명상의 유형과 정신생리적 특징. 한국심리학회지: 건강, 1(1), 15-33.

장현갑(2009). 마음 vs. 뇌: 마음을 훈련하라 뇌가 바뀐다. 서울: 불광출판사.

장휘숙(2015). 발달심리학. 서울: 박영사.

전도근, 권명숙(2008). 요리치료의 이론과 실제. 경기: 교육과학사.

전해영, 장우석(2017). 4차 산업혁명 시대의 국가혁신전략 수립 방향. 한국경제연구원 4차 산업혁명 연구센터.

전혜전(1997) 청소년을 위한 여가상담 프로그램의 효과. 계명대학교 교육대학원 석사학위논문

정광현(2002). 레저와 생활. 서울: 학문사.

정금(2016). 화교 중고등학생의 문화적응 스트레스, 중국어 및 한국어 능력과 학교적응과의 관련성. 서울대학교 대학원 석사학위논문.

정욱호(1993). 여가관련 평강자조과정 단계별 성인의 여가태도 및 여가상담관심문제.

계명대학교 대학원 박사학위논문.

정은미(2016). 며느리의 고부갈등 경험 연구. 백석대학교 대학원 박사학위논문.

정진경, 양계민(2004). 문화적응이론의 전개와 현황. 한국심리학회지: 일반, 23(1), 101-136.

정진경, 양계민(2005). 문화간 훈련의 이론과 방법. 한국심리학회지: 일반, 24(1), 185-215.

정하성, 유진이, 이장현(2007). 다문화청소년이해론. 경기: 양서원.

정해숙, 유진은, 김미윤(2009). 남녀공학 중등학교에서의 성별 교육실태와 향후 과제. 한국여성정책연구원 연구보고서. 서울: 한국여성정책연구원.

조성남(2004). 에이지붐 시대: 고령화 사회의 미래와 도전. 서울: 이화여자대학교 출판부.

조영달(2007). 진로지도의 의의와 실태. 교육개발.

조재영(2017). 인구고령화가 의료비지출에 미치는 효과. 연세대학교 대학원 박사학위논문.

조혜진, 최재경(2015). 저축 및 투자목적과 금융자산선택 간의 관계 연구. *Financial Planning Review, 8*(3), 119-153.

주소현, 김정현(2011). 세대별 개인재무관리 관련 태도 및 행동 분석: N, X, 베이비부머, 전쟁세대를 중심으로. 소비자정책교육연구, 7(3), 123-146.

질병관리본부(2017). 국민건강통계·국민건강영양조사 제7기 2차년도. 충청: 질병관리본부.

천정웅, 김태원, 이수미, 박선희, 박주현(2015). 다문화 클로컬 생활세계. 경기: 양서원.

최경범, 김용구(2003). 현대인의 여가생활. 서울: 한울.

최두석(2009). 월경전증후군/월경전 불쾌장애의 진단 및 치료. 대한산부인과학회 연수강좌, 41, 135-146.

최신의료대백과사전편찬위원회(1992). 의료대백과사전 5. 서울: 신태양사.

최영민(2001). 기독상담에서 종교성과 영성의 평가. 한국기독교상담학회지, 3, 139-158.

최옥금(2011). 우리나라 중고령자의 은퇴 과정에 관한 연구: 생애주된 일자리와 가교일자리를 중심으로. 한국노년학, 31(1), 15-31.

최윤정, 김계현(2010). 대졸 기혼 직장여성의 개인특성, 환경적 지지 및 일-가족 다중역할 갈등 완화 간의 관계. 한국심리학회지: 상담 및 심리치료, 22(4), 1047-1074.

최재붕(2019). 포노 사피엔스. 경기: 쌤앤파커스.

최정훈(1997). 삶의 문제와 적응의 심리학. 경기: 법문사.

최진성(2014). 보은군 노인대학 프로그램에 대한 만족도 분석. 충북대학교 대학원 석사학위논문.

최해림(2001). 상담에서 영성의 문제. 한국심리학회지: 상담 및 심리치료, 13(1), 1-13.

추병완(2012). 다문화사회에서의 반편견 교수 전략. 서울: 하우.

통계청(2016). 2016 고령자 통계. 대전: 통계청.

한국건강관리협회(2006). 건강상담의 이론 및 적용. 한국건강관리협회.

한국교육개발원(1992). 진로교육자료. 서울: 한국교육개발원. http://www.kedi.re.kr

한국교육개발원(2013). 다문화학생 지원정책이 놓치는 것. 서울: 한국교육개발원. http://www.kedi.re.kr

한국교육개발원(2016a). 2016년 평생교육통계 자료집. 한국교육개발원.

한국교육개발원(2016b). 한국 성인의 평생학습실태. 한국교육개발원.

한국사회과교육연구회 편(2011). 다문화교육의 이론과 실제. 경기: 한국학술정보.

한국유방암학회(2014). 유방암백서 2014. 한국유방암학회.

한국은행(2017). 인구고령화에 따른 우리나라 산업구조 변화. 한국은행.

한국은행(2018). 기혼여성의 경제활동참가 확대방안 분석. 조사통계월보, 7.

한국직업능력개발원(2017). 4차산업혁명과 교육의 변화. 한국직업능력개발원.

한재희(2010). 한국적 다문화상담. 서울: 학지사.

허경옥, 백은영, 정순희(1997). 돈에 대한 태도유형별 가계의 저축행동. 소비자학연구, 8(2), 43-59.

홍경자(2017). 행복한 삶을 위한 전인적 '영성치유'와 철학상담. 가톨릭철학, 28, 177-208.

홍달아기(1998). 재취업 주부의 스트레스 인지정도 및 대처방법에 관한 연구. 한국생활과학지, 7(1), 97-108.

홍달아기, 이선우, 황은경(2014). 결혼이주여성이 지각하는 고부갈등과 대처 경험에 관한 연구. 한국생활과학회지, 23(5), 789-805.

홍석경, 박소정(2016). 미디어 문화 속 먹방과 헤게모니 과정. 언론과 사회, 24(1), 105-150.

홍은실(2005). 중, 고, 대학생의 돈에 대한 태도와 소비행동에 관한 연구. 한국가정관리학회지, 23(5), 103-121.

홍은실, 황덕순(2001). 여대생 소비자의 화폐에 대한 태도유형별 가치특성에 관한 연구. 소비문화연구, 4, 21-38.

홍종열(2015). 문화지능이란 무엇인가. 서울: 커뮤니케이션북스.

황진애(2007). 학령기 아동의 읽기이해력 발달. 이화여자대학교 대학원 석사학위논문.

足立己幸(1980). 保育園児の食事の共有に関する食生態学的研究. その 1. 家族での食事時間の共有の実態. 保育の研究, 1, 67-74.

Abraham, K. (1927). *The influence of oral erotism on character-formation slected papers of Karl Abraham*. New York, NY: Basic Books.

Adair, G. (1986). *Myths & memories*. New York: HarperCollins.

Addis, M. E., & Mahalik, J. R. (2003). Men, masculinity, and the contexts of help seeking. *American Psychologist, 58,* 5-14.

Adler, A. (1959). *Understanding human nature.* New York: Fawcett.

Adler, P. (1987). Beyond cultural identity. In L. Samovar and R. Porter (eds.), *Intercultural communication: A reader* (pp. 15-29). Belmont, CA: Wadsworth.

Aguilar, T. E. (1987). Effects of a leisure education program on expressed attitudes of delinquent adolescents. *Therapeutic Recreation Journal, 21*(4), 43-51.

Ahuvia, A. (2008). If money doesn't make us happy, why do we act as if it does?. *Journal of Economic Psychology, 29*(4), 491-507.

Aldwin, C. M., & Gilmer, D. F. (2004). *Health, illness, and optimal aging: Biological and psychosocial perspectives.* Thousand Oaks, CA: Sage.

Allen, T. D., Johnson, R. C., Kiburz, K. M., & Shockley, K. M. (2013). Work·family conflict and flexible workarrangements: Deconstructing flexibility. *Personnel psychology, 66,* 345-376

Allport G. W., & Ross J. M. (1967). Personal religious orientation and prejudice. *Journal of Personality and Social Psychology, 5,* 432-443.

Altman, I., & Taylor, D. A. (1973). *Social penetration: The development of Interpersonal relationships.* New York: Holt, Rinehart & Winston.

Andrews, G., Issakidis, C., & Carter, G. (2001). Shortfall in mental health service utilisation. *The British Journal of Psychiatry, 179,* 417-425.

Antonovsky, A. (1979). Health, stress, and coping. San Fransico: Jossey-Bass.

APA. (2015). 전신질환의 진단 및 통계 편람(DSM-5). (권준수 외 역). 서울: 학지사. (원저는 2013년에 출판).

Argyle, M., & Furnham, A. (2013). *The psychology of money.* New York: Routledge.

Armstrong, K. (2000). *Islam: A short history.* New York: Modern Library.

Atkinson, D. R., Morten, G., & Sue, D. W. (1997). *Counseling American Minorities.* New York: McGraw.

Azar, B. (1998). *What Predicts Which Foods We Eat?* APA Monitor Jan. : 12-13.

Babb, J. M. (1997). *Professional Women's Retirement: Common Themes and Adjustments.* Michigan: A Bell & Howell Information Company.

Backhans, M. C., & Hemmingsson, T. (2012). Unemployment and mental health-Who is (not) affected?. *European Journal of Public Health, 22,* 429-433.

Bailey, H. R., Dunlosky, J., & Hertzog, C. (2014). Does strategy training reduce age-related deficits in workingmemory?. *Gerontology, 60,* 346-356.

Bailey, W., & Gustafson, W. (1991). An examination of the relationship between personality factors and attitudes toward money. *Handbook of behavioral economics, 2,* 271-282.

Baltes, P., & Willis, S. (1982). Plasticity and enrichment project(ADEPT). In F. I. M. Craik & S. E. Trehub (Eds.), *Aging and cognitive process.* New York: Plenum.

Baltes, P., Baltes, M., Freud, A., & Lang, (1999). *The Measure of Selection optimization, and compensation(SOC) by self-report.* Berlin, Germany: Max Planck Institute for Human Development and Education.

Baltes, P. B. (1987). Theoretical propositions of life-span developmental psychology: On the dynamics between growth and decline. *Developmental Psychology, 23,* 611-626.

Baltes, P. B., Lindenberger, U., & Staudinger, U. (2006). Life span theory in developmental psychology. In W. Damon & R. Lerner (Eds.), *Handbook of child psychology* (6th ed.). New York: Wiley.

Bandura, A. (1997). *Self-efficacy: The exercise of control.* New York: Freeman.

Bandura, A. (2012). On the functional properties of perceived self-efficacy revisited. *Journal of Management, 38,* 9-44.

Bank, S. P., & Kahn, M. D. (1982). *The sibling bond.* New York: Basic Books.

Banks, J. A. (2008). 다문화 교육 입문. (모경환 외 역). 서울: 아카데미프레스. (원저는 2008년에 출판).

Bardach, S. H., & Rowles, G. D. (2012). Geriatric education in the health professions: Are we makingprogress?. *The Gerontologist, 52,* 607-618.

Barthes, R. (2008). 기호의 제국. (김주환 역). 서울: 산책자. (원저는 1970년에 출판).

Barton, S. C. (1992). *The spirituality of the Gospels.* Peabody: Hendricion.

Batson C. D., Schoenrade, P., & Ventis W. C. (1993). *Religion and the Individual: A Socio-psychological Perspective.* New York: Oxford University Press.

Baumrind, D. (1967). Child care practices anteceding three patterns of pre-school behavior. *Genetic Psychology Monographs, 75,* 43-88.

Bearman, S. K., Presnall, K., Marinez, E., & Stice, E. (2006). The skinny on body dissatisfaction: A longitudinal study of adolescent girls and boys. *Journal of Youth and Adolescence, 35,* 217-229.

Belloc, N. & Breslow, L. (1972). Relationship of physical Health status and health practices. *Preventive Medicine, 1*(3), 409-421.

Bennett, C. I. (2009). 다문화교육 이론과 실제. (김옥순 외 역). 서울: 학지사. (원저는 2007년에 출판).

Bennett, J. (1977). Transition shock. In N. Jain (Ed.), *International and Intercultural Communication Annual*(1). Falls Church, VA: Speech Communication Association.

Bennett, K. M. (2006). Does marital status and marital status change predict physical health in olderadults?. *Psychological medicine, 36,* 1313-1320.

Bennett, M. J. (1993). Toward Ethnorelativism: A developmental model of intercultural sensitivity. In R. M. Paige (Ed.), *Education for the intercultural experience* (2nd ed., pp. 21-71), Yarmouth, ME: Intercultural Press.

Bennett, M. J. (1998). *Basic concepts of intercultural communication.* Yarmouth, ME: Intercultural Press.

Bennett, M. J. (2007). *Intercultural competence for global leadership.* The Intercultural Communication Institute.

Berry, J. W. (1997). Immigration, Acculturation, and Adaptation. *Applied Psychology: An Internaational Review, 46*(1), 5-34.

Berry, J. W., Poortinga, Y. H., Segall, M. H., & Dasen, P. R. (2002). Acculturation and intercultural relations. *Cross cultural psychology*, 345-383.

Betz, N. (2006). Basic issues and concepts in the career development and counseling of women. In W. B. Walsh & M. J. Heppner (Eds.), *Handbook of career counseling for women* (2nd ed.). NJ: Lawrence Erlbaum Associates.

Betz, N., & Hackett, G. (1981). The relationship of career related self-efficacy expectations to perceived career options in college women and men. *Journal of Counseling Psychology, 28*, 399-410.

Bird, C. E., & Reiker, P. P. (2008). *Gender and health: The effect of constrained choices and social polictics.* New York: Cambridge University Press.

Black, J. S., & Mendenhall, M. (1991). The U-curve adjustment hypothesis revisited: A review and theoretical framework. *Journal of international business studies 22*(2), 225-247.

Blakemore, J. E. O., Berenbaum, S. A., & Liben, L. S. (2009). *Gender development.* Cifton, NJ: Psychology Press.

Blau, G. (1993). Further exploring the relationship between job search and voluntary individual turnover. *Personnel Psychology, 46,* 313-330.

Blos, P. (1972). The child analyst looks at the young adolescent. In J. Kagan & R. Coles(Eds.), *12 to 16: Ealry adolscence.* New York: W. W. Norton.

Bluestein, D. L. (2006). *The psychology of working: A new perspective for career development, counseling, and public policy.* Mahwah, NJ: Lawrence Erlbaum.

Bolles, R. N. (1981). *The Three Boxes of Life and How To Get Out of Them: An Introduction to Life/Work Planning.* Berkeley, CA: Ten Speed Press.

Brach, C., & Fraser, I. (2000). Can cultural competency reduce and health disparities? A review and conceptual model, *Medical Care Research and Review, 57,* 181-217.

Brillat-Savarin, J. A. (2004). 브리야 사바랭의 미식 예찬. (홍서연 역). 서울: 르네상스. (원 저는 1934년에 출판).

Brody, L. R. (1985). Geder differences inemotional development: A review of theories and research. *Jounral ofPersonality. 53,* 102-149.

Bronfenbrenner, U., & Morris, P. A. (1998). The ecology of developomental processes. In W. Damon (Series. Ed.) & R. M. Lerner (Vol. Ed.), *Handbook of child psychology: Vol, 1, Theoretical models of human development* (5th ed., pp. 993-1028). New York: Guilford Press.

Brown, B. B., & Larson, J. (2009). Peerrelationships in adolescence. In R. M. Lerner & L. Steinberg (Eds.), *Handbook of adolescent psychology: Contextual influences onadolescent development* (pp. 74-103). Hoboken, NJ: John Wiley & Sons Inc..

Bumpus, M. F., Crouter, A. C., & McHale, S. M. (2001). Parental autonomy granting during adolescence: Exploringgender differences in context. *Developmental Psychology, 37,* 163-173.

Burgoyne, J., & Clark, D. (1983). You are what you eat: food and family reconstitution. In A, Murcott (Ed.), *The Sociology of food and eating: Essays on the sociology of food* (pp. 152-163). Aldershot: Gower Publishing.

Burlew, L. D. (1989). The life-long leisure graph: A tool for leisure counseling. *Journal of Career Development, 15*(3), 164-173.

Canda, E. R., & Purman, L. D. (1999). *Spiritual diversity in social work practice.* NY: Free Press

Candore, G., Balistreri, C. R., Listi, F., Grimaldi, M. P., Vasto, S., Colonna-Romano,

G., Franceschi, C., Lio, D., Caselli, G., & Caruso, C. (2006). Immunogenetics, gender, and longevity. *Annals of the New York Academy of Sciences, 1089*, 516-537.

Castillo, L. G., Cano, M. G., Yoon, M., Jung, E., Brown, E. J., Zamboanga, B. L., Kim, S. Y., Schwartz, S. J., Huynh, Q., Weisskirch, R. S., & Whitbourne, S. K. (2015). Factor structure and factorial invariance of the multidimensional acculturative stress inventory. *Psychological Assessment, 27*, 915-924.

Castro, V. S. (2003). *Acculturation and psychological adaptation*. Westport, CT: raegerPublishers/GreenwoodPublishing Group.

Chaplin, T. M., & Aldao, A. (2013). Gender differences in emotion expression in children: A meta-analytic review. *Psychological Bulletin, 139*, 735-765.

Cherry, D. L., Zarit, S. H., & Krauss, I. K. (1984). The Structure of Post-Retirement Adaptation For Recent and Longer-Term Women Retirees. *Experimental Aging Research, 10*(4), 231-236.

Chinn, P. (1991). Aging and ageism. *Advances in Nursing Science, 13, vii.*

Choudhuri, D. D., Santiago-Rivera, A., & Garrett, M. (2015). 다문화 상담. (오인수 역). 서울: 박학사. (원저는 2011년에 출판).

Christensen, L. (2001). The effect of food intake on mood. *Clinical Nutrition, 20*(1), 161-166.

Church, A. T. (1982). Sojourner adjustment. *Psychological Bulletin, 91,* 540-572.

Coie, J. D. (2004). The impact of negative social experiences on the development of antisocial behavior. In J. B. Kupersmidt & K. A. Dodge (Eds.), *Decade of behavior, Children's peer relations: From development to intervention* (pp. 243-267). Washington DC: American Psychological Association.

Compton, W. C., & Hoffman, E. (2012). *Positive psychology: The science of happiness and flourishing*. Belmont, CA: Wadsworth.

Cook, I. (2008). Geographies of food: Mixing. *Progress in Human Geography, 32*(6), 821-833.

Copen, C. E., Daniels, K., & Mosher, W. D. (2013). First premarital cohabitation in the United States: 2006-2010 national survey of family growth. *National Health Statistics Reports, no 64*. Hyattsville, MD: National Center for Health Statistics.

Costa, P. T., & Macrae, R. (1992). *Revised NEO Personality Inventory and NEO Five*

Factor Model (NEOFFI) Professional Manual.

Cousineau, T., Goldstein, B., & Franko, D. (2004). A collaborative approach to nutrition education for college students. *Journal of American College Health, 53,* 79-84.

Crawford, M., & Unger, R. (2004). *Women and gender: A feminist psychology* (4th ed.). Boston, MA: Mcgraw-Hill.

Crumbaugh, J. C., & Maholick, L. T. (1981). *Manual of instructions for the purpose in Life Test.* Munster, IN: Psychometric Affiliates.

Csikszentmihalyi, M. (1999). If we are so rich, why aren't we happy? *American psychologist, 54*(10), 821.

Dawis, R. V., & Lofquist, L. H. (1984). *A psychological theory of work adjustment.* Minneapolis, MN: University of Minnesota Press.

Dayan, P., & Huys, Q. J. (2009). Serotonin in affective control. *Annual review of neuroscience, 32,* 95-126.

Deeg, D. J. H. (2005). The development of physical and mental health from late midlife to early old age. In S. L. Wilis & Marin (Eds.). *Middle adulthood.* Thousand Oaks, CA: Sage.

Derezotes, D. S., & Evans, K. E. (1995). Spirituality and religiosity in practice: In depth interviews of social work practitioners. *Social Thought, 18*(1), 9-56.

Deutsch, S., & Won, G. (1963). Some factors in the adjustment of foreign nationals. *Journal of Social Issues, 19,* 115-122.

Diamond, A., & Lee, K. (2011). Interventions shown to aid executive function development in children 4 to 12 years old. *Science, 333,* 959-964.

Diener, M. L., Isabella, R. A., Behunin, M. G., & Wong, M. S. (2008). Attachment to mothers and fathers during middle childhood: Associations with child gender, grade, and competence. *Social Development, 17,* 84-101.

Donnelly, J. (2003). *Health counseling: Application and theory.* Wadsworth, OH; Thomson Learning.

Earley, C., Ang, S., & Tan, J. S. (2007). CQ 문화지능. (박수철 역). 서울: 영림카디널. (원 저는 2006년에 출판).

Eccles, J., Wigfield, A., Harold, R. D., & Blumenfeld, P. (1993). Age and geder differences in children's self-and task perceptions during elementary school. *Childe Development, 64,* 830-847.

Edward, P. B. (1977). *Leisure counseling techniques, individual, and group counseing step by step*. Los Angeles, CA: University Publishers.

Epperson, A., Mirenda, J., Overs, R., & Wilson, G. T. (1975). *Leisure counseling kit*. Washington, DC: American Alliance for Health, Physical Education and Recreation.

Erikson, E. (1963). *Childhood and society* (2nd). New York: Norton.

Erikson, E. (1964). *Insight and responsibility*. New York: Norton.

Erikson, E. (1968). *Identity: Youth and crisis*. New York: W. W. Norton &Company.

Fabes, R. A., Martin, C. L., & Hanish, L. D. (2004). The next 50 years: Considering gender as a context for understanding young children's peer relationships. *Merrill-Palmer Quarterly, 50*, 260-273.

Ferrero, S. (2002). Comida Sin Par: Consumption of Mexican food in Los Angeles: "Foodscapes" in a transnational consumer society. In W. Belasco and P. Scranton (Eds), *Food nations: Selling taste in consumer societies* (194-219). New York, NY: Routledge.

Fisher, J. W. (2009a). Getting the balance: Assessing spirituality and well-being among children and youth. *International Journal of Children's Spirituality, 14*, 273-288.

Fisher, J. W. (2009b). Understanding and assessing spiritual health. In M. de Souza L. J. Francis, J. O'Higgins-Norman & D. Scott (Eds.), *International handbook of education for spirituality, care and wellbeing* (Vol.3, Part I, pp. 69-88). New York, NY: Springer.

Fitzgerald, L. F., Fassinger, R. E., & Betz, N. E. (1995). Theoretical advances in the study of women's career development. In W. B. Walsh & S. H. Osipow (Eds.), *Handbook of vocational psychology: Theory, research and practice*. NJ: Erlbaum Associates.

Fitzsimmons, C., & Williams, F. L. (1973). *The family economy: Nature and management of resources*. Edwards.

Floyd, K. (2014). Humans are people, too: nurturing an appreciation for nature in communication research. *Review of Communication Research, 2*, 1-29.

Fontes, L. A. (2016). 다문화 상담 면접 기법. (강영신 역). 서울: 학지사. (원저는 2008년에 출판).

Fowler, J. W. (1987). 신앙의 발달단계. (사미자 역). 서울: 한국장로교출판사. (원저는

1981년에 출판).

Frankl, V. E. (1980). 로고테라피의 이론과 실제: 의미에의 의지. (이봉우 역). 경북: 분도출판사. (원저는 1975년에 출판).

Frankl, V. E. (1984). *Man's search for meaning*. Simon and Schuster.

Frankl, V. E. (2004). 무의식의 하나님. (임헌만 역). 서울: 그리심. (원저는 1975년에 출판).

Freeman, L. M. Y., & Gil, K. M. (2004). Daily stress, coping, and dietary restraint in binge eating. *The International Journal of Eating Disorders, 36*(2), 204-212.

Furman, W., Low, S., & Ho, M. J.(2009). Romantic Experience and Psychosocial Adjustment in Middle Adolescence. *Journal of Clinical Child & Adolescent Psychology, 38,* 75-90.

Furnham, A. (1984). Many sides of the coin: The psychology of money usage. *Personality and individual Differences, 5*(5), 501-509.

Furnham, A., & Bochner, S. (1986). *Culture Shock: Psychological reactions to unfamiliar environments*. London: Nethuen.

Furnham, A., & Okamura, R. (1999). Your money or your life: Behavioral and emotional predictors of money pathology. *Human relations, 52*(9), 1157-1177.

Gabaccia, D. (1998). *We are what we eat: Ethnic food and the making of America*. Cambridge, MA: Harvard University Press.

Gall, T., Charbonneau, C., Clarke, N. H., Grant, K., Joseph, A., & Shouldice, L. (2005). Understanding the nature and role of spirituality in relation to coping and health. *Canadian Psychology, 46*(2), 88-104.

Gendlin, E. T. (1982). *Focusing*. Bantam.

Gilmore, S. (1973). *The counselor-in-training*. Englewood Cliffs, NJ: Prentice-Hall.

Goetz, T., Frenzel, A. C., Hall, N. C., & Pekrun, R. (2008). Antecedents of academic emotions: Testing the internal/external frame of reference model for academic enjoyment. *Contemporary Educational Psychology, 33,* 9-33.

Goldberg, H., & Lewis, R. T. (2000). *Money madness: The psychology of saving, spending, loving, and hating money*. Wellness Institute, Inc..

Good, G., & May, R. (1987). *Developmental issues, evironmental influences, and the nature of therapy with college men*. New York: Sage Publications.

Good, G. E., Dell, D. M., & Mintz, L. B. (1989). Male role and gender role conflict:

Relations to help seeking in men. *Journal of Counseling Psychology, 36,* 295–300.

Good, G. E., Gilvert, L. A., & Scher, M. (1990). Gender aware therapy: A synthesis of feminist therapy and knowledge about gender. *Journal of Counseling & Development, 68,* 376–380.

Goossens, L., Braet, C., Van Vlierberghs, L., & Mels, S. (2009). Loss of control over eating in overweight youngsters. The role of anxiety, depression, and emotional eating. *European Eating Disorders Review, 17*(1), 68–78.

Goslawski, M., Piano, M. R., Bian, J. T., Church, E. C., Szczurek, M., & Phillips, S. A. (2013). Binge drinking impairs vascular function in young adults. *Journal of the American College of Cardiology, 62,* 201–207.

Gottfredson, L. S. (2005). Applying Gottfredson's theory of circumscription and compromise in career guidance and counseling. In S. D. Brown & R. W. Lent (Eds.), *Career development and counseling: Putting theory and research to work.* New York: John Wiley & Sons.

Gouldm R. (2007). *Shrink Yourself: Break free from emotional eation forever.* New Jersey: John Willey & Sons, Inc.

Greenhaus, J. H., & Powell, G. N. (2006). When work and family are allies: A theory of workfamily enrichment. *Academy of Management Review, 31, 72–92.*

Grieger, I. (2008). A cultural assessment framework and interview protocol. *Handbook of multicultural assessment: Clinical, psychological, and educational applications,* 132–161.

Griffin, B., & Hesketh, B. (2005). Counseling for work adjustment. In S. D. Brown & R. W. Lent (Eds.). *Career development and counseling: Putting theory and research to work* (pp. 483–505). Hoboken, NJ: John Wiley & Sons.

Griffin, C. (2001). From education policy to lifelong learning strategies. In P. Jarvis (Ed.), *The age of learning* (pp. 41–54). London, UK: Kogan.

Grinder, R. (1969). The concept of adolescence in the genetic psychology of G. Stanley Hall. *Child Development, 40*(2). 355–369.

Gudykunst, W. B., & Kim, Y. Y. (1984). *Communicating with strangers: An approach to intercultural communication.* Addison Wesley Publishing Company.

Gullahorn, J. T., & Gullahorn, J. E. (1963). An extension of the U-curve hypothesis,

Journal of social issues 19, 33-47.

Gysbers, N. C., Heppner, M. J., & Johnston, J. A. (1998). *Career Counseling: Process, Issues, and Techniques*. Ally & Bacon.

Gysbers, N. C., Heppner, M. J., & Johnston, J. A. (2017). 진로상담의 실제. (김봉환 역). 서울: 학지사. (원저는 2014년에 출판).

Hadfield, J. C. (2014). The health of grandparents raising grandchildren: a literature review. *Journal of gerontological nursing, 40*, 32-42.

Hall, D. T. (1996). Protean careers of the 21st century. *The Academy of Management Executive, 10*(4), 8-16.

Hall, E. (2000). 문화를 넘어서(문화인류학 2). (최효선 역). 서울: 한길사. (원저는 1976년에 출판).

Hanna, F. J., & Green, A. (2004). Asian shades of spirituality: Implications for multicultural school counseling. *Professional School Counseling*, 7(5), 326-333.

Happold, F. C. (1967). *Mysticism: A study and an anthology*. Hammondsworth, Middlesex, UK: Penguin.

Harding, S. I., & Yanico, B. J. (1983). Counselor gender, type of problem, and expectations about counseling. *Journal of Counseling Psychology, 30,* 294-297.

Harmon-Jones, E., Gable, P. A., & Price, T. E. (2013). Does negative affect always narrow and positive affect always broaden the mind? Considering the influence of motivational intensity on cognitive scope. *Current Directions in Psychological Science, 22,* 301-37.

Harper, M. C., & Shoffner, M. F. (2004). Counseling for continued career development after retirement: An application of the theory of work adjustment. *Career Development Quarterly, 52*(3), 272-284.

Hathaway, W. L., & Ripley, J. S. (2009). Ethical concerns around spirituality and religion in clinical practice. In J. D. Aten & M. M. Leach (Eds.), *Spirituality and the therapeutic process: A comprehensive resource from intake to termination* (pp.25-52). Washington, DC: American Psychological Association.

Haug, M. R., Belgrave, L. L., & Jones, S. (1992). Partners' Health and Retirement Adaptation of Women and Their Husbands. *Journal of Women & Aging, 4*(3), 5-29.

Havighurst, R. J. (1972). *Developmental tasks and education*. New York: David Mckay company, Ins.

Heard, D. (1999). A development model of Educating Themselves for Multicultural pedagogy. *Higher Education, 38*(4), 461-487.

Henrik Peters, U. (1985). *Anna Freud, a life dedicated to children*. New York: Schocken Books.

Hill, E. A., & Dorfman, L. T. (1982). Reaction of Housewives to the Retirement of Their Husbands. *Family Relations, 31*, 195-200.

Hinterkopf, E. (2014). *Integrating spirituality in counseling: A Manual for using the experiential Focusing Method*. Jessica Kingsley Publishers.

Hochschild, A. (2003). *The managed heart: Commercialization of human feeling*. University of California press.

Hofstede, G., Hofstede G. J., & Minkov, M. (2014). 세계의 문화와 조직: 정신의 소프트웨어(3판). (차재호 외 역). 서울: 학지사. (원저는 2010년에 출판).

Holland, J. L. (1997). *Making vocational choices: A theory of vocational personalities and work environments* (3rd ed.). Odessa, FL: Psychological Assessment Resources.

Horowitz, M. J. (1986). Stress-response syndromes: A review of posttraumatic and adjustment disorders. *Psychiatric Services, 37*(3), 241-249.

Husaini, B. A., Moore, S. T., & Cain, V. A. (1994). Psychiatric symptoms and help-seeing behavior among the elderly: An analysis of racial and gender differences. *Journal of Gerontological Social Work, 21*, 177-193.

Huxhold, O., Miche, M., & Schüz, B. (2013). Benefits of having friends in older ages: Differential effects of informal social activities on well-being in middle-aged and older adults. *Journals of Gerontology Series B: Psychological Sciences andSocial Sciences, 69*, 366-375.

Igarashi, H., Hooker, K., Coehlo, D. P., & Manoogian, M. M. (2013). "My nest is full:" Intergenerational relationships at midlife. *Journal of aging studies, 27*, 102-112.

Irwin, D., & Simons, J. (1994). *Lifespan developmental psychology*. Wisconsin: Brown & Benchmark.

Iso-Ahola, S. E. (1980). *The social psychology of leisure and recreation*. Dubuque, IA: Wm. C. Brown.

Iso-Ahola, S. E., & Weissinger, E. (1990). Perception of boredom in leisure: Conceptualization, reliability and validity of the Leisure Boredom Scale. *Journal of Leisure Research, 22*, 1-17.

Jick T. D., & Mitz, L. F. (1985). Sex differences in work stress. *Academy of Management Review, 10*, 408-420.

Joseph, M. V. (1988). religion and social work practice. *Social Casework, 60*(7), 44, 34-52.

Joseph, S., & Linley, P. (2006). Positive psychology versus the medical model?: Comment. *American Psychologist, 61*, 332-333.

Juniper, D. (2005). Leisure counselling, coping skills and therapeutic applications. *British Journal of Guidance & Counselling, 33*(1), 27-36.

Kabat-zinn, J. (2017). 마음챙김 명상과 자기치유: 삶의 재난을 몸과 마음의 지혜로 마주하기 (上). (김교헌 외 역). 서울: 학지사. (원저는 2013년에 출판).

Kahneman, D., Krueger, A. B., Schkade, D., Schwarz, N., & Stone, A. A. (2006). Would you be happier if you were richer?. A focusing illusion. *science, 312*(5782), 1908-1910.

Keating, D. (1980). Thinking process in adolescence. In J. Adelson (Ed), *Handbook of adolescent psychology*. New York: Wiley.

Keating, N. C., & Cole, P. (1980). What Do I Do With Him 24 Hours a Day? Changes in the Housewife Role After Retirement. *The Gerontologist, 20*(1). 84-89.

Keating, T. (2006) 센터링 침묵기도: 누구라도 할 수 있는 관상기도 입문서. (권희순 역). 서울: 가톨릭출판사. (원저는 1995년에 출판).

Kierkegaard, S. (2009). 두려움과 떨림: 변증법적 서정시. (임규정 역). 서울: 지식을 만드는 지식. (원저는 1954년에 출판).

Kim, T-K., Lee, S. M., Yu, K., Lee, S., & Puig, A. (2005). Hope and the meaning of life as influences on Korean adolescents' resilience: Implications for counselors. *Asian Pacific Education Review, 6*, 143-152.

Kim, Y. Y. (1988). *Communicating and cross-cultural adaptation*. Clevedon, England: Multicultural Matters.

King, M. B. (1967). Measuring the religious variable: Nine proposed dimensions. *Journal of Scientific Study of Religion*, 6, 173-190.

Kleemeier, R. W. (1961). *Leisure : a research perspective into the meningful use of time*. Oxford University press.

Klontz, B., & Kahler, R. (2008). *Wired for wealth: Change the money mindsets that keep you trapped and unleash your wealth potential.* Health Communications, Inc..

Klontz, B., Britt, S. L., Mentzer, J., & Klontz, T. (2011). Money beliefs and financial behaviors: Development of the Klontz Money Script Inventory. *Journal of Financial Therapy, 2*(1), 1.

Koh, E., & Limb, J. (2012). Using online collaboration applications for group assignments: The interplay between design and human characteristics. *Computer & Education, 59*, 481-496.

Kohlberg, L. (1981). *The Philosophy of moral development: Moral stages and the idea of justice.* San Francisco, CA: Harper & Row.

Köhler, W. (1929). *Gestalt psychology.* New York: Liveright.

Kroeze, W., & Roth, B. (1998). The molecular biology of serotonin receptors: therapeutic implications for the interface of mood and psychosis. *Biological psychiatry, 44*(11), 1128-1142.

Labouvie-Vief, G. (1986). Dynamic development and nature of autonomy: A theoretical prologue. *Human Development, 25.*

Langrehr, V. B. (1991). Financial counseling and planning: Similarities and distinctions. *FC&P, 2*, 155-168.

Lasègue, C. (1873). On hysterical anorexia. *Medical Times and Gazette, 2*(2), 265-266.

Lazarus, R. S. (1969). *Patterns of Adjustment and Human Effectiveness.* New York: Mcgrawhill.

Lent, R. W., Brown, S. D., & Hackett, G. (1994). Toward a unified social cognitive theory of career and academic interest, choice, and performance. *Journal of Vocational Behavior, 45,* 79-122.

Lent, R. W., Brown, S. D., & Hackett, G. (1996). Career development from a social cognitive perspective. In D. Brown & L. Brooks (Eds.), *Career: Choice & development* (pp. 373-421). San Francisco, CA: Jossey-Bass.

Lent, R. W., Brown, S. D., & Hackett, G. (2000). Contextual supports and barriers to career choice: A Social cognitive analysis. *Journal of Counseling Psychology, 47*, 36-49.

Leslie, G. R. (1982). *The family in social context* (5th ed.). New York: Oxfors

University Press.

Lieben, L. S., & Bigler, R. S. (2002). The developmental course of gender differentiation. *Monographs of the Society for Research in Child Development, 67*.

Lin, P. C., Hou, H. T., Wang, S. M., & Chang, K. E. (2013). Analyzing knowledge dimensions and cognitive process of a project-based online discussion instructional activity using Facebook in an adult and continuing education course. *Computers & Education, 60*, 110-121.

Loder, J., & Neidhardt, J. (1992). *The Knight's Move*. Colorado Springs: Helmers & Howard Publishers.

Lofquist, L. H., & Dawis, R. V. (1991). *Essentials of person-environment-correspondence counseling*. Minneapolis, MN: University of Minnesota Press.

Long, J. (2000). Spitituality and the idea of transcendence. *International Journal of Children's Spirituality, 5*(2), 147-160.

Love, P., & Talbot, D. (1999). Defining spiritual development: A missing consideration for student affairs. *NASPA Journal, 37*(1), 361-375.

Lowe, M. R. (1993). The effect of dieting on eating behavior: A three-factor model. *Psychological Bulletin, 114*(1), 100-121.

Lundstedt, S. (1963). An introduction to some evolving problems in cross-cultural research. *Journal of Social issues, 14*, 1-9.

Lupton, D. (2015). 음식과 먹기의 사회학: 음식, 몸, 자아. (박형신 역). 경기: 한울. (원저는 1996년에 출판).

Lynch, M. (2000). Globalization and international democracy. *International Studies Review, 2*(3), 91-102.

Lysgaard, S. (1955). Adjustment in a foreign society: Norwegian Fulbright grantees visiting the United States. *International Social Sciences Bulletin, 7*, 45-51.

Macht, M. (1999). Characteristics of eating in anger, fear, sadness and joy. *Appetite, 33*(1), 129-139.

Macht, M. (2008). How emotions affect eating: A five-way model. *Appetite, 50*(1), 1-11.

Mannell, R. C., & Kleiber, D. A. (1997). *A social psychology of leisure*. PA: Venture Publishing.

Marcia, J. E. (1980). "Identity in Adolescence." In J. Adelson (Ed.), *Handbook of*

Adolescent Psychology. Wiley.

Maslow, A. H. (1943). A theory of human motivation. *Psychological Review, 50,* 514-139.

Maslow, A. H. (1954). *Motivation and Personality*. New York: Harper & Brothers.

Maslow, A. H. (1987). *Motivation and personality* (3rd ed.). New York: Harper & Row.

Mattson, I. (2003). How Muslims use Islamic paradigms to define America. In Y. Y. Haddad, J. I. Smith, & J. Esposito (Eds.), *Religion and immigration* (pp. 202-209). Walnut Creek, CA: Altamira Press.

May, R. (1950). *The meaning of anxiety*. W. W. Norton & Company.

McAdams, D. P. (2001). The psychology of life stories. *Review of Genenral Psychology, 5*(2), 100-122.

McDowell, C. F. (1976). *Leisure counseling: Selected lifestyle processes*. Center of Leisure Studies, University of Oregon.

McElvaney, R., Greene, S., & Hogan, D. (2014). To tell or not to tell? Factors influencing young people's informal disclosures of child sexual abuse. *Journal of Interpersonal Violence, 29*, 928-947.

McKay, J. R., Rutherford, M. J., Cacciola, J. S., & Kabasakalian-McKay, R. (1996). Gender differences in the relapse experiences of cocaine patients. *Journal of Nervous and Mental Disease, 184,* 616-622.

Midwinter, E. (1998). *The social policy of old age*. London, UK: CPA.

Milczarek, M., Brun, E., Houtman, I., Goudswaard, A., Evers, M.,Bovenkamp, M. & Morvan, E. (2007). *Expert forecast onemerging psychosocial risks related to the occupational safety and health*. European Agency for Safety and Health at Work.

Mitchell, T. R., & Mickel, A. E. (1999). The meaning of money: An individual-difference perspective. *Academy of management review, 24*(3), 568-578.

Moore, R., & Meckel, D. (1990). *Jung and Christianity*. New York: Paulist Press.

Nanamoli, B. (1975). *The path of purification: Visuddhimagga*. Kandy, Sri Lanka: Buddhist Publication Society.

Nelson-Jones, R. (1990). *Human Relationships: A skills approach*. Pacific Golve, CA: Brools/Cole Publishing Company.

Netting, F. E., Thibault, J. M., & Ellor, J. W. (1990). Integrating content on organized religion into macropractice courses. *Journal of Social Work Education, 26*(1), 5-24.

Neumark-Sztainer, D., & Story, M. (1998). Dieting and binge eating among adolescents: What do they really mean?. *Journal of the American Dietetic Association, 98*(4), 446-450.

Ninio, A., & Snow, C. (1988). Language acquisition through language use: The functional sources of children's early utterances. *Categories and Processes in language acquisition*, 11-30.

O'Brien, E. J., Bartoletti, M., & Leitzel, J. D. (2013). *Self-esteem, psychopathology, and psychotherapy.* Elsevier B.V..

O'Neil, J. M., Ohlde, C., Barke, C., Prosser Gelwick, B., & Farfield, N. (1980). Research on a workshop to reduce the effects of sexism and sex-role socialization on women's career planning. *Journal of Counseling Psychology, 27*, 355-363.

Oberg, K. (1960). Culture shock and the problem of adjustment to new cultural environments. *Practical Anthropology 7*, 170-179.

O'Dea, J. A., & Abraham, S. (2002). Eating and exercise disorders in young college men. *Journal of American College Health, 50*, 273-278.

Ogbu, J. U., & Matute-Bianchi, M. E. (1986). Understanding sociocultural factors: Knowledge, identity, and school adjustment. *Beyond language: Social and cultural factors in schooling language minority students, 73*, 142.

Okun, M. A., Yeung, E. W., & Brown, S. (2013). Volunteering by older adults and risk of mortality: A meta-analysis. *Psychology and Aging, 28*, 564.

Ormrod, J. E. (2017). 인간의 학습. (김인규 외 역). 서울: 시그마프레스. (원저는 2016년에 출판).

Padesky, C. A., & Hammen, C. L. (1981). Sex differences in depressive symptom expression and help-seeking among college students. *Sex Roles, 7*, 309-320.

Parks, S. (1986). *The critical years: young adults and the search for meaning, faith, and commitment.* New York: Harper Collins.

Parks, S. (2000). *Big questions worthy dreams: Mentoring young adults in their search for meaning, purpose, and faith.* San Francisco, CA: Jossey-Bass.

Parse, R, Coyne, A., & Smith, M. (1985). *Nursing Reaserch- Qualitative Methods.* Bowie Maryland, Brady, Communicatives Company.

Pearson, Q. M. (1992). A leisure counseling model for addicted persons. *Journal of*

Career Development, 19(1), 13-24.

Pederson, E. L., & Vogel, D. L. (2007). Male gender role conflict and willingness to seek counseling: Testing a mediation model on college-aged men. *Journal of Counseling Psychology, 54,* 373-384.

Peper, J. S., Koolschijn, P. C. M. P., & Crone, E. A. (2013). Development of risk taking: Contributions from adolescent testosterone and the orbito-frontal cortex. *Journal of Cognitive Neuroscience, 25,* 2141-2150.

Perls, T., & Terry, D. (2003). Genetics of exceptional longevity. *Experimental Gerontology, 38,* 725-730.

Perry, W. (1970). *Forms of intellectual and ethical development in the college years.* New York: Holt, Rinehart & Winston.

Peterson, C. A., & Gunn, S. L. (1977). Leisure Counseling: An Aspect off Leisure Education. *Journal of Physical Education and Recreation, 48*(4), 29-30.

Peterson, C. A., & Gunn, S. L. (1984). *Therapeutic recreation program design: principle and procedure.* Champaign, IL: Sagamore Publishing.

Peterson, C., & Seligman, M. E. P. (2004). *Character strength and virtues: A handbook and classification.* New York, NY: Oxford University Press.

Peterson, E., & Welsh, M. C. (2014). The development of hot and cold executive functions: Are we getting warmer?. In S. Goldstein & J. Naglieri (Eds.), *Handbook of executive function* (pp. 45-67). New York: Springer.

Phinney, J. S. (1996). When we talk about American ethnic groups, what do we mean? *American psychologist, 51*(9), 918-927.

Piaget, J. (1952). *The origins of intelligence in children.* New York, NY: International University Press.

Piaget, J. (1954). *The Construction of reality in the child* (trans M. Cook). New York: Basic Books. (*originally published in French in 1936).*

Polivy, J., & Herman, C. P. (1985). Dieting and binging: A causal analysis. *American Psychologist, 40*(2), 193-201.

Ponterotto, J. G., Casas, J. P., Suzuki, L. A., & Alexander, C. M. (1995). *Handbook of multicultural counseling.* Thousand Oaks, CA: Sage.

Pope, L., Latimer, L., & Wansink, B. (2015). Viewers vs. doers. The relationship between watching food television and BMI. *Appetite, 90,* 131-135.

Power, M. L., & Schulkin, J. (2014). 비만의 진화. (김성훈 역). 서울: 컬처룩. (원저는

2009년에 출판).

Quigley, C., & Müller, M. M. (2014). Feature-selective attention in healthy old age: a selective decline in selective attention?. *Journal of Neuroscience, 34,* 2471-2476.

Rancourt, D., & Prinstein, M. M. J. (2010). Peer status and victimization as possible reinforcements of adolescent girls' and boys' weight-related behaviors and cognitions. *Journal of Pediatric Psychology, 35,* 354-367.

Rappoport, L. (2006). 음식의 심리학. (김용환 역). 서울: 인북스. (원저는 2003년에 출판).

Rasulo, D., Christensen, K., & Tomassini, C. (2005). The influence of social relations on mortality in later life: A study on elderly Danish twins. *The Gerontologist, 45,* 601-608.

Reichstadt, J., Depp, C. A., Palinkas, L. A., & Jeste, D. V. (2007). Building blocks of successful aging: a focus group study of older adults' perceived contributors to successful aging. *The American Journal of Geriatric Psychiatry, 15,* 194-201.

Reyna, V. F., & Zayas, V. (Eds.). (2014). *Bronfenbrenner series on the ecology of human development. The neuroscience of risky decision making.* Washington, DC: American Psychological Association.

Robinson, R. L., & Howard-Hamilton, M. F. (2000). *The convergence of race, ethnicity, and gender: multiple identities in counseling.* Columbus, OH: Merril.

Rodriguez, N., Myers, H. F., Mira, C. B., Flores, T., & Garcia-Hernandez, L. (2002). Development of the Multidimensional Acculturative Stress Inventory for adults of Mexican origin. *Psychological assessment, 14*(4), 451-461.

Roese, N. J., & Summerville, A. (2005). What we regret most... and why. *Personality and Social Psychology Bulletin, 31,* 1273-1285.

Rogers, C. R. (1980). *A way of being.* Boston: Houghton Mifflin Company.

Rossi, A. S. (1980). Life span theories and women's lives. Signs: *Journal of Women in Culture and Society, 6,* 4-32.

Rubin, K. H., Bukowski, W. M., & Parker, J. G. (2006). Peer interactions, relationships, and groups. In W. Damon, R. M. Lerner (Series Eds.), & N. Eisenberg (Vol. Ed.), *Handbook of Child Psychology: Vol. 3. Social, Emotional, and Personality Development* (6th ed., pp. 571-645). Hoboken, NJ: Wiley.

Ryff, C. (1989). Beyond Ponce de Leon and life satisfaction. *International Journal of Aging and Human Development, 12.*

Sahlins, M. D. (1972). *Social Stratification in Polynesia.* Seattle, WA: University of Washington press.

Sandhu, D. S., & Asrabadi, B. R. (1994). Development of an Acculturative Stress Scale for International Students: preliminary findings. *Psychol Rep, 75*(1Pt2), 435–448.

Santrock, J. W. (1995). *Life-Span Development.* Wisconsin: Brown & Benchmark.

Santrock, J. W. (2015). Essentials of life-span development. New York, NY: McGraw-Hill.

Sargent, L. D., Bataille, C. D., Vough, H. C., & Lee, M. D. (2011). Metaphors for retirement: Unshackled from schedules. *Journal of Vocational Behavior, 79,* 315–324.

Savickas, M. L. (2013). Career construction theory and practice. In S. D. Brown & R. W. Lent (Eds.). *Career development and counseling: Putting theory and research to work* (2nd ed., pp. 147–183). Hoboken, NJ: John Wiley & Sons.

Schaal, B. & Marlier, L. (1998). Olfactory function in the human fetus evidence from selective neonatal responsiveness to the odor of amniotic fluid. *Behavioral neuroscience, 112*(6), 1438–1449.

Schaie, K. W., Borghesani, P. R., Madhyastha, T. M., Aylward, E. H., Reiter, M. A., Swarny, B. R., & Willis, S. L. (2013). The association between higher order abilities, processing speed, and age are variably mediated by white matter integrity during typical aging. *Neuropsychologia, 51,* 1435–1444.

Schneiders, S. M. (1990). Spirituality in the academy. In B. C. Hanson (Ed.), *Modern Christian Spirituality, Methodological and Historical Essays,* Atlanta, GA: Scholars Press.

Schultz, R. (1991). *Linkages among both parents, work roles, parenting style and children's adjustment to school.* Paper presented at the meeting of the SRCD, Seattle, WA.

Seeman, T. E., Berkman, L. F., Charpentier, P. A., Blazer, D. G., Alber, M. S., & Tinetti, M. E. (1995). *Behavioral and psychosocial predictors of physical performance: MacArthur studies of successful aging.* 50A, M177–M183.

Seo, M., Sink, C. A., & Cho, H-I. (2011). Spirituality in Korean adolescents: Life

Perspectives Inventory. *Professional School Counseling, 15*, 15-33.

Sessanna, L., Finnell, D. S., Underhill, L. M., Chang, Y-P., & Peng, H-L. (2011). Measures assessing spirituality as more than religiosity: A methodological review of nursing and health-related literature. *Journal of Advanced Nursing, 67*, 1677-1794.

Shaffer, D. D. R., & Kipp, K. (2002). *Developmental psychology: Childhood & adolescence*. Cengage Learning.

Shernoff, D. J., & Csikszentmihalyi, M. (2009). Flow in schools. Cultivating engaged learners and optimal learning environments. In R. Gilman, E. S. Huebner, & M. J. Furlong (Eds.), *Handbook of positive psychology in schools* (pp. 131-145). New York: Routledge.

Sigmon, S. T., Pells, J. J., Boulard, N. E., Whitcomb-Smith, S., Edenfield, T. M., Hermann, B. A., LaMattina, S. M., Schartel, J. G., & Kubik, E. (2005). Gender differences in self-reprts of depression: The response bias hypothesis revisited. *Sex Roles, 53*, 401-411.

Sinnott, J. D. (2003). Postformal Thought and Adult Development: Living in Balance. In J. Demick & C. Andreoletti (Eds.), *The Plenum series in adult development and aging. Handbook of adult development* (pp. 221-238). New York, NY: Kluwer Academic/Plenum Publishers.

Skinner, B. F. (1938). *The behavior of organisms: An experimental analysis*. Englewood Cliffs, NJ: Prentice Hall.

Slater, A., & Bremner, G. (2014). 발달심리학. (2판, 송길연 외 공역). 서울: 시그마프레스. (원저는 2011년에 출판).

Smith, D. B., & Moen, P. (2004). Retirement Satisfaction for Retirees and Their Spouses. *Journal of Family Issues, 25*(2), 262-285.

Smith, J. (1981). The Idea of Health: A Philosophical Inquiry. *ANS, 4*(1), 43-50.

Smokowski, P. R., Cicchetti, D., Natsuaki, M. N., Rose, R. A., Evans, C. B. R., Cotter, K. L., Bower, M., & Bacallao, M. (2014). Familial influences on internalizing symptomatology in latino adolescents: An ecological analysis of parent mental health and acculturation dynamics. *Development and Psychopathology, 26*, 1191-1207.

Snowman, J., & Biehler, R. (2000). *Psychology applied to teaching*. New York: Houghton Mifflin Company.

Spoor, S. T., Bekker, M. H., van Strien, T., & van Heck, G. L. (2007). Relations between negative affect, coping, and emotional eating. *Appetite, 48*(3), 368-376.

Springfield, D. S. (1997). *Instructional Course Lectures* (Vol. 46). Rosemont IL: II. American Academy of Orthopaedic Surgeons.

Srivastava, A., Locke, E. A., & Bartol, K. M. (2001). Money and subjective well-being: it's not the money, it's the motives. *Journal of personality and social psychology, 80*(6), 959.

Starr, L. R., & Davila, J. (2009). Clarifying corumination: Associations with internalizing symptoms and romantic involvement among adolescent girls. *Journal of Adolescence, 32*, 19-37.

Stenholm, S., Westerlund, H., Head, J., Hyde, M., Kawachi, I., Pentti, J., ... & Vahtera, J. (2014). Comorbidity and functional trajectories from midlife to old age: the Health and Retirement Study. *Journals of Gerontology Series A: Biomedical Sciences and Medical Sciences, 70*, 332-338.

Sternberg, R. J. (1986). A triangle theory of love. *Psychological Review, 93*, 119-135.

Subich, L. M. (1983). Expectations for counselors as a function of counselor gender specification and subject sex. *Journal of Counseling Psychology, 30*, 421-424.

Sue, D. W., & Sue, D. (2011). 다문화 상담: 이론과 실제. (하혜숙 외 역). 서울: 학지사. (원저는 2008년에 출판).

Sue, D. W., & Sue, D. (2012). *Counseling the culturally diverse: Theory and practice* (6th ed.). New York: Wiley.

Sue, D. W., Arredondo, P., & McDavis, R. J. (1992). Multicultural Counseling Competencies and Standards. *Journal of Counseling and Development, 70*, 477-486.

Sue, D. W., Bernier, J. E., Durran, A., Feinberg, L., Pedersen, P., Smith, E. J., & Vasquez-Nuttall, E. (1982). Position paper: Cross-cultural counseling competencies. *The counseling psychologist, 10*(2), 45-52.

Sulloway, F. (1996). *Born ti rebell*. New York: Springer.

Super, D. E. (1957). *The psychology of careers*. New York: Harper & Row.

Super, D. E. (1977). Vocational maturity in mid-career. *The Career Development Quarterly, 25*, 294-302.

Super, D. E. (1980). A life-span, life-space approach to career development. *Journal of Vocational Behaviour, 16*(3), 282-298.

Super, D. E. (1990). A life-span, life-space approach to career development. In D. Brown & L. Brooks (Eds.), *The Jossey-Bass management series and The Jossey-Bass social and behavioral science series. Career choice and development: Applying contemporary theories to practice* (pp. 197-261). San Francisco, CA: Jossey-Bass.

Super, D. E., Savickas, M. L., & Super, C. M. (1996). The life-span, life-space approach to careers. In D. Brown, L. Brooks, & Associates (Eds.), *Career choice and development* (3rd ed., pp. 121-178). San Francisco, CA: Jossey-Bass.

Temoshok, L., & Dreher, H. (1992). *The Type C syndrome.* New York: Random House.

Thorne, B., & Sanders, P. (2017). 칼 로저스: 인간중심치료의 창시자. (박외숙 외 역). 서울: 학지사. (원저는 2013년에 출판).

Toffler, A. (1970). *Future shock.* New York: Amereon Ltd.

Tolman, E. C., & Honzick, C. H. (1930). Introduction and removal of reward, and maze performance in rats. *University of California Publications in Psychology, 4,* 257-275.

Travis, C. B. (1988). *Women and health psychology: Mental health issues.* Hillsdale, NJ: Erlbaum.

Trosi, J. D., & Gabriel, S. (2011). Chicken soup really is good for the soul: "Comfort food" fulfills the need to belong. *Psychological Science, 22*(6), 747-753.

Turner, S. L., & Lapan, R. T. (2013). Promotion of career awareness, development, and school success. In S. D. Brown & R. W. Lent (Eds.), *Career development and counseling: Putting theory and research to work* (2nd ed., pp. 539-563). Hoboken, NJ: John Wiley & Sons.

Turner. B. S. (1996). *The Body and Society.* Nottingham Trent University.

Tyler, L. E. (1969). *The work of the counselor* (3rd ed.). New York: Appleton-Century-Crofts.

Tylor, E. B. (1871). *Primitive Cultural.* New York: Harper Torchbooks.

U. S. Public Health Service. (1999). *Mental Health: A Report of the Surgeon General.* Rockville, MD: Author.

Udry, R. (1971). *The social context of marriage.* New York: Lippincott.

Vaillant, G. E. (2011). 행복의 완성: 하버드대학교 인생성장 보고서 그 두 번째 이야기. (김한 영 역). 서울: 흐름출판. (원저는 2009년에 출판).

Valliant, G. (2002). *Aging well: Surprising guideposts to a happier life from the landmark Harvard study of adult development.* Boston: Little, Brown.

Van Hoye, G. (2014). Job search behavior as a multidimensional construct: A review of different job search behaviors and sources. In U.-C. Klehe & E. A. J. van Hooft (Eds.), *Oxford Handbook of Job Loss and Job Search* (pp. 259-274). New York: Oxford University Press.

Van Solinge, H., & Henkens, K. (2005). Couples' Adjustment to Retirement: A Multi-Actor Panel Study. *Journal of Gerontology: Psychological Sciences, 60B*(1), 11-20.

Walker, D. F., & Hathaway, W. L. (2017). 아동 · 청소년 상담에서의 영적 개입. (주영아 외 역). 서울: 학지사. (원저는 2013년에 출판).

Walker, D. F., & Moon, G. W. (2011). Prayer. In J. D. Aten, M. R. McMinn, & E. L., Worthington Jr. (Eds.), *Spirituality oriented interventions for counseling and psychotherapy* (pp. 139-167). Washington, DC: American Psychological Association.

Walker, D. F., Ahmed, S., Milevsky, A., Quagliana, H. L., & Bagasra, A. (2017). 경건 서적의 활용. In D. F. Walker & W. L. Hathaway (Eds.), 아동 · 청소년 상담에서의 영적 개입. (주영아 외 역). 서울: 학지사. (원저는 2013년에 출판).

Walker, D. F., Gorsuch, R. L., Tan, S. Y., & Otis, K. E. (2008). Use of religious and spiritual interventions by trainees in APA-accredited Christian clinical psychology programs. *Mental Health, Religion, and Culture, 11,* 623-633.

Wang, M., & Sheikh-Khalil, S. (2014). Does Parental Involvement Matter for Student Achievement and Mental Health in High School?. *Child Development, 85,* 610-625.

Wansink, B., Cheney, M. M., & Chan, N. (2003). Exploring comfort food preferences across age and gender. *Physiology and Behavior, 79,* 739-747.

Watson, J. A., Randolph, S. M., & Lyons, J. L. (2005). African-American grandmothers as health educators in the family. *The International Journal of Aging and Human Development, 60,* 343-356.

Weinstein, N. (1984). Reduction unrealistc optimism about illness susceptibility. *Ealth Psychology,3.*

Weiten, W. (1986). *Psychology Applied to Modern Life.* CA: Books/cole.

White, K., Speisman, J., Costos, D., & Smith, A.(1987). Relationship maturity: A onceptual and empirical approach. In J. Meacham(Ed.), *Interpersonal relations: Family, peers, friends*. Basel, Switzerland: Karger.

WHO. (1948). *Constitution of the World Health Organization*. Geneva: WHO Press.

WHO. (1998). *Constitution of the World Health Organization*. Geneva: WHO Press.

WHO. (2008). *Constitution of the World Health Organization*. Geneva: WHO Press.

Wiesner, M., & Ittel, A. (2002). Relations of pubertal timing and depressing symptoms to substance use in early adolescence. *Journal of Early Adolescence, 22*, 5-23.

Wilgenbusch, T., & Merrell, K. W. (1999). Gender Differences in Self-Concept among Children and Adolescents: A Meta-Analysis of Multidimensional Studies. *School Psychology Quarterly, 14,* 101-120.

William, J. (1950). *The varieties of religious experience*. New York: Bantam.

Williams, F. L. (1983). Money income, nonmoney income, and satisfaction as determinants of perceived adequacy of income. *In Proceedings of the Symposium on Perceived Economic Well-Being*. 106-125.

Wills, T. A., & DePaulo, B. M. (1991). Interpersonal analysis of the help-seeking process. In Snyder, C. R. & Forsyth, D. R. (Eds.), *Handbook of social and clinical psychology: The health perspective* (Vol. 162; pp. 350-375). Elmsford, NY: Pergamon Press.

Yamauchi, K. T., & Templer, D. J. (1982). The development of a money attitude scale. *Journal of personality assessment, 46*(5), 522-528.

경기도여성능력개발센터(2015). 온라인 교육사이트 '홈런' 다이어트와 관련한 설문조사 결과. http://www.homelearn.go.kr

국가교육과정정보센터. http://ncic.go.kr

국가암정보센터(2017). 자궁경부암. https://www.cancer.go.kr/lay1/program/S1T211C223/cancer/view.do?cancer_seq=4877(2018. 07. 12. 인출).

나윤석(2019. 9. 12.). 다문화 인구 어느덧 2%…… 다문화 가구원 100만 명 돌파. 서울경제. (2019. 10. 8. 인출).

다음 백과사전. 4차 산업혁명. https://100.daum.net (2017. 11. 25. 인출).

매일종교신문(2014. 4. 27.). 학교에서의 다문화교육 접근. http://www.daiywrn.com.

위클리 공감(2017. 9. 26.). 대통령직속 4차 산업혁명위원회 출범. www.korea.kr (2017. 10. 27. 인출).

전기택(2011. 7. 1.). OECD통계로 보는 한국 여성의 일자리. 여성신문. http://www.wommennews.co.kr (2018. 7. 12. 인출).

채인택(2018. 3. 7.). 쿠바 한인기념비 앞에서 아리랑. 중앙일보, https://news.joins.com/article/22419169

한국교육개발원(2017a). 교육통계 서비스. https://kess.kedi.re.kr/index (2017. 11. 30. 인출).

한국교육개발원(2017b). 교육통계: 평생학습 참여율. https://kess.kedi.re.kr (2019. 10. 9. 인출).

한국교육개발원(2018). 테마통계: 직업능력향상을 위한 평생교육 프로그램 현황 및 학습 참여율. https://kess.kedi.re.kr (2019. 10. 9. 인출).

한국교육개발원(2019). 교육통계 학업중단율. https://kess.kedi.re.kr (2019. 10. 9. 인출).

Boghossian, J. A. (2013. 11.). Food-ology: You are how you eat. http://food-ology.com.p2.hostingprod.com/_advice_column

OECD. (2018). OECD Better Life Index. http://www.oecdbetterlifeindex.org/countries/korea

Tempesta, E. (2015. 9.). Quick eaters are good multi-taskers, and picky eaters are curious! Food expert reveals what your dining habits say about your personality, *DailyMail*, https://www.dailymail.co.uk/femail/article-3255208/Food-expert-reveals-dining-habits-say-personality.html

[찾아보기]

내용

[저자 소개]

고홍월
서울대학교 대학원 교육학박사(교육상담 전공)
현 충남대학교 자유전공학부 교수

공윤정
미국 퍼듀대학교 상담심리학박사(Ph.D.)
현 경인교육대학교 교육학과 교수

김봉환
서울대학교 대학원 교육학박사(교육상담 전공)
현 숙명여자대학교 교육학부 교수

김인규
서울대학교 대학원 교육학박사(교육상담 전공)
현 전주대학교 상담심리학과 교수

김희수
건국대학교 대학원 교육학박사(교육심리 전공)
현 한세대학교 대학원 교수

박성욱
서울대학교 대학원 교육학박사(교육상담 전공)
현 맥스리더십 대표, 서울시립대학교 겸임교수

박승민
서울대학교 대학원 교육학박사(교육상담 전공)
현 숭실대학교 기독교학과 교수

손은령

서울대학교 대학원 교육학박사(교육상담 전공)

현 충남대학교 교육학과 교수

왕은자

서울대학교 대학원 교육학박사(교육상담 전공)

현 한국상담대학원대학교 상담학과 교수

이동혁

미국 플로리다 주립대학교 철학박사(상담심리 전공)

현 건국대학교 사범대학 교직과 교수

이상희

연세대학교 대학원 철학박사(상담심리 전공)

현 광운대학교 산업심리학과 교수

이자명

서울대학교 대학원 교육학박사(교육상담 전공)

현 한국방송통신대학교 교육학과 교수

임은미

서울대학교 대학원 교육학박사(교육상담 전공)

현 전북대학교 교육학과 교수

KCA 한국상담학회 상담학 총서 15

생애개발상담
Life Development Counseling

2020년 2월 10일 1판 1쇄 인쇄
2020년 2월 20일 1판 1쇄 발행

지은이 • 고홍월 · 공윤정 · 김봉환 · 김인규 · 김희수 · 박성욱 · 박승민
손은령 · 왕은자 · 이동혁 · 이상희 · 이자명 · 임은미
펴낸이 • 김진환
펴낸곳 • (주) 학지사

04031 서울특별시 마포구 양화로 15길 20 마인드월드빌딩
대표전화 • 02)330-5114　　팩스 • 02)324-2345
등록번호 • 제313-2006-000265호

홈페이지 • http://www.hakjisa.co.kr
페이스북 • https://www.facebook.com/hakjisa

ISBN 978-89-997-1622-5 93180

정가 22,000원

이 도서의 국립중앙도서관 출판시도서목록(CIP)은 서지정보유통지
원시스템 홈페이지(http://seoji.nl.go.kr)와 국가자료공동목록시스템
(http://www.nl.go.kr/kolisnet)에서 이용하실 수 있습니다.
(CIP 제어번호: CIP2020002271)

출판 · 교육 · 미디어기업 학지사

간호보건의학출판 학지사메디컬 www.hakjisamd.co.kr
심리검사연구소 인싸이트 www.inpsyt.co.kr
학술논문서비스 뉴논문 www.newnonmun.com
원격교육연수원 카운피아 www.counpia.com